普通高等教育“十三五”经济与管理类系列规划教材

TONGJIXUE

# 统计学

## ——数据分析方法的SPSS应用

主　编　吴　润　薛襄稷
副主编　叶霖莉

西安交通大学出版社
XI'AN JIAOTONG UNIVERSITY PRESS

# 内容提要

本教材系统介绍了统计学的基本原理、方法及SPSS的应用。主要内容包括：统计数据的搜集与整理方法；总量指标、相对指标、平均指标和标志变异指标等描述性分析方法；抽样推断、假设检验等推断性分析方法；时间数列、指数、相关与回归等分析方法；统计分析报告的撰写、数据分析方法的SPSS应用实验报告的撰写。数据分析方法的SPSS应用贯穿全过程，注重应用能力的培养。

本书可作为经济管理类专业硕士研究生及本科学生的统计学教材,也可作为高校教师教学与科研的参考书,还可作为实际工作者进行统计数据分析的参考资料。

# 前言

FOREWORD

本书编写本着教育部提出的培养学生四方面能力——学习能力、应用能力、适应能力及创新能力的要求，我们认真总结了多年的教学经验，秉承继承与创新的理念，在对传统《社会经济统计学》教材体系继承的基础上，将统计理论与数据分析方法的SPSS计算机应用技能有机结合起来，以此形成本教材的逻辑体系。

本教材实现了六个方面的突破与创新：一是创新了教学理念。本教材编写践行宽口径、厚基础、重技能的培养理念。统计学作为大学社会经济与管理类学科的专业基础课，基于学科大类的数量分析方法与技能训练的要求，本教材在体系及内容上将理论与实践相结合的能力的培养落到实处。二是创新了教材体系与教学模式。教材创新性地将统计学原理与SPSS统计软件有机地融合为一体，将统计学的理论教学与数据分析方法的SPSS应用有机地结合起来，形成新的教材体系，成为一条龙式的理论与实验教学的体系与模式，使有限的教学时间承载丰富的教学信息。据此本书命名为《统计学——数据分析方法的SPSS应用》。三是创新了教学内容。本教材不但嵌入了数据分析方法的SPSS统计软件应用的技能训练内容，还延伸到了理论与技能教学的产出环节，是一个完整的投入—产出培养体系。四是创新了技能培养模式。技能培养与训练成为贯穿教材的一条主线。从调查数据的整理开始，几乎通篇贯穿了SPSS统计软件的计算机应用技能训练环节，如实验目的、内容、要求、步骤及实验结果解释等。此外，课后嵌入的探讨题，以开放式的思维启发学生深入研讨，引导学生关注社会经济与管理的热点及焦点问题。五是实现了知识接受与产出的衔接与互补。本教材不但要求实现教学接受效果，还力求实现教学产出效果。因此，将内容扩展到统计分析报告及实验报告的撰写部分，起到知识的接受与产出的衔接与互补。六是教学案例典型、新颖，形式多样，内容丰富，信息量较为庞大。本教材所呈现的资料侧重于主观分析能力的训练，大多数的SPSS实验资料，都是我们在课堂应用的基础上所形成的成果。

本书由西安交通大学经济与金融学院吴润、集美大学诚毅学院薛襄稷担任主编，集美大学诚毅学院叶霖莉担任副主编，吴润负责全书的体系设计、统稿和定稿。具体编写分工如下：吴润（第一、六、十一、十二、十三章）；西安思源学院李颖（第二章）；叶霖莉（第三、十章）；西安思源学院张琳（第四章）；薛襄稷（第五、七、八、九章）。西安外事学院张丽、张欢、郜会青、陈伟分别参与了第六、七、九、十一章数据分析方法的SPSS统计软件应用实验内容的编写。

本书在出版过程中，西安交通大学出版社魏照民主任、王建洪编辑付出了辛勤的劳动，在此深表谢意！申亚民、朱志强等对本书出版提出了许多宝贵的建议，在此一并感谢！

由于作者水平有限，书中难免存在缺点和错误，敬请广大读者批评指正！

编　者

2015年7月

# 目录

CONTENTS

# 第一章 绪论

## 第一节 统计的产生和发展

### 一、“统计”一词的含义

对“统计”一词通常有三种理解：

(1)统计工作。统计工作即统计活动，是指对自然现象和社会经济现象各个活动领域的数据搜集、整理、分析的工作过程。

(2)统计资料。统计资料即统计数据，是指对统计活动所取得的原始数据进行整理和分析所得到的资料，包括文字资料及数据资料。原始资料是指未经加工的反映个体特征的资料，也包括简单加工过的次级资料。统计资料是反映总体数量特征，或是研究总体内在规律的基础，也是研究不同总体之间相互联系的重要依据。

(3)统计学。统计学即统计理论，是研究如何搜集、整理、分析统计数据的理论和方法。统计学既是对统计实践活动的理论总结，又是指导统计实践的系统理论。统计理论不但包括搜集、整理统计数据的原理和方法，而且包括分析统计数据规律性的科学方法。故统计学也可称为“数据的科学”①。

在信息时代，我们每时每刻都会从各种渠道获得不同的统计信息，如零售物价指数、房地产价格指数、股票价格指数、期货交易、汇率、进出口贸易额、旅游业收入、高等教育入学率、从业人数、失业率、保险机构数量、GDP 发展速度、企业产品市场占有率、劳动生产率、资产负债率等统计数据，都能够把宏观或微观主体的活动状态和活动结果显示出来，供不同的主体使用这些统计信息。所以对“统计”这个词的含义有着不同的认识和理解。

### 二、统计学的产生和发展

统计是在人类社会经济和管理活动的发展中产生的，在应用中逐渐得到发展，在此略作概括。

统计在我国的产生和发展有悠久历史。夏朝时，为了治国治水的需要，曾进行过初步的国情统计。春秋时，管仲就有：“不明于计数，欲举大事，犹无舟楫而欲经于水险也”之说。商鞅把计数作为制定和推行国策的手段。封建社会时期，就有从理论上对统计实践进行解释的朴素

① 袁卫，等．描述统计学[M]．北京：中国统计出版社，1996．

统计思想。纵观其说,统计都是用于说明国家特征的。

统计在欧洲的发展基础更为广泛。古希腊、罗马时代,就开始对国家人口和居民财产进行统计。随着资本主义经济的发展,统计活动范围由人口、财产和军事领域,扩大到工业、商贸、金融、交通、海关和保险等领域。随之,总结统计实践活动成果的统计理论不断完善和发展,形成了不同的统计学派。统计学发展时期及主要学派如下:

**(一)古典统计学时期(17 世纪中末期至 18 世纪中末期)**

这一时期是统计学的萌芽时期,主要形成了政治算术学派和记述学派。

*1. 政治算术学派*

政治算术学派起源于英国伦敦,产生于 17 世纪中期。其代表人物是英国的威廉·配第(William Petty)(1623—1687)和约翰·格朗特(John Graunt)(1620—1674)。威廉·配第所著的《政治算术》于 1690 年在英国正式出版,政治算术学派因此书而得名。威廉·配第在书中用大量数据对英、法、荷三国的经济实力进行了比较,"用数字、重量和尺度"来表达自己的思想和观点。因此,马克思在《资本论》中评价威廉·配第不仅是"政治经济学之父,在某种程度上也可以说是统计学的创始人"。

约翰·格朗特利用政府公布的人口变动资料,发表了《关于死亡公报的自然观察和政治观察》,他通过大量的观察研究发现:人口和社会现象中存在重要的数量规律性。例如,新生婴儿性别比例稳定在 14∶13,即我们常说的 105∶100;不同死因的人口数比例是较为稳定的,各年龄组的死亡率男性高于女性,新生儿的死亡率较高;一般疾病与事故的死亡率较为稳定,但传染病的死亡率不稳定。约翰·格朗特创造性地编制了初具规模的人口"生命表",还对伦敦市总人口数量进行了较为科学的预测。如果说威廉·配第是政府统计的创始人,那么约翰·格朗特则是人口统计的创始人。

*2. 记述学派*

记述学派,又称国家学派或国势学派。其代表人物是德国赫尔姆斯太特大学教授赫尔曼·康令(H·Conning)(1601—1681)和哥丁根大学教授哥特弗里德·阿亨瓦尔(G·Achenwall)(1719—1772)。赫尔曼·康令第一个在大学讲授"欧洲最近国势学",奠定了国势学的基础。哥特弗里德·阿亨瓦尔在大学开设"国家学"课程,其主要著作为《欧洲各国势学概论》,内容主要研究"一国或多数国家的显著事项"。记述学派因以文学记述和比较国情而得名。哥特弗里德·阿亨瓦尔把记述和比较国情的国家学命名为"统计学",他于 1749 年第一次使用了"统计学"这个名称。他把"国势学"称为"Statistics",即一直沿用至今的统计学。该学派主要用对比的方法说明各国实力的强弱状况,后来逐渐发展为政府统计。

**(二)近代统计学时期(18 世纪末期到 19 世纪末期)**

这一时期是统计学在理论上的形成和发展时期,主要有数理统计学派和社会统计学派。

*1. 数理统计学派*

数理统计学派产生于 19 世纪中期,其代表人物是比利时阿道夫·凯特勒(A·Quetelet)(1796—1874)。阿道夫·凯特勒的著作有《社会物理学》《社会制度》和《论人类》等。他首次运用大数定律来论证社会生活发展的规律性。由于他第一个把概率论用于研究社会经济现象,使统计方法在政治算术的基础上,推进了数字研究的准确化。1867 年,有人把这一门既是数学,又是统计学的新生科学,命名为数理统计学。

2. 社会统计学派

社会统计学派产生于19世纪后半期的欧洲，此时正是英美等国的数理统计学派开始发展的时期。社会统计学派以德国为中心，由德国经济学家、统计学家K. G. A. 克尼斯(K. G. A. Knies)(1821—1898)创立，主要代表人物有E. 恩格尔(C. L. E. Engel)(1821—1896)、梅尔(G. V. Mayr)(1841—1925)等人。他们融合了国势学派与政治算术学派的观点，沿着阿道夫·凯特勒的"基本统计理论"发展。社会统计学派认为，统计学是研究社会总体现象的，是对总体进行大量观察和分析的基础上，揭示其内在联系和发展的规律性。社会统计学派的创立与发展时期，也是英美等国的数理统计开始发展的时期。

**(三)现代统计学时期(20世纪初至今)**

这一时期是数理统计方法进一步发展并广泛应用于自然科学和社会科学领域时期，也是新的交叉学科或边缘学科不断产生的时期。典型代表是推断统计学派。

推断统计学是在随机抽样基础上建立的以样本推断总体的理论和方法，有人称之为推断统计学。该方法起源于英国数学家W. S. 哥塞特(W. S. Grosset)(1876—1937)的小样本$t$分布理论，其后由R. A. 费雪(R. A. Fisher)(1890—1962)加以充实，并由波兰统计学家尼曼(J. Neyman)(1894—1981)以及E. S. 皮尔生(E. S. Pearson)(1895—1980)等人进一步发展成为统计假设理论。之后美国的统计学家瓦尔德(A. Wald)(1902—1950)，将统计学中的估计和假设理论加以归纳，创立了"决策理论"。到20世纪中期构筑了现代统计学的基本框架。

20世纪60年代以来，统计学方法及应用进入了一个全面发展的新阶段。其一是统计学与计算机科学及信息技术等现代科学技术的融合发展，促进了统计学的分支及其边缘学科的不断发展，如多元统计分析、现代时间序列分析、非参数理论、探索性数据分析、数据挖掘等。尤其是近年来，海量数据的存储、互联网与云计算等的发展，催生了大数据时代的到来，统计学发展的新机遇和挑战随之而来，21世纪统计学步入了新的发展阶段。其二是统计学方法的应用领域迅速扩展，自然科学、社会科学、经济科学、军事科学、医学、工程技术、历史、法律、语言、新闻等学科的研究都越来越重视统计方法的应用。可以毫不夸张地说，统计学如同哲学和数学一样，将成为所有学科的方法论基础。

## 第二节　统计学的研究对象和研究方法

### 一、统计学的研究对象

从统计学的产生和发展过程来看，统计学的研究对象是自然现象和社会经济现象总体的数量方面。一般认为总体的数量包括：数量表现，即数量的多少或大小；数量依存关系，即总体内部的构成和比例关系、不同总体之间的数量联系形式与程度等特征；质与量互变的数量界限，是评价事物性质变化状态的依据或标准。统计学研究对象的特点具有数量性、综合性、客观性和社会性。

### 二、统计学研究的方法

统计学是研究自然现象和社会经济现象总体的数量方面的方法论科学。统计学的方法论性质与实质性科学不同。实质性科学的学科内容及任务在于揭示学科领域客观现象发展变化的规律，以指导人们按照客观规律的要求进行实践活动。统计学所提供的方法论科学是指导人们如何从数量方面去认识现象的特征及规律。一方面统计学研究现象的数量方面时，要服从实质性科学的理论指导；另一方面统计学的研究有利于推动实质性科学的发展。

由于客观现象的复杂性和多样性，统计学在实践中就发展成为方法论体系。这个方法论体系包括：数据调查方法、数据整理方法、数据描述方法、数据推断方法、数据评价方法、数据预测方法、数据决策方法、数据控制方法等。

需要说明的是，由于本教材是给社会经济与管理专业的学生和实际工作者编写的教科书，介绍统计学的基本原理和分析方法，所以将研究对象确定为社会经济现象，研究方法不涉及数据的评价、预测、决策、控制等方法。社会经济统计学是关于社会经济现象数据的收集、整理和分析的方法论学科。本教材的方法体系见图 1－1。

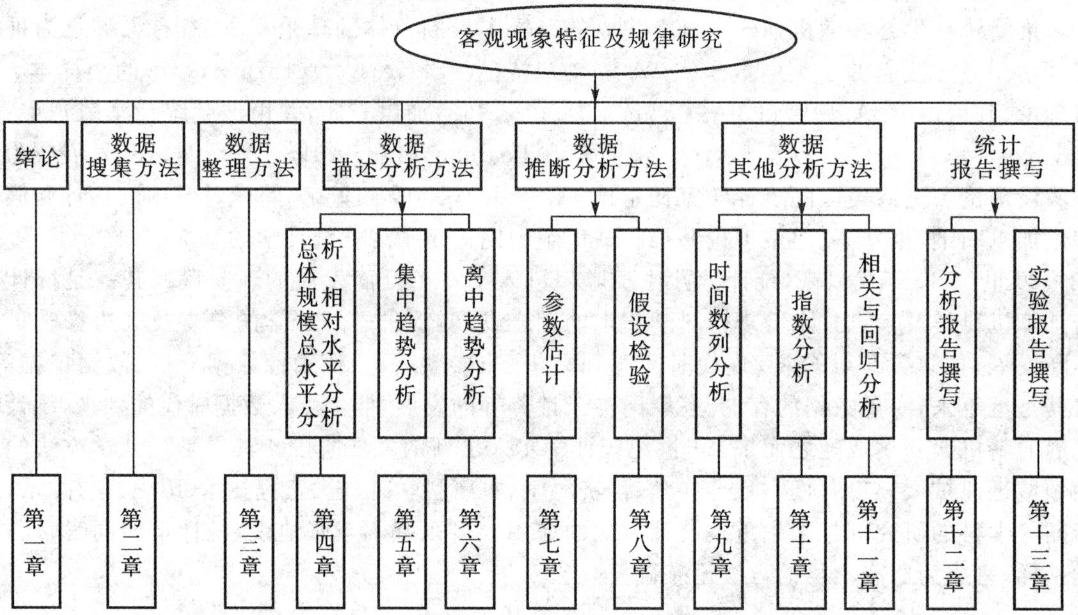


图 1－1　客观现象研究方法体系

## 第三节　统计学的分类

统计学在应用中不断地得到完善和发展，现就其分类略作介绍。

### 一、描述统计与推断统计

根据数据研究方法及作用不同，将统计学分为描述统计和推断统计（或抽样推断）。

描述统计是说明如何搜集数据、整理数据和对其进行综合分析的研究方法。搜集数据的方法从范围上划分为全面调查和非全面调查。对调查对象中的所有个体单位进行调查以取得数据资料的方法，称为全面调查。如人口普查、农业普查、经济普查、全面统计报表等。非全面调查是指对调查对象中的部分个体单位进行调查以取得数据资料的方法，包括抽样调查、重点调查、典型调查等。抽样调查是对从研究对象中随机抽出来的部分单位进行观察而取得调查资料的方法。如,1%的人口抽样调查、物价调查、工业产品质量调查、进口商品质量检验等。依据全面调查方法所取得的数据,可以运用描述性统计方法研究其特征;依据抽样调查方法所取得的数据,不仅需要用数据描述性分析方法计算样本统计量,还需要用数据推断方法对总体参数做出具有一定可靠性和准确性的估计以及检验。可见,推断统计是根据样本信息,对总体参数进行估计与检验的统计方法。数据描述分析是数据推断分析的基础。

从统计研究方法的体系来看,数据描述方法和数据推断方法是其他统计分析方法的基础。

描述统计和推断统计的关系见图 1-2 所示。

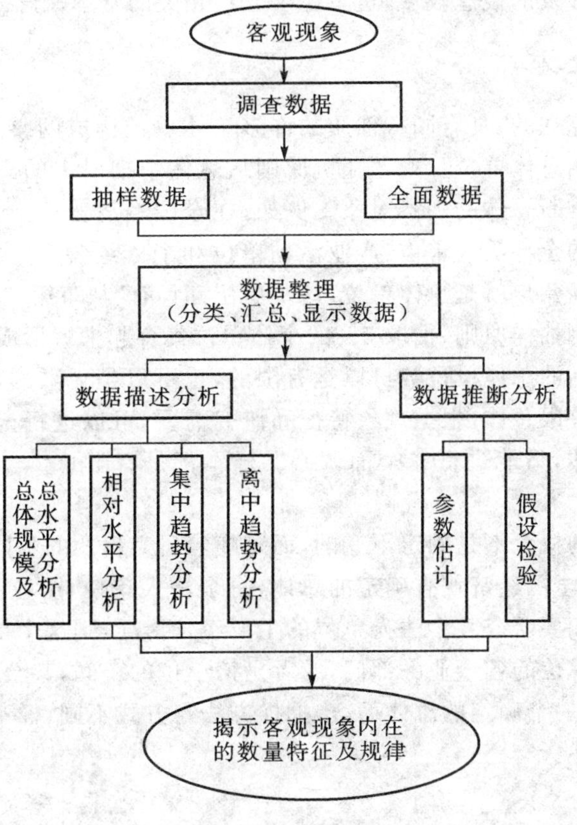


图 1-2 数据描述分析与数据推断分析的关系

## 二、理论统计和应用统计

根据研究目的不同,将统计学分为理论统计和应用统计。

理论统计阐明统计学的数学原理。统计学发展到今天,运用了几乎所有的数学知识。由于概率论作为数学的一个分支,又是统计推断的数学基础,因此理论统计学是包括概率论在内的对统计方法的数学原理的研究。从事理论统计学研究的统计学家都有很好的数学基础,通过他们对统计学的数学理论研究,为应用统计创造了方法。

应用统计就是运用理论统计研究所取得的成果,去研究各个学科领域客观对象的数量特征和规律。例如,社会统计学、经济统计学、教育统计学、科技统计学、管理统计学等。统计学就是在应用中不断发展和创新的。

综上所述，理论统计和应用统计之间有着密切关系。理论统计的研究成果为应用统计创造了原理和方法，是应用统计的方法论基础。而应用统计又使理论统计的研究方法得到不断的充实和完善，在发展中有所创新，促进交叉学科的产生，比如数学、经济学和统计学结合，形成了计量经济学这一新生学科。

## 第四节　统计学的基本概念

社会经济统计中涉及的概念较多，这里主要介绍相关的基本概念。

### 一、总体、总体单位、样本

总体是指由客观存在的、具有同一性质的许多个体单位构成的整体，是统计总体的简称。构成总体的个体单位叫总体单位。遵守随机原则从总体中抽出来的个体单位构成的集合，叫做样本。样本是用来推断总体的观察对象。例如，在全国经济普查中，总体是“我国境内从事第二产业和第三产业的全部法人单位、产业活动单位和个体经营户”。其中每一个法人单位、产业活动单位和个体经营户就是总体单位，这些单位都具有“从事第二、三产业生产活动”这个共性。遵守随机等比例抽样原则，抽取5%的个体单位集合起来就形成了样本。

一个总体中所包括的总体单位数可以是有限的，也可以是无限的，前者称为有限总体，后者称为无限总体。对有限总体，根据现象特征和研究需要，可以进行全面调查，也可以进行非全面调查。对无限总体，只能进行非全面调查。样本都是有限总体。总体具有大量性、同质性、差异性的特点。

总体和总体单位的概念不是固定不变的，而是随着研究目的的不同，它们是可以发生变化的。例如，前面提到的全国经济普查确定的总体，每个法人单位、产业活动单位和个体经营户是总体单位。如果我们要研究某个法人单位的生产经营情况，则这个单位就是一个统计总体，总体单位就是该法人单位的各个业务部门，或者是该单位的车间，甚至或是每一个职工。样本是一个随机变量，对于一个确定的总体而言，抽样方法与方式不同，样本也不同，关于样本的详细内容将在第七章叙述。

### 二、标志、变异

#### （一）标志

标志是说明总体单位特征的名称。例如，每个企业都有产业、行业、地区、所有制类型、职工人数、产量、产值、销售额、资产额等标志特征。

标志按其性质不同，分为品质标志和数量标志。品质标志是说明总体单位质的特征的名称，其表现为某种属性，即标志表现，用文字表示。如企业的产业、行业、产品销售地区等标志就是品质标志。产业的标志表现为“第一产业”“第二产业”“第三产业”；行业的标志表现为电力行业、煤炭行业、纺织行业、运输行业、机械制造行业等；销售地区的标志表现为亚洲、欧洲、非洲等，也可以表现为不同的国家。数量标志是说明总体单位量的特征的名称，其标志表现为数值，称之为标志值。如某旅游企业的利润就是数量标志，其标志值为280万元或369万元等。

标志按变异情况不同,分为不变标志和可变标志。当一个标志在总体各单位的具体表现完全相同时,这个标志就是不变标志。例如,在集体企业总体中,每个企业在“所有制类型”这个标志上的表现都是相同的,该标志就是不变标志。总体的同质性就是这个含义。当一个标志在总体各单位的具体表现不同时,这个标志就是可变标志。例如,在商业企业总体中,每个企业的“经营品种”“营业人数”等可能不相同,这些标志就是可变标志。总体的差异性就是这个意思。

品质标志和数量标志是根据标志本身的性质决定的,它们是不能改变的。但不变标志和可变标志是由研究目的所决定的,可以随着研究对象的不同而变化。

### (二)变异

变异就是可变标志的具体表现不同所产生的差异或差别。变异有属性的变异和数量的变异两种。如职工性别标志,表现为男、女有别,企业资产总额表现为200万元、800万元有所不同。所以,变异是客观存在的,这是统计研究的需要,没有变异就不用统计了。

## 三、变量

把可变的数量标志称为变量。变量所表现的具体数值叫做变量值。例如单位成本就是变量,具体的成本水平30元、50元等就是变量值。

变量可作如下的分类:

(1)变量按其变量值是否连续,可分为连续变量和离散变量。连续变量的数值是不间断的,相邻两值之间可作无限分割,用小数表示。例如利税额、进出口贸易额、就业率、利率、投资额等都是连续变量。离散变量都是用整数表示的,如人数、工厂数、机器台数等。

(2)变量按性质不同,可分为确定性变量和随机变量。由于受某种起决定性作用因素的影响,使其变量值沿着一定的方向呈上升或下降的趋势变动,这种变量叫确定性变量。例如企业劳动生产率水平、职工收入等变量,就是确定性变量。但企业的每一个职工家庭生活费支出水平并不完全一样,因为家庭不可预见支出可能会影响职工生活费支出水平,家庭不可预见支出就是一个随机变量。由此可见,随机变量是指受多种不确定因素的影响使其变量值的变化具有偶然性的变量。

## 四、统计指标

### (一)统计指标的概念与构成要素

统计指标是说明总体数量特征的科学化的概念或范畴。对统计指标的概念有两种不同的理解。

第一,统计理论研究或统计设计中所使用的统计指标,是指反映总体现象数量特征的概念。例如,人口平均年龄、居民储蓄存款余额、工业增加值、投资收益率、能源消费量等。该统计指标包括指标名称、计量单位和计算方法三个构成要素。

第二,统计工作中所使用的统计指标,是指反映总体现象数量特征的概念和具体数值。例如,2013年外国人入境游客数量为2629.03万人次,这一统计指标除包括上述三个要素外,还包括时间限制、空间限制和指标数值。

### (二)统计指标的特点

(1)数量性。统计指标都是用数值表现的,不存在用文字表现的统计指标。

(2)综合性。统计指标说明的是总体特征而非个体，它是由许多个体现象的数量综合形成的结果。

(3)具体性。统计指标并非抽象的概念和数值，它具有客观的社会经济内容。

**(三)统计指标的种类**

(1)统计指标按其反映总体的内容不同，分为数量指标和质量指标。

反映现象总体的绝对数量多少或大小的统计指标叫数量指标。如企业负债总额、商品销售额、固定资产折旧额等。数量指标的数值大小与总体范围的大小直接相关。

反映总体内部及不同总体之间数量联系状态以及总体内部标志值的一般水平的统计指标叫质量指标。如资产负债率、人均 GDP、平均工资与单位面积收获率等。质量指标的数值大小与总体范围的大小没有直接的联系。

(2)统计指标按其表现形式不同，分为总量指标、相对指标和平均指标。

总量指标是反映现象总体在一定时间、空间条件下的总规模与总水平的统计指标。如事业单位数量、经济活动人口数、股票交易额等。它从广度上说明现象总体的特征，是一个外延指标。

相对指标是由两个有联系的总量指标相比较的结果。如计划完成程度、商品流通费用率、资产周转速度、少儿人口比率等。它从深度上说明现象总体的特征，是一个内涵指标。

平均指标是说明总体各单位标志值在一定时间地点条件下所达到一般水平的统计指标。如平均工资、义务教育生均经费、人口平均寿命等。

(3)统计指标按其在管理中所起的作用不同，分为考核指标与非考核指标。根据管理的需要，用来评定优劣、评定等级、考核成绩、决定奖罚的统计指标叫考核指标。非考核指标是用来了解总体基本情况的统计指标。

**(四)指标与标志的区别与联系**

指标与标志既有区别，又有联系。二者的主要区别如下：

(1)指标是说明总体数量特征的，而标志则是说明总体单位特征的。

(2)指标都是用数值表示的，标志有用文字表示的品质标志和用数值表示的数量标志两种。

指标和标志也有联系，具体如下：

(1)统计指标是由总体各单位的数量标志值或总体单位数汇总得到的。

(2)随着统计研究目的不同，指标与标志的关系会发生变化。当它们说明的对象关系改变了，它们就随之发生变化。

## 五、统计指标体系

### 1.统计指标体系的概念

若干个相互联系的统计指标所构成的整体叫做统计指标体系。构成指标体系的各个指标，可能会用等式关系加以表达，也可能无法用等式关系来表达，但都是反映总体基本情况的指标体系。社会经济现象本身是复杂的，其联系是多种多样的，所以统计指标之间的联系也是多种多样的。例如，商品的销售额等于商品销售量与其销售价格的乘积，粮食总产量等于亩产量与播种面积的乘积等，这些指标以等式关系形式构成统计指标体系。再如一个生产经营单位的人力、物力、财力、生产、供应、技术、组织管理和销售等方面是相互联系的整体，叫做生产经营统计指标体系。这个体系中的各种指标虽然不能用等式关系形式加以表达，但它们仍然组成了统计指标体系，用于反映该生产经营单位的全面情况。

2. 统计指标体系的种类

统计指标体系可以分为两大类，即基本统计指标体系和专题统计指标体系。

反映社会和国民经济社会发展及其各个组成部分基本情况的指标体系叫基本统计指标体系。它通常分为三层：最高层、中间层和基层。最高层是反映整个社会发展和国民经济状况的统计指标体系，如社会统计指标体系、经济统计指标体系、科技统计指标体系等。中间层是指各地区和各部门的统计指标体系，如区域经济竞争力统计指标体系、区域产业生态化发展指标体系等，它是最高层统计指标体系的纵向和横向的分支。基层统计指标体系是指各种企业和事业单位的统计指标体系，如企业市场营销指标体系、企业投融资指标体系等。基层统计指标体系是整个统计工作的基础。

为研究某一社会问题或经济问题而专门制定的具有针对性的统计指标体系，叫专题统计指标体系。如经济效益指标体系、能源利用效率指标体系等。

## 思考、训练与探讨

### 一、思考题

1. 什么是统计？试述统计一词的涵义。

2. 统计学的研究对象是什么？有何特点？

3. 统计学的性质是什么？它与实质性科学有何关系？

4. 理论统计与应用统计有何区别？描述统计和推断统计有何不同？

5. 什么是经济社会统计学？它是属什么性质的学科？

6. 什么是总体、总体单位、标志、变异？

7. 什么是变量？如何分类？

8. 什么是统计指标？指标有哪些特点和种类？

9. 指标和标志有什么区别与联系？

10. 数量指标和数量标志有何区别和联系？

11. 质量指标和品质标志有何关系？

12. 什么是指标体系？它有哪些种类？

### 二、练习题

1. 某大型超市销售了某种品牌的瓶装蜂蜜，该超市的市场部收到了用户关于瓶装蜂蜜重量不足的投诉。超市对近期购进的一批 1500 瓶蜂蜜随机抽出 150 瓶检查其重量，每一瓶蜂蜜的重量精确到小数点后 2 位数，生产商提供的商品说明书告示瓶装蜂蜜的重量是 1.25 千克。

要求描述：总体、研究变量、样本、推断。

2. 某汽车制造商调研太阳能汽车的用户信息，在汽车展销会上随机选取了 200 名顾客，有 87 名顾客表示在价格经济实惠的条件下愿意购买该类能源汽车。

要求描述：说明总体、研究变量、样本、推断。

3. 某市统计局的统计报告中写道："我市 2014 年有交通运输企业 1530 家，本年实现经营利润138亿元，年末职工数为43.89万人。其中，龙腾运输企业经营利润达到2251.2万元，该企业职工数为402人。”

要求：(1)请指出该报告中所反映的统计总体、总体单位。

(2)报告中涉及的统计标志、统计指标分别有哪些？说明其性质或类型。

4.某省统计局拟对该省所有商业企业的生产经营情况进行调查，请指出此项调查的总体、总体单位；举出10个以上的标志和指标；指出这些标志中的品质标志和数量标志(或变量)；说明这些变量中的离散变量和连续变量；指出这些指标中的数量指标和质量指标。

5.假设某地区2014年工业企业有关统计资料如下(见表1-1)：

**表1-1 某地区2014年工业企业的统计资料**

| 企业的所有制类型 | 企业数(个) | 销售额(亿元) | | 人均销售额(万元) | |
|---|---|---|---|---|---|
| | | 2014年 | 2014年占2013年的比例(%) | 2014年 | 2014年占2013年的比例(%) |
| 全民所有制 | 19 | 28 | 108.67 | 19 | 105 |
| 集体所有制 | 25 | 12 | 108.0 | 21 | 99 |
| 个体所有制 | 178 | 16 | 112.0 | 24 | 114 |
| 其他 | 35 | 3.2 | 104.0 | 17 | 110 |
| 合计 | 257 | 59.2 | 107.7 | 11 | 106 |

要求：(1)指出表中的总体、总体单位、数量指标、质量指标。

(2)为获得表中的资料，应调查总体单位的哪些标志？哪些标志是品质标志？哪些标志是数量标志？哪些数量标志是变量？哪些变量是离散变量？哪些变量是连续变量？

## 三、讨论题

1.有人说：统计是20世纪人类最伟大的发现之一。你如何看待这种说法？

2.请你研究我国第六次人口普查的总体、总体单位、品质标志、数量标志、变量(分出离散变量、连续变量)。

# 第二章

# 统计调查

统计调查，是收集社会经济现象的数字资料的工作过程。收集的统计资料有两类：一类是原始资料(或初级资料)，一类是次级资料，原始资料是主要的。统计资料搜集是统计研究工作的开始阶段，是决定整个统计研究工作质量的基础环节。

## 第一节 统计调查的意义和分类

### 一、统计调查的意义和任务

统计调查是按照统计研究预定的目的和任务，运用科学的统计调查方法，有计划有组织地向客观实际搜集数字资料的工作过程，包括搜集原始资料和次级资料。原始资料是指直接向调查单位搜集的未经过任何加工或整理的数据资料。次级资料是过去搜集的历史数据资料，需要按照新的研究目的和任务，重新整理的资料，也称为二手资料。一切次级资料都是由原始资料汇总而得到的。所以，搜集原始数据资料是统计调查的主要任务。

搜集调查资料是统计工作的基础环节。首先，通过统计调查，直接占有原始资料，这是统计定量认识的开始。没有统计调查，统计工作就成了无源之水，无本之木。其次，统计调查资料的质量如何，调查的数据资料如果残缺不全或不符合要求，会直接影响统计工作的最终质量。可见，统计调查在很大程度上决定了整个统计工作的质量。

### 二、统计调查的要求

对统计调查的基本要求是：全面性、准确性、及时性和方便性。

**(一)全面性**

调查资料包括全部的调查单位和调查项目，如果资料不齐全，就难以满足统计研究的要求，也就不可能对认识总体作出全面正确的认识。

**(二)准确性**

调查数据要如实反映客观实际。统计资料的准确性，是统计工作的生命线。如果调查数据失真，就会给统计工作带来不良影响。造成统计资料不真实的原因是多方面的，既有主观原因，也有客观原因。这就要求：被调查单位依据统计法如实提供统计资料，不得虚报瞒报；各级统计工作人员必须牢固树立实事求是的观念，把维护统计资料的真实性提高到坚守职业道德和贯彻统计法的高度来对待，绝不可掉以轻心。

**(三)及时性**

要遵守时间节点,按时提供统计资料,以免影响全局工作。

**(四)方便性**

方便性有两个方面的涵义,一是调查项目要便于理解和填写。二是调查资料要便于加工和使用。

应当指出,对调查数据的"全面、准确、及时、方便"的要求,不仅是对统计调查工作的要求,而且是对整个统计工作的要求。要正确处理好上述四个基本要求之间的关系,应以准为基础,力求在准中求快,资料完整,方便使用。

## 三、统计调查的种类

社会经济现象错综复杂,千变万化,为了准确及时地搜集原始资料,就应根据不同的调查对象与调查目的,选择合适的调查方式和方法,做好调查工作。统计调查可分类如下:

**(一)按调查的组织方式不同,可以分为统计报表和专门调查**

统计报表是指按一定的表式和要求,自上而下统一布置,自下而上提供统计资料的一种调查方式。

专门调查是为了研究某一专门问题,由进行调查的单位专门组织的调查。这种调查既包括一次性调查,也包括经常性调查,如抽样调查、典型调查和重点调查等。

**(二)按调查对象范围不同,可以分为全面调查和非全面调查**

全面调查,是对构成调查对象总体的所有总体单位,逐一进行调查登记的一种调查方式。例如,人口普查、经济普查、农业普查等。

非全面调查,则是对构成调查对象总体中的一部分个体单位进行登记的一种调查方式。重点调查、典型调查、抽样调查均属此类调查。例如,为了研究某地区农村居民生活情况,只需对部分居民家庭进行调查;为了掌握进出口商品质量状况,可对部分商品进行检验。

**(三)按调查登记的时间是否连续,可以分为经常性调查和一次性调查**

经常性调查是指连续性地对调查单位的信息进行计量、登记的一种调查方式。如对工业产品产量、主要产品原材料和燃料等的消耗量所进行的调查都属于经常性调查。

一次性调查是间断性地对调查单位的信息进行计量、登记的一种调查方式。如对生产设备数量、人口数量、在校学生人数等的调查就属一次性调查。连续性调查是定期进行的,一次性调查可以是定期进行的,也可以是不定期进行的。

**(四)按调查资料的来源渠道不同,分为直接取得的数据调查和间接取得的数据调查**

直接取得的数据是指通过普查、抽样调查、统计报表、重点调查、典型调查等调查方式所取得的信息。

间接取得的数据是指从政府统计部门和业务主管部门等获得的信息。具体有:统计部门公布的有关资料,如统计年报、各类统计年鉴等;各类经济信息中心、信息咨询机构、专业调查机构等提供的数据;各类专业期刊、报纸、书籍所显示的资料;各种会议,如博览会、展销会、交易会及专业性、学术性研讨会上交流的有关资料。

# 第二节　统计调查方案

统计调查方案是对整个统计调查工作事先进行的统筹规划和全面安排的一个书面文件。

其目的在于统一认识、统一内容、统一方法、统一步调，使统计资料搜集工作做到有计划、有组织地顺利进行。一个完整的统计调查方案应包括以下内容：

## 一、确定调查目的和任务

调查目的是指通过统计调查活动所要获得的预期结果。例如，《国务院办公厅关于开展2015年全国1%人口抽样调查的通知》指出，该调查的目的是：了解2010年以来我国人口在数量、素质、结构、分布以及居住等方面的变化情况，为制定国民经济和社会发展规划提供科学准确的统计信息支持。调查目的明确了，任务清楚了才能确定调查的对象、内容和方法等，否则会使统计调查工作陷入盲目及混乱状态。所以说确定调查目的和任务是制订调查方案的首要问题。

确定调查目的和任务时，力求做到目的明确，重点突出，不可含糊其辞，面面俱到，不然就不会取得满意的调查资料。

## 二、确定调查对象、调查范围和调查单位

调查对象指统计要调查的某一社会经济现象总体，也就是统计总体。调查单位就是要调查的个体单位。确定调查对象的目的是为了明确统计调查的范围界限，确定调查单位的目的是为了明确从哪里取得调查资料。例如，2015年全国1%人口抽样调查的对象和范围是：在我国境内抽取约6万个调查小区，调查对象为小区内的全部人口（不包括港澳台居民和外国人），共约1400万人。调查单位是：2015年全国1%人口抽样调查小区内的每一个人。

应当指出，在实际工作中要把调查单位和报告单位加以区别。调查单位是构成调查对象的基本单位，也可以说是调查项目的直接承担者。报告单位则是负责向上级报告调查资料的单位。调查单位与报告单位有时一致，有时不一致，这要根据具体的调查工作而定。例如，进行工业企业生产经营情况调查，每一个工业企业既是调查单位又是报告单位。如果调查工业企业的生产设备利用情况，则每一台生产设备是调查单位，而工业企业则是报告单位。

正确地确定调查单位，不仅能保证对被研究对象统计的完整性和准确性，而且关系到调查数据整理的正确性和统计分析的可靠性。

## 三、确定调查项目

调查项目又称调查纲要，是说明调查单位特征的各种标志。它完全由调查对象的性质和调查目的所确定，包括品质标志和数量标志。确定调查项目时应注意以下问题：

（1）确定的调查项目要符合调查目的，对可有可无的项目或备而不用的项目不应列入，以保证取得资料的可能性。

（2）每个调查项目都应该有确切的涵义和统一的解释。对逻辑不完善和界定不明确的项目，不应列入，以免调查研究人员或被调查者按照各自不同的理解进行填写，使得调查结果无法汇总，所以要重视调查项目解释的统一性。

（3）各个调查项目之间尽可能做到相互联系，彼此协调衔接，以便于对调查数据进行逻辑审核；对周期性的调查项目之间要尽量保持可比性，以便进行动态对比。

## 四、制定调查表和填表说明

把各个调查项目按照一定的顺序排列在一定的表格上，就构成了调查表，它既是搜集原始资料的基本工具，又是原始资料的载体。因此，调查表的设计本身就是一种提出大量统计问题的工作。

调查表是调查方案的核心部分，一般由表头、表体、表脚三部分组成。

表头：是指说明调查表的名称，可填写调查单位（报告单位）的名称、性质、隶属关系。

表体：是调查表的主要部分。包括调查项目和项目的具体表现，栏号和计量单位等。

表脚：包括调查者（填报人）的签名和调查日期等，以便明确责任和查询。

现以第六次全国人口普查表为例（见表 2－1）。

**表 2－1　第六次全国人口普查表**

本户地址：________县（市、区）________乡（镇、街道）________普查区______普查小区 建筑物编号________

地址码：

| H1. 户编号 | H2. 户别 | H3. 本户应登记人数 | H4. 2009 年 11 月 1 日—2010 年 10 月 31 日 死亡人口 | H5. 本户住房建筑面积 | H6. 本户住房间数 |
|---|---|---|---|---|---|
| | | | | | |

| R1. 姓名 | R2. 与户主关系 | R3. 性别 | R4. 出生年月 | R5. 民族 | R6. 普查时点居住地 | R7. 户口登记地 | R8. 离开户口登记地时间 | R9. 离开户口登记的原因 | R10. 户口性质 | R11. 是否识字 | R12. 受教育程度 |
|---|---|---|---|---|---|---|---|---|---|---|---|
| | | | | | | | | | | | |

户编号：　　　本户共　张　　申报人：　　　　普查员：　　　　　　　　填报日期　　年　月　日

调查表的形式一般有单一表和一览表两种。单一表是指每份调查表只能填写一个调查单位的统计表。它适用于调查项目多，调查单位比较分散的调查工作。一览表指每份调查表可以填写两个或两个以上调查单位的统计表。它适用于调查项目较少，调查单位比较集中的调查工作。表 2－1 上半部分以户为调查单位，是单一表；下半部分以人口为调查单位，是一览表。

调查表确定以后，还需要有填表说明和指标解释这些必备的调查文件。填表说明用来提示填表时应该注意的事项；指标解释则是为了说明调查表中的每一个指标的涵义，包括范围、计算方法等。

## 五、确定调查时间和调查期限

调查时间是指调查数据资料所属的时间，有时点和时期之分。如果所要调查的是时期现象，就要明确规定数据从何时起到何时止；如果所要调查的是时点现象，就要明确规定统一的标准时间。所谓标准时间就是登记时点现象时所依据的时间。

调查期限是指调查工作的起止时间，包括搜集数据和报送数据的整个工作所需的时间。调查时间和调查期限是完全不同的两个概念，要严格予以区分。如我国第六次人口普查规定2010年11月1日零时，为全国人口普查登记的标准时间，即调查时间；第六次全国人口普查规定的入户登记调查期限为2010年11月1日始至2010年11月10日止。2015年全国1%人口抽样调查的时点为2015年11月1日零时。

调查时间和调查期限的确定要依据调查工作的目的和任务、调查对象本身的特点和调查工作量的大小与难易程度而定。

### 六、确定调查工作的组织实施计划

严密细致的组织工作，是使统计调查工作顺利进行的保证。调查工作的组织主要包括以下内容：调查工作的组织领导和机构人员的配置；调查的方式和方法；调查前的准备工作，如宣传教育、干部培训、文件印刷等；调查资料的报送办法；调查经费的预算、开支和制定调查工作规划等。例如，2015年全国1%人口抽样调查的组织实施规定是：按照“统一领导、分工协作、分级负责、共同参与”的原则，做好调查的组织和实施工作。为加强领导和协调，由统计局会同有关部门成立2015年全国1%人口抽样调查工作协调小组（以下简称协调小组）。协调小组办公室设在统计局，负责调查的组织实施和日常工作，督促落实协调小组的议定事项。发展改革部门负责做好调查方案与国民经济和社会发展总体规划及有关专项规划编制实施的衔接；公安部门负责提供各级户籍人口、流动人口等资料并协助做好现场登记；宣传部门负责做好新闻宣传，以及新闻媒体的组织协调；其他部门按照职能分工，认真做好相关工作。县级以上地方各级人民政府要切实加强组织领导，建立相应机构，确保调查任务顺利完成；调查所需经费按照分级负担原则，由中央和地方各级人民政府共同负担，并列入相应年度的财政预算，按时拨付、确保到位。

制订一定规模的统计调查方案，还要进行调查试点工作，通过试点检验调查方案，积累组织实施的经验。

## 第三节　各种统计调查方式

为适应市场经济发展的需要，我国的统计调查方式彻底改变了以往的单一模式，发展为“以必要的周期性普查为基础，以经常性的抽样调查为主导，同时辅之以重点调查、科学推算和全面报表综合运用的调查方式体系”。

在统计调查方式体系中，建立“以必要的周期性普查为基础，以经常性的抽样调查为主体”，体现了与国际惯例的接轨；“辅之以重点调查、科学推算和少量的全面报表综合运用”，则体现了中国特色。

### 一、普查

#### （一）普查的意义和特点

普查是专门组织的一次性的全面调查。它主要用来搜集某些不能或不宜用定期的全面统计报表搜集的统计资料。

统计调查方式体系中之所以要以普查为基础，是因为普查能够掌握全面、系统的国情国力统计资料，能了解一个国家人力、物力和财力资源的数量及其利用情况，对于国家从实际出发制定国民经济和社会发展计划及产业政策，加强国民经济管理，安排人民物质和文化生活具有重要的意义。普查有两个主要特点：

(1)普查是专门组织的一次性调查。普查的对象是时点现象。由于时点现象的数量在短期内往往变动不大，不需要做连续性登记，只要间隔一段较长的时间做一次全面调查，便可满足需要。2003 年国家统计局公布调整后的全国性普查项目主要有人口普查、农业普查、经济普查等。我国人口普查每隔 10 年进行一次，在逢零的年份进行，如 2010 年我国进行了第六次全国人口普查；农业普查也每隔 10 年进行一次，在逢六的年份进行，如 2006 年我国进行了第二次全国农业普查，2016 年将开展第三次全国农业普查；经济普查针对第二产业、第三产业进行调查，2004 年在全国首次进行经济普查，以后每 5 年进行一次，在逢三和八的年份进行，如 2013 年我国进行了第三次全国经济普查。

(2)普查是专门组织的全面调查，内容全面、详细、准确。普查涉及的面广，工作量大，调查时间长，人财物资源消耗多，组织工作复杂，所以非重大问题不搞普查。

### (二)普查的组织方式及原则

普查的组织方式，按照机构设置情况分为两种：

一种是组织专门的普查机构，派出调查研究人员，对调查单位直接进行登记；另一种是由被调查单位填报，即利用企事业单位本身的组织系统完成这项工作。它主要依据企事业单位的原始记录和统计报表资料，或结合清库盘点，颁发一定的调查表格，由调查单位填报。无论哪种普查方式，都需要组织一定的普查机构，配备一定的专门人员，对整个普查工作进行组织领导。

按照普查资料汇总特点不同，普查又分为一般普查和快速普查两种组织方式。一般普查是采取逐级布置和逐级汇总上报的方法，前后花费时间较长。有些调查任务紧迫，就应进行快速普查。快速普查调查项目较少，调查范围较小，无论是布置任务和报送资料，都越过中间环节，由组织领导普查工作的最高机关直接把任务布置到基层单位，各基层单位将资料直接报送到普查工作的最高机关进行越级汇总，以缩短资料的传递和汇总时间。

普查时应坚持如下原则：

(1)必须规定一个统一的标准时间，使所有的资料都是反映同一时点上的情况，以免登记的重复和遗漏。

(2)普查登记工作，要在普查范围内同时进行，在调查期限内尽快完成，以保证资料的时效性和准确性。

(3)普查的项目应该统一规定，不得随意改变和增减，避免影响统一汇总，降低资料的质量。

(4)同类普查的项目应力求前后保持一致，并逐步建立周期性的普查制度。

## 二、抽样调查

抽样调查是一种非全面调查，它是遵守随机原则从调查对象总体中抽取部分单位进行观察，用以推断总体数量特征的一种调查方式。关于抽样调查的特点和内容，将在第七章详细论述。

## 三、重点调查

### (一)重点调查的概念和特点

重点调查是专门组织的非全面调查。它是在调查对象总体中选择一部分重点单位所进行的调查。所谓重点单位是指调查单位的标志值在被调查的总体标志总量中占有很大比重的单位。通过重点调查,可以了解社会经济现象的基本情况。例如,要了解全国钢铁产量情况,只需要对武钢、宝钢、鞍钢、首钢、包钢等几个大的钢铁企业的产量进行调查,就可以掌握全国钢铁生产的基本情况。再比如,每年春运期间,为了解全国铁路运输的情况,调查人员主要对北京、上海、广州、武汉、成都等枢纽站进行调查,原因是全国铁路客、货运输量大多集中在这些枢纽站。

重点调查的特点:一是重点单位的选择根据标志值的大小确定。二是重点调查的目的是反映现象总体的基本情况。

重点调查既可以用于经常性调查,也可用于一次性调查。

### (二)重点调查中重点单位的选择原则

重点调查的首要问题是选择重点单位,其选择原则如下:

(1)根据调查的目的和任务选择重点单位。调查目的不同,重点单位就可能不同。一般来说,重点单位应是其标志值在总体标志总量中占绝大比重的单位。

(2)重点调查实际上是对确定的重点单位进行小范围的全面调查,目的在于了解现象总体基本情况。因此,在选择重点单位时,应尽量选择管理制度健全、统计力量充实、基础工作较好的单位。

重点调查的组织形式也有两种:一种是为了特定调查目的而专门组织的一次性的重点调查。另一种是利用定期统计报表经常地对重点单位进行调查。

## 四、典型调查

### (一)典型调查的含义及作用

典型调查是根据调查目的,在对被调查对象进行初步分析的基础上,有意识地选择少数具有典型意义或在某方面具有代表性的单位进行调查的方式。它具有以下两个方面的特征:

(1)调查单位是根据调查目的,有意识地选择出来的典型单位。所谓典型单位是指客观存在的,对同类现象共同特征体现最充分、最有代表性的单位。

(2)典型调查是一种深入细致的调查。这种调查方式不是一般地搜集统计资料,而是对所研究问题作深入、细致、具体的调查研究,详细了解现象的具体情况,研究事物发生与发展的原因、过程和结果。

典型调查是一种灵活的调查方式。它既能搜集到有关的数字资料,又可了解到生动具体的情况,便于发现问题、分析问题、提出解决问题的途径,其主要作用表现在:

第一,典型调查可以用来研究新情况、新问题。在市场经济发展过程中,新事物、新问题不断涌现。采用典型调查方式,就能抓住苗头,认真地进行调查研究,探索它们的发展方向,总结经验,加以推广。

第二,典型调查可以补充全面调查资料的不足。搜集不需要或不能通过全面调查取得统计资料时，或者需要分析全面调查结果中出现的问题，进一步揭示问题的表现和原因时，典型调查可以弥补全面调查的缺口。

第三，在一定条件下，可利用典型调查资料，结合基本统计数据，推断总体指标。应当指出，典型调查结果一般并不用来推算总体指标。但当总体单位的标志值差异较小，又需要及时掌握全面情况，而又不便于采用其他调查方式取得全面资料时，则可利用典型调查资料进行估计。

**（二）典型调查的方式**

典型调查的方式大体可分为两种，一种是解剖麻雀式的调查，另一种是划类选典式的调查。前者适用于总体各单位之间差异比较小的情况，后者适用于总体各单位之间差异比较大的情形。

典型调查的关键是选择典型单位。对所选的典型单位的基本要求是，对总体具有充分的代表性。一般来说，如果是总结成败的经验教训，可选择先进典型和落后典型；如果了解总体的大体数量特征，可选择一般单位作为调查单位；如果是为了近似推算总体指标，则可按划类选典的方式选择调查单位。

## 五、统计报表

**（一）统计报表的概念及特点**

统计报表是我国搜集统计资料的一种主要方式。它是按照国家统计法规定，自上而下地统一布置，自下而上地逐级提供基本统计资料的一种调查方式。

统计报表具有统一性、群众性、全面性和经常性等特点。统一性是指统计报表要求按照统一的表式、统一的指标、统一的报送时间和报送程序进行填报。群众性是指统计报表以原始记录为主要来源。原始记录是基层单位对生产经营活动过程和成果所作的第一手数字或文字记载，是未经加工整理的初级资料，如领料单、入库单等，它是靠参与生产经营活动的广大群众亲自动手直接记载。所以原始记录具有广泛的群众基础，其资料也相对准确可靠。全面性是指统计报表要求调查对象中的每一个单位都必须填报。经常性是指统计报表主要搜集的是随着时间不断发生变化的时期现象的资料，所以要及时地不间断地调查登记，形成一定的制度。

**（二）统计报表的种类**

(1)统计报表按照调查范围不同，分为全面统计报表和非全面统计报表。前者要求调查对象中的每个单位都要填报，后者只要求调查对象中的一部分单位填报。

(2)统计报表按照报表内容和实施范围不同，分为国家统计报表、部门统计报表和地方统计报表。国家统计报表是反映整个国家的社会、经济、科技发展的基本情况的统计报表，也叫国民经济基本统计报表；部门统计报表是为适应本部门业务管理的需要而制定的专业统计报表；地方统计报表是根据本地区的特点和需要而制定的相应的统计报表。这三类报表的内容虽各有侧重，但互有联系，部门和地方的统计报表是国家统计报表的补充。

(3)按照报送方式不同，分为电讯报表和邮寄报表两种。电讯报表包括电报、电话、传真、网络邮件等；邮寄报表有书面的、磁介质的。

(4)按照报送周期长短，分为日报、旬报、月报、季报、半年报和年报。一般而言，报送周期短的，调查项目少，时效性强；报送周期长的，调查项目多。

(5)按照填报程序和单位的不同，分为基层报表和综合报表。前者是由基层填报的统计报表，填报单位称为基层填报单位；后者是由各地方统计部门或上级主管部门根据基层报表逐级汇总填报的统计报表，填报综合报表的单位或部门称为综合填报单位。

统计报表的资料来源是原始记录和统计台账。因此，建立和健全规范化的原始记录和统计台账，是统计报表准确性和及时性的基础。统计台账是基层单位依据原始记录和需要设置的一种系统积累资料的表册。

在实际统计工作中，要把上述多种调查方式结合起来搜集资料，这主要是由于：①整个国民经济门类众多，情况复杂，必须用多种多样的统计调查方式，才能收集到丰富的统计资料。②任何一种调查方式都不是尽善尽美的，都有它的优越性和局限性，各有其不同的实施条件。只用一种调查方式，必然不能达到较为全面地反映社会经济现象状况的调查目的。

现将各种统计调查方式进行比较，见表 2－2。

**表 2－2 各种统计调查方式的比较**

| 类型<br>项目 | 普查 | 抽样调查 | 重点调查 | 典型调查 | 统计报表 |
|---|---|---|---|---|---|
| 调查范围 | 全面 | 非全面 | 非全面 | 非全面 | 全面或非全面 |
| 调查时间 | 一次性 | 经常性或一次性 | 经常性或一次性 | 一次性 | 经常性 |
| 组织形式 | 专门调查 | 专门调查 | 报表制度或专门调查 | 专门调查 | 报表制度 |
| 调查单位的选择 | — | 按随机原则抽取样本单位 | 标志值在总体标志总量中占绝大比重的单位 | 具有典型代表性的单位 | — |
| 调查结果能否推算总体 | — | 能 | 否 | 一般不能，但在划类选典和对准确性要求不高时也可以 | — |

# 第四节 统计调查方法

搜集统计数据资料，是一项技术性较强的活动。运用合理、适当的调查方法，是及时、准确地取得统计资料的保证。具体的调查方法有直接观察法、报告法、采访法、通讯法、问卷法、网上调查法、电话调查法和文献法等。

## 一、直接观察法

直接观察法是由调查人员亲自到现场对调查单位进行观察和计量以取得资料的一种调查方法。如调查人员对库存的产品、商品直接地盘点计数，以掌握产品或商品的库存数据等。

直接观察法的特点是：①由调查员到调查现场，按照预定计划，细致地观察与调查项目有关的问题，以便获取客观、准确的第一手资料。②由调查者深入现场，即去听、去看、去计数、去测量，从而获得大量生动具体的感性材料。③该调查只能搜集到现场资料，无法搜集到历史资料。④直接观察法需要花费大量的人力、物力、财力和时间，因此在应用上受到限制。⑤由于存在调查者与被调查者的主、客观因素问题，使调查资料的客观性受到影响。

## 二、报告法

报告法就是报告单位以各种原始记录和核算资料为依据，向有关单位提供调查资料的方法，又称为凭证法。我国现行统计报表制度就是采用这种方法搜集资料的。有些专门调查，如工业普查资料的搜集，也是采用了报告方法。

与其他调查方法相比较，报告法的特点是：①统一性和时效性。由于报告法的表格形式、指标体系、口径、范围及报送程序等都是统一规定的，各报告单位只是按规定执行，所以保证了资料的统一性和时效性。②周期性。采用报告法搜集资料，往往是不间断地按相等的时间间隔定期进行，资料具有动态衔接性和可比性。③相对可靠性。报告法建立在基层单位的原始记录和核算资料的基础上，故资料具有相对可靠性。④灵活性差。自下而上的报告制度需要严密的组织工作，使实际操作中的难度增大，降低了灵活性。

## 三、采访法

采访法亦称访问法，是指由调查人员根据调查提纲或调查问卷向被调查者提出问题，根据被调查者的答复以取得统计资料的调查方法。采访法可以分为个别采访和集体采访。

个别采访是由调查人员对每一个被调查者逐一提出所要调查的问题，由被调查者口头回答以取得调查资料的方法。个别采访形式灵活，便于被调查者理解调查目的和调查项目，在某种程度上也可观察被调查者的态度、心理等，以判断访问结果的准确性。

集体采访也是采用开调查会的方法，请熟悉调查内容的人进行座谈。这种形式便于集思广益，利于相互启发，相互质疑，开展讨论并形成观点。

采访法的特点是：①由于询问者与被询问者直接接触，逐项研究问题，因而搜集的资料比较准确。②调查所需要的人力、费用较多。③对调查人员的要求较高，如知识面广，公关能力强，态度及心理素质较好等。

## 四、通讯法

通讯法指由调查者将调查表邮寄给被调查者，由被调查者根据调查的要求填写并寄回，以取得资料的一种调查方法。通讯法的特点是：①可以扩大调查的地域和范围，所需经费相对较少。②被调查者有充足的时间思考和回答问题。③被调查者的数量不宜太多，调查项目不宜过于复杂。④调查表的回收、调查内容的理解和回答的准确性、可靠性等难以得到有效保证。

## 五、问卷法

问卷法是调查者运用统一设计好的询问提纲或调查表，向被调查者了解情况、搜集资料的一种调查方法。问卷调查内容涉及政治经济、科技、文化教育等，是国际通行的一种调查方法，也是近年来在我国推行最快、应用最广的一种调查手段。

问卷调查多用于非全面调查，调查单位的选择一般按随机原则来抽取。问卷调查的特点是：通俗易懂，实施方便，适用于各种范围与环境；易于对资料进行处理和定量分析；节约时间和人力、财力，能提高调查效率等。

## 六、网上调查法

网上调查是通过互联网发布调查问卷来收集、记录、整理和分析市场信息的活动。随着计算机、通信和互联网的发展和普及，网上调查将成为21世纪应用最广泛的调查方式之一。

网上调查具有传统调查所不可比拟的优点：①速度快，成本低。网上调查是无纸化调查，不需要派出调查人员，可在短时间内完成调查任务，成本大幅度降低。②市场调查对象广泛。网上调查借助网络优势，可以广泛联系各网站进行联合调查。③客观性强。网上调查的被调查网民是在一种相对轻松和从容的气氛下接受调查的，不会受到调查员及其他外在因素的误导和干预，能最大限度地保证结果的客观性，同时被调查者是在完全自愿的原则下参与调查的，功利性少，得出的结果具有客观性。④可视性强。利用多媒体技术，可以使调查更加生动、形象、直观。网上调查的优势十分明显，但也存在一定的缺陷，如样本代表性仍然不够，资料安全性较低等问题。

## 七、电话调查法

电话调查是指调查人员利用电话工具，对被调查者进行语言访问来搜集信息的调查方法。电话调查要求调查员熟悉调查项目，有熟练的计算机操作技能，有清晰准确的语言表达能力。

## 八、文献法

文献法是根据调查目的，浏览著作、报告、论文、统计或业务报表等，获得所需要的研究信息。这种调查方法不受时间和空间限制，节省人、财、物、时间等资源，获得的信息量大。

统计调查的各种方法，各有特点，在实际工作中可以灵活运用。

# 第五节　问卷调查

## 一、问卷调查的分类

问卷调查的关键是搞好问卷的询问设计和回答设计问题。从询问设计角度讲，问卷调查的分类如下：

(1)按问卷中所列问题答案的规范化程度不同，可分为开放式问卷、封闭式问卷是和混合式问卷。

开放式问卷只能提出问题，而不列出固定标准答案，由回答者自由填写。例如，请你评价我国商品房产权70年的规定有何缺陷？你上网主要浏览哪些信息？你对出国旅游有何看法？开放式问卷所得的资料比较生动、具体，信息量大。特别适合于询问那些潜在的问题，尤其是想了解被调查者的真实呼声，以便于获取建设性的意见和建议。封闭式问卷指在提问问题的同时，列出若干可供选择的答案，由被调查者选择回答即可。例如，你愿意在哪个部门工作？①党政机关□②国有企业□③集体企业□④私营企业□。封闭式问卷回答方便，利于提高问卷的回收率和有效率，易于进行各种统计处理和分析。混合式问卷是在封闭式答案后加上“其他”，或在开放式答案前面加上封闭式答案。如你认为选择职业的最佳途径是什么？①双向选择□②自谋职业□③统一分配□④其他□。

(2)按问卷提问问题的方式不同,可分为直接性问卷、间接性问卷和假设性问卷。

直接性问卷可通过直接提问方式获得答案。例如,您的年龄?您的职业?您最喜欢的储蓄种类是什么?这种问卷常常给回答者一个明确的范围,所问的是个人基本情况和意见。对一些窘迫性问题,不宜采用此方式提问。间接性问卷指被调查者因为对所需回答的问题产生顾虑,不敢或不愿意真实地表达意见的问题,采用间接提问以获得答案的方式。它比直接提问能获得更多更真实的信息。假设性问卷是通过假设某一情景,向被调查者提出问题,并取得答案的调查。例如,有人认为目前的电视广告过多,您的看法如何?如果在购买汽车和住房中您只能选择一种,您可能会选择哪种?

(3)按问卷提问的具体意图不同,分为事实性问卷、行为性问卷、动机性问卷和态度性问卷。

事实性问卷要求被调查者回答一些有关事实性的问题,如您通常什么时候看电视?您经常去书店买书吗?这种问卷的问题意思要清楚,便于理解并回答。行为性问卷是为了了解被调查者行为的原因或动机。如为什么做某事?为什么购某物?设计这种问卷时,应充分考虑人们的行为是否是有意识或无意识的产物。态度性问卷在于掌握回答者的态度、评价、意见、建议等。例如,您是否喜欢××品牌的电视机?

(4)按问卷的填写方式不同,分为自填问卷和访问问卷。

自填问卷直接面对被调查者,由被调查者自行填写。自填问卷可以利用邮寄、报刊、送发等渠道。访问问卷直接面对被调查者,由调查者按问卷所列问题询问被调查者,然后代填问卷。访问问卷可以通过个别访问、集体访问、电话询问等方式取得资料。

以上各种问卷应根据实际情况,恰当结合,灵活地运用,才能收到满意的调查效果。

## 二、问卷的构成要素

问卷一般由问卷说明、指导语、调查内容、编码四个基本要素构成。

问卷说明是问卷首页上给被调查者的短信。用于交代调查者的身份、调查目的和意义、调查内容、填表要求、通信地址等。说明信的语言应简洁谦虚、诚恳,以引起调查对象对问卷的重视。

指导语即填表说明,用于指导被调查者填写问卷。要求简单列举几条,可印在问卷说明的下面。

调查内容是问卷的主体,主要包括基本情况、行为或事实问题、态度意见三部分内容。基本情况指与调查目的有关的被调查者和背景材料,如年龄、性别、职业等。行为或事实指用来测量和调查被调查者的行为或事实的问题,需根据研究目的一一列出。态度意见指用于了解被调查者对某些事物或行为的评价。

编码是赋予每个问题及答案一个数字代码,以便于汇总整理。

## 三、问卷的实施过程

为使问卷具有科学性和可行性,需要按照一定程序进行。

### (一)设计调查问卷

调查问卷的设计一般需经过前期调查、初步设计、试用问卷、修订问卷等工作过程。问卷设计中应做到:符合研究目的以及被调查者的基本情况、理论假设;表述、提问要规范、明确;表格设计要结构合理、项目俱全、说明细致；设计和表达能使被调查者感兴趣。

**(二)确定调查单位**

由于问卷调查的回收率和有效率一般都达不到100%。因此，实际调查人数应多于有效问卷人数，确定实际调查人数的公式为：

$$\text{实际调查人数}=\frac{\text{有效问卷的人数}}{\text{回收率}\times\text{有效率}}$$

在选择调查单位时，应将对问卷内容比较熟悉，有一定文字理解和表达能力的人作为调查单位。

**(三)发放和回收问卷**

问卷发放和回收可通过邮局寄出，或随报刊投递，也可依靠有关组织代发代收，或电话调查，派员登门拜访等方式。

**(四)审查问卷**

对回收的问卷进行甄别，剔除不符合要求的无效问卷，为问卷的整理、分析打下基础。

## 四、问卷设计的原则及应注意问题

**(一)设计原则**

问卷设计应符合目的性原则、可接受性原则、简明性原则、匹配性原则。

**(二)应注意问题**

对问卷的问句设计总的要求是：问句表达要简明、生动，概念准确，避免提似是而非的问题。具体应注意以下几点：

(1)避免提笼统、抽象或过于专业化的问题；

(2)避免用不确切的词；

(3)避免用含糊不清的句子；

(4)避免引导性提问；

(5)避免提断定性的问题；

(6)避免提被调查者敏感、禁忌的问题；

(7)避免提一问多答的问题；

(8)问句要考虑时间性；

(9)拟定问句要有明确的界限。

应当指出，问卷的答案设计也是不可忽视的问题，由于篇幅所限，这里不再赘述。

## ➢附:问卷调查案例

**银行家问卷调查表**

表号:2-2表

制 表 机 关:中国人民银行国家统计局

联合发文文号:银发〔2007〕477号

有 效 期 至:2009年12月

200 年 季度

尊敬的行长:

为了更准确地把握全国银行业运行的状况,为宏观决策提供依据,中国人民银行和国家统计局特制定本调查问卷。请根据您的判断填写本问卷,于本月22日前将问卷寄至本地人民银行分支机构。我们将严格按照密件处理您的答卷,并尽快将汇总分析结果反馈给您,为贵行经营决策提供参考。谢谢您的合作!

中国人民银行调查统计司 国家统计局服务业调查中心

一、基本情况

01.银行机构代码 □□□□□□□□□□□□□□□□□□□□

02.银行家姓名________职务________联系电话________________

03.银行名称

________银行________省(直辖市)分行________市分行

信用社名称

________省________市________信用社

请在下列选中项后的□中打"√"

二、对宏观经济形势的判断和预测

04.您对目前经济形势的看法是:

| | | | | | | |
|---|---|---|---|---|---|---|
| 本季度 | ①过热 | ②偏热 | ③正常 | ④偏冷 | ⑤过冷 | ⑥看不准 |
| 全国经济形势 | □ | □ | □ | □ | □ | □ |
| 本省(地)经济形势 | □ | □ | □ | □ | □ | □ |
| 下季度 | ①过热 | ②偏热 | ③正常 | ④偏冷 | ⑤过冷 | ⑥看不准 |
| 全国经济形势 | □ | □ | □ | □ | □ | □ |
| 本省(地)经济形势 | □ | □ | □ | □ | □ | □ |

05.您对下季度市场物价走势的看法是:

| | ①明显上涨 | ②有所上涨 | ③基本不变 | ④有所下降 | ⑤明显下降 | ⑥看不准 |
|---|---|---|---|---|---|---|
| 总体上 | □ | □ | □ | □ | □ | □ |
| 其中:投资品价格 | □ | □ | □ | □ | □ | □ |
| 消费及服务价格 | □ | □ | □ | □ | □ | □ |

三、对货币政策相关问题的判断和预测

06.您对货币政策状况和走势的判断:

| | ①过松 | ②偏松 | ③适度 | ④偏紧 | ⑤过紧 | ⑥看不准 |
|---|---|---|---|---|---|---|

| | | | | | | |
|---|---|---|---|---|---|---|
| 本季度货币政策状况 | □ | □ | □ | □ | □ | □ |
| 下季度货币政策走势 | □ | □ | □ | □ | □ | □ |

07. 您认为目前央行引导信贷投向的政策：

| | | | | |
|---|---|---|---|---|
| ①效果显著 □ | ②有一定效果 □ | ③效果不太显著 □ | ④基本无效 □ | ⑤其他 □ |

08、您对本季利率水平的判断：

| | ①过高 | ②偏高 | ③适度 | ④偏低 | ⑤过低 | ⑥看不准 |
|---|---|---|---|---|---|---|
| 总体上 | □ | □ | □ | □ | □ | □ |
| 其中：存款利率 | □ | □ | □ | □ | □ | □ |
| 贷款利率 | □ | □ | □ | □ | □ | □ |
| 再贴现利率 | □ | □ | □ | □ | □ | □ |
| 再贷款利率 | □ | □ | □ | □ | □ | □ |
| 同业拆借利率 | □ | □ | □ | □ | □ | □ |
| 银行间债券回购利率 | □ | □ | □ | □ | □ | □ |

09. 您对下季度利率走势的预测：

| | ①明显上升 | ②有所上升 | ③基本持平 | ④有所下降 | ⑤明显下降 | ⑥看不准 |
|---|---|---|---|---|---|---|
| 总体上 | □ | □ | □ | □ | □ | □ |
| 其中：同业拆借利率 | □ | □ | □ | □ | □ | □ |
| 银行间债券回购利率 | □ | □ | □ | □ | □ | □ |

10. 贵行对客户的贷款利率浮动水平：

| 本季比上季 | ①未涉及 | ②明显上浮 | ③有所上浮 | ④基本不变 | ⑤有所下浮 | ⑥明显下浮 |
|---|---|---|---|---|---|---|
| 贷款平均利率 | □ | □ | □ | □ | □ | □ |
| 人民币贷款利率 | □ | □ | □ | □ | □ | □ |
| 外币贷款利率 | □ | □ | □ | □ | □ | □ |
| 下季预计 | ①未涉及 | ②明显上浮 | ③有所上浮 | ④基本不变 | ⑤有所下浮 | ⑥明显下浮 |
| 贷款平均利率 | □ | □ | □ | □ | □ | □ |
| 人民币贷款利率 | □ | □ | □ | □ | □ | □ |
| 外币贷款利率 | □ | □ | □ | □ | □ | □ |

11. 与上季相比，本季贵行与其他银行及金融机构资金往来量有何变化？

| | ①未涉及 | ②明显增加 | ③有所增加 | ④基本不变 | ⑤有所减少 | ⑥明显减少 |
|---|---|---|---|---|---|---|
| 总体上 | □ | □ | □ | □ | □ | □ |
| 对其他银行 | ①未涉及 | ②明显增加 | ③有所增加 | ④基本不变 | ⑤有所减少 | ⑥明显减少 |
| 融出资金 | □ | □ | □ | □ | □ | □ |
| 融入资金 | □ | □ | □ | □ | □ | □ |
| 对非银行金融机构 | ①未涉及 | ②明显增加 | ③有所增加 | ④基本不变 | ⑤有所减少 | ⑥明显减少 |
| 融出资金 | □ | □ | □ | □ | □ | □ |
| 融入资金 | □ | □ | □ | □ | □ | □ |

| 本系统内 | ①未涉及 | ②明显增加 | ③有所增加 | ④基本不变 | ⑤有所减少 | ⑥明显减少 |
|---|---|---|---|---|---|---|
| 融出资金 | □ | □ | □ | □ | □ | □ |
| 融入资金 | □ | □ | □ | □ | □ | □ |

12. 与上季相比，本季贵行客户的贷款需求：

| 按行业分类 | ①未涉及 | ②明显增长 | ③有所增长 | ④基本不变 | ⑤有所下降 | ⑥明显下降 |
|---|---|---|---|---|---|---|
| 农业 | □ | □ | □ | □ | □ | □ |
| 制造业 | □ | □ | □ | □ | □ | □ |
| 非制造业 | □ | □ | □ | □ | □ | □ |
| 其中：电气水生产和供应 | □ | □ | □ | □ | □ | □ |
| 建筑业 | □ | □ | □ | □ | □ | □ |
| 房地产业 | □ | □ | □ | □ | □ | □ |
| 水利环境公共设施管理业 | □ | □ | □ | □ | □ | □ |
| 教育 | □ | □ | □ | □ | □ | □ |
| 其他 | □ | □ | □ | □ | □ | □ |
| 按企业规模 | ①未涉及 | ②明显增长 | ③有所增长 | ④基本不变 | ⑤有所下降 | ⑥明显下降 |
| 大型企业 | □ | □ | □ | □ | □ | □ |
| 中型企业 | □ | □ | □ | □ | □ | □ |
| 小型企业 | □ | □ | □ | □ | □ | □ |
| 按贷款用途 | ①未涉及 | ②明显增长 | ③有所增长 | ④基本不变 | ⑤有所下降 | ⑥明显下降 |
| 固定资产 | □ | □ | □ | □ | □ | □ |
| 经营周转 | □ | □ | □ | □ | □ | □ |
| 个人消费 | □ | □ | □ | □ | □ | □ |
| 其中：个人购房 | □ | □ | □ | □ | □ | □ |
| 个人购车 | □ | □ | □ | □ | □ | □ |
| 信用卡消费 | □ | □ | □ | □ | □ | □ |
| 总体上 | □ | □ | □ | □ | □ | □ |

13. 您认为影响本季企业贷款需求量变化的主要原因是(最多选 3 项)：

| | | |
|---|---|---|
| ①市场需求变化 □ | ②库存的变化 □ | ③利率变动 □ |
| ④基建投资的变化 □ | ⑤应收账款的变动 □ | ⑥从其他行转向贵行贷款 □ |
| ⑦技术改造投资的变化 □ | ⑧收购/兼并融资需求变化 □ | ⑨从贵行转向其他行贷款 □ |
| ⑩其他(请用文字说明) | | |

14. 您对贵行的贷款(含票据融资)量和投向的判断：

| 本季比上季(按行业分类) | ①未涉及 | ②明显增加 | ③有所增加 | ④基本不变 | ⑤有所减少 | ⑥明显减少 |
|---|---|---|---|---|---|---|
| 农业 | □ | □ | □ | □ | □ | □ |
| 制造业 | □ | □ | □ | □ | □ | □ |
| 非制造业 | □ | □ | □ | □ | □ | □ |
| 其中：电气水生产和供应 | □ | □ | □ | □ | □ | □ |

| | | | | | | |
|---|---|---|---|---|---|---|
| 建筑业 | □ | □ | □ | □ | □ | □ |
| 房地产业 | □ | □ | □ | □ | □ | □ |
| 水利环境公共设施管理业 | □ | □ | □ | □ | □ | □ |
| 教育 | □ | □ | □ | □ | □ | □ |
| 其他 | □ | □ | □ | □ | □ | □ |
| 按企业规模 | ①未涉及 | ②明显增加 | ③有所增加 | ④基本不变 | ⑤有所减少 | ⑥明显减少 |
| 大型企业 | □ | □ | □ | □ | □ | □ |
| 中型企业 | □ | □ | □ | □ | □ | □ |
| 小型企业 | □ | □ | □ | □ | □ | □ |
| 按贷款用途 | ①未涉及 | ②明显增加 | ③有所增加 | ④基本不变 | ⑤有所减少 | ⑥明显减少 |
| 固定资产 | □ | □ | □ | □ | □ | □ |
| 经营周转 | □ | □ | □ | □ | □ | □ |
| | ①未涉及 | ②明显增加 | ③有所增加 | ④基本不变 | ⑤有所减少 | ⑥明显减少 |
| 个人消费 | □ | □ | □ | □ | □ | □ |
| 其中:个人购房 | □ | □ | □ | □ | □ | □ |
| 个人购车 | □ | □ | □ | □ | □ | □ |
| 信用卡消费 | □ | □ | □ | □ | □ | □ |
| 总体上 | □ | □ | □ | □ | □ | □ |

15.与上季相比,本季贵行对企业、个人贷款申请的审批条件:

| 按行业分类 | ①未涉及 | ②明显放松 | ③有所放松 | ④基本不变 | ⑤有所收紧 | ⑥明显收紧 |
|---|---|---|---|---|---|---|
| 农业 | □ | □ | □ | □ | □ | □ |
| 制造业 | □ | □ | □ | □ | □ | □ |
| 非制造业 | □ | □ | □ | □ | □ | □ |
| 其中:电气水生产和供应 | □ | □ | □ | □ | □ | □ |
| 建筑业 | □ | □ | □ | □ | □ | □ |
| 房地产业 | □ | □ | □ | □ | □ | □ |
| 水利环境公共设施管理业 | □ | □ | □ | □ | □ | □ |
| 教育 | □ | □ | □ | □ | □ | □ |
| 其他 | □ | □ | □ | □ | □ | □ |
| 按企业规模 | ①未涉及 | ②明显放松 | ③有所放松 | ④基本不变 | ⑤有所收紧 | ⑥明显收紧 |
| 大型企业 | □ | □ | □ | □ | □ | □ |
| 中型企业 | □ | □ | □ | □ | □ | □ |
| 小型企业 | □ | □ | □ | □ | □ | □ |
| 按贷款用途 | ①未涉及 | ②明显放松 | ③有所放松 | ④基本不变 | ⑤有所收紧 | ⑥明显收紧 |
| 固定资产 | □ | □ | □ | □ | □ | □ |
| 经营周转 | □ | □ | □ | □ | □ | □ |
| 个人消费 | □ | □ | □ | □ | □ | □ |

| | | | | | | |
|---|---|---|---|---|---|---|
| 其中：个人购房 | □ | □ | □ | □ | □ | □ |
| 个人购车 | □ | □ | □ | □ | □ | □ |
| 信用卡消费 | □ | □ | □ | □ | □ | □ |
| 总体上 | □ | □ | □ | □ | □ | □ |

16. 与上季相比，本季在贵行贷款逾期的客户数量：

| | ①未涉及 | ②增加 | ③基本不变 | ④减少 |
|---|---|---|---|---|
| 企业 | □ | □ | □ | □ |
| 个人 | □ | □ | □ | □ |

四、对银行业景气状况判断和预测

17. 您认为：

| | ①很好 | ②较好 | ③一般 | ④较差 | ⑤很差 | ⑥看不准 |
|---|---|---|---|---|---|---|
| 本季银行业总体运行 | □ | □ | □ | □ | □ | □ |
| 下季银行业总体运行 | □ | □ | □ | □ | □ | □ |
| 本季贵行的经营状况 | □ | □ | □ | □ | □ | □ |
| 下季贵行的经营状况 | □ | □ | □ | □ | □ | □ |

18. 您对贵行客户的业务需求量的判断和预计：

| 本季比上季 | ①未涉及 | ②明显增加 | ③有所增加 | ④基本不变 | ⑤有所减少 | ⑥明显减少 |
|---|---|---|---|---|---|---|
| 总体上 | □ | □ | □ | □ | □ | □ |
| 其中：贷款业务 | □ | □ | □ | □ | □ | □ |
| 中间业务 | □ | □ | □ | □ | □ | □ |
| 下季预计： | ①未涉及 | ②明显增加 | ③有所增加 | ④基本不变 | ⑤有所减少 | ⑥明显减少 |
| 总体上 | □ | □ | □ | □ | □ | □ |
| 其中：贷款业务 | □ | □ | □ | □ | □ | □ |
| 中间业务 | □ | □ | □ | □ | □ | □ |

19. 贵行资金的头寸状况：

| | ①宽松 | ②较松 | ③基本不变 | ④较紧 | ⑤紧张 |
|---|---|---|---|---|---|
| 本季比上季 | □ | □ | □ | □ | □ |
| 下季预计 | □ | □ | □ | □ | □ |

20. 与上季相比，本季贵行的资金来源：

| | ①未涉及 | ②明显增加 | ③有所增加 | ④基本不变 | ⑤有所减少 | ⑥明显减少 |
|---|---|---|---|---|---|---|
| 总体上 | □ | □ | □ | □ | □ | □ |
| 其中：企业存款 | □ | □ | □ | □ | □ | □ |
| 储蓄存款 | □ | □ | □ | □ | □ | □ |
| 同业拆入 | □ | □ | □ | □ | □ | □ |
| 其他 | □ | □ | □ | □ | □ | □ |

21. 与上季相比，本季贵行的员工人数：

| | | | | |
|---|---|---|---|---|
| ①明显增加 □ | ②有所增加 □ | ③基本不变 □ | ④有所减少 □ | ⑤明显减少 □ |

22. 与上季相比，本季贵行竞争力状况（政策性银行请选“未涉及”，选择“基本不变”、“下降”或“未涉及”的，请直接跳答24题）：

| | | | |
|---|---|---|---|
| ①提高 □ | ②基本不变 □ | ③下降 □ | ④未涉及 □ |

23. 贵行本季竞争力的提高主要采用什么措施（最多选3项）？

| | | |
|---|---|---|
| ①增加服务网点 □ | ②业务产品的创新 □ | ③提高对客户的服务质量 □ |
| ④降低贷款利率 □ | ⑤提高资金结算的便利性 □ | ⑥提高电子化水平 □ |
| ⑦其他（请用文字说明） | | |

24. 贵行贷款资产质量：

| | ①明显提高 | ②有所提高 | ③基本不变 | ④有所下降 | ⑤明显下降 |
|---|---|---|---|---|---|
| 本季比上季 | □ | □ | □ | □ | □ |
| 下季预计 | □ | □ | □ | □ | □ |

25. 您对贵行的财务状况的判断和预测（本外币并账）：

| 本季比上季 | ①明显增加 | ②有所增加 | ③基本不变 | ④有所减少 | ⑤明显减少 |
|---|---|---|---|---|---|
| 净利息收入 | □ | □ | □ | □ | □ |
| 存贷款利差 | □ | □ | □ | □ | □ |
| 金融机构往来净收入 | □ | □ | □ | □ | □ |
| 净手续费收入 | □ | □ | □ | □ | □ |
| 营业收入 | □ | □ | □ | □ | □ |
| 人均利润（亏损行不填） | □ | □ | □ | □ | □ |
| 下季预计 | ①明显增加 | ②有所增加 | ③基本不变 | ④有所减少 | ⑤明显减少 |
| 净利息收入 | □ | □ | □ | □ | □ |
| 存贷款利差 | □ | □ | □ | □ | □ |
| 净金融机构往来收入 | □ | □ | □ | □ | □ |
| 净手续费收入 | □ | □ | □ | □ | □ |
| 营业收入 | □ | □ | □ | □ | □ |
| 人均利润（亏损行不填） | □ | □ | □ | □ | □ |

26. 本季贵行盈利状况：

| | |
|---|---|
| ①盈利 □ | ②亏损 □ |

27. 贵行盈利变动及预计：

| | ①增盈（减亏） | ②持平 | ③减盈（增亏） |
|---|---|---|---|
| 本季度 | □ | □ | □ |
| 下季预计 | □ | □ | □ |

28. 贵行经营中存在的主要问题及政策建议（请用文字详细说明）：

填报日期：200　年　月　日

## 思考、训练与探讨

### 一、思考题

1. 什么是统计调查？进行统计调查要遵循哪些原则？

2. 统计调查方案包括哪些内容？

3. 解释调查对象、调查单位和报告单位的关系。

4. 统计调查方式有哪些？各有什么优缺点？

5. 普查和全面统计报表两者是否可以相互替代？为什么？

6. 什么是重点调查？应如何选择重点单位。

7. 说明重点调查、典型调查和抽样调查的异同。

8. 简述统计调查问卷设计原则和应注意的事项。

9. 指出下列调查的调查对象、调查单位及报告单位：

(1)全国经济普查；

(2)全国农业普查；

(3)某地区商业网点调查；

(4)某市交通运输企业经营情况调查。

10. 我国统计调查方式体系是什么？

### 二、调查问卷设计

选择下列你感兴趣的问题，设计一份调查问卷：

(1)居民家庭理财情况调查。

(2)高校毕业生创业愿望调查。

(3)农村居民或城镇居民医疗保障问题调查。

### 三、社会调研总动员

"挑战杯"全国大学生课外学术科技作品竞赛，简称"挑战杯"竞赛。这是由共青团中央、中国科协、教育部、全国学联和地方政府共同主办，国内著名大学、新闻媒体联合发起的一项具有导向性、示范性和群众性的全国竞赛活动。

"挑战杯"竞赛在中国有两个并列项目，一是"挑战杯"中国大学生创业计划竞赛；二是"挑战杯"全国大学生课外学术科技作品竞赛。

"挑战杯"竞赛坚持"崇尚科学、追求真知、勤奋学习、锐意创新、迎接挑战"的宗旨，在促进青年创新人才成长，深化素质教育，推动经济社会发展等方面产生了积极广泛良好的影响，被誉为当代大学生科技创新的"奥林匹克"盛会。

**1."挑战杯"竞赛动员你"了解"：**

(1)"挑战杯"竞赛的由来。

(2)“挑战杯”竞赛的内容。

(3)“创业计划竞赛”与“课外学术科技作品竞赛”的不同。

(4)“挑战杯”竞赛的参与及获奖情况。

(5)“挑战杯”竞赛的定位思路(竞赛定位、办赛定位)。

(6)“挑战杯”竞赛的理念(全民挑战杯、全球挑战杯、全体验挑战、绿色挑战杯、实战挑战杯、可持续挑战杯)。

(7)“挑战杯”竞赛宗旨。

(8)“挑战杯”竞赛目的。

(9)“挑战杯”竞赛历史。

(10)“挑战杯”竞赛方式。

(11)“挑战杯”参赛资格。

(12)“挑战杯”作品申报。

(13)“挑战杯”竞赛章程。

**2.“挑战杯”竞赛动员你“践行”：**

从课本中走出来，从课堂里走出来，从学校里走出来，彰显青春活力，积极参加社会经济实践活动，运用统计调查方法撰写调研报告，全面成长进步，成为综合应用型人才，为社会贡献正能量。

请你撰写一份关于社会经济问题的调研报告，参加被誉为当代大学生科技创新的“奥林匹克”盛会之“挑战杯”竞赛，期望你取得优异的竞赛成绩。

# 第三章

# 统计整理

统计整理是统计资料整理的简称，是对调查资料进行分类汇总的过程，它既是统计调查的深入，又是统计分析的前提。

**【例 3-1】** 某市场调查公司为了研究甲城市居民对中央电视台各频道电视节目的收视情况，随机抽取了50人进行了调查，受访问者最喜欢看的央视频道见表 3-1。

**表 3-1　某市最受访问者喜欢的央视频道调查资料**

| 1 频道 | 5 频道 | 2 频道 | 2 频道 | 1 频道 | 5 频道 |
|---|---|---|---|---|---|
| 2 频道 | 2 频道 | 1 频道 | 2 频道 | 1 频道 | 1 频道 |
| 1 频道 | 1 频道 | 1 频道 | 2 频道 | 3 频道 | 3 频道 |
| 5 频道 | 5 频道 | 1 频道 | 1 频道 | 1 频道 | 1 频道 |
| 9 频道 | 1 频道 | 1 频道 | 11 频道 | 2 频道 | 1 频道 |
| 1 频道 | 2 频道 | 1 频道 | 10 频道 | 5 频道 | 1 频道 |
| 1 频道 | 1 频道 | 1 频道 | 1 频道 | 1 频道 | 10 频道 |
| 6 频道 | 5 频道 | 6 频道 | 1 频道 | 5 频道 | 2 频道 |
| 2 频道 | 1 频道 | — | — | — | — |

上述资料是一个最直接、最简单的原始调查记录，具有分散和零碎的特点，无法反映出中央电视台各电视频道节目受该市居民喜爱的程度。因此，该市场调查公司在取得统计调查资料之后，根据调查目的对其进行整理，使之条理化、系统化，这一系列的工作可称为统计资料整理。本章将系统介绍统计资料整理的方法。

## 第一节　统计整理概述

### 一、统计整理的概念

统计调查所得到的反映总体单位特征的原始资料，难以从总体上分析和认识社会经济现象总体的数量表现。只有根据统计研究的目的，运用科学的统计整理方法，对原始资料进行整理，才能准确地揭示社会经济现象的特征和规律。

统计整理是根据统计研究的目的，运用一定的方法对调查资料进行加工，为统计分析提供系统化、条理化资料的工作过程。统计整理的质量，将直接影响统计对社会经济现象总体数量特征认识的质量。

## 二、统计整理的步骤

统计资料整理是一项周密细致的工作，要有计划、有组织地进行。统计资料整理的基本步骤是：

(1)设计和编制统计资料的整理方案。正确制订统计整理方案是保证统计整理有计划、有组织进行的首要步骤，是统计设计在统计整理阶段的具体化。

(2)对原始资料进行审核。在进行统计资料整理之前，应对调查资料的准确性、完整性和及时性进行审核。

(3)对原始资料进行分组、汇总和计算各组单位数。

(4)对整理好的资料进行再审核，改正资料汇总过程中所发生的各种差错。

(5)编制统计表，简明扼要地表达整理结果，说明社会经济现象在数量方面的联系。

(6)进行统计资料汇编，系统地积累历史统计资料，作为总结历史经验、研究社会经济发展规律的重要依据。

# 第二节　统计分组

## 一、统计分组的概念

统计分组是根据统计研究的目的，将统计总体按照一定的标志区分为性质不同的若干个部分或若干组成的一种方法。统计分组同时具有两方面的含义：对总体来说是“分”，即将总体区分为性质不同的若干个部分；对总体单位来说是“合”，即将性质相同的总体单位组合起来。例如，要研究“国民经济”运行情况，不能笼统地研究。需要按不同的标志对国民经济总体进行分组。如将国民经济活动按照产业顺序分为一、二、三产业；按照社会再生产环节分为生产、流通、分配和消费；按照最终成果形成分为投资、消费、进出口；等等。这样就可以分部分地研究清楚，最后综合起来，才能认识国民经济的运行状态，研究其规律性。

## 二、统计分组的作用

### (一)区分社会经济现象的类型

统计分组的根本作用是将复杂的社会经济现象按重要的标志区分为各个性质不同的组成部分，以揭示不同类型之间的差别，更深刻地认识事物的本质。

**【例 3-2】** 根据 2014 年全国消协组织受理的消费者投诉信息显示(不含港澳台地区)，全年共受理消费投诉 619415 件，对消费者投诉问题按性质进行分类后得到表 3-2。

**表 3-2　2014 年消费投诉问题按性质分类情况**

| 投诉问题类型 | 投诉量(件) | 投诉比重(%) |
|---|---|---|
| 质量 | 283681 | 45.80 |
| 售后服务 | 110947 | 17.91 |
| 合同 | 80329 | 12.97 |
| 价格 | 18207 | 2.94 |

续表 3-2

| 投诉问题类型 | 投诉量 | 投诉比重(%) |
| --- | --- | --- |
| 安全 | 12850 | 2.07 |
| 虚假宣传 | 9095 | 1.47 |
| 假冒 | 5493 | 0.89 |
| 计量 | 5038 | 0.81 |
| 人格尊严 | 2877 | 0.47 |
| 其他 | 90898 | 14.67 |

由表 3-2 可知,质量问题占 45.80%,售后服务问题占 17.91%,合同问题占 12.97%,价格问题占 2.94%,安全问题占 2.07%,虚假宣传问题占 1.47%,假冒问题占 0.89%,计量问题占 0.81%,人格尊严问题占 0.47%,其他问题占 14.67%。产品质量、售后服务和合同争议问题仍是引发投诉的主要原因,占投诉总量的七成以上。

### (二)揭示社会经济现象的内部结构

通过分组,把总体分成若干组成部分,并计算各组成部分在总体中所占比重,就可以反映总体的内部结构,表明一定时间地点条件下总体的结构特征,认识总体各个组成部分的量及各部分量在总体中所占比重,各组成部分量对总体量的影响,各组在时间上的变化可以说明经济现象发展变化趋势等,从而加深对总体量的认识。

**【例 3-3】** 我国 2003 和 2013 年从业人员按三次产业分组情况,见表 3-3。

**表 3-3 我国三次产业从业者构成情况**

| 产业顺序 | 2003 年 | | 2013 年 | |
| --- | --- | --- | --- | --- |
| | 从业人员数(万人) | 比重(%) | 从业人员数(万人) | 比重(%) |
| 第一产业 | 36204 | 49.1 | 24171 | 31.4 |
| 第二产业 | 15927 | 21.6 | 23170 | 30.1 |
| 第三产业 | 21605 | 29.3 | 29636 | 38.5 |
| 合计 | 73736 | 100 | 76977 | 100 |

从表 3-3 可以看出,第一产业的从业者比重在这十年间下降了 17.7%,但它仍高于第二产业;第二产业和第三产业的从业者比重则处于上升状态,第三产业吸纳就业的比率最高,从 2003 年的 29.3%上升到 2013 年的 38.5%,已成为吸收就业的主导产业。此表客观反映了我国从业者的产业结构变化趋势。

### (三)分析社会经济现象之间的数量依存关系

任何社会经济现象都不是孤立存在的,而是处于相互联系相互制约之中。将各种性质上有联系的分组资料结合起来进行分析,可以认识不同社会经济现象之间数量上的依存关系,研究它们之间在数量上的影响程度及其规律性,有利于把握现象总体数量变动的趋势。

【例 3－4】 某市百货商店按商品销售额分组的流通费用率见表 3－4。

**表 3－4 2014 某市百货商店的流通费用率**

| 商店按商品销售额分组(万元) | 商店数(个) | 流通费用率(%) |
|---|---|---|
| 1000 以下 | 16 | 38.8 |
| 1000～2000 | 8 | 6.4 |
| 2000～3000 | 6 | 5.9 |
| 3000～4000 | 5 | 5.2 |
| 4000 以上 | 2 | 5.0 |

从表 3－4 可知，流通费用率与商品销售额之间的依存关系是：流通费用率随着商品销售额的增多而逐渐降低，二者呈现出反方向的变动趋势。

上述统计分组的三个作用并不是孤立存在的，而是紧密联系的。区分现象性质是前提和基础，揭示现象内部结构和分析现象之间的依存关系是对现象性质的进一步研究，实际工作中三者常常结合使用。

## 三、分组标志的选择

统计分组的关键在于正确选择分组标志和划分各组界限。选择分组标志就是确定将总体区分为性质不同的若干部分(组)的标准或依据。分组标志选择正确与否，关系到能否准确地反映总体的性质特征，实现统计研究的目的和任务。分组标志一经选定并据以进行分组，就突出了总体在此标志下的性质差异，而掩盖了总体在其他标志下的差异。缺乏科学依据的分组，就无法显示现象的根本特征，结果把不同性质的事物混淆在一起，歪曲客观现象的真实情况。因此，选择分组标志时要坚持以下原则：

**1. 选择分组标志，必须从统计研究目的出发**

在对社会经济现象进行分析的基础上，从众多的标志中选择出能够反映总体性质特征的主要标志来作为分组标志，这是选择分组标志的基本要求。以工业企业这一总体为例，当研究的目的是观察企业的经济类型，就应选择所有制形式作为分组标志；当研究的目的是了解企业规模的大小，就应选择产品的数量、职工人数、占地面积、固定资产原值或生产能力作为分组标志；当研究目的在于确定工业内部比例关系，就应按部门分类，划分为轻工业、重工业或冶金、电力、化工、机械等工业部门。

**2. 选择分组标志，必须符合研究对象的特点**

同一现象，由于研究对象的特点不同，需要采用的分组标志不同。例如，研究居民家庭生活水平，按每户月收入和每户平均收入分组，比按照其他标志分组更能反映事物本质区别。按人均月收入分组，因为剔除了家庭人口多少的影响因素，比按每月收入分组更能反映每个家庭的真正收入水平和生活状况。另外，不同收入水平的家庭还可以按城乡标志继续分组，深入体现各类家庭生活水平上的本质差异。总之，选择分组标志不能违背现象的客观实际情况，否则会造成认识上的错误。

## 四、统计分组方法与形式

### (一)统计分组的方法

按照分组标志的性质不同,有按品质标志分组和按数量标志分组两种方法。

**1.按品质标志分组的方法**

按品质标志分组,就是选择反映事物属性差别的品质标志作为分组标志,并在该标志的变异范围内划定各组界限,将总体区分为性质不同的若干部分或若干组的方法。如人口按性别标志分为男、女两组;存款按所有制性质为标志,分为公有制单位存款、非公有制单位存款、个体户存款等。

**【例3-5】** 对某大学265名学生按照生活费来源标志分组,结果见表3-5。

**表3-5 将大学生按照生活费来源分组表**

| 生活费来源 | 数量(人) | 比率(%) |
|---|---|---|
| 父母供给 | 210 | 79.25 |
| 勤工俭学 | 30 | 11.32 |
| 助学贷款 | 22 | 8.30 |
| 其他 | 3 | 1.13 |
| 合计 | 265 | 100.00 |

按品质标志分组时,有些现象比较简单,仅用一个品质标志对总体进行一次划分就足以说明问题。分组标志确定了,现象的标志差异很明确,组限的划分也较为容易。有些现象比较复杂,对这些较为复杂的现象按品质标志分组时,要依据统一的划分标准或分类目录。例如,我国制定的《国民经济部门分类目录》《工业产品分类目录》《人口职业分类目录》等。需要指出的是,标准分类目录虽然相对稳定,但也不是固定不变的,它将随着社会经济的发展,增加新的分类而淘汰陈旧的分类。

**2.按数量标志分组的方法**

按数量标志分组,就是选择反映事物数量差别的数量标志作为分组标志,并在该标志的变异范围内划定各组数量界限,将总体划分为性质不同的若干部分或若干组的方法。

**【例3-6】** 某社区居民家庭人口分布情况,见表3-6。

**表3-6 某社区居民家庭人口情况**

| 家庭人口数(人) | 家庭数(户) | 比重(%) |
|---|---|---|
| 1 | 5 | 3.47 |
| 2 | 31 | 21.53 |
| 3 | 45 | 31.25 |
| 4 | 52 | 36.11 |
| 5 | 11 | 7.64 |
| 合计 | 144 | 100.0 |

实际在分析一些社会经济问题时，为了从多方面体现总体特征，可以将品质标志和数量标志结合进行分组。

【例 3-7】 我国 2014 年年末人口数资料见表 3-7。

**表 3-7 我国 2014 年年末人口结构状况**

| 指标 | 年末人数（万人） | 各组人数比重(%) |
|---|---|---|
| 全国总人口 | 136782 | 100.00 |
| 其中：城镇 | 74916 | 54.77 |
| 乡村 | 61866 | 45.23 |
| 其中：男性 | 70079 | 51.23 |
| 女性 | 66703 | 48.77 |
| 其中：0～15 岁 | 23957 | 17.51 |
| 16～59 岁 | 91583 | 66.96 |
| 60 周岁及以上 | 21242 | 15.53 |
| 其中：65 周岁及以上 | 13755 | 10.06 |

表 3-7 将我国 2014 年的人口数据按城乡、性别、年龄特征三个分组标志进行了简单的分组。此表充分反映了我国人口的城乡比例、性别比例和年龄特征，为研究我国人口发展趋势和制定劳动力资源利用规划提供了翔实的资料。

### （二）统计分组的形式

统计分组按形式不同，有简单分组和复合分组。

**1. 简单分组和平行分组体系**

对总体只按照一个标志进行分组，称为简单分组。例如，把人口总体以文化程度为标志分组，将企业总体以生产能力为标志分组，就是简单分组。简单分组只能说明现象在某一方面的分布状态和差异。当我们要从多个方面研究总体特征时，仅用一个标志进行简单分组就难以满足需要了，必须运用多个分组标志对总体进行多种分组，形成一个分组体系。

对同一总体选择两个或两个以上的标志分别进行简单分组所构成的分组体系叫平行分组体系。

【例 3-8】 对大学生总体按性别、年龄、身高、体重分别进行简单分组，得到的平行分组体系见表 3-8。

**表 3-8 平行分组体系**

| 按性别分组 | 按年龄分组(岁) | 按身高分组(cm) | 按体重分组(kg) |
|---|---|---|---|
| 男生组 | 15 以下 | 140 以下 | 40 以下 |
| 女生组 | 15～20 | 140～150 | 40～50 |
| | 20～25 | 150～160 | 50～60 |
| | 25 以上 | 160～170 | 60～70 |
| | | 170～180 | 70～80 |
| | | 180 以上 | 80 以上 |

平行分组体系的特点是：每一个分组只能固定一个因素对差异的影响，不能固定其他因素对差异的影响。

**2.复合分组和复合分组体系**

复合分组是指对同一总体选择两个或两个以上的标志进行层叠分组，该分组能够在深度上说明现象的内部结构和差异状态。

复合分组体系的特点是：第一次分组只固定一个因素对差异的影响，第二次分组时固定两个因素对差异的影响，当最后一次分组时，所有被选择标志对差异的影响便已全部固定。

**【例 3-9】** 2014 年某地区 24 个工业企业的资料见表 3-9。

**表 3-9 某地区工业企业资料**

| 企业编号 | 经济类型 | 企业规模 | 职工人数（人） | 全年总产值（万元） |
|---|---|---|---|---|
| 1 | 国有企业 | 中 | 3200 | 3500 |
| 2 | 国有企业 | 大 | 8500 | 11000 |
| 3 | 其他类型企业 | 中 | 2400 | 2200 |
| 4 | 个体企业 | 小 | 300 | 200 |
| 5 | 集体企业 | 中 | 800 | 740 |
| 6 | 个体企业 | 小 | 160 | 120 |
| 7 | 个体企业 | 小 | 80 | 35 |
| 8 | 集体企业 | 小 | 65 | 30 |
| 9 | 国有企业 | 小 | 120 | 80 |
| 10 | 其他类型企业 | 中 | 1000 | 1200 |
| 11 | 集体企业 | 中 | 1800 | 2000 |
| 12 | 个体企业 | 小 | 400 | 250 |
| 13 | 其他类型企业 | 小 | 130 | 94 |
| 14 | 国有企业 | 中 | 900 | 2100 |
| 15 | 集体企业 | 小 | 270 | 300 |
| 16 | 个体企业 | 小 | 460 | 220 |
| 17 | 国有企业 | 大 | 5600 | 30000 |
| 18 | 国有企业 | 大 | 4700 | 28000 |
| 19 | 个体企业 | 小 | 300 | 350 |
| 20 | 集体企业 | 小 | 280 | 300 |
| 21 | 个体企业 | 小 | 160 | 200 |
| 22 | 其他类型企业 | 小 | 200 | 170 |
| 23 | 集体企业 | 小 | 140 | 97 |
| 24 | 其他类型企业 | 小 | 50 | 100 |

对表 3-9 的资料进行简单分组，得到表 3-10 和表 3-11。

表 3-10 对某地区工业企业按经济类型分组

| 按经济类型分组 | 企业数(个) | 职工人数(人) | 总产值(万元) |
|---|---|---|---|
| 国有企业 | 6 | 23020 | 74680 |
| 集体企业 | 6 | 3355 | 3467 |
| 个体企业 | 7 | 1860 | 1375 |
| 其他类型企业 | 5 | 3820 | 3764 |
| 合计 | 24 | 32055 | 83286 |

表 3-11 对某地区工业企业按规模分组

| 按企业规模分组 | 企业数(个) | 职工人数(人) | 总产值(万元) |
|---|---|---|---|
| 大型 | 3 | 18800 | 69000 |
| 中型 | 6 | 10100 | 11740 |
| 小型 | 15 | 3155 | 2546 |
| 合计 | 24 | 32055 | 83286 |

若对表 3-9 资料按经济类型和企业规模进行复合分组,得到的复合分组体系见表3-12。

表 3-12 复合分组体系

| | 企业数(个) | 职工人数(人) | 总产值(万元) |
|---|---|---|---|
| 国有企业 | 6 | 23020 | 74680 |
| 大型 | 3 | 18800 | 69000 |
| 中型 | 2 | 4100 | 5600 |
| 小型 | 1 | 120 | 80 |
| 集体企业 | 6 | 3355 | 3467 |
| 大型 | — | — | — |
| 中型 | 2 | 2600 | 2740 |
| 小型 | 4 | 755 | 727 |
| 个体企业 | 7 | 1860 | 1375 |
| 大型 | — | — | — |
| 中型 | — | — | — |
| 小型 | 7 | 1860 | 1375 |
| 其他类型企业 | 5 | 3820 | 3764 |
| 大型 | — | — | — |
| 中型 | 2 | 3400 | 3400 |
| 小型 | 3 | 420 | 364 |
| 合计 | 24 | 32055 | 83286 |

# 第三节　分配数列

## 一、分配数列的概念和种类

### (一)分配数列的概念

在统计分组的基础上，将总体中的所有单位按组归类整理，形成总体单位在各组间的分配，叫次数分配。分配在各组的个体单位数叫次数，又称为频数。各组次数与总次数之比称比率，又称为频率。将各组组别与次数依次编排而成的数列叫分配数列。分配数列由各个不同的组及各组次数两部分构成。

### (二)分配数列的种类

根据分组标志的特征不同，分配数列可以分为品质标志分配数列（简称品质数列）和数量标志分配数列（简称变量数列）。

**1. 品质数列**

品质数列是按品质标志分组编制的统计数列。在实际生活中，人口按性别、民族分组，企业按经济类型分组，产品按用途分组等，这样所形成的分配数列都是品质分配数列。

**【例 3－10】** 某市工商管理部门研究该市的广告类别，对 300 人就广告问题做了现场问卷调查，调查数据经分类整理后见表 3－13。

**表 3－13　某城市的广告类型**

| 广告类型 | 调查人数（人） | 比率（%） |
|---|---|---|
| 商品广告 | 204 | 68.0 |
| 服务广告 | 36 | 12.0 |
| 金融广告 | 19 | 6.3 |
| 房地产广告 | 26 | 8.7 |
| 招生招聘广告 | 10 | 3.3 |
| 其他广告 | 5 | 1.7 |
| 合计 | 300 | 100 |

表 3－13 是按照品质标志进行分组得到的品质数列。

**2. 变量数列**

数量数列是按数量标志分组编制的分配数列。变量数列又分为单项式变量数列和组距式变量数列。

单项式变量数列是以每个变量值作为一组，按变量值的大小顺序所编制的变量数列。例如，表 3－14 就是这种数列。

组距式变量数列是以变量的一定变动范围作为一组，按变量值的大小顺序所编制的变量数列。组距数列根据组距是否相等，又可分为等距数列和异距数列。例如，表 3－15 是等距数列，表 3－16 是异组距数列。

一般来说，当分组变量是离散变量：其变异范围较小，编制单项式变量数列；如果变异范围较大，编制组距数列。当分组变量是连续变量，无论变异范围大小，都编制组距数列。

**【例 3－11】** 将 2015 年初某地区居民家庭按人均存款额分组，结果见表 3－14。

**表 3－14 2015 年初某地区居民家庭人均存款额资料**

| 家庭人均存款额(万元) | 居民户数(万户) | 比率(%) |
|---|---|---|
| 1 | 8.6 | 27.74 |
| 2 | 10.0 | 32.26 |
| 3 | 7.1 | 22.90 |
| 4 | 5.3 | 17.10 |
| 合计 | 31.0 | 100.00 |

**【例 3－12】** 把某会计公司客户按审计时间进行等距分组，得到的变量数列，见表3－15。

**表 3－15 某会计公司客户审计时长表**

| 审计时间(天) | 客户数量(家) | 比率(%) |
|---|---|---|
| 10～15 | 6 | 20.0 |
| 15～20 | 10 | 33.3 |
| 20～25 | 8 | 26.7 |
| 25～30 | 4 | 13.3 |
| 30 以上 | 2 | 6.7 |
| 合计 | 30 | 100.0 |

在组距变量数列中，各组内变量值的变化范围叫组距，每个组变量的起点数值叫下限，终点数值叫上限，则有：上限－下限＝组距。

等距式变量数列是指各个组变量值的变化范围相等。异距式变量数列是指各个组变量值的变化范围不相等。一般来说，当变量值变化不均匀时，宜采用异距分组。

**【例 3－13】** 对儿童按年龄分组，可以反映儿童不同年龄的生理变化特点，采用异距式分组，分组的结果要能反映现象之间的性质差异。见表 3－16。

**表 3－16 对社区的儿童按年龄分组**

| 按儿童年龄的分组(岁) | 儿童数(人) |
|---|---|
| 1 以下 | 30 |
| 1～3 | 57 |
| 4～6 | 82 |
| 7～15 | 56 |
| 合计 | 225 |

## 二、变量数列的编制

变量数列有单项数列和组距数列之分，单项变量数列的编制很简单，只需要将变量值相同的单位归类在同一组，然后按一定顺序排列即形成数列。它适用于离散变量且变异范围小的情形。如果总体单位较多，且标志值变动范围大，就宜于编制组距变量数列。我们以等距数列为例说明变量数列的编制步骤。

**【例3-14】** 在某城市随机抽样挑出105套商品房价格数据见表3-17。

**表3-17 某市随机抽样的105套商品房价格(单位:万元/套)**

| | | | | | | | | | | | |
|---|---|---|---|---|---|---|---|---|---|---|---|
| 175 | 242 | 296 | 312 | 174 | 218 | 325 | 270 | 262 | 186 | 264 | 225 |
| 289 | 217 | 311 | 174 | 246 | 182 | 244 | 196 | 188 | 199 | 192 | 268 |
| 125 | 188 | 312 | 214 | 283 | 257 | 277 | 236 | 155 | 236 | 244 | 293 |
| 148 | 172 | 234 | 209 | 175 | 223 | 166 | 222 | 177 | 245 | 208 | 180 |
| 233 | 251 | 209 | 216 | 177 | 189 | 327 | 199 | 235 | 197 | 244 | 190 |
| 193 | 255 | 227 | 272 | 209 | 207 | 205 | 149 | 253 | 128 | 156 | 173 |
| 221 | 252 | 244 | 178 | 176 | 207 | 220 | 188 | 187 | 266 | 196 | 167 |
| 302 | 228 | 209 | 294 | 178 | 292 | 209 | 177 | 269 | 166 | 294 | 243 |
| 188 | 207 | 375 | 183 | 223 | 189 | 176 | 198 | 237 | | | |

由于资料比较零散，看不出房价有何特征，通过编制数列研究本城市房价分布情况。

第一步：计算全距。全距是最大变量值与最小变量值之间的离差。根据表3-17资料计算，全距＝375－125＝250。全距表明变量值变动的最大范围或幅度，是确定组数和组距的依据。

第二步：确定组数和组距。

组距是指每组的上限和下限的距离，它与组数相互制约，成反比例的关系。组距越大，组数越少；组距越小，组数越多。一般来说，当变量值的变化比较均匀的时候，可以适当扩大组距，减少组数；当变量值的变化比较集中时，则要适当缩小组距，增加组数。总而言之，确定组距和组数，应当全面分析统计资料所反映的社会经济内容、变量值的分散程度等多种因素，通过分组体现出总体各单位在不同组之间的分配特点和规律。

结合该案例资料，将商品房价格分为5组，组距＝全距÷组数＝250÷5＝50。

第三步：确定组限和组中值。

组限是指相邻组之间的数量界限，其实质是体现相邻组之间的性质差别。对连续变量进行分组，相邻组的组限要求重叠；对离散变量进行分组，相邻组的组限要用连续的自然数断开。计算分布在各组的总体单位数时，要遵守“上组限不在其内”原则。组中值表示各组变量值的一般水平。

$$组中值=(上限+下限)/2$$

第四步：计算频数和频率，编制变量数列。

为了统计分析的需要，有时要观察某一数值以上或者某一数值以下频数或频率之和，这就需要计算累计频数及累计频率。累计方向有两种。向上累计频数是将各组频数由变量值小的组向变量值大的组累计，列在某组的累计频数反映该组上限以下的累计结果；向下累计频数是将各组频数由变量值大的组向变量值小的组累计，列在某组的累计频数反映该组下限以上的累计结果。累计频数用相对数表示时，称为累计频率(比率)。

【例 3－15】 现将【例 3－14】商品房价格进行等距分组，结果见表 3－18。

**表 3－18　某市 105 套商品房价格的频数分布表**

| 按房价分组（万元/套） | 各组频数 | | 向上累计次数 | | 向下累计次数 | |
|---|---|---|---|---|---|---|
| | 频数（套） | 频率（%） | 频数（套） | 频率（%） | 频数（套） | 频率（%） |
| 150 以下 | 4 | 3.81 | 4 | 3.81 | 105 | 100.00 |
| 150～200 | 38 | 36.19 | 42 | 40.00 | 101 | 96.19 |
| 200～250 | 37 | 35.23 | 79 | 75.23 | 63 | 60.00 |
| 250～300 | 19 | 18.10 | 98 | 93.33 | 26 | 24.77 |
| 300 以上 | 7 | 6.67 | 105 | 100.00 | 7 | 6.67 |
| 合计 | 105 | 100.0 | — | — | — | — |

由表 3－18 可以看出，每套房价格比较集中在 150 万元～250 万元之间，所占比重为 71.42%，次之是每套房价格在 250 万元～300 万元之间，所占比重为 18.10%。

## 三、频数分布的图示法

### （一）直方图

直方图是用长方形的宽度和高度来表示次数分布的一种统计图。绘制直方图时，横坐标表示各组组别，纵坐标表示各组频数和频率，然后按分布在各组的频数及频率确定其在纵坐标的高度绘制直方图。直方图一般不用来表示累计次数分布。

【例 3－16】 某商场移动电源促销期为 55 天，对日促销量数据整理见表 3－19。

**表 3－19　某商场移动电源日促销量统计表**

| 销售量（个） | 天数（天） | 频率（%） |
|---|---|---|
| 70 以下 | 13 | 23.64 |
| 70～90 | 28 | 50.91 |
| 90～110 | 12 | 21.82 |
| 110 以上 | 2 | 3.63 |
| 合计 | 55 | 100.0 |

根据表 3－19 资料绘制直方图，见图 3－1。

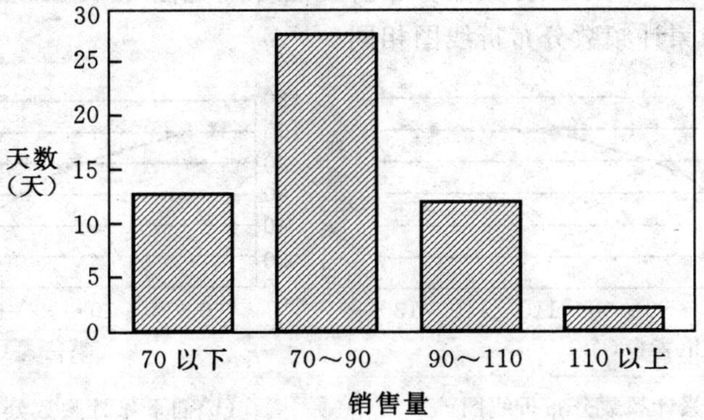


图 3－1　某商场移动电源日促销量频数分布直方图

## (二)折线图

折线图可以在直方图的基础上,用线段将各组组中值与频数高度的交点顺次连接而成。依据表 3-19 的资料绘制折线图,见图 3-2。

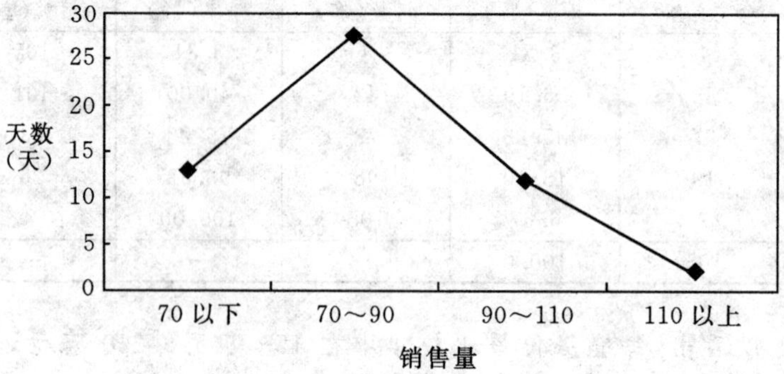


图 3-2　某商场移动电源日促销量频数分布折线图

折线图可以用来表示累计频数分布。根据表 3-19 资料作出累计频数分布表,见表3-20。

**表 3-20　移动电源日促销量累计频数分布表**

| 销售量(个) | 天数(天) | 频率(%) | 向上累计 | | 向下累计 | |
|---|---|---|---|---|---|---|
| | | | 数量(个) | 频率(%) | 数量(个) | 频率(%) |
| 70 以下 | 13 | 23.64 | 13 | 23.64 | 55 | 100.00 |
| 70～90 | 28 | 50.91 | 41 | 74.55 | 42 | 76.36 |
| 90～110 | 12 | 21.82 | 53 | 96.37 | 14 | 25.45 |
| 110 以上 | 2 | 3.63 | 55 | 100.0 | 2 | 3.63 |
| 合计 | 55 | 100.0 | — | — | — | — |

累计频数分布折线图分为向上累计频数分布折线图和向下累计频数分布折线图。绘制向上累计频数分布折线图时,从首组下限开始,将每组上限和累计频数的交点用线段连接起来;绘制向下累计频数分布折线图时,从末组的下限开始,将每组下限和累计频数的交点用线段连接起来。向上累计频数和向下累计频数分布折线图分别见图 3-3(a)和图 3-3(b)。累计频率分布折线图做法与累计频数分布折线图相同。

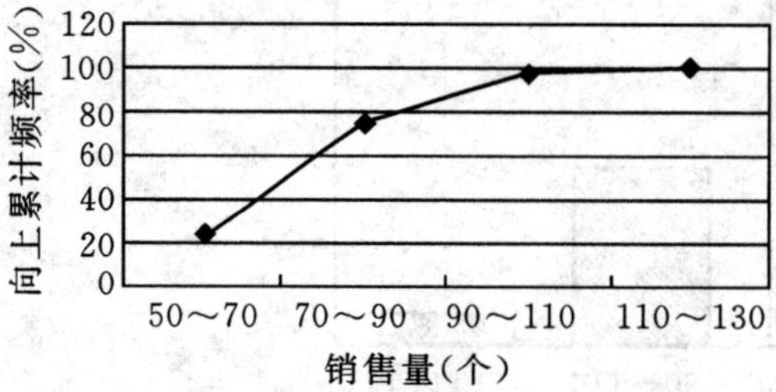


(a)向上累计频数分布折线图

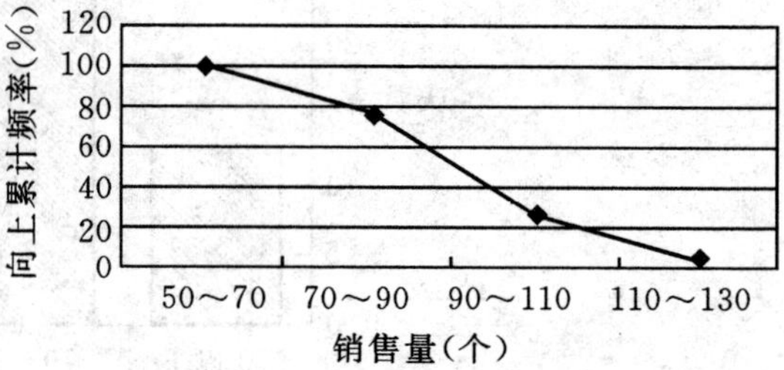


(b)向下累计频数分布折线图

图 3-3　累计频数分布折线图

### (三)曲线图

频数分布曲线图的做法与频数分布折线图的方法相同。当变量值非常多,变量数列的组数无限增多时,折线便近似地表现为一条平滑的曲线。曲线图是组数趋向于无限多时折线图的极限描绘,是一种理论曲线。它实质上是对应于连续变量的次数或比率分布的函数关系图。

## 四、频数分布的曲线类型

各种不同性质的社会经济现象都有着特殊的频数分布类型。概括为下列四种类型:

### (一)钟形分布

钟形分布的特征是"两头小、中间大",即靠近中间的变量值分布的次数多,靠近两端的变量值分布的次数少,它绘制成曲线图,宛如一口古钟。见图 3-4。

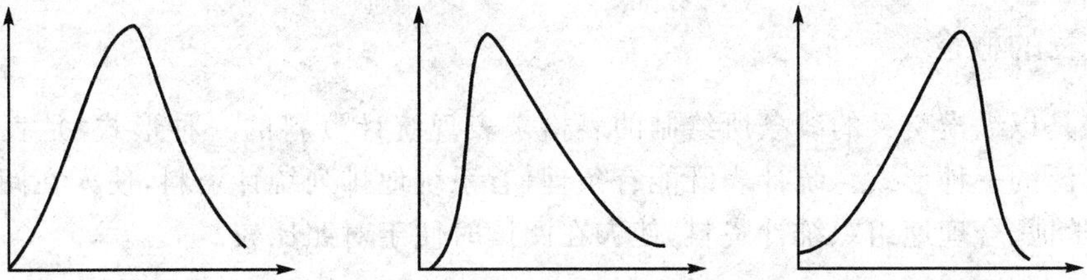

(a)对称分布　(b)右偏分布　(c)左偏分布

图 3-4 钟形曲线图

钟形分布具体可分为对称分布和非对称分布两类。对称分布的特征是中间变量值分布的频数最多,两侧变量值分布的频数则逐渐减少,并且围绕着中心变量值两侧呈对称分布,见图 3-4(a)。对称分布中的正态分布最重要,许多社会经济现象总体的分布都趋近于正态分布。例如,农产品平均亩产量的分布、零件公差的分布、商品市场价格的分布等。在非对称分布中,有不同方向的偏态,右偏分布及左偏分布分别见图 3-4(b)和图 3-4(c)。

### (二)水平分布

水平分布的特征是总体内各个变量值分布的频数大体相等,绘制成图形,表现为一条水平线。在现实生活中,严格意义上的水平分布是比较少见的,但对这种分布的研究,在统计理论上有着特殊的意义。

### (三)U 形分布

U 形分布的特征与钟形分布恰恰相反。靠近两端的变量值分布的频数大,靠近中间的变量值分布的频数小,形成"两头高,中间低"的分布特征。绘制成曲线图,像英文字母"U"字,见图 3-5。

### (四)J 形分布

J 形分布有两种类型,即正 J 形分布和反 J 形分布。正 J 形分布是频数随着变量值的增大而增多,绘制成曲线图,像英文字母"J"字,见图 3-6(a)。反 J 形分布是频数随着变量值增大而减少,见图 3-6(b)。例如,在投资经济活动中,投资额按利润大小分布,一般呈正 J 形分布。在商业经济活动中,流通费用率按商品销售额的多少分布,一般呈反 J 形分布。

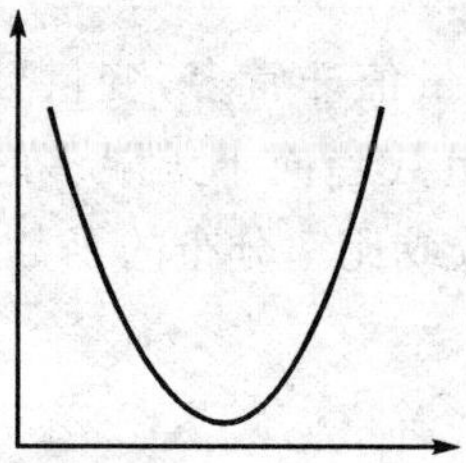

图 3-5 U形分布

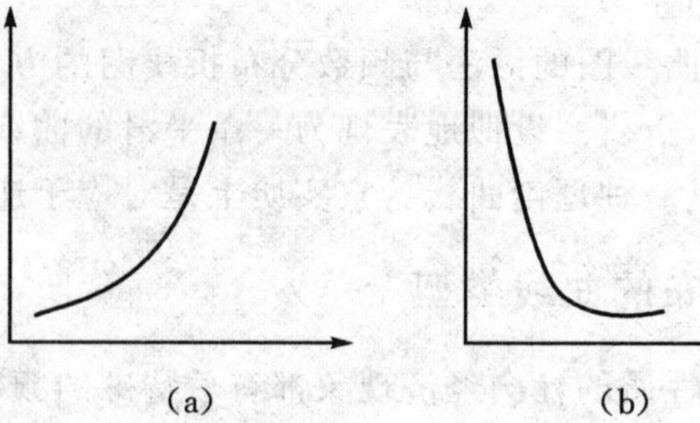


图 3-6 J形分布

# 第四节 统计表

## 一、统计表的概念

统计表是以纵横交叉的线条所绘制的表格来表现统计资料的一种形式，是表现统计资料的应用最广泛的一种形式。统计表既能有条理、有系统地排列统计资料，使人在阅读时一目了然，又能科学地、合理地组织统计资料，使人在阅读时便于对照比较。

## 二、统计表的构成与内容

### (一)统计表的构成

统计表是由总标题、横行标题、纵栏标题和指标数值四部分构成，见表 3-21。

总标题是统计表的名称，用以概括表中全部统计资料的内容。一般写在表的上端中部。

横行标题是横行的名称，在统计表中通常用来表示各组的名称，它代表统计表中资料所要说明的对象。常写在表的左方。

纵栏标题是纵栏的名称，在统计表中通常用来表示统计指标名称。一般写在表的上方。

指标数值列在各横行标题与各纵栏标题的交叉处。统计表中任何一个数字的内容均由横行标题和纵栏标题所限定。

此外，有些统计表在表下还增列补充资料、注解、附记、资料来源、某些指标的计算方法、填表单位、填表人员以及填表日期等。

**表 3-21 2014 年我国对主要贸易国货物进出口额** ←总标题

纵栏标题

| 国家 | 出口额(亿元) | 进口额(亿元) |
|---|---|---|
| 欧盟 | 22787 | 15031 |
| 美国 | 24328 | 9764 |
| 日本 | 9187 | 10027 |
| 韩国 | 6162 | 11677 |
| 合计 | 62464 | 46499 |

横行标题（左侧）；指标数值（右侧）

主词　　宾词

### (二)统计表的内容

统计表的内容可分为两个组成部分,一部分是统计表所要说明的总体,它可以是各个总体单位的名称、总体各组的组别,或者是总体单位的全部,这一部分内容习惯上称为主词。另一部分则是说明总体的统计指标,包括指标名称和指标数值,这一部分内容习惯上称为宾词。见表 3-21。

通常统计表的主词列在横行标题的位置,宾词中指标名称列在纵栏标题的位置。但有时为了编排合理和阅读方便,其位置也可以互换。

## 三、统计表的分类

### (一)按统计表的作用分类

(1)调查表。调查表,是在统计调查中用于登记、搜集原始统计资料的统计表。

(2)汇总表或整理表。汇总表或整理表,是在统计汇总或整理过程中用于表现统计汇总或整理结果的表格。

(3)分析表。分析表,是在统计分析中用于对整理所得的统计资料进行定量分析的表格。这类表格往往是在整理表中增列若干统计分析指标栏,成为整理表的延续。

### (二)按统计数列的性质分类

(1)空间数列表。空间数列表,指反映在同一时间条件下,不同空间范围内的某项或某几项统计数列的表格。它可用以说明在静态条件下某一或某些社会经济现象在不同空间内的数量分布,又称静态表,见表 3-22。

**表 3-22 2014 年居民消费价格指数比上年的涨跌幅度 (单位:%)**

| 指标 | 全国 | 城市 | 农村 |
|---|---|---|---|
| 居民消费价格 | 2.0 | 2.1 | 1.8 |
| 其中:食品 | 3.1 | 3.3 | 2.6 |
| 烟酒及用品 | -0.6 | -0.7 | -0.5 |
| 衣着 | 2.4 | 2.4 | 2.4 |
| 家庭设备用品 | 1.2 | 1.2 | 1.2 |
| 医疗保健和个人用品 | 1.3 | 1.2 | 1.5 |
| 交通和通信 | -0.1 | -0.2 | 0.0 |
| 娱乐教育文化用品及服务 | 1.9 | 1.9 | 1.7 |
| 居住 | 2.0 | 2.1 | 1.9 |

(2)时间数列表。时间数列表,指反映在同一空间条件下,不同时间阶段某项或某几项统计数列的表格。它可用以说明在空间范围不变条件下,某一或某些社会经济现象在不同时间上的数量变动,又称动态表,见表 3-23。

**表 3-23 2010—2014 年我国建筑业增加值情况**

| 年份(年) | 增加值(亿元) | 比上年增长(%) |
|---|---|---|
| 2010 | 27178 | 13.9 |
| 2011 | 32840 | 9.8 |
| 2012 | 36805 | 9.8 |
| 2013 | 40807 | 9.7 |
| 2014 | 44725 | 8.9 |

(3)时空数列结合表。时空数列结合表,指同时反映上述两方面内容的统计表。即说明某一或某些现象在不同空间内的数量分布,又说明它们在不同时间上的数量变动。这种统计表也可归为时间数列表。

**(三)按分组的情况分类**

(1)简单表。简单表,指总体未经任何分组,仅排列各单位名称或按时间顺序排列的统计表。

(2)简单分组表。简单分组表,指总体仅按一个标志分组,即应用简单分组形成的统计表。

(3)复合分组表。复合分组表,指总体按两个或两个以上标志进行层叠分组,并在此基础上形成的统计表。

### 四、统计表的设计

设计统计表必须遵循科学、实用、简练、美观的原则,具体有以下基本要求:

(1)统计表的总标题,应当用简明确切的文字概括地表述统计表的基本内容及时间、空间范围。

(2)纵栏、横行标题应按一定的顺序,如时间的先后、空间的位置、指标之间的逻辑关系等合理排列。

(3)必须注明指标的计量单位。若全表只有一个计量单位,可写在表的右上角,如果各行的计量单位不同,可在横行标题后添一栏计量单位;如果各列的计量单位不同,则可在纵栏标题下方或右侧标明。

(4)表的横、竖比例要适当。各纵栏之间画细线,各横行之间可不画线;表的上下两端的端线一般用粗线,表的左右两端习惯不封口。

(5)如表的栏数多时,可以编号。通常用文字表示的栏目以甲、乙、丙等表示;以数字表示的栏目,一般用1、2、3等数字表示。

(6)表中的相同数字不得以"同上"、"同左"等表示。表中一般不留下空格,当数字极少或不详时,用"……"表示;当某项资料免填时,用"×"表示;没有数字时用"—"表示。

(7)表中数字要填写工整,数位对齐。

(8)统计表的资料来源或其他需要说明的事项可作为注释,置于表下,以便查考。

(9)统计表中各横行的合计一般列在最后一行,各纵栏的合计应列在最前一栏。

## 第五节　数据整理的SPSS统计软件应用实验

### 一、实验目的

运用SPSS统计软件对调查数据进行整理,编制分布数列,创建统计图表,显示整理结果。掌握数据处理的统计软件应用技能,提高学生从经济管理角度对实验结果进行解释和运用能力。

### 二、实验内容

(1)运用SPSS进行统计分组,编制品质数列和变量数列。

(2)创建 SPSS 统计图表,显示整理结果。

(3)解释实验结果。

## 三、实验资料

(1)某地区工商局所属的 4 类企业基本资料,见表 3-24 所示。

**表 3-24 某地区工商局所属的 4 类企业基本情况**

| 公司代号 | 公司规模 | 产业类别 | 注册资本(万元) |
|---|---|---|---|
| 1 | 小型 | 运输 | 660 |
| 2 | 中型 | 化学 | 730 |
| 3 | 大型 | 电子 | 900 |
| 4 | 大型 | 电子 | 980 |
| 5 | 中型 | 运输 | 800 |
| 6 | 中型 | 运输 | 658 |
| 7 | 大型 | 化学 | 850 |
| 8 | 中型 | 运输 | 650 |
| 9 | 中型 | 电子 | 673 |
| 10 | 小型 | 化学 | 660 |
| 11 | 大型 | 机械 | 810 |
| 12 | 大型 | 化学 | 780 |
| 13 | 小型 | 机械 | 680 |
| 14 | 中型 | 化学 | 740 |
| 15 | 大型 | 电子 | 830 |
| 16 | 中型 | 电子 | 650 |
| 17 | 大型 | 机械 | 965 |
| 18 | 中型 | 运输 | 878 |
| 19 | 大型 | 机械 | 1000 |
| 20 | 中型 | 化学 | 770 |

(2)某大学食堂餐饮质量抽样调查资料,见表 3-25。

**表 3-25 某大学食堂餐饮质量抽样调查资料**

| | | | | |
|---|---|---|---|---|
| 一般 | 比较满意 | 一般 | 非常满意 | 非常不满意 |
| 比较满意 | 一般 | 一般 | 非常满意 | 非常满意 |
| 非常满意 | 一般 | 比较满意 | 比较满意 | 比较满意 |
| 一般 | 比较满意 | 比较满意 | 不满意 | 一般 |
| 比较满意 | 不满意 | 比较满意 | 非常满意 | 不满意 |
| 比较满意 | 不满意 | 比较满意 | 一般 | 不满意 |
| 不满意 | 比较满意 | 非常满意 | 一般 | 非常不满意 |
| 非常满意 | 一般 | 比较满意 | 非常满意 | 比较满意 |
| 一般 | 比较满意 | 不满意 | 比较满意 | 非常不满意 |
| 比较满意 | 一般 | 不满意 | 非常满意 | 一般 |

(3)某企业从薯片自动生产线上随机抽出50袋,统计其每袋重量(克),资料见表3-26。

表3-26 100袋薯片重量资料(单位:克)

| | | | | | | | | | |
|---|---|---|---|---|---|---|---|---|---|
| 57 | 46 | 49 | 54 | 55 | 58 | 49 | 61 | 51 | 49 |
| 50 | 52 | 53 | 47 | 47 | 48 | 54 | 52 | 48 | 46 |
| 55 | 53 | 57 | 49 | 56 | 56 | 57 | 53 | 41 | 48 |
| 53 | 51 | 48 | 53 | 50 | 52 | 40 | 45 | 57 | 53 |
| 52 | 51 | 46 | 48 | 47 | 53 | 47 | 53 | 44 | 47 |
| 51 | 60 | 52 | 54 | 51 | 55 | 60 | 56 | 47 | 47 |
| 49 | 44 | 57 | 52 | 42 | 49 | 43 | 47 | 46 | 48 |
| 51 | 59 | 45 | 45 | 46 | 52 | 55 | 47 | 49 | 50 |
| 54 | 47 | 48 | 44 | 57 | 47 | 53 | 58 | 52 | 48 |
| 49 | 52 | 59 | 53 | 50 | 43 | 53 | 46 | 57 | 49 |

(4)某旅游公司2014年接待出境旅游的旅客人数(万人)资料见表3-27。

表3-27 某旅游公司2014年接待出境游的旅客人数资料(单位:万人)

| | | | | | | | | | | |
|---|---|---|---|---|---|---|---|---|---|---|
| 134 | 96 | 117 | 112 | 117 | 113 | 128 | 98 | 125 | 127 | 100 |
| 115 | 125 | 122 | 97 | 106 | 103 | 108 | 142 | 117 | 118 | 114 |
| 88 | 101 | 112 | 129 | 120 | 105 | 104 | 100 | 95 | 120 | 114 |
| 138 | 139 | 130 | 90 | 94 | 92 | 133 | 139 | 141 | 121 | 112 |
| 119 | 109 | 89 | 135 | 132 | 146 | 110 | 134 | 135 | 116 | 115 |
| 109 | 124 | 121 | 120 | 123 | 127 | 111 | | | | |

## 四、实验要求

(1)以企业类别为分组标志,对表3-24编制品质数列。

(2)以餐饮质量满意度为分组标志,对表3-25编制品质数列。

(3)以企业注册资本为分组标志,对表3-24编制组数为4,组距为100的等距变量数列。

(4)将薯片重量资料进行整理,对表3-26编制组数为5,组距为5的等距变量数列。

(5)根据旅游公司接待的出境游旅客人数资料,对表3-27编制等距变量数列。

特别提示:以上实验均要求创建SPSS统计图表,表现整理结果,对实验结果做出解释。

## 五、实验步骤

以表3-24资料为例,完成实验要求中的第(1)和第(3)个实验要求。(注:其余的实验要求学生完成)

(1)以企业类别为分组标志,编制品质数列,创建SPSS统计图和表。

第一步:打开SPSS,创建"某地区工商局所属的4类企业基本资料SPSS数据文件3-24.sav"。

第二步:打开"某地区工商局所属的4类企业基本资料SPSS数据文件3-24.sav",在数据编辑窗口依次选择"分析(A)"→"描述统计"→"频率(F)",得到"频率(F)"对话框。见图3-7。

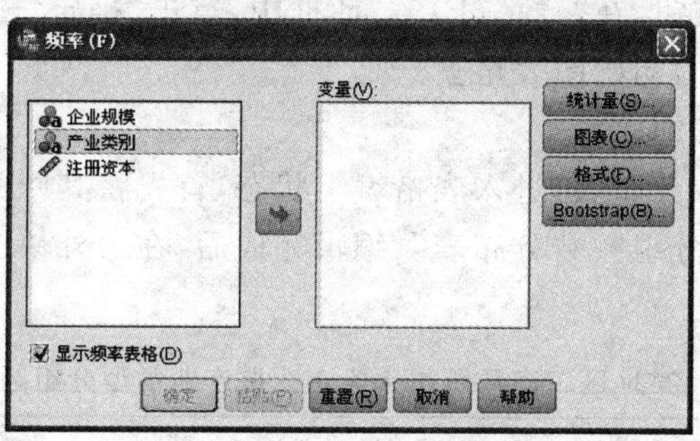


图 3-7 “频率(F)”对话框

第三步:选择变量“产业类别”,将其移到“频率(F)”对话框右侧的“变量(V):”框中,选中下方的“显示频率表格(D)”选项。见图 3-8。

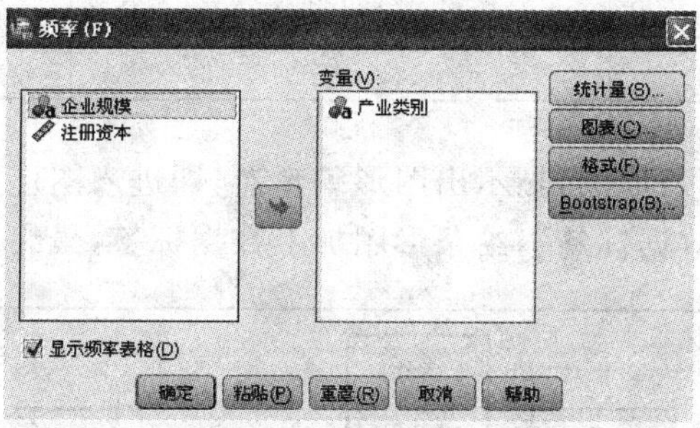


图 3-8 选择变量图示

第四步:在“频率(F)”对话框中,单击“图表(C)…”按钮,得到“频率:图表”对话框。见图 3-9。在此对话框中选择“图表类型”框中的“条形图(B)”选项,选择“图表值”框下的“频率(F)”选项。见图 3-9。

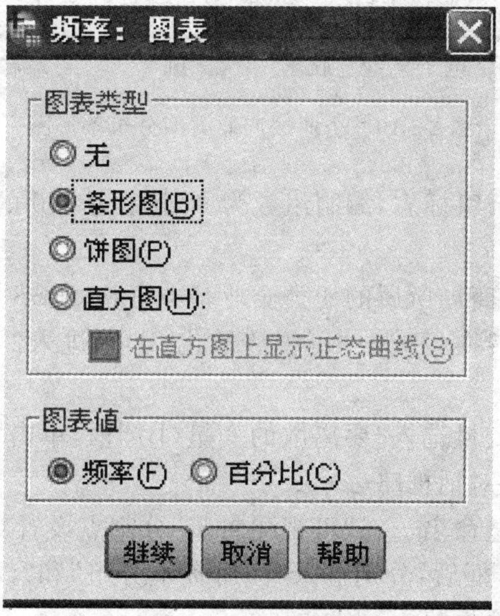


图 3-9 “频率:图表”对话框

第五步：单击“继续”按钮，在“频率(F)”对话框中，点击“确定”按钮，系统输出分组的初始整理结果。（注：系统输出的初始图表略去）

第六步：对图表进行修饰。

①表格修饰：双击频数分布表，进入表格编辑状态，首先将其中的标题改为“某地区工商局所属4类企业按产业类型分组频数分布表”，编辑完成后，在表外单击便可退出编辑状态，最终结果见表3-28。

**表3-28 某地区工商局所属4类企业按产业类型分组频数分布表**

| 企业按产业类型分类 | 频数(个) | 频率(%) |
|---|---|---|
| 电子 | 5 | 25.0 |
| 化学 | 6 | 30.0 |
| 机械 | 4 | 20.0 |
| 运输 | 5 | 25.0 |
| 合计 | 20 | 100.0 |

②图形修饰：双击初始条形图，显示出图形编辑器，即进入图形编辑状态，按右键在出现的下拉式菜单中，点击“选择数据标签”，给条形图加上数据标签，最终结果见图3-10。

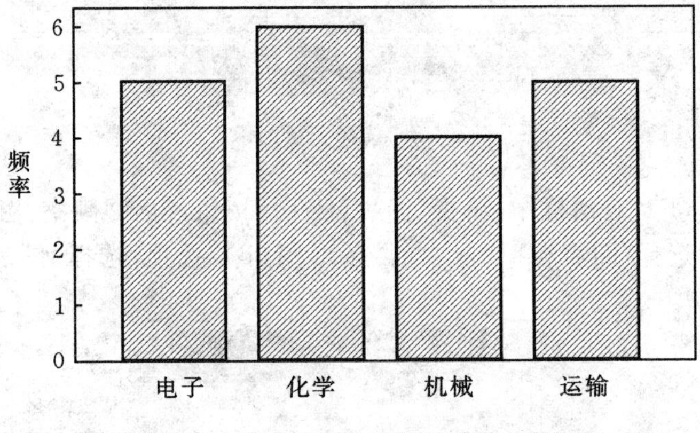


图3-10 企业按产业类型分组条形图

(2)以企业注册资本为分组标志，编制组数为4，组距为100的等距变量数列，并创建统计图和表。

第一步：打开“某地区工商局所属的4类企业基本资料SPSS数据文件3-24.sav”。

在数据编辑菜单选择“转换(T)”→“可视离散化(B)”，进入“可视化封装”对话框。（对话框略去）

第二步：将“注册资本”变量选入“要离散的变量(B)”框，单击“继续”按钮，进入到“可视化封装”分割点设置对话框。（对话框略去）

第三步：给分组后的变量命名。在“可视化封装”分割点设置对话框中，在分割点设置对话框的“离散的变量(B)：”两个框后，分别输入“注册资本分组”和“注册资本(离散化)”作为离散化变量的名称和标签。（对话框略去）

第四步:设置分割点。在“生成分割点”对话框中,在“等宽度间隔(E)”下的“第一个分割点的位置(F)”后的框中输入700,在“分隔点数量(N)”后的框中输入3,在“宽度(W)”后的框中输入100,单击“应…”按钮。(对话框略去)

第五步:生成分组标签。单击“可视化封装”对话框中右下方的“生成标签(A)”按钮,点击“排除(E)(<)”,系统自动生成分组标签。(对话框略去)

第六步:单击“确定”按钮,弹出“封装规范将创建一个变量”对话框,单击“确定”按钮,即可在数据文件中生成新变量“注册资本分组”。

第七步:编制注册资本分组的等距式分组频率分布表。回到数据编辑界面,在数据编辑菜单中点击菜单“分析(A)”→“描述统计”→“频率(F)”。(对话框略去)

将“注册资本(已离散化)【注册资本…”选进“变量(V)”框中,点击“图表(C)”,勾出“频率表格(D)”,单击“确定”按钮。系统输出结果,即企业按注册资本分组的频数分布统计图和表。(对话框略去)

前面已经说明过对实验输出图和表的修饰方法了,此处不再赘述。将修饰过的统计图和表加以显示,见表3-29、图3-11。

**表3-29 企业按注册资本分组的频数分布表**

| 企业按注册资本分组(万元) | 企业数(个) | 频率(%) |
|---|---|---|
| 700以下 | 7 | 35.00 |
| 700～799 | 4 | 20.0 |
| 800～899 | 5 | 25.00 |
| 900以上 | 4 | 20.00 |
| 合计 | 20 | 100.00 |

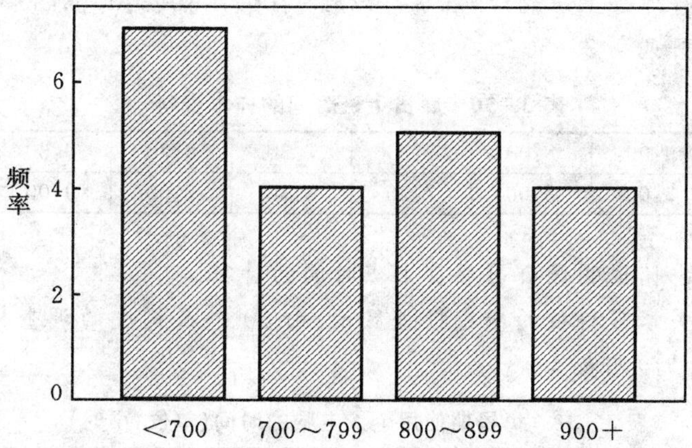


图3-11 企业按注册资本(已离散化)分组条形图

## 六、实验结果解释

**1.实验(1)的实验结果解释**

(1)在该地区工商局注册的4类产业20个企业中,电子、化学、机械和运输的企业数分别为5、6、4、5个,其产业构成在25%～30%之间,各类企业数量差异很小,但都集中在制造行业，这样可能对该地区的生态环境带来压力，故应加强生态环境保护工作。

(2)第二产业分布过于集中，服务业发展滞后，应对其鼓励和引导，并延伸产业链条，以便形成与制造业联动发展的产业群。

**2.实验(3)的实验结果解释**

(1)在该地区工商局注册的4类产业20个企业中，注册资本在700万元以下的企业有7个，占到企业总数的35%；注册资本在800万元～900万元之间的企业有5个，占到企业总数的25%；注册资本700万元～799万元、900万元以上的企业都为4个，都占企业总数的20%。

(2)各类企业的注册资金数量差异不大，说明大、中、小型企业资本规模优势不明显。

## 思考、训练与探讨

### 一、思考题

1.什么是统计整理？其包括哪些内容？

2.什么是统计分组？它有何作用？

3.什么是分组标志？应如何选择分组标志？

4.什么是分配数列？它有哪些类型？

5.什么是品质数列？什么是变量数列？二者有何区别？

6.简述统计表的种类。

7.什么是简单表？什么是简单分组表？什么是复合分组表？它们之间有何不同？

8.举例说明“上组限不在内”原则。

### 二、练习题

1.某设计公司实行弹性上班制度，雇员可以在7:00、7:30、8:00、8:30和9:00去上班。雇员上班时间的样本资料见表3-30：

**表3-30　雇员上班时间的样本资料**

| | | | | | | | | | |
|---|---|---|---|---|---|---|---|---|---|
| 7:00 | 8:30 | 9:00 | 8:00 | 7:30 | 7:30 | 8:30 | 8:30 | 7:30 | 7:00 |
| 8:30 | 8:30 | 8:00 | 8:00 | 7:30 | 8:30 | 7:00 | 9:00 | 8:30 | 8:00 |

要求：编制单项数列，说明该公司雇员上班时间的特征。

2.一个最新的有关家庭科技的研究报告显示：由60个人构成的调查样本中，每星期使用个人电脑的时间数(小时)见表3-31：

**表3-31　每星期使用个人电脑的时间(单位：小时)**

| | | | | | | | | | |
|---|---|---|---|---|---|---|---|---|---|
| 10.3 | 4.3 | 7.3 | 8.9 | 7.5 | 1.6 | 6.2 | 5.6 | 9.9 | 3.3 |
| 4.3 | 2.1 | 2.8 | 0.5 | 3.9 | 3.8 | 1.7 | 4.7 | 5.7 | 6.9 |
| 2.3 | 9.8 | 6.7 | 5.0 | 1.8 | 8.6 | 4.3 | 5.6 | 5.1 | 5.6 |
| 6.4 | 4.8 | 2.1 | 10.1 | 1.3 | 5.6 | 2.4 | 2.4 | 4.7 | 1.7 |
| 3.0 | 6.7 | 1.1 | 6.7 | 2.2 | 2.6 | 9.8 | 6.4 | 4.9 | 5.2 |
| 4.2 | 9.0 | 10.5 | 4.9 | 4.6 | 4.1 | 9.3 | 8.5 | 6.0 | 8.5 |

注意：那些不在家工作和把电脑当做工作一部分的人被排除在外。

要求：(1)根据个人电脑使用时间资料，编制等距数列。

(2)画出频数分布直方图。

(3)解释分组的意义。

3. 某旅游局针对旅客投诉宾馆房间问题进行整理，得到的数据见表3-32：

**表3-32　旅客对宾馆房间的投诉问题**

| 投诉问题类型 | 投诉量(次) |
|---|---|
| 房间不干净 | 36 |
| 房间未准备好 | 12 |
| 房间太吵 | 10 |
| 房间舒适度低 | 24 |
| 房间床少 | 9 |
| 房间准备不理想 | 7 |
| 房间不能满足特殊要求 | 2 |

要求：(1)制作频数及累计频数分布曲线图。

(2)如果宾馆改善服务，减少投诉次数，你认为重点应该解决好哪些投诉问题？

(3)如果你是宾馆经营者，谈谈你的经营理念及服务目标。

4. 一家航空公司接受电话订票，为了研究该业务的服务质量，随机抽出20个电话订票者，统计其订票所花费的时间资料见表3-33：

**表3-33　电话订票者订票所花费的时间(单位：分钟)**

| | | | | | | | | | |
|---|---|---|---|---|---|---|---|---|---|
| 2.1 | 4.8 | 5.5 | 10.4 | 3.3 | 3.5 | 4.8 | 5.8 | 5.3 | 5.5 |
| 2.8 | 3.6 | 5.9 | 6.6 | 7.8 | 10.5 | 7.5 | 6.0 | 4.5 | 4.8 |

试根据上述资料，编制频数和频率分布表，并绘制曲线图，说明曲线类型。

5. 调查50户居民的人均月消费支出额，具体数据见表3-34：

**表3-34　居民人均月消费支出额(单位：元)**

| | | | | | | | | | |
|---|---|---|---|---|---|---|---|---|---|
| 883 | 900 | 800 | 928 | 854 | 909 | 853 | 971 | 926 | 828 |
| 936 | 916 | 885 | 977 | 911 | 988 | 831 | 934 | 655 | 856 |
| 876 | 918 | 989 | 936 | 940 | 854 | 1040 | 917 | 939 | 842 |
| 1017 | 918 | 968 | 806 | 1000 | 908 | 1030 | 844 | 1110 | 910 |
| 876 | 915 | 964 | 880 | 1016 | 916 | 910 | 989 | 886 | 1110 |

要求：(1)根据上述资料编制等距数列。

(2)编制向上和向下累计频数分布表。

(3)根据所编制的等距数列，绘制其频数分布直方图和折线图。

(4)根据所编制的累计频数分布表，绘制累计频数分布曲线图。

(5)根据累计频数分布曲线图，指出人均月消费支出额在1000元以上的有多少户？

占多大比重？人均月消费支出额在900元以下的有多少户？占多大比重？

(6)根据频数分布曲线图说明人均消费支出额的分布属于哪一种类型？

6.某学院有30个学生参加了全国英语六级考试,他们的考试成绩见表3-35：

**表3-35 30个学生参加全国英语六级考试成绩**

| 编号 | 性别 | 系别 | 成绩 | 编号 | 性别 | 系别 | 成绩 |
|---|---|---|---|---|---|---|---|
| 1 | 男 | 财政 | 61 | 16 | 男 | 国贸 | 61 |
| 2 | 男 | 国贸 | 78 | 17 | 女 | 财政 | 56 |
| 3 | 男 | 金融 | 60 | 18 | 男 | 国贸 | 62 |
| 4 | 女 | 财政 | 65 | 19 | 男 | 财政 | 59 |
| 5 | 男 | 国贸 | 57 | 20 | 女 | 金融 | 64 |
| 6 | 男 | 国贸 | 67 | 21 | 男 | 金融 | 81 |
| 7 | 女 | 财政 | 58 | 22 | 男 | 财政 | 60 |
| 8 | 女 | 国贸 | 66 | 23 | 男 | 财政 | 60 |
| 9 | 女 | 国贸 | 82 | 24 | 女 | 国贸 | 59 |
| 10 | 男 | 金融 | 63 | 25 | 女 | 国贸 | 61 |
| 11 | 男 | 国贸 | 64 | 26 | 女 | 国贸 | 59 |
| 12 | 女 | 国贸 | 60 | 27 | 男 | 国贸 | 83 |
| 13 | 女 | 金融 | 62 | 28 | 女 | 金融 | 63 |
| 14 | 男 | 国贸 | 60 | 29 | 男 | 国贸 | 73 |
| 15 | 女 | 国贸 | 68 | 30 | 女 | 国贸 | 80 |

要求:依据学生英语考试成绩,分别编制以下统计表：

(1)主词用一个品质标志分组,宾词用剩余的两个标志并列排列。

(2)主词用一个数量标志分组,宾词用剩余的两个标志层叠排列。

(3)根据分组结果说明学生英语六级考试成绩的分布特征。

## 三、讨论题

1.大学生已经渐渐成为我国网络购物的主流群体,在人数比例上占有绝对优势,在消费水平方面呈上升趋势。某市场调查公司对苏州某大学生中的网络购物者进行了随机调查。实际调查472人,样本基本情况见表3-36：

**表3-36 大学生网络购物调查样本基本情况表**

| 变量 | 类型 | 人数(人) | 比率(%) | 累计比率(%) |
|---|---|---|---|---|
| 性别 | 男 | 253 | 53.6 | 53.6 |
| | 女 | 219 | 46.4 | 100 |
| | 总计 | 472 | 100 | — |
| 年龄 | 18岁以下 | 25 | 5.3 | 5.3 |
| | 18～22岁 | 154 | 32.6 | 37.9 |
| | 22～26岁 | 254 | 53.8 | 91.7 |
| | 26岁以上 | 39 | 8.3 | 100 |
| | 总计 | 472 | 100 | — |

续表 3-36

| 变量 | 类型 | 人数(人) | 比率(%) | 累计比率(%) |
|---|---|---|---|---|
| 年级 | 大一 | 50 | 10.6 | 10.6 |
| | 大二 | 55 | 11.7 | 22.2 |
| | 大三 | 80 | 16.9 | 39.2 |
| | 大四 | 62 | 13.1 | 52.3 |
| | 研究生及以上 | 225 | 47.7 | 100 |
| | 总计 | 472 | 100 | — |
| 专业 | 文 | 185 | 39.2 | 39.2 |
| | 理 | 144 | 30.5 | 69.7 |
| | 工 | 87 | 18.4 | 88.1 |
| | 医 | 51 | 10.8 | 98.9 |
| | 其他 | 5 | 1.1 | 100 |
| | 总计 | 472 | 100 | — |
| 家乡 | 农村 | 216 | 45.8 | 45.8 |
| | 城镇(乡镇、县城) | 162 | 34.3 | 80.1 |
| | 城市 | 94 | 19.9 | 100 |
| | 总计 | 472 | 100 | — |
| 生活费用来源 | 家庭供给 | 298 | 63.1 | 63.1 |
| | 勤工俭学 | 136 | 28.8 | 91.9 |
| | 奖学金 | 4 | 0.80 | 92.8 |
| | 其他 | 34 | 7.20 | 100 |
| | 总计 | 472 | 100 | — |
| 每月平均生活费 | 300 元以下 | 18 | 3.80 | 3.8 |
| | 300～500 元 | 93 | 19.70 | 23.5 |
| | 500～800 元 | 196 | 41.50 | 65.0 |
| | 800～1000 元 | 109 | 23.10 | 88.1 |
| | 1000 元以上 | 56 | 11.90 | 100 |
| | 总计 | 472 | 100 | — |
| 是否拥有电脑 | 有 | 402 | 85.20 | 85.2 |
| | 无 | 70 | 14.80 | 100 |
| | 总计 | 472 | 100 | — |

续表 3-36

| 变量 | 类型 | 人数(人) | 比率(%) | 累计比率(%) |
|---|---|---|---|---|
| 每天平均上网时间 | 1 小时以下 | 55 | 11.70 | 11.7 |
| | 1～3 小时 | 163 | 34.50 | 46.2 |
| | 3～6 小时 | 180 | 38.10 | 84.3 |
| | 6 小时以上 | 74 | 15.70 | 100 |
| | 总计 | 472 | 100 | — |
| 网络经历 | 有 | 243 | 51.90 | 51.9 |
| | 无 | 229 | 48.10 | 100 |
| | 总计 | 472 | 100.00 | |

讨论:(1)说明表中各变量的类型(属性变量、数据变量)。

(2)说明所调查的该校大学生网购群体消费的基本特征。

2. 收集本班同学高等数学课程考试成绩,对其进行统计整理,描述频数分布特征。

## 四、技能训练题

运用 SPSS 统计软件完成以下实验:

1. 依据练习题 5 的资料,创建居民人均月消费支出额的 SPSS 数据文件。将数据分为 5 组,组距为 100,编制等距数列,画出频数分布直方图及箱线图,解释实验结果。

2. 依据练习题 6 的资料,创建学生英语 6 级考试成绩数据文件;分别以“性别”“专业”为分组标志,创建 SPSS 分布数列,画出其频数分布的饼形图,说明成绩分布的性别及专业特征;以“成绩”为分组标志,编制组距为 10,组数为 4 的等距数列,画出其频数分布的直方图,解释实验结果。

# 第四章 总量指标和相对指标

统计数据资料整理，一方面使调查资料系统化条理化，为统计分析奠定基础。另一方面整理结果使我们对社会经济现象总体的性质及构成情况有了基本了解，但整理资料还不能全面反映现象总体的分布特征及规律。因此从本章开始，介绍能够综合反映社会经济现象总体的特征和基本规律的综合指标分析方法(描述性分析方法)。综合指标分析法包括：总量指标与相对指标分析法，平均指标分析法，标志变异指标分析法。其中，总量指标和相对指标分析法，是最基本的测度社会经济现象总体规模与总水平以及各种相对水平的方法。

## 第一节 总量指标

### 一、总量指标的概念和作用

总量指标是反映社会经济现象在一定时间、地点、条件下的总规模及总水平的统计指标，其表现形式为绝对数。但与数学中的绝对数不同，它不是抽象的绝对数，是一个包含有名称、时间、地点、计量单位、计算方法的具体数值。例如人口总数、就业人数、国内生产总值(GDP)、财政收入、固定资产投资、教育经费、进出口额、营业利润等。

总量指标的作用可以概括为三点：

第一，总量指标是对社会经济现象总体特征认识的起点指标。它可以反映一个国家的基本国情和国力，反映某部门或单位的人、财、物基本情况。

第二，总量指标是制定政策、编制计划、实行社会经济管理的基本依据之一。

第三，总量指标是计算相对指标、平均指标及其他分析指标的基础。因此总量指标的准确性直接影响到其他分析指标的质量。

### 二、总量指标的种类

(1)按照总量指标反映的现象内容不同，分为总体单位总量和总体标志总量。

总体单位总量表示总体内部所包含的单位总数，用于反映总体规模大小。例如，人口数、企业数、学校数、经济活动人口数等。总体标志总量是总体各单位某种数量标志值的总和，用于表征总体现象的总水平。例如，企业总体的总产值、工资总额、增加值等。无论是总体单位总量，还是总体标志总量，都是反映总体外延特征的，也可以称为外延指标。

(2)按照总量指标反映现象的时间状况不同，分为时期指标和时点指标。

时期指标是反映现象某一时期运动过程及其结果的指标。例如，产品产量、商品销售量、生产费用、利润、原材料消耗量等都属于时期指标。时期指标的特点是:指标数值通过连续统计得到,指标数值具有可加性,指标数值大小与时间长短有着直接联系。

时点指标反映时点现象在某一时刻(瞬间)上具有的状态。例如,银行储蓄存款余额、商品库存量、流动资金额、国民财产等。时点指标的特点是:指标数值通过间断统计得到,指标数值没有可加性,指标数值大小与时间长短不存在直接联系。

## 三、总量指标的计量单位

总量指标的计量单位一般有实物量单位、价值量单位和劳动量单位。

(1)实物量单位。实物量单位是根据客观现象的物理属性而采用的计量单位,有自然单位、度量衡单位、复合单位和标准实物单位等。用实物量单位统计的总量指标也称为实物量指标。实物量指标能够反映现象的具体内容,但其综合性较差。不同实物量指标无法直接汇总。

(2)价值量单位。价值量单位也叫货币单位,是以货币为单位来度量现象总量的计量单位。用价值单位统计的总量指标也称为价值量指标。价值量指标具有广泛的综合性,但比较抽象,脱离了现象的物质内容。

(3)劳动量单位。劳动量单位是用劳动时间表示的计量单位。常用的有工日和工时两种。劳动量单位是一种复合单位。一般用在定额生产行业。如机械行业,因生产周期长,产品结构复杂,不便运用前两种计量单位,故采用劳动量单位计量其劳动成果大小。

## 四、计算和运用总量指标应注意的问题

计算和运用总量指标必须注意以下几个问题:

(1)要明确总量指标的涵义和计算范围。

(2)计算口径要一致。

(3)汇总时注意现象的同质性和计量单位的一致性。

# 第二节 相对指标

## 一、相对指标的概念及作用

### (一)相对指标的概念及表现形式

相对指标是由两个相互联系的指标对比所得到的结果,是反映社会经济现象之间数量联系程度的综合指标,又称统计相对数。例如,人口的城乡构成、学生的专业构成、国内生产总值发展速度、全员劳动生产率的区域差别程度等都是相对指标。

相对指标的表现形式有两种:无名数和有名数。无名数是抽象的数值,多用成数、百分数、千分数、系数或倍数表示。有名数是用复合单位来表示的。如人均GDP、人均产量、产品单位成本、运输周转量等,都是由计算相对指标的计量单位复合而成的。

### (二)相对指标的作用

(1)相对指标能够反映现象的强度、密度、普遍程度、内部结构、运动速度等。例如,就业率、投入与产出比率、人均居住面积、人均绿化面积、经济增长率、资金周转速度等。

(2)相对指标可以使不能直接对比的总量指标找到可比基础。

**【例 4-1】** 2014 年甲、乙两企业各耗电 400 万度和 500 万度，实现的总产值分别为 1500 万元和 2000 万元。能否由此得出这样的结论：(1)甲企业能耗多于乙企业？(2)乙企业生产成果高于甲企业？

不能得出(1)和(2)两个结论。能源消耗总量受企业生产规模大小的影响，两者不能直接对比，需要计算综合能耗指标，才能评价两个企业能源利用效果的优劣。

$$甲企业综合能耗=\frac{400\text{ 万度}}{1500\text{ 万元}}=0.267(度/元) \quad 乙企业综合能耗=\frac{500\text{ 万度}}{2000\text{ 万元}}=0.25(度/元)$$

计算结果显示：甲企业生产单位产值耗能 0.267 度电，乙企业生产单位产值能耗 0.25 度电，显然乙企业的单位能耗水平低于甲企业，说明乙企业的能源利用效果优于甲企业。

可见，无论是宏观还是微观社会经济问题，当两个总量指标受到时间或空间条件的影响而不能直接比较时，用相对指标能够解决可比性问题。一般情况下，考核与评价企业生产经营状况时，广泛运用的各项技术经济指标大都是相对指标；监督和检查国民经济计划执行情况，反映其变化的速度、比例、效益时，也广泛使用各种相对指标。

## 二、相对指标的计算

相对指标根据研究目的和比较基础不同，可分为结构相对指标、比例相对指标、强度相对指标、比较相对指标、计划完成程度相对指标和动态相对指标。

### (一)结构相对指标

结构相对指标又称结构相对数，是在统计分组的基础上，用总体中部分数值与全部数值对比得到的结果。它是反映总体内部构成状况的相对指标，一般用无名数表示。其计算公式为：

$$结构相对指标=\frac{总体各部分数值}{总体全部数值}\times 100\%$$

结构相对指标的分子与分母，可以是总体单位总量，也可以是总体标志总量。

结构相对指标的作用如下：

(1)结构相对指标可以从静态上说明总体的内部构成特征。

**【例 4-2】** 我国 2014 年年末人口数资料见表 4-1。

**表 4-1 我国 2014 年年末人口结构状况表**

| 指标 | 年末人口数(万人) | 各组人口所占比重(%) |
| --- | --- | --- |
| 全国总人口 | 136782 | 100.00 |
| 其中：城镇 | 74916 | 54.77 |
| 乡村 | 61866 | 45.23 |
| 其中：男性 | 70079 | 51.23 |
| 女性 | 66703 | 48.77 |
| 其中：65 周岁及以上 | 13755 | 10.06 |

表 4-1 中的资料表明了我国 2014 年年末人口的城乡、性别、年龄构成状况。

(2)结构相对指标可以从动态上说明总体内部结构的变化过程及规律。

**【例 4-3】** 我国城乡人口结构动态资料见表 4-2。

表 4-2 我国城乡人口结构动态统计表

| 人口比重(%) | 1995 年 | 2000 年 | 2005 年 | 2010 年 | 2014 年 |
|---|---|---|---|---|---|
| 城镇 | 28.8 | 36.1 | 39.2 | 49.9 | 54.8 |
| 农村 | 71.2 | 63.9 | 60.8 | 50.1 | 45.2 |
| 合计(%) | 100 | 100 | 100 | 100 | 100 |

表 4-2 资料表明,1995—2014 年我国城镇人口比重由 28.8%上升到 54.8%,说明我国城镇化建设取得了显著成果。

(3)结构相对指标可以说明事物素质和工作质量状况。

**【例 4-4】** 某企业不同作业时间的三个班组对 30 台完好设备利用情况,见表 4-3。

表 4-3 某企业三个班组对 30 台完好设备利用情况

| 班组 | 设备利用数量(台) | 设备利用率(%) |
|---|---|---|
| 第一组 | 27 | 90 |
| 第二组 | 18 | 60 |
| 第三组 | 22 | 73 |

由表 4-3 可以看出:第二班组的设备利用率仅为 60%,应需要加强劳动与生产管理,以提高设备利用率;第一组的设备利用率最高达到 90%,其经验值得推广和借鉴。

## (二)比例相对指标

比例相对指标是用同一总体中不同部分之间的指标数值对比得到,是反映总体各组成部分之间协调与平衡关系的相对指标,一般用百分数或比例的形式来表现。其计算公式为:

$$比例相对指标=\frac{总体中某一部分数值}{总体中另一部分数值}$$

**【例 4-5】** 根据表 4-1 资料显示:2014 年末我国总人口数为 136782 万人,男性人口为 70079 万人,女性人口为 66703 万人,反映我国人口的男、女性别比例为 105∶100,基本平衡。

在现实社会经济生活中,反映社会与国民经济重大比例关系的指标还有:城、乡比例,农、轻、重的比例,积累与消费的比例,三次产业产值之间的比例等。

## (三)强度相对指标

强度相对指标是两个性质不同但有联系的总体总量指标相互对比的结果,用来说明现象的强度、密度和普遍程度等的相对指标。其计算公式为:

$$强度相对指标=\frac{某一总体总量指标}{另一有联系但性质不同的总体总量指标}$$

强度相对指标计算结果一般用复合单位表示,表现为有名数和无名数。例如,全员劳动生产率用元/人表示;设备生产能力用吨/台表示等。再如,人口自然增长率用千分数表示;资产负债率用百分数表示等。

强度相对指标有正、逆两种形式。强度相对指标的数值大小若与现象的发展程度成正比例关系,称为正指标;若与现象的发展程度成反比例关系,称为逆指标。

**【例 4-6】** 2015 年年初,某省有 1200 万人口,有 3000 个医院,则反映该省医疗网点密度的强度指标为:

正指标：该省医疗网密度 $=\frac{\text{该省医院数}}{\text{该省人口数}}=\frac{3000\text{ 个}}{1200\text{ 万人}}=2.5$（个/万人）

说明该省范围内每万人有2.5个医院为居民就医提供服务。显然指标数值越大，说明医疗网密度越大，居民就医越方便。

逆指标：该省医疗网密度 $=\frac{\text{该省人口数}}{\text{该省医院数}}=\frac{1200\text{ 万人}}{3000\text{ 个}}=4000$（人/个）

说明该省内每个医院的服务对象为4000人，显然指标数值越大，说明医疗网密度越小，居民就医越不方便。

**【例4-7】** 某市2014年总人口300万人，有零售商店5700个，则商业网密度为：

正指标：商业网点密度 $=\frac{\text{零售商店数}}{\text{总人口数}}=\frac{5700\text{ 个}}{300\text{ 万人}}=19$（个/万人）

计算结果说明：每一万人中有19个商店，这个数值越大，表明商业网点的密度越大，居民购物越方便。

逆指标：商业网点密度 $=\frac{\text{总人口数}}{\text{零售商店数}}=\frac{300\text{ 万人}}{5700\text{ 个}}=526$（人/个）

计算结果说明：每个零售商店要为526人提供生活服务，数值越大，表示每个商店服务人数越多，说明商业网点的密度越小，居民购物越不方便。

强度相对指标应用十分广泛，可以反映社会和经济发展的基本情况，也可以反映社会生产活动的条件及效益情况。

### （四）比较相对指标

比较相对指标是将两个同类指标在不同空间做静态对比得出的相对指标。它表现同类事物在不同空间存在的差别程度。其计算公式为：

$$\text{比较相对指标}=\frac{\text{某一空间条件下的某类指标数值}}{\text{另一空间条件下的同类指标数值}}$$

**【例4-8】** 某投资银行所属甲、乙两个分行，人均经营成本分别为16.78万元和19.72万元，则甲、乙两个分行的人均经营成本关系为：

比较相对指标 $=\frac{\text{甲分行人均成本}}{\text{乙分行人均成本}}=\frac{16.78}{19.72}=85.09\%$

比较相对指标 $=\frac{\text{乙分行人均成本}}{\text{甲分行人均成本}}=\frac{19.72}{16.78}=117.52\%$

计算结果表明，甲分行的人均经营成本较低，仅为乙分行的85.09%，或者说明乙分行的人均经营成本较高，为甲分行的1.1752倍。

比较相对指标中的对比空间，可以是班组、单位、地区、行业、国家等，对比的指标可以是总量指标、相对指标、平均指标，也可以是典型水平（国内先进水平、国际先进水平、国家规定标准等）等。通过比较，指出差距，挖掘潜力。需要说明的是，总量指标的可比性要受到形成条件的影响。

### （五）计划完成程度相对指标

1. 概念

计划完成相对程度指标是以现象在某一段时间内的实际完成数值与计划任务对比，用以表明计划完成程度的相对指标。一般用百分数表示。其基本计算公式为：

$$\text{计划完成程度}=\frac{\text{实际完成数}}{\text{计划完成数}}\times 100\%$$

计划完成程度相对指标用于检查和监督国民经济和社会发展计划的执行情况，是进行社会经济管理与调控的重要依据。

**2. 计划完成程度指标的表现形式**

由于计算计划完成程度相对指标的基数表现形式不同，计划完成情况相对指标在形式上也各有所异。

（1）计划数为绝对数和平均数时，计算计划完成程度指标用基本公式。

**【例 4－9】** 设某企业 2014 年计划完成工业增加值为 200 万元，实际完成 220 万元。则

$$\text{工业增加值计划完成程度}=\frac{220}{200}\times100\%=110\%$$

**【例 4－10】** 某咨询公司 2015 年上半年计划增加员工月平均工资 800 元，实际增加 960 元。则

$$\text{员工月平均工资增长计划完成程度}=\frac{960}{800}=120\%$$

（2）计划数为相对数时，计算计划完成程度指标的公式为：

$$\text{计划完成程度}=\frac{\text{实际为上年的百分数}}{\text{计划为上年的百分数}}\times100\%$$

**【例 4－11】** 某公司 2015 年第二季度计划商品流通费用率为上年同期的 102%，实际为 103.4%，则

$$\text{流通费用率计划完成程度}=\frac{103.4\%}{102\%}=101.37\%$$

这说明该公司商品流通费用率没有完成计划，离完成计划还差 1.37 个百分点。

如果计划指标是以提高率或降低率的形式表现时，则计算计划完成程度指标需要将基本公式变形为：

$$\text{计划完成程度}=\frac{1\pm\text{实际提高（或降低）}\%}{1\pm\text{计划提高（或降低）}\%}$$

**【例 4－12】** 某企业 2014 年全员劳动生产率计划比上年提高 10%，实际提高 15%，则

$$\text{劳动生产率计划完成程度}=\frac{1+15\%}{1+10\%}=\frac{115\%}{110\%}=104.55\%$$

计算结果表明，该企业提高全员劳动生产率计划超额完成 4.55%。

**【例 4－13】** 2014 年某厂甲产品单位原材料消耗量计划规定降低 5%，实际降低 8%，则

$$\text{产品单位原材料消耗计划完成程度}=\frac{1-8\%}{1-5\%}=\frac{92\%}{95\%}=96.84\%$$

计算结果表明，该厂甲产品单位原材料消耗量降低率，超额完成计划 3.16%。

**3. 计划完成程度指标在实际工作中的应用**

（1）短期计划按进度执行情况的检查。

计划及其执行时间在一年以内时，称为短期计划。短期计划完成程度指标的计算公式为：

$$\text{计划完成程度}=\frac{\text{自计划执行之日起至检查之时止的实际完成数}}{\text{全年计划任务数}}\times100\%$$

（2）长期计划执行情况的检查。

计划及其执行时间在五年及以上时，称为长期计划。

检查长期计划任务完成情况的方法有两种，即水平法和累计法。

①水平法：在五年计划中，只规定计划期末年应达到的水平。其计算公式为：

$$计划完成程度=\frac{五年计划期末年实际达到的水平}{五年计划期规定的末年水平}\times 100\%$$

**【例 4－14】** 某种产品按五年计划规定，最后一年产量应达 100 万吨，计划执行情况见表 4－4。

**表 4－4 某产品产量五年计划执行情况(单位:万吨)**

| 年份 | 一 | 二 | 三 | | 四 | | | | 五 | | | |
|---|---|---|---|---|---|---|---|---|---|---|---|---|
| | | | 上半年 | 下半年 | 一季度 | 二季度 | 三季度 | 四季度 | 一季度 | 二季度 | 三季度 | 四季度 |
| 产量 | 72 | 80 | 41 | 44 | 19 | 22 | 24 | 25 | 23 | 28 | 30 | 33 |

要求：(1)计算该产品计划完成程度。

(2)计算提前完成计划的时间。

**解：**(1)产量计划完成程度＝(23＋28＋30＋33)÷100＝114％

(2)从第四年的三季度起至第五年的二季度为止实际产量达到 100 万吨，故

提前完成计划时间＝60－54(提前完成计划的整数月份)＝6 个月(或两个季度)

②累计法：在计划中规定五年累计应完成的工作量或应达到的水平。其计算公式为：

$$计划完成程度=\frac{五年计划期实际累计完成量}{五年计划期规定的累计量}\times 100\%$$

采用累计法检查计划执行情况，只要从五年计划期开始至某一时期为止，累计完成的实际数达到了计划规定的累计数，就算计划完成了。

**【例 4－15】** 某市第十二个五年计划规定，完成固定资产投资总额 600 亿元，实际执行情况见表 4－5。

**表 4－5 某市固定资产投资五年计划执行情况(单位:亿元)**

| 时间 | 第一年 | 第二年 | 第三年 | 第四年 | 第五年 | | | |
|---|---|---|---|---|---|---|---|---|
| | | | | | 一季度 | 二季度 | 三季度 | 四季度 |
| 投资额 | 150 | 165 | 85 | 90 | 60 | 50 | 45 | 25 |

要求：计算该市十二五计划的固定资产投资额计划完成程度及提前完成计划的时间。

**解：**(1)计划完成相对数＝670÷600＝111.67％

(2)从第一年的第一季度起至第五年的第二季度为止，累计投资额为 600 亿元，则提前完成计划的时间＝60－54(提前完成计划的整数月)＝6 个月(或两个季度)

需要说明的是，对计划完成程度的评价应注意计划指标的性质和要求。当为增长型现象类型时，即计划指标是以最低限额规定时，如产品产量、产值、利润等，计划完成程度指标要大于 100％，才算超额完成计划；当为降低型现象类型时，即计划指标以最高限额规定时，如产品单位成本、原材料单耗等，则计划完成程度指标要小于 100％，才算超额完成计划。

### (六)动态相对指标

动态相对指标是表明同类事物在不同时间状态下的对比关系，说明社会经济现象在时间上的发展变化情况。其计算公式为：

$$发展速度=\frac{报告期水平}{基期水平}\times 100\%$$

$$增长速度=发展速度-1(或100\%)$$

【例 4-16】 我国 2014 年粮食产量为 60710 万吨，2013 年粮食产量为 60194 万吨，则

$$发展速度=\frac{60710}{60194}\times 100\%=100.86\%$$

$$增长速度=100.86\%-1=0.86\%$$

有关速度指标的计算将在第九章详细讲述。

## 第三节　计算和应用相对指标的原则

### 一、正确选择对比的基数

相对指标是通过两个有联系的指标对比，反映现象之间的数量关系，其分母指标被称为基数，作为对比的基础和标准，对基数选择一方面要结合研究目的，另一方面要由被研究现象的特点来决定。

### 二、可比性原则

所谓可比性是指对比的分子和分母指标，在统计范围、计算方法、计量单位、时间等方面是一致的。

### 三、相对数与绝对数结合运用

相对数是一个抽象化的比值，掩盖了现象绝对量之间的差别。因此，将相对指标和绝对指标结合运用，才能使我们对客观事物有正确的认识。

【例 4-17】 中美两国经济发展水平及增长速度资料见表 4-6。

**表 4-6　中美 GDP 总量发展情况对比(单位:亿美元)**

| 国家 | 2013 年发展水平 | 2014 年环比增长速度(%) | 增长 1%的绝对值 |
|---|---|---|---|
| 中国 | 9.24 | 7.4 | 924 |
| 美国 | 16.8 | 2.3 | 1680 |

由表 4-6 可知，2014 年 GDP 环比增长速度中国为 7.4%，美国为 2.3%，该速度中国远高于美国。但美国 GDP 增长 1%的绝对值达到 1680 亿美元，中国只有 924 亿美元，与美国的差距还很大。因此，在运用相对数分析现象的特征时，应与总量指标相结合运用，对比现象增长 1%的绝对值大小，这样才能更为全面、正确和客观地评价发展情况及存在的差别。

### 四、各种相对指标结合运用

一个相对指标只能反映事物某一方面的特点，要全面反映事物多方面的特征及规律性，需将多种相对指标结合运用。如把静态指标和动态指标相结合，把本企业实际水平与同行业先进水平、国内先进水平、国际水平等相结合，把结构相对指标与比例相对指标相结合。只有将多种指标结合运用，才能对现象发展做出全面深入的分析。

【例 4-18】 某企业生产甲、乙、丙三种产品的工人劳动生产率有关资料见表 4-7。

表 4-7　某企业甲、乙、丙产品的工人劳动生产率资料统计表

| 产品 | 本期计划（万元/人） | 本期实际（万元/人） | 上期实际（万元/人） | 历史最好水平（万元/人） | 同行业先进水平（万元/人） | 计划完成相对数（%） | 动态相对数（与上期比）（%） | 动态相对数（与历史最好水平比）（%） | 比较相对数（与同行业先进水平）（%） |
|---|---|---|---|---|---|---|---|---|---|
| 甲 | 5.3 | 6.0 | 5.0 | 6.2 | 6.5 | 113.21 | 120 | 96.77 | 92.31 |
| 乙 | 7.6 | 7.7 | 7.5 | 7.65 | — | 101.32 | 102.67 | 100.65 | — |
| 丙 | 8.3 | 8.0 | 7.8 | — | — | 96.39 | 102.56 | — | — |

从计划完成情况来看：甲、乙产品工人劳动生产率分别超额完成计划 13.21%和 1.32%，但丙产品的工人劳动生产率计划完成程度为 96.39%，未完成计划。从动态来看：甲产品工人劳动生产率环比增长率为 20%，但还低于历史最好水平 3.23%，仅为同行业先进水平的 92.31%，这说明该产品劳动生产率还有很大发展潜力；乙产品的工人劳动生产率环比增长率为 2.67%，与丙产品接近，约低于甲产品 17 个百分点。从与历史最好水平比较来看：甲产品工人劳动生产率仅达到历史最好水平的 96.77%，乙产品的工人劳动生产率仅比历史最好水平高出 0.65%，说明这两个产品的工人劳动生产率还有待继续提高。

### 五、与经济内容结合

要结合社会经济现象的实际内容和所处条件进行对比，不能只看数字的大小，忽视经济现象之间的内在联系，要避免抽象的数字论。

## 思考、训练与探讨

### 一、思考题

1. 什么是总量指标？它有什么作用？
2. 总量指标可以分为哪些种类？
3. 时期指标和时点指标各有什么特点？
4. 什么是强度相对指标？它有何作用？其分子与分母之间的关系如何？
5. 检查长期计划完成情况的水平法和累计法有何不同？
6. 什么是总体单位总量和总体标志总量？二者存在什么联系？
7. 什么是相对指标？说明六种相对指标各自的特点。
8. 总量指标和相对指标为什么要结合运用？
9. 增长 1%的绝对值的含义是什么？其如何计算？
10. 正确运用相对指标的原则是什么？

### 二、计算题

1. 某电脑公司 2013 年和 2014 年的产量情况见表 4-8：

**表 4-8　某电脑公司 2013 年和 2014 年的产量**

| 产品种类 | 2013 年实际产量(台) | 2014 年产量(台) | |
|---|---|---|---|
| | | 计划 | 实际 |
| 台式电脑 | 15070 | 18000 | 19223 |
| 笔记本 | 34458 | 36000 | 37882 |

要求:(1)计算各种类电脑产量动态相对数。

(2)计算两类电脑 2014 年产量计划完成相对数。

(3)对以上两种指标的计算结果进行比较。

2. 我国 2013—2014 年的国内生产总值资料见表 4-9:

**表 4-9　我国 2013—2014 年国内生产总值**

| 指标名称 | 2013 年 | 2014 年 |
|---|---|---|
| 国内生产总值 | 588018 | 636463 |
| 其中:第一产业 | 55321 | 58332 |
| 第二产业 | 256810 | 271392 |
| 第三产业 | 275887 | 306739 |

要求:(1)计算 2013 年和 2014 年第一、二、三产业的产值结构相对指标。

(2)计算 2013 年和 2014 年第一、二、三产业的产值比例相对指标。

(3)计算各类生产总值指标的动态相对指标。

(4)计算各类生产总值增长 1%的绝对值。

3. 某地区 2013 年、2014 年的人口和公共设施数据见表 4-10:

**表 4-10　某地区 2013 年、2014 年人口和公共设施数据**

| 类别 | 单位 | 2013 年 | 2014 年 |
|---|---|---|---|
| 地区总人口数 | 万人 | 2823 | 2867 |
| 公共卫生设施数量 | 个 | 5876 | 6059 |
| 公共交通设施数量 | 辆 | 61862 | 64431 |
| 公共绿化数量 | 平方米 | 569200 | 592520 |

要求:根据资料计算有关相对指标,评价该地区公共设施建设及发展情况。

4. 2013 年上海市和福建省经济情况有关资料见表 4-11:

**表 4-11　2013 年上海和福建的经济情况**

| 项目 | 上海市 | 福建省 |
|---|---|---|
| 国内生产总值(亿元) | 21818.15 | 21868.49 |
| 地区年末总人口(万人) | 2415 | 3774 |
| 城镇登记就业数(万人) | 618.84 | 644.03 |
| 城乡居民储蓄存款余额(亿元) | 20486.3 | 11847.3 |
| 财政收入(亿元) | 3797.16 | 1723.28 |
| 研发投入经费(万元) | 4047800 | 2791966 |

要求：分别计算上海市和福建省的有关强度相对指标，并进行对比，评价其水平高低。

5. 甲、乙两个地区的煤炭产量和人口资料见表 4－12：

**表 4－12　甲、乙两个地区的煤炭产量和人口资料**

| | 甲地区 | | 乙地区 | |
|---|---|---|---|---|
| | 2013 年 | 2014 年 | 2013 年 | 2014 年 |
| 煤炭产量（万吨） | 2500 | 2800 | 4500 | 4950 |
| 年平均人口数（万人） | 4000 | 4000 | 5200 | 5400 |

要求：通过计算动态相对指标、强度相对指标和比较相对指标，分析两地区煤炭产量的发展情况。

6. 某空调企业计划在未来五年内累计生产空调 600 万台，其中，最后一年产量达到 180 万台，实际完成情况见表 4－13：

**表 4－13　某空调企业产量计划完成情况（单位：万台）**

| 时间 | 第一年 | 第二年 | 第三年 | 第四年 | | | | 第五年 | | | |
|---|---|---|---|---|---|---|---|---|---|---|---|
| | | | | 一季度 | 二季度 | 三季度 | 四季度 | 一季度 | 二季度 | 三季度 | 四季度 |
| 产量 | 82 | 95 | 112 | 35 | 40 | 45 | 45 | 40 | 50 | 56 | 48 |

要求：计算该企业空调产量计划累计完成程度及提前完成计划的时间。

## 三、讨论题

1. 某皮鞋厂 2014 年产量资料见表 4－14：

**表 4－14　某皮鞋厂 2014 年产量**

| 产品名称 | 2013 年（万双） | 2014 年（万双） | | |
|---|---|---|---|---|
| | | 计划 | 实际 | 某重点企业产量 |
| 男鞋 | 42 | 45 | 50 | 53 |
| 女鞋 | 48 | 55 | 58 | 62 |
| 合计 | 90 | 100 | 108 | 115 |

另外，该厂 2014 年利润总额为 6582 万元，占用资金为 3.27 亿元；2014 年该厂的单位成本计划降低 5%，实际降低 5.8%。试运用各类相对指标对以上资料进行分析。

2.《2014 中国出版物行业年度发展报告》总结分析了我国出版物行业现状，节选内容如下：

截至 2013 年年底，全国共有各类出版物发行单位 120483 家。从业态结构来看，出版物批发单位 9548 家，占 7.9%；出版物零售单位 110935 家，占 92.1%。从所有制结构来看，国有发行单位 11641 家，占 9.7%；民营发行单位 98393 家，占 81.7%；外资发行单位 282 家，占 0.2%；其他发行单位 10167 家，占 8.4%。全国出版物发行单位共有各类发行网点 210019 个，从业人员 94.3 万人，实现出版物销售总额 3191.4 亿元。

我国出版行业出现以下几个特点：

（1）市场主体不断壮大，社会供给不断增加。

2013年，全国出版物销售额前20名的企业共实现出版物销售额866.1亿元，占全行业销售总额的27.1%，同比提高2.9个百分点。全国新华书店系统实现出版物销售额1057.4亿元，比上年增长15.8%，占全行业销售总额的33.1%，大大高于全行业平均增速。从不同类型的企业来看，在全国511家网上书店当中，当当网、京东商城、亚马逊3家企业的出版物销售额占网上书店整体销售额的45.9%；在282家外资发行企业当中，出版物销售额前5名的企业占外资企业销售总额的61.3%。截至2013年年底，上市的发行企业共有11家，实现出版物销售总额395.15亿元，主营业务和其他业务合计营业收入567.32亿元，实现利润34.86亿元。

(2)加强发行网点建设，提升公共文化服务。

截至2013年年底，全国共有发行网点210019个，提前实现"十二五"规划提出的每千人拥有网点数0.13个的目标。在农村网点建设中，国有新华书店发挥了积极作用，大部分新华书店实现了全省连锁，对网点规模扩展、服务功能提升形成了有效促进。浙江新华农村"小连锁"网点已达300余家，销售额超过8000万元，并实现了"就近付款""半小时送到"；安徽"新华便民店"已建成242家，销售额2000余万元；江苏新华依托农家书屋建成200家"农家书店"，计划3～5年覆盖全省中心乡镇；湖南新华在全省范围内配备了100辆流动售书车已累计下乡销售出版物4000余万元。

在增加销售的同时，书店积极开展活动，2013年仅全国109个大型书城就举办各类读书活动达5122场次，平均每个书城开展活动47场次。遍布城乡的发行网点已经成为提升公共服务、推动全民阅读的重要场所。

此外，发行企业借助新闻出版走出去的政策支持，主动到境外开设网点，如福建新华发行集团已在海外设立了13家新华书店分店；昆明新知集团在东南亚和南亚地区建设了7家华文书局，成为新闻出版走出去的重要平台。2014全球出版业50强名单中，中国出版集团和中国教育出版传媒集团较去年分别前进8位和9位，分列第14位和第21位，年收入分别为14.99亿美元和11.52亿美元。

虽然我国出版行业取得了巨大的进步，出版总量为444000册，世界排名第二，但人均出版量还是相对较低。根据一项统计数字，2014年各国图书人均出版量，英国以每百万人可享有2870种新书排在前位，台湾以1831种排第二，而中国每百万人才325本，排在第25位。

综观2014年中国出版业，可谓有喜有忧。2014年的出版业多了许多自下而上的有力探索，并呈现出诸多创新之处。如文化创意、出版众筹、跨界融合、版权保护等，都与出版者敢于尝试、勇于创新的决心和努力密切相关。然而，从问题角度看，全民阅读和文化复兴还有很长的路要走。不管行业自身承不承认，出版正在陷入一种怪圈，人们获取知识的途径越来越多，娱乐消遣的方式也越来越多，阅读似乎变得不再像过去那么必要与重要，甚至有时成为一种陪衬与点缀。很多阅读推动工作，都是由移动运营商、电商平台等操持，出版业自身在促进全民阅读、把蛋糕做大方面，所起到的作用还相对有限，大有潜力可挖。

请阅读报告后，讨论下列问题：

(1)该分析报告中哪些指标是总量指标？它们是时期指标还是时点指标？它们的计量单位是实物单位还是货币单位？

(2)该分析报告中运用了哪些类别的相对指标？

(3)研究了这段报告后，你有什么想法？

(4)你对我国全民读书情况有了多少了解？请你对此问题进行国际比较研究。

# 第五章

# 平均指标

平均指标是根据同质总体各单位标志值计算的综合指标，反映了总体分布的集中趋势，是统计分析中最常用的指标之一。例如，产品单位成本、平均工资、平均身高、平均分数、平均产量、平均价格等，平均指标的数值表现为平均数或平均值。

## 第一节　平均指标的作用与分类

### 一、平均指标的作用

平均指标是总体各单位标志值在一定的时间、地点条件下所达到的一般水平。由于受到偶然因素的影响，总体各单位标志值有的比平均数大，有的比平均数小，它们以平均数为中心波动。一方面，距离平均数越近的标志值出现的次数越多，距离平均数越远的标志值出现的次数越少；另一方面，比平均数大的标志值个数和比平均数小的标志值个数大体相等，形成正负离差相互抵消的趋势。因此，平均指标反映了总体各单位标志值分布的集中趋势。平均指标具有代表性和抽象性特征。

平均指标是反映社会经济现象普遍特征的综合指标，具有三个作用：

其一，平均指标具有广泛的比较作用。

其二，平均指标可以作为判断事物的依据或标准。

其三，平均指标是进行深入统计分析的基础指标。

### 二、平均指标的分类

按照总体各单位变量值参与代数运算的特点不同，将平均指标分为数值平均数和位置平均数。数值平均数包括算术平均数、调和平均数和几何平均数，位置平均数包括中位数、众数和四分位数。

## 第二节　算术平均数

### 一、算术平均数的含义

算术平均数是描述现象一般水平或典型特征的基本指标。例如，工人劳动生产率、居民家庭人均消费额、游客的人均住宿费、粮食平均亩产量、企业平均利润等。可见，算术平均数是总

体标志总量与总体单位总量对比所得。算术平均数的基本计算公式为:

$$算术平均数=\frac{总体标志总量}{总体单位总量}$$

该基本公式有两个特点:

(1)分子和分母是同一个总体中两个不同的总量。如果是两个不同总体的总量对比,得到的结果就不是算术平均数,而是强度相对数。

(2)分子和分母之间具有直接的数量依存关系。其分母总量是分子总量的承担者,分子总量是分母总量的具体表现。强度相对指标虽然也具有平均的意思,但是它的分子与分母之间不存在直接的数量依存关系,故不是平均指标。

**【例 5-1】** 某企业 2015 年一季度甲产品的 12 个销售网点共完成 492 万元的营销额,则该企业各销售网点的产品平均营销额为:

$$网点平均营销额=\frac{492}{12}=41(万元/网点)$$

计算算术平均数的方法有两种,即简单算术平均法和加权算术平均法。

## 二、简单算术平均法

简单算术平均法应用于对未分组数列计算平均数,公式为:

$$\overline{X}=\frac{X_1+X_2+\cdots+X_N}{N}=\frac{\sum X}{N}$$

式中:$\overline{X}$ 表示算术平均数;$X$ 表示各单位标志值(或变量值);$N$ 表示总体单位数;$\sum$ 表示总和符号。

当总体范围小,总体单位数很少时,可以直接将各单位的标志值简单相加,求出标志总量,再除以总体单位数,就得到了平均数,故称此方法为简单算术平均法。

**【例 5-2】** 某一商场 6 个家电营业小组,某日的营业额(万元)分别为:3、5、4、7、11、12,则这 6 个家电营业小组的日平均营业额为:

$$\overline{X}=\frac{3+5+4+7+11+12}{6}=\frac{42}{6}=7(万元/组)$$

简单算术平均数计算公式中,每个变量值出现的次数都为一次(或者都相同)。如果情况不是这样,就要考虑次数结构对平均数的影响,可采用加权算术平均法计算平均数。

## 三、加权算术平均法

加权算术平均法应用于对变量数列计算平均数。由于变量数列分为单项数列和组距数列,所以应用加权算术平均法分别对其计算平均数。

### 1. 对单项数列计算平均数

对单项数列计算加权算术平均数时,先计算出每组的标志总量,加总得到总体标志总量,然后除以总体单位总量,得出算术平均数。计算公式为:

$$\overline{X}=\frac{X_1f_1+X_2f_2+X_3f_3+\cdots+X_nf_n}{f_1+f_2+f_3+\cdots+f_n}=\frac{\sum Xf}{\sum f}=\sum X\frac{f}{\sum f}$$

式中:$f$ 代表各组频数;其他符号与前面相同。

**【例 5-3】** 某零件生产车间 24 名工人的日产量分组资料见表 5-1,试计算该车间工人的平均日产量。

**表 5-1 某零件生产车间工人日产量及均值计算表**

| 日产零件数(件)$X$ | 工人数(人)$f$ | 各组日产量(件)$Xf$ |
|---|---|---|
| 5 | 6 | 30 |
| 7 | 11 | 77 |
| 10 | 4 | 40 |
| 12 | 3 | 36 |
| 合计 | 24 | 183 |

**解**:根据表 5-1 计算该零件生产车间的工人平均日产量为:

$$\overline{X}=\frac{\text{日产总量}}{\text{工人人数}}=\frac{\sum Xf}{\sum f}$$

$$=\frac{5\times6+7\times11+10\times4+12\times3}{6+11+4+3}=\frac{183}{24}\approx8(\text{件})$$

**2. 对组距数列计算平均数**

**【例 5-4】** 某企业 80 名职工月工资分组资料见表 5-2,试计算该企业职工平均工资。

**表 5-2 某企业职工月工资及均值计算表**

| 工资(元) | 组中值(元)$X$ | 职工数(人)$f$ | 各组工资总额(元)$Xf$ |
|---|---|---|---|
| 3000 以下 | 2500 | 12 | 30000 |
| 3000~4000 | 3500 | 20 | 70000 |
| 4000~5000 | 4500 | 40 | 180000 |
| 5000~6000 | 5500 | 8 | 44000 |
| 合计 | — | 80 | 324000 |

**解**:根据表 5-2 计算该企业 80 名职工月平均工资为:

$$\overline{X}=\frac{\sum Xf}{\sum f}=\frac{2500\times12+3500\times20+4500\times40+5500\times8}{80}$$

$$=\frac{324000}{80}=4050(\text{元})$$

**3. 简单算术平均数与加权算术平均数的区别**

从上面计算平均数的过程可以看出:简单算术平均数只受变量值大小一个因素的影响;而加权算术平均数不仅受各组变量值大小的影响,而且还受各组次数($f$)多少的影响。可见,各组次数的多少,对于算术平均数具有权衡轻重的影响作用,故把次数又称为实际权数。用权数去乘变量值再相加,称为加权。平均数若以加权的方法计算,称为加权算术平均数。

如果各组权数相同,权数就失去了权衡轻重的影响作用,加权算术平均数就变成了简单算术平均数。即:

当 $f_1=f_2=f_3=\cdots=f_n=A$ 时,

$$\overline{X}=\frac{\sum Xf}{\sum f}=\frac{\sum X}{N}$$

可见，简单算术平均数是加权算术平均数的一种特例。

加权算术平均数的权数可以是绝对数形式，也可以是相对数形式，分别叫做频数及频率(或比重)。两种权数计算的加权算术平均数完全相同。以比重权数计算加权算术平均数公式为：

$$\overline{X}=X_1\cdot\frac{f_1}{\sum f}+X_2\cdot\frac{f_2}{\sum f}+X_3\cdot\frac{f_3}{\sum f}+\cdots+X_n\cdot\frac{f_n}{\sum f}=\sum X\cdot\frac{f}{\sum f}$$

用比重权数计算的加权算术平均数可以更明确地显示权数的实质。

## 四、算术平均数的数学性质

算术平均数具有下列重要的数学性质：

(1)各个变量值与其算术平均数的离差总和等于零。

简单式：$\sum(X-\overline{X})=0$

加权式：$\sum(X-\overline{X})f=0$

(2)各个变量值与其算术平均数的离差平方总和为最小值。

简单式：$\sum(X-\overline{X})^2=$ 最小值

加权式：$\sum(X-\overline{X})^2f=$ 最小值

(3)两个独立的同性质变量代数和的平均数等于其平均数的代数和，即

$$\overline{X+Y}=\overline{X}+\overline{Y}$$

(4)两个独立的同性质变量乘积的平均数等于其平均数的乘积，即

$$\overline{(X\cdot Y)}=\overline{X}\cdot\overline{Y}$$

了解算术平均数的数学性质，既有利于理解算术平均数的特性，又有利于后面各章的学习。

# 第三节　调和平均数

## 一、调和平均数的应用意义

调和平均数是总体中各单位变量值倒数的算术平均数的倒数，所以也称为倒数平均数，通常用“$H$”表示。

在统计实践中，由于所掌握资料的情形不同，有些情况不能直接用算术平均数的方法计算平均数，而以调和平均数的形式计算平均数。可见，调和平均数是作为算术平均数的变形来应用的。

## 二、调和平均数的计算

调和平均数的计算方法也分为简单调和平均法和加权调和平均法两种，前者适用于未分组资料，后者适用于分组资料。

(1)简单调和平均法。简单调和平均法的计算公式如下：

$$H=\frac{1}{\dfrac{\frac{1}{X_1}+\frac{1}{X_2}+\frac{1}{X_3}+\cdots+\frac{1}{X_n}}{N}}=\frac{N}{\frac{1}{X_1}+\frac{1}{X_2}+\frac{1}{X_3}+\cdots+\frac{1}{X_n}}=\frac{N}{\sum\frac{1}{X}}$$

(2)加权调和平均法。加权调和平均法的计算公式如下：

$$H=\frac{1}{\dfrac{\dfrac{M_1}{X_1}+\dfrac{M_2}{X_2}+\dfrac{M_3}{X_3}+\cdots+\dfrac{M_n}{X_n}}{M_1+M_2+M_3+\cdots+M_n}}=\frac{M_1+M_2+M_3+\cdots+M_n}{\dfrac{M_1}{X_1}+\dfrac{M_2}{X_2}+\dfrac{M_3}{X_3}+\cdots+\dfrac{M_n}{X_n}}=\frac{\sum M}{\sum \dfrac{1}{X}M}$$

由于调和平均数是作为算术平均数的变形来应用的，故应符合算术平均数基本公式的要求：分子应是总体标志总量，分母应是总体单位总量。这时加权调和平均法公式中的 $\sum M$ 应是总体标志总量，即 $M=X\cdot f$，$f=\dfrac{M}{X}=\dfrac{1}{X}\cdot M$。显然，$M$ 在这里是名义权数。

通常是在缺少分母资料时才应用加权调和平均法来计算平均数。

**【例 5－5】** 某企业报告期甲产品单位成本资料见表 5－3，试计算该产品的平均单位成本。

**表 5－3 某企业甲产品单位成本及均值计算表**

| 单位成本(元)$X$ | 各组总成本(元)$M$ | 各组产量(件)$f=\dfrac{M}{X}$ |
|---|---|---|
| 5 | 3000 | 600 |
| 7 | 7700 | 1100 |
| 10 | 4000 | 400 |
| 12 | 3600 | 300 |
| 合计 | 18300 | 2400 |

**解**：该产品的平均单位成本为：

$$\text{该产品的平均单位成本}=\frac{\sum M}{\sum \dfrac{1}{X}M}=\frac{18300}{2400}=7.625(\text{元})$$

可见，加权调和平均法与加权算术平均法的计算资料不同。在前面【例 5－3】中，掌握了各组日产零件数($X$)和各组工人人数($f$)资料；【例 5－5】中是掌握了各组的单位成本($X$)和各组的总成本($M$)资料。

## 三、算术平均法与调和平均法的应用

**1. 根据相对数计算平均指标**

**【例 5－6】** 某餐饮公司所属 15 个企业，销售额计划完成情况见表 5－4。

**表 5－4 某餐饮公司所属企业按销售额计划完成程度分组资料**

| 按销售额计划完成程度分组(%) | 组中值(%)$X$ | 企业数(个) | 计划销售额(万元)$f$ |
|---|---|---|---|
| 90 以下 | 85 | 1 | 600 |
| 90～100 | 95 | 3 | 1200 |
| 100～110 | 105 | 9 | 28000 |
| 110 以上 | 115 | 2 | 6000 |

要求：计算该餐饮公司 15 个企业的销售额计划平均完成程度。

**解**:该餐饮公司销售额计划平均完成程度为:

$$\overline{X}=\frac{\sum Xf}{\sum f}=\frac{600\times85\%+1200\times95\%+28000\times105\%+6000\times115\%}{600+1200+28000+6000}$$

$$=\frac{37950}{35800}=106.01\%$$

2. **根据平均数计算平均指标**

**【例 5-7】** 某木材加工企业从多个地区购进相同的原材料,资料见表 5-5。

**表 5-5 某企业从不同地区购进某种材料的资料**

| 地区名称 | 价格(元/方)$X$ | 购进额(元)$M$ |
|---|---|---|
| 甲地 | 890 | 660000 |
| 乙地 | 1000 | 2800000 |
| 丙地 | 1200 | 780000 |
| 合计 | — | 4240000 |

要求:计算该企业购进该种原材料的平均价格。

**解**:购进原材料的平均价格为:

$$H=\frac{\sum M}{\sum \frac{1}{X}M}=\frac{4240000}{\frac{660000}{890}+\frac{2800000}{1000}+\frac{780000}{1200}}=1011.55(\text{元})$$

由以上计算可知:【例 5-6】计算平均数时,缺少分子资料,即实际完成数未知,分母作权数,即运用计划任务数为权数“$f$”,且采用加权算术平均数的方法计算;【例 5-7】计算平均数时,缺少分母资料,即原材料购进量资料未知,分子作权数,即运用购进额作权数“$M$”,且采用加权调和平均数的方法计算。

## 第四节 几何平均数

### 一、几何平均数的意义

几何平均数是用若干个($n$ 个)变量值连乘积开 $n$ 次方根所算出的平均数,用符号“$G$”表示。几何平均数主要用于计算社会经济现象的平均比率或平均速度,是一种特殊的平均指标。它的计算方法也分为简单几何平均法和加权几何平均法两种,前者适用于未分组资料,后者适用于分组资料。

### 二、几何平均数的计算

#### (一)简单几何平均法

设有 $n$ 项变量值 $X_1,X_2,X_3,\cdots,X_n$,则简单几何平均数的计算公式为:

$$G=\sqrt[n]{X_1\cdot X_2\cdot X_3\cdot\cdots\cdot X_n}=\sqrt[n]{\prod X}$$

简单几何平均法适用于未分组资料,各单位变量值出现的次数都为一次(或相同)。

**【例 5-8】** 某企业有四个连续作业的产品精加工车间,一季度的产品合格率分别为:第一车间 95%,第二车间 97%,第三车间 96%,第四车间 93%,要求计算四个车间的产品平均合格率。

**解**:由于该企业的产品生产是连续作业,即每个车间的生产都是以前面车间所生产的合格品为基础而进行的深加工,其产品合格率也就是在前面车间的产品合格率的基础上计算的。所以各车间合格率的总和不等于全厂总合格率,四个车间的合格率的连乘积却等于总合格率,故需要用几何平均数法计算其平均数。即四个车间产品的平均合格率为:

$$G=\sqrt[4]{X_1 \cdot X_2 \cdot X_3 \cdot X_4}=\sqrt[4]{95\% \times 97\% \times 96\% \times 93\%}=95.24\%$$

### (二)加权几何平均法

当各个变量值出现的次数不相同时,计算几何平均数就要采用加权几何平均法。其计算公式为:

$$G=\sqrt[f_1+f_2+f_3+\cdots+f_n]{x_1^{f_1} \cdot x_2^{f_2} \cdot x_3^{f_3} \cdot \cdots \cdot x_n^{f_n}}=\sqrt[\sum f]{\prod X^f}$$

式中:$f$ 代表各变量值的权数;$\sum f$ 为总权数;其他符号同前所示。

**【例 5-9】** 某银行用 5000 万元进行 10 年期的投资,投资利率按复利计算,年利率情况是:1~2 年为 6.7%,3~6 年为 8.5%,7~9 年为 9.8%,第 10 年为 12.3%。要求:计算该银行投资的年平均利率。

**解**:该银行投资的年平均利率为:

$$G=\sqrt[\sum f]{\prod X^f}=\sqrt[2+4+3+1]{106.7\%^2 \times 108.5\%^4 \times 109.8\%^3 \times 112.3\%}=108.90\%$$

$$投资的年平均利率 = 108.90\% - 100\% = 8.90\%$$

故该银行 10 年的投资平均利率为 8.90%。

## 三、算术平均数、调和平均数与几何平均数的关系

算术平均数、调和平均数和几何平均数,统称为数值平均数,它们是所有变量值参加代数运算的结果,都要受到极端值大小的影响。算术平均数最容易受其影响,且受极大值的影响要大于受极小值的影响;调和平均数受极小值的影响要大于受极大值的影响;几何平均数受极端值的影响程度比前两者都小。因此,对同一资料计算这三种平均数,所得到的指标数值关系为:

$$\overline{X}>G>H$$

# 第五节 中位数、众数、四分位数

中位数、众数和四分位数是另一种类型的平均指标,都是根据变量值在总体中所处的位置而确定的平均数,故不受数列中极端值的影响,称之为位置平均数。

## 一、中位数

### (一)中位数的概念

将总体中的各个变量值按大小顺序排列,居于数列中间位置上的变量值即为中位数。用

符号 $M_e$ 表示。它是反映频数分布集中趋势的一种位置平均数。

## (二)中位数的计算

### 1. 对未分组资料计算中位数

如果资料未经分组，计算中位数的步骤是：首先，把变量值从小到大按顺序排列；其次，利用公式 $\frac{N+1}{2}$ 确定中位数的位置；最后，将与中位数位置相对应的变量值作为数列的中位数。当变量值的项数 $N$ 为奇数时，处于中间位置的变量值即为中位数；当 $N$ 为偶数时，中位数则是处于中间位置上的两个变量值的平均数。

**【例 5-10】** 2015 年 4 月甲、乙两个信用担保机构发放的贷款额资料，见表 5-6。

**表 5-6 2015 年 4 月甲、乙两个信用担保机构发放的贷款额**

| 组名 | 贷款额(万元)(变量值已经过排序) |
| --- | --- |
| 甲机构 | 300、330、365、387、421、430、468 |
| 乙机构 | 321、355、378、400、442、458、493、526 |

要求：计算甲、乙两机构发放贷款额的中位数。

**解：**甲机构：中位数位置 $=\frac{7+1}{2}=4$，$M_e=387$(万元)；

乙机构：中位数位置 $=\frac{8+1}{2}=4.5$，$M_e=\frac{400+442}{2}=421$(万元)。

### 2. 对分组资料计算中位数

资料经分组后形成变量数列，有单项数列和组距数列。计算中位数的步骤是：首先算出变量数列的总频数或总频率，其次用公式 $\frac{\sum f}{2}$ 确定中位数的位置即中位数组，最后计算中位数。

(1)由单项数列计算中位数。

**【例 5-11】** 根据【例 5-3】中(表 5-1)的资料，计算某零件生产车间工人日产量中位数。

**解：**中位数位置，即中位数组 $=\frac{\sum f}{2}=\frac{24}{2}=12$，中位数 $M_e=7$(件)。

(2)由组距数列计算中位数(以等距数列为例)。

由组距变量数列计算中位数时，计算中位数的步骤是：首先算出变量数列的总频数或总频率，其次用公式 $\frac{\sum f}{2}$ 确定中位数的位置即中位数组，最后用比例法公式计算中位数的近似值。计算公式为：

$$\text{下限公式：}\quad M_e=L+\frac{\frac{\sum f}{2}-S_{m-1}}{f_m}\cdot d$$

$$\text{上限公式：}\quad M_e=U-\frac{\frac{\sum f}{2}-S_{m+1}}{f_m}\cdot d$$

式中：$M_e$ 为中位数；$L$ 表示中位数组的下限；$U$ 表示中位数组的上限；$d$ 代表中位数组的组距；

$f_m$ 代表中位数组的频数；$S_{m-1}$ 表示比中位数组低的各组累计频数；$S_{m+1}$ 表示比中位数组高的各组累计频数。

**【例 5－12】** 根据【例 5－4】中的资料(表 5－2)，整理得到表 5－7。

**表 5－7　某企业职工月平均工资中位数计算表**

| 工资(元)X | 职工数(人)f | 向上累计(从低到高) | 向下累计(从高到低) |
|---|---|---|---|
| 3000 以下 | 12 | 12 | 80 |
| 3000～4000 | 20 | 32 | 68 |
| 4000～5000 | 40 | 72 | 48 |
| 5000～6000 | 8 | 80 | 8 |
| 合计 | 80 | — | — |

要求：计算该企业职工月平均工资中位数。

**解**：中位数组＝80÷2＝40，第三组为中位数组。

$L=4000, U=5000, d=1000, f_m=40, S_{m-1}=32, S_{m+1}=8$，则

下限公式：$$M_e = L + \frac{\frac{\sum f}{2} - S_{m-1}}{f_m} \cdot d = 4000 + \frac{\frac{80}{2} - 32}{40} \times 1000 = 4200(\text{元})$$

上限公式：$$M_e = U - \frac{\frac{\sum f}{2} - S_{m+1}}{f_m} \cdot d = 5000 - \frac{\frac{80}{2} - 8}{40} \times 1000 = 4200(\text{元})$$

计算结果显示：用同一资料，无论是用上限公式还是用下限公式，计算的中位数数值相等，即 $M_e$＝4200 元，以此数值代表该企业职工的月平均工资。

## ➢二、众数

### (一)众数的概念

众数是指变量数列中出现次数最多的变量值，用符号 $M_0$ 表示。它是反映频数分布集中趋势的另一种位置平均数。

### (二)众数的计算

**1. 由单项变量数列计算众数**

根据单项变量数列确定众数时，直接看哪一组的频数最多，则该组的变量值即为众数。

如果出现两个次数最多的变量值时，可称为“复众数”。

**2. 由组距变量数列计算众数**

由组距变量数列计算众数时，首先确定众数组，即将频数最多的变量值所在组作为众数组，然后利用上限公式或下限公式来计算众数值。计算公式为：

下限公式：$$M_0 = L + \frac{\Delta_1}{\Delta_1 + \Delta_2} \cdot d$$

上限公式：$$M_0 = U - \frac{\Delta_2}{\Delta_1 + \Delta_2} \cdot d$$

式中：$M_0$ 表示众数；$L$ 表示众数组下限；$U$ 表示众数组上限；$\Delta_1$ 表示众数组频数与前一组(比

众数组低的组)频数之差;$\Delta_2$ 表示众数组频数与后一组(比众数组高的组)频数之差;$d$ 表示众数组组距。

**【例 5-13】** 根据【例 5-4】中的资料(表 5-2),整理得到表 5-8。

**表 5-8 某企业职工月平均工资众数计算表**

| 工资(元)$X$ | 职工数(人)$f$ | 计算要素 |
|---|---|---|
| 3000 以下 | 12 | 第三组为众数组 |
| 3000～4000 | 20 | $L=4000, U=5000, d=1000$ |
| 4000～5000 | 40 | $\Delta_1=40-20=20$ |
| 5000～6000 | 8 | $\Delta_2=40-8=32$ |
| 合计 | 80 | — |

**解**:根据表 5-8 资料计算众数:

$$M_0=L+\frac{\Delta_1}{\Delta_1+\Delta_2}\cdot d=4000+\frac{40-20}{(40-20)+(40-8)}\times 1000=4384.62(\text{元})$$

$$M_0=U-\frac{\Delta_2}{\Delta_1+\Delta_2}\cdot d=5000-\frac{40-8}{(40-20)+(40-8)}\times 1000=4384.62(\text{元})$$

计算结果显示:用同一资料,无论是用上限公式还是用下限公式,计算的众数数值相等,即 $M_0=4384.62$ 元,以此数值代表该企业大多数职工的月平均工资水平。

### (三)算术平均数、中位数和众数之间的关系

算术平均数、中位数和众数都是反映总体分布集中趋势的指标,它们之间的关系是由总体内部频数分布的状态所决定的。

当频数为对称分布时,$\overline{X}=M_e=M_0$,见图 5-1(a)。

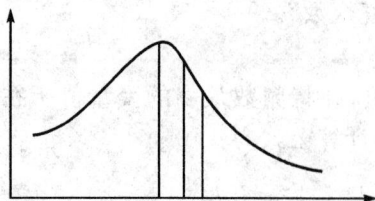

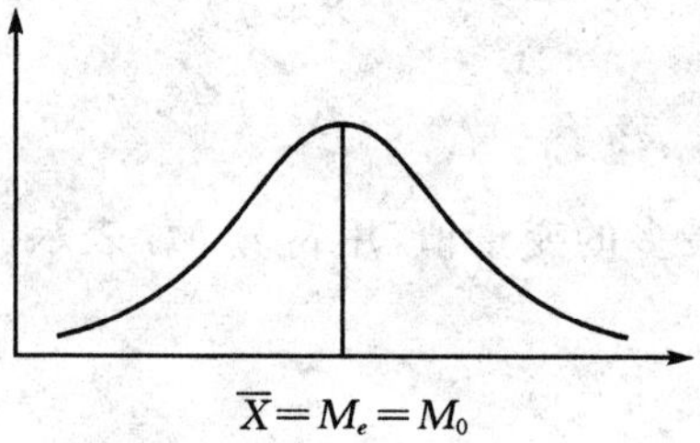


(a)对称分布

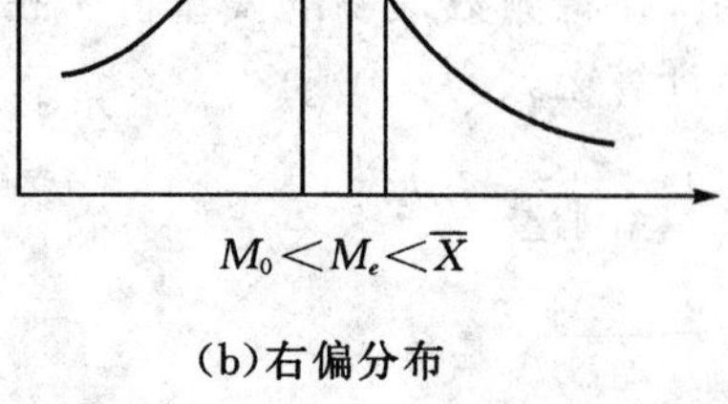


(b)右偏分布

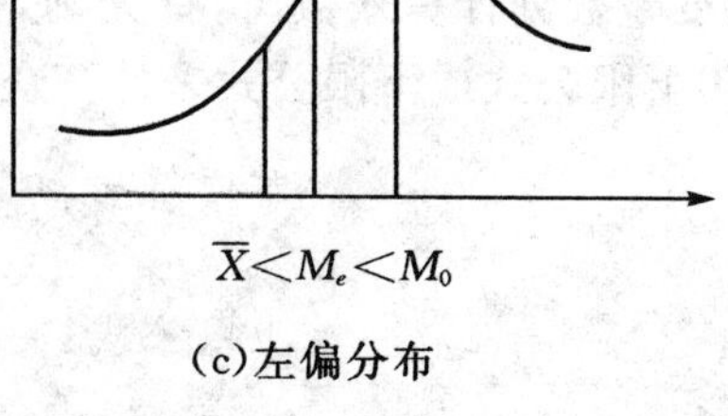


(c)左偏分布

图 5-1 不同分布的众数、中位数和均值关系示意图

当频数为右偏态分布时，$\overline{X}>M_e>M_0$，见图 5-1(b)。

当频数为左偏态分布时，$\overline{X}<M_e<M_0$，见图 5-1(c)。

以表 5-2 资料，计算得到：$\overline{X}=4050$(元)，$M_e=4200$(元)，$M_0=4384.62$(元)，故 $\overline{X}<M_e<M_0$。

因此，该企业职工月平均工资变量数列的频数为左偏分布，说明总体中大多数单位的标志值大于算术平均数。

根据经验，在偏态分布情况下，三种平均数之间存在如下的近似数量关系：

$$M_0=3M_e-2\overline{X}$$

## 三、四分位数

把总体各单位变量值由小到大排列并分成四等份，处于三个分割点位置的数值就是四分位数。四分位数有 3 个，分别是位于排序数据的 1/4、2/4、3/4 位置上的数值。可以看出，中位数就是中间的四分位数，通常所说的四分位数是指处在 25%位置上的数值（下四分位数）和处于 75%位置上的数值（上四分位数），分别用符号 $Q_L$、$Q_U$ 表示。四分位数计算方法分为以下两种：

**1. 对未分组资料和单项数列计算四分位数**

第一步，对数据进行排序，确定四分位数所处的位置。四分位数位置的计算公式为：

$$Q_L\text{ 位置}=\frac{N+1}{4} \qquad Q_U\text{ 位置}=\frac{3(N+1)}{4}$$

式中：$N$ 是数据的个数。

第二步，根据所确定的四分位数位置，计算相对应的四分位数数值。

**【例 5-14】** 随机调查某大学 8 位学生月生活费用（单位：元），数据如下：

700　680　800　1000　850　770　900　690

要求计算四分位数。

**解：**将数据从小到大进行排列：

| | | | | | | | | |
|---|---|---|---|---|---|---|---|---|
| 排　序： | 680 | 690 | 700 | 770 | 800 | 850 | 900 | 1000 |
| 位　置： | 1 | 2 | 3 | 4 | 5 | 6 | 7 | 8 |

$Q_L$ 位置$=\frac{N+1}{4}=2.25$，　$Q_L=690+(2.25-2)\times(700-690)=692.5$(元)

$Q_U$ 位置$=\frac{3(N+1)}{4}=6.75$，　$Q_U=850+(6.75-6)\times(900-850)=887.5$(元)

**2. 根据组距数据计算四分位数**

组距数列计算四分位数与中位数计算相类似。首先对数据进行排列，其次确定四分位数所在的位置即四分位数组，最后用比例法公式计算四分位数的近似值。其计算公式为：

$$Q_L=L_1+\frac{\frac{\sum f}{4}-S_{Q_L-1}}{f_{Q_L}}\cdot d \qquad Q_U=L_3+\frac{\frac{3\sum f}{4}-S_{Q_U-1}}{f_{Q_U}}\cdot d$$

式中：$L_1$，$L_3$ 代表下四分数和上四分位数所在组的下限；$\sum f$ 代表总频数；$S_{Q_L-1}$，$S_{Q_U-1}$ 代表比四分位数组低的累计频数；$f_{Q_L}$，$f_{Q_U}$ 代表四分位数所在组的频数；$d$ 为组距。

**【例 5-15】** 根据【例 5-4】中的资料(表 5-2),整理得到表 5-9。

**表 5-9 某企业职工月平均工资四分位数计算表**

| 工资(元)$X$ | 职工数(人)$f$ | 向上累计(从低到高) | 向下累计(从高到低) |
|---|---|---|---|
| 3000 以下 | 12 | 12 | 80 |
| 3000～4000 | 20 | 32 | 68 |
| 4000～5000 | 40 | 72 | 48 |
| 5000～6000 | 8 | 80 | 8 |
| 合计 | 80 | — | — |

要求:计算该企业职工工资的四分位数。

**解:**根据公式,$Q_L$ 位置$=\dfrac{\sum f}{4}=20$,$Q_U$ 位置$=\dfrac{3\sum f}{4}=60$,从向上累计来看,$Q_L$ 位置在 3000～4000 这一组,$Q_U$ 位置在 4000～5000 这一组。

下四分位数:

$$Q_L = L_1 + \frac{\dfrac{\sum f}{4} - S_{Q_L-1}}{f_{Q_L}} \cdot d = 3000 + \frac{\dfrac{80}{4} - 12}{20} \times 1000 = 3400(\text{元})$$

上四分位数:

$$Q_U = L_3 + \frac{\dfrac{3\sum f}{4} - S_{Q_U-1}}{f_{Q_U}} \cdot d = 4000 + \frac{\dfrac{80}{4} \times 3 - 32}{40} \times 1000 = 4700(\text{元})$$

# 第六节 计算平均指标应该注意的问题

## 一、平均指标是对同质总体计算的均值

同质性是指总体的各个单位必须是性质相同的,这是计算平均指标的基本原则。如果根据不同性质总体的数据资料计算平均指标,就会掩盖事物的本质差别,得到的平均数是虚构的平均数,不能真正反映总体的一般水平,也缺乏实际意义。如研究身高时,要针对男、女的身高分别计算;研究平均价格时,应分别就同类的商品或产品来计算,不能将钢材价格、棉布价格、蔬菜价格等混在一起计算平均价格等。

## 二、用组平均数补充说明总体平均数

我们知道,总体平均数只能反映总体的一般水平,掩盖了各组之间的差异。因此,为了能够更为全面地反映总体特征,应该用组平均数补充说明总体平均数,分析平均数变动的原因,客观反映总体平均数的代表性。

**【例 5-16】** 某公司职工工资资料见表 5-10。

表 5-10 某公司职工工资情况

| 按工资分组 | 基期 | | | 报告期 | | |
|---|---|---|---|---|---|---|
| | 工人人数（人） | 工资总额（万元） | 平均工资（元/人） | 工人人数（人） | 工资总额（万元） | 平均工资（元/人） |
| 生产人员 | 300 | 72 | 2400 | 400 | 98 | 2450 |
| 管理人员 | 200 | 90 | 4500 | 200 | 91 | 4550 |
| 合计 | 500 | 162 | 3240 | 600 | 189 | 3150 |

观察表 5-10 可知：其一，职工总体平均工资基期为 3240 元，报告期为 3150 元，报告期比基期减少了 90 元，工资水平下降了。其二，分别从两个组的职工平均工资来看，无论是生产人员还是管理人员，每组平均工资实际上是增加了。生产人员的平均工资从基期的 2400 元增长到报告期的 2450 元，绝对增长额为 50 元；管理人员的平均工资从基期的 4500 元增长到报告期的 4550 元，增长额度为 50 元，与生产人员相同。造成这种现象的原因是两组工人的工资水平不同，且各组人数在总体中占的比重也不相同。所以在具体分析某一现象平均水平的变动时，注意要用组平均值来补充说明总体平均数。其三，该单位两类员工的平均工资增长额度都为 50 元，看是公平，其实极不平衡。因为生产人员的平均工资无论增长前后，均比管理人员低 2100 元，也比同期的总体平均工资分别低 840 元及 700 元，同期，管理人员的平均工资分别比总平均工资高出 1260 元及 1400 元。其四，上述企业的劳动工资分配机制，显然夸大了管理人员的贡献，低估了第一线生产者的劳动贡献，是一种违背企业人力资源管理理论的劳动工资分配制度，也不符合多劳多得的分配原则。这种扭曲的劳动工资分配机制，带来的结果是极大伤害第一线工人的生产积极性，影响企业的持续发展，企业必须尽快改变这种劳动工资分配状况。

## 三、将多种平均数结合运用

一般来说，算术平均值是最常用的反映经济现象一般水平的指标，它包括了总体变量的所有数值，适用范围比较广泛，最易被人们所理解。但若变量中有极端值时，算术平均值会受到影响，代表性较差。调和平均数通常被认为是算术平均数的变形。它与算术平均数一样，容易受极端值影响，当总体单位标志值中有零出现时，则调和平均数无法计算。几何平均数受极端数值的影响比算术平均数和调和平均数都要小一些，但如果一组数据中，有一个变量值为零，同样无法计算几何平均数。中位数、众数和四分位数是位置平均数，不受极端值的影响，会比数值平均数更具有代表性。

在无法确定哪个平均数更有代表性时，可考虑给出多种平均数的计算结果，并进行比较，从而更客观、更全面地反映真实情况。如国家统计局公布居民收入时，给出了算术平均数收入、中位数收入。我国根据城乡一体化住户调查显示：2015 年一季度全国居民人均可支配收入 6087 元，中位数 5216 元；按常住地分，城镇居民人均可支配收入 8572 元，农村居民人均可支配收入 3279 元。2 月末，农村外出务工劳动力总量 16331 万人，同比减少 602 万人，下降 3.6%。外出务工劳动力月均收入 3000 元，同比增长 11.9%。

# 思考、训练与探讨

## 一、思考题

1.为什么说平均指标反映了总体分布的集中趋势?

2.什么是权数?权数的意义是什么?如何选择权数?

3.算术平均数的分子和分母之间存在什么关系?

4.简单算术平均数和加权算术平均数有何关系?

5.算术平均数与调和平均数的计算条件有何不同?

6.平均指标与强度指标有何区别?

7.什么是几何平均数?在什么条件下运用几何平均法来计算平均指标?

8.什么是中位数?什么是众数?分组资料如何计算中位数和众数?

9.什么是四分位数?其有何计算意义?

10.算术平均数有哪些数学性质?

## 二、计算题

1.已知某社区20名已退休职工的年龄如下:

81、55、67、77、78、60、72、61、77、62

60、73、70、60、86、69、59、80、59、83

试计算该社区退休职工年龄的算术平均数和中位数。

2.某位学生统计学原理的几次平时测验成绩分别为:93、96、20、90、91、93、92。若采用算术平均数计算其平均成绩是82分,为良好;若用中位数计算其平均成绩是92分,为优秀。你会采用哪个结果来评价该学生平时的学习情况?为什么?

3.某厂对三个车间的某月份生产情况分析如下:第一车间实际产量为200件,完成计划100%;第二车间实际产量250件,完成计划95%;第三车间实际产量330件,完成计划110%。三个车间产品产量的平均计划完成程度为:$\frac{100\%+95\%+110\%}{3}=101.67\%$。另外,一车间产品单位成本为15元/件,二车间产品单位成本为12元/件,三车间产品单位成本为18元/件,则三个车间平均单位成本为:$\frac{15+12+18}{3}=15$(元/件)。以上平均指标的计算是否正确?如不正确请说明理由并改正。

4.某企业两个生产车间的产量和单位成本资料见表5-11:

表5-11 某企业两个生产车间的产量和成本资料

| 车间 | 2013年 | | 2014年 | |
|---|---|---|---|---|
| | 产量(吨) | 单位成本(元) | 单位成本(元) | 总成本(万元) |
| 甲 | 1450 | 650 | 645 | 100 |
| 乙 | 1880 | 760 | 750 | 140 |

要求:(1)分别计算2013年和2014年甲、乙两车间的平均单位成本。

(2)分析甲、乙两车间平均单位成本的变动情况。

(3)计算该企业2013年和2014年的平均单位成本,分析其变动情况并说明原因。

5.某公司所属10个企业资金利润率分组资料见表5－12：

**表5－12　某公司10个企业资金利润率分组资料**

| 资金利润率(%) | 企业数(个) | 利润总额(万元) |
| --- | --- | --- |
| 10 | 3 | 5 |
| 15 | 4 | 15 |
| 20 | 3 | 30 |

要求：计算该公司10个企业的平均利润率。

6.某地区私营企业注册资金分组资料见表5－13：

**表5－13　某地区私营企业注册资金分组资料**

| 注册资金(万元) | 50以下 | 50～100 | 100～150 | 150～200 | 200～250 | 250以上 |
| --- | --- | --- | --- | --- | --- | --- |
| 企业数(个) | 15 | 35 | 45 | 28 | 15 | 5 |

要求：计算该地区私营企业注册资金的算术平均数、中位数和众数，说明频数分布状态。

7.股民小李购买某只股票的情形如下：

(1)在31元、20元、15元的价格下，各购买了2000股、3000股和5000股。

(2)在31元、20元、15元的价格下，各购买了96000元、30000元和75000元。

要求：根据上述资料计算并比较两种购买情形下的价格差异，说明原因。

8.某企业7个车间生产同一种产品，某种原材料单耗水平资料见表5－14：

**表5－14　某种原材料单耗水平资料**

| 按原材料单耗水平分组(公斤/件) | 车间数(个) | 各组原材料消耗量在总消耗量中占的比重(%) |
| --- | --- | --- |
| 4～5 | 2 | 32 |
| 5～7 | 4 | 57 |
| 7～10 | 1 | 11 |

要求：计算该企业7个车间原材料单耗水平的平均数。

9.某投资公司用8000万元进行10年期的投资，利率情况是：第1～2年为7.4%，第3～7年为8.5%，8～10年为9.3%。

要求：(1)计算单利条件下的投资年平均利率及10年末资金的本利和。

(2)计算复利条件下的投资年平均利率及10年末资金的本利和。

10.某外贸公司3个业务部门的出口合同履约率资料见表5－15：

**表5－15　某外贸公司各业务部门的出口合同履约率**

| 业务部门 | 合同履约率(%) | 实际交货金额(万美元) |
| --- | --- | --- |
| 1 | 96 | 637 |
| 2 | 100 | 805 |
| 3 | 99 | 719 |

要求：计算该外贸公司三个业务部门的出口合同平均履约率。

## 三、讨论题

1.2012 年 1 月 20 日国家统计局首次公布了城乡居民收入的中位数。国家统计局新闻发言人盛来运在国务院新闻办举行的新闻发布会上说，城镇居民收入的增加跟大家的感觉不一致，跟收入的分布有关。从统计角度来解释，多数居民人均收入低于平均数，这不是一个正态分布，而是偏态分布。为了帮助大家认识这个问题，国家统计局发布了城乡居民收入的中位数。你觉得统计局应该公布哪些信息来反映我国居民的实际收入？请通过统计局网站收集相关数据，分析我国居民收入情况。

2.2015 年 5 月 30 日沪深分行业相关指标见表 5－16：

**表 5－16　2015 年 5 月 30 日沪深分行业相关指标**

| 行业名称 | 上市公司数 | 平均股价（元） | 平均每股收益（元） | 成交量（万手） | 成交金额（亿） | 流通市值（亿） |
|---|---|---|---|---|---|---|
| 卫生和社会工作 | 4 | 82.89 | 0.16 | 32.38 | 23.24 | 772.94 |
| 信息传输、软件和信息技术服务业 | 141 | 68.74 | 0.05 | 3645.06 | 1485.60 | 27278.50 |
| 租赁和商务服务业 | 26 | 37.20 | 0.11 | 640.36 | 184.92 | 5192.03 |
| 制造业 | 1760 | 33.09 | 0.07 | 51279.60 | 10027.41 | 202010.43 |
| 房地产业 | 146 | 17.92 | 0.06 | 5722.83 | 830.74 | 20919.26 |
| 建筑业 | 68 | 21.74 | 0.06 | 5092.30 | 751.92 | 19675.26 |
| 批发和零售业 | 160 | 28.01 | 0.11 | 4101.33 | 809.16 | 17096.06 |
| 文化、体育和娱乐业 | 29 | 43.07 | 0.11 | 607.01 | 181.87 | 4954.66 |
| 住宿和餐饮业 | 14 | 20.73 | 0.02 | 222.48 | 33.73 | 679.37 |
| 农、林、牧、渔业 | 42 | 24.04 | －0.02 | 1137.69 | 196.53 | 3714.41 |
| 综合 | 23 | 22.32 | 0.03 | 598.44 | 132.14 | 2593.26 |
| 水利、环境和公共设施管理业 | 33 | 36.46 | 0.02 | 715.70 | 153.95 | 2738.00 |
| 科学研究和技术服务业 | 17 | 58.39 | 0.13 | 253.57 | 95.45 | 1118.36 |
| 电力、热力、燃气及水生产和供应业 | 88 | 16.09 | 0.12 | 6594.60 | 731.79 | 16102.54 |
| 采矿业 | 72 | 17.14 | 0.01 | 5046.72 | 590.10 | 42290.60 |
| 教育 | 1 | 55.91 | 0.03 | 11.29 | 6.38 | 97.10 |
| 交通运输、仓储和邮政业 | 90 | 18.28 | 0.09 | 5706.20 | 633.43 | 20036.39 |
| 金融业 | 47 | 24.32 | 0.39 | 10514.66 | 1654.82 | 94392.57 |

根据上述资料讨论下列问题：

（1）对我国上市公司行业构成情况进行分析。

（2）比较所有行业上市公司的平均股价。

（3）分析各行业上市公司的平均股价与所有行业上市公司的平均股价之间的差异特征。

（4）计算说明全行业上市公司平均每股收益的一般水平。

3.资产负债率等于负债总额除以资产总额,表示企业负债总额占企业资产总额的百分比。资产负债比率反映在总资产中有多大比例是通过借债来筹资的,说明了债权人向企业提供信贷资金的风险程度,也反映了企业举债经营的能力。表 5-17 是 2012 年沪市 25 家房地产上市公司的资产负债情况。

表 5-17 2012 年 25 家房地产上市公司资产负债情况(单位:元,%)

| 公司名称 | 资产总计 | 负债总计 | 资产负债率 |
|---|---|---|---|
| 保利地产 | 251168617582.24 | 196389097098.44 | 78.19 |
| 浙江广厦 | 9447186641.81 | 7312741520.03 | 77.41 |
| 中江地产 | 2986445010.52 | 2193423406.47 | 73.45 |
| 南京高科 | 16348407710.53 | 7128846756.46 | 65.84 |
| 中体产业 | 3484256846.95 | 1854455960.00 | 53.22 |
| 香江控股 | 12496505298.08 | 10994646839.24 | 85.10 |
| 卧龙地产 | 3369335397.79 | 1826959829.71 | 54.22 |
| 格力地产 | 12747297831.80 | 10165777422.25 | 79.75 |
| 长春经开 | 4455002800.52 | 2048462846.99 | 45.98 |
| 鲁商置业 | 21558537421.98 | 19826952588.04 | 91.97 |
| 天津松江 | 10755085253.51 | 9313999729.95 | 86.60 |
| 云南城投 | 22226195615.51 | 18146050736.22 | 81.64 |
| 万通地产 | 10746006948.00 | 6720655211.00 | 62.54 |
| 北京城建 | 30008907812.25 | 21575310742.24 | 71.90 |
| 天房发展 | 12198351314.39 | 7209804260.55 | 59.11 |
| 华发股份 | 28964301616.71 | 20216639407.20 | 69.80 |
| 首开股份 | 70864100912.44 | 56915377831.90 | 80.32 |
| 金地集团 | 102520943485.38 | 71524508163.40 | 69.77 |
| 华丽家族 | 4304042200.91 | 1850606883.30 | 70.64 |
| 黑牡丹 | 11432575642.93 | 6959659278.63 | 43.00 |
| 栖霞建设 | 12152665646.96 | 8219663574.00 | 60.88 |
| 迪马股份 | 9105207752.78 | 7039422074.12 | 67.64 |
| 华鑫股份 | 2819535152.77 | 1378949963.32 | 77.31 |
| 新黄浦 | 8421527473.77 | 1839391408.64 | 48.91 |
| 万业企业 | 7739762689.02 | 4487372967.45 | 57.65 |

要求根据资料讨论下列问题:

(1)25 家房地产上市公司资产总额和负债总额的平均水平为多少?

(2)25 家房地产上市公司平均资产负债率用何种方法测度?测度结果如何?

(3)描述我国房地产上市公司的资产负债情况。

# 第六章 标志变异指标

平均指标是反映社会经济现象在一定时间、地点条件下所达到的一般水平，它把同质总体各单位标志值的数量差异抽象化，虽然反映了同质总体各单位数量标志值的集中趋势，但不能反映它们之间的差异程度。为了综合地反映总体各单位标志值的差异性，就需要计算标志变异指标。可见，平均指标和标志变异指标反映了同质总体两个不同方面的特征，前者反映其集中趋势，后者反映其离中趋势。

## 第一节　标志变异指标的意义和作用

### 一、标志变异指标的含义

标志变异指标又称标志变动度，是社会经济统计中广泛应用的另一种综合指标。它反映同质总体各单位标志值的差异程度，即反映社会经济现象总体的数量变动程度。

标志变异指标在统计分析中具有重要意义。一方面，有利于我们全面认识总体频数的分布特征；另一方面，帮助我们研究总体频数分布的对称性。这对正确地认识客观现象的性质，探寻它的变动规律性，有效支持科学管理和决策等，都有着重要的意义。

### 二、标志变异指标的作用

**1. 标志变异指标是衡量平均指标代表性大小的尺度**

平均指标作为总体集中趋势的代表性数值，其代表性大小决定于总体各单位标志值的离散程度，常用标志变异指标来测度。标志变异指标数值愈大，平均指标的代表性愈小；标志变异指标数值愈小，平均指标的代表性愈大。

**【例 6-1】** 某公司两个部门职工某月工资（单位：元）如下：

甲部门：1800，1950，2000，2100，2150

乙部门：1900，1950，2000，2050，2100

这两个部门职工的月平均工资都是 2000 元，但各部门职工工资的差异程度不同。工资的极差值甲部门为 350 元，乙部门为 200 元。显然，职工工资的差异性甲部门大于乙部门，而平均工资的代表性乙部门大于甲部门。

**2. 标志变异指标可以反映生产过程的均匀性和稳定性，评价经济管理工作的质量**

**【例 6-2】** 某证券公司两个营业部新增资产计划完成情况资料见表 6-1。

表 6-1　证券公司两个营业部新增资产计划完成情况

| 营业部 | 新增资产计划数（万元） | 实际完成数 | | | | | | | |
|---|---|---|---|---|---|---|---|---|---|
| | | 上旬 | | 中旬 | | 下旬 | | 全月 | |
| | | 绝对数（万元） | 占全月（%） | 绝对数（吨） | 占全月（%） | 绝对数（万元） | 占全月（%） | 绝对数（万元） | 计划完成（%） |
| 甲营业部 | 120 | 38 | 31.7 | 40 | 33.3 | 42 | 35 | 120 | 100 |
| 乙营业部 | 120 | 20 | 16.7 | 40 | 33.3 | 60 | 50 | 120 | 100 |

表 6-1 说明：两个营业部新增资产计划任务都已完成，但计划执行过程则不同。甲营业部全月均衡地完成了生产计划，各旬计划完成变异程度较小，而乙营业部则前松后紧，各旬计划完成率变异程度较大，稳定性较差。因而，甲营业部的计划完成情况比乙营业部要好，乙营业部需要采取措施，改进企业管理工作。可见，标志变异指标是衡量生产管理和经济活动过程稳定性的一个重要指标，也是评价管理工作质量的重要依据。

**3. 标志变异指标是进行其他统计分析的基本指标**

抽样推断、相关与回归分析等，都需要利用标志变异指标。

## 第二节　标志变异指标的计算

测度总体各单位标志值离散程度的指标有：全距（极差）、平均差、方差、标准差、标志变异系数。

### 一、全距

全距是表明总体各单位标志数值变动范围的指标，它是统计数列中两个极端数值之差，故又称极差，用符号“$R$”表示。

**（一）未分组数列计算全距**

未分组数列全距的计算公式是：

$$全距=最大标志值-最小标志值$$

$$R=X_{max}-X_{min}$$

式中：$X_{max}$代表标志的最大值；$X_{min}$代表标志的最小值。

以【例 6-1】资料为例，甲部门：$R=2150-1800=350$（元）；乙部门：$R=2100-1900=200$（元）。

$R_{甲}=350$ 元，$R_{乙}=200$ 元，$R_{甲}>R_{乙}$，故甲部门职工月平均工资的代表性小于乙部门。

**（二）分组数列计算全距**

分组数列，计算全距的公式为：

$$全距=最高组上限-最低组下限$$

$$R=U_{max}-L_{min}$$

式中：$U_{max}$代表最高一组的上限；$L_{min}$代表最低一组的下限。

**【例 6-3】**　某企业模具车间工人 10 月份某产品日产量分组资料，见表 6-2。

表 6－2　某企业模具车间工人日产量情况

| 按日产量分组(件) | 工人数(人) |
|---|---|
| 20～30 | 5 |
| 30～40 | 7 |
| 40～50 | 12 |
| 50～60 | 4 |
| 60～70 | 2 |
| 合计 | 30 |

根据表 6－2 计算的全距为：$R=70-20=50$(件)。

全距是测定标志变动程度的一种粗略方法。它计算简便，容易理解。在实际工作中，全距常用于检查产品质量，使得产品的质量控制在两极范围内。

全距的缺点是计算过于简单，其大小直接决定于标志的两个极端数值，未能考虑总体内部其他标志值的差异性。为了较为全面地测量总体的变异状况，我们需要运用平均差、方差、标准差等其他方法测度标志值的离散程度。

## 二、平均差

平均差是表明总体各单位数量标志值平均离散程度的指标，它是各个标志值与其算术平均数的平均离差。由于 $\sum(X-\overline{X})=0$，因而各项离差的平均数也等于0。为此，在计算平均差时，采取离差的绝对值，即$|X-\overline{X}|$。

计算平均差，根据所掌握的资料不同，可以采用两种方法：简单平均法与加权平均法。

### (一)简单平均法

对未分组资料计算平均差，采用简单平均法公式计算，即

$$A.D=\frac{\sum|X-\overline{X}|}{N}$$

式中：$A.D$ 代表平均差；$N$ 代表总体单位数。

**【例 6－4】**　以【例 6－1】资料为例，计算甲、乙两部门工资的平均差，见表 6－3。

表 6－3　平均差计算表

| 甲部门(元) | | | 乙部门(元) | | |
|---|---|---|---|---|---|
| 工资 | 离差 | 离差绝对值 | 工资 | 离差 | 离差绝对值 |
| $X$ | $X-\overline{X}$ | $\|X-\overline{X}\|$ | $X$ | $X-\overline{X}$ | $\|X-\overline{X}\|$ |
| 1800 | −200 | 200 | 1900 | −100 | 100 |
| 1950 | −50 | 50 | 1950 | −50 | 50 |
| 2000 | 0 | 0 | 2000 | 0 | 0 |
| 2100 | 100 | 100 | 2050 | 50 | 50 |
| 2150 | 150 | 150 | 2100 | 100 | 100 |
| 合计 | — | 500 | 合计 | — | 300 |

**解：**

$$甲部门：A.D=\frac{\sum|X-\overline{X}|}{N}=\frac{500}{5}=100(元)$$

$$乙部门：A.D=\frac{\sum|X-\overline{X}|}{N}=\frac{300}{5}=60(元)$$

计算结果表明：甲部门每个职工的工资与其平均工资相差100元，乙部门每个职工的工资与其平均工资相差60元。在两个部门平均工资相等（$\overline{X}_{甲}=\overline{X}_{乙}=2000$ 元）的条件下，职工工资的离散程度甲部门大于乙部门。因而，甲部门职工工资平均数的代表性小于乙部门。

**(二)加权平均法**

对分组资料计算平均差，应采用加权平均法公式计算，即

$$A.D=\frac{\sum|X-\overline{X}|f}{\sum f}$$

**【例6-5】** 以表6-2为例，计算某企业模具车间工人日产量的平均差，见表6-4。

**表6-4　某企业模具车间工人日产量平均差计算表**

| 按工人日产量分组(件) | 组中值 $X$ | 工人数(人) $f$ | 总产量 $Xf$ | 离差 $X-\overline{X}$ | 离差绝对值 $\lvert X-\overline{X}\rvert$ | 总离差绝对值 $\lvert X-\overline{X}\rvert f$ |
|---|---|---|---|---|---|---|
| 20～30 | 25 | 5 | 125 | −17 | 17 | 85 |
| 30～40 | 35 | 7 | 245 | −7 | 7 | 49 |
| 40～50 | 45 | 12 | 540 | 3 | 3 | 36 |
| 50～60 | 55 | 4 | 220 | 13 | 13 | 52 |
| 60～70 | 65 | 2 | 130 | 23 | 23 | 46 |
| 合计 | — | 30 | 1260 | — | — | 268 |

**解：**算术平均值：$\overline{X}=\frac{\sum Xf}{\sum f}=42(件)$

$$平均差：A.D=\frac{\sum|X-\overline{X}|f}{\sum f}=\frac{268}{30}\approx 9(件)$$

以上计算结果说明，该车间每个工人的日产量与平均日产量之间相差9件。

## 三、方差及标准差

**(一)基本概念**

方差是各单位标志值与其算术平均数离差平方的平均数（用$\sigma^2$表示）。

标准差是方差的平方根，又称均方差，用$\sigma$表示。它是测定标志变异程度最常用的综合指标。它的涵义与平均差基本相同，也是各个标志值与其算术平均数的平均离散程度，但在数学处理上有所不同。平均差是利用绝对值来消除离差的正负影响，标准差是利用平方及开平方根的方法来消除离差的正负影响。比较起来，标准差在数学运算上优良于平均差。故标准差普遍用于测定总体各单位数量标志值的平均离散程度。

**(二)计算方法**

方差及标准差的计算也分简单平均法与加权平均法两种形式。

**1.简单平均法**

根据未分组资料计算时,采用简单平均法。其计算公式为:

$$\sigma^2 = \frac{\sum (X-\overline{X})^2}{N} \qquad \sigma = \sqrt{\frac{\sum (X-\overline{X})^2}{N}}$$

**2.加权平均法**

根据分组资料计算时,要采用加权平均法。其计算公式为:

$$\sigma^2 = \frac{\sum (X-\overline{X})^2 f}{\sum f} \qquad \sigma = \sqrt{\frac{\sum (X-\overline{X})^2 f}{\sum f}}$$

**【例 6-6】** 抽样调查 2014 年西部某地区居民网络购物年消费金额,资料见表 6-5,要求计算标准差。

**表 6-5 西部某地区居民网络购物年消费金额及标准差计算表**

| 年网购金额(元) | 人数 $f$ | 组中值 $X$ | $X-\overline{X}$ | $(X-\overline{X})^2 f$ |
|---|---|---|---|---|
| 500 以下 | 71 | 250 | −808.66 | 46429100.69 |
| 500~1000 | 157 | 750 | −308.66 | 14957546.31 |
| 1000~1500 | 100 | 1250 | 191.34 | 3661099.56 |
| 1500~2000 | 91 | 1750 | 691.34 | 43493540.60 |
| 2000 以上 | 20 | 2250 | 1191.34 | 28385819.91 |
| 合计 | 439 | 1058.66 | 0 | 136927107.07 |

**解:**标准差计算如下:

$$\sigma = \sqrt{\frac{\sum (X-\overline{X})^2 f}{\sum f}} = \sqrt{\frac{136927107.07}{439}} = 558.49(\text{元})$$

从标准差计算结果来看,总体各单位标志值之间的差异比较大,说明平均数代表性比较低。同时,也可看出该地区消费者开始接受网购这一新型的消费方式,不过消费过程还处于较为保守的阶段,表现为网购金额偏低,平均值只有 1058.66 元,只有不到 4.56%的消费者 2014 年网购消费金额超过了 2000 元。

## 四、是非标志的平均数及方差、标准差

在社会经济统计中,有时把某种现象的全部总体单位,分为具有某一标志表现的单位和不具有某一标志表现的单位两组。例如,将全部产品分为合格品和非合格品两组;把全部耕地面积中,分为稳定高产田和非稳产高产田两组;将人口按性别分为男性和女性两组等。这种用"是"或"非""有"或"无"来表示的标志,叫做是非标志,或称交替标志。

是非标志的标志表现,通常是用文字来表示的,即具有所研究的标志表现,用文字表示为"是"或"有";不具有所研究的标志表现,用文字表示为"非"或"无"。为了计算平均数和标准差,必须把它们数量化,"是"或"有"用 1 表示;"非"或"无"用 0 表示。

设 $N$ 为总体单位数，$N_1$ 为具有某一标志表现的单位数，$N_0$ 为不具有某一标志表现的单位数，$P$ 为总体成数(或比率)，则是非标志的平均数与标准差的计算见表 6-6。

**表 6-6 是非标志的平均数及标准差计算表**

| 是非标志(变量值) | 单位数 | 成数 | 离差 | 离差平方 | 离差平方×权数 |
|---|---|---|---|---|---|
| $X$ | $f$ | $\frac{f}{\sum f}$ | $X-\overline{X}$ | $(X-\overline{X})^2$ | $(X-\overline{X})^2 \cdot f$ |
| 1 | $N_1$ | $P$ | $1-P$ | $(1-P)^2$ | $(1-P)^2 N_1$ |
| 0 | $N_0$ | $q$ | $0-P$ | $(0-P)^2$ | $(0-P)^2 N_0$ |
| 合计 | $N$ | 1 | — | — | $(1-P)^2 N_1+(0-P)^2 N_0$ |

由表 6-6 知，$P=\frac{N_1}{N}$，$q=\frac{N_0}{N}$，$P+q=1$。

是非标志的平均数为：$\overline{X}=\frac{1\times N_1+0\times N_0}{N}=\frac{N_1}{N}=P$

是非标志的方差为：$\sigma^2=\frac{(1-P)^2 N_1+(0-P)^2 N_0}{N}=q^2P+P^2q=Pq(q+P)$ 或 $P(1-P)$

是非标志的标准差为：$\sigma=\sqrt{P(1-P)}$

## 五、标志变异系数

全距、平均差和标准差都是反映标志变动程度的绝对指标，它采用与标志值相同的计量单位，并且要求两个变量数列的平均水平相同，才能用于检验平均数的代表性大小。对于具有不同平均水平和不同计量单位的数列，就要用标志变异系数说明标志值差异的程度和检验平均数的代表性大小。

将全距、平均差、标准差分别与其相应的平均数对比，所得到的离散系数，称之为全距系数、平均差系数、标准差系数，这里统称其为离散系数。其计算公式如下：

全距系数：$V_R=\frac{R}{\overline{X}}\times 100\%$

平均差系数：$V_{A.D}=\frac{A.D}{\overline{X}}\times 100\%$

标准差系数：$V_\sigma=\frac{\sigma}{\overline{X}}\times 100\%$

**【例 6-7】** 某省统计局调查 2014 年四类企业的工人劳动生产率，得到的资料见表 6-7。

**表 6-7 某省不同所有制企业工人劳动生产率**

| 企业类型 | 劳动生产率(万元/人) | 标准差(万元) | 标准差系数(%) |
|---|---|---|---|
| | $\overline{X}$ | $\sigma$ | $V_\sigma=\frac{\sigma}{\overline{X}}\times 100\%$ |
| 外资企业 | 62.15 | 13.34 | 21.46 |
| 私有企业 | 45.88 | 10.60 | 23.10 |
| 国有企业 | 81.03 | 21.33 | 26.32 |
| 公众企业 | 56.30 | 16.86 | 29.95 |

由表 6-7 可知：

(1)就四类企业工人劳动生产率的标准差数据而言，最大是国有企业为 21.33 万元，次之是公众企业为 16.86 万元，第三是外资企业为 13.34 万元，最小是私有企业为 10.60 万元。但不能由此就认为，国有企业劳动生产率的变动程度最大，私有企业变动率最小。因为不同类型企业的工人劳动生产率水平不相同，所以不能直接用标准差数值的大小断定各类企业工人劳动生产率水平代表性的高低。

(2)只有利用标准差系数，才能说明四类企业工人劳动生产率的离散程度大小，因为它消除了数列平均水平不同所产生的影响。本例中的标准差系数表明：公众企业的标志变动度最大为 29.95%，次之是国有企业为 26.32%，第三是私有企业为 23.10%，最小是外资企业为 21.46%。可见，四类企业工人平均劳动生产率的代表性由高到低的顺序为：外资企业、私有企业、国有企业、公众企业。

## 第三节　偏态及峰度的测定

### 一、偏态的测度

变量数列的钟形分布有对称分布和非对称分布，非对称分布包括左偏态分布和右偏态分布，用偏态系数可以准确地测定非对称分布的偏斜程度。这里介绍皮尔逊偏态系数测定法和中心距偏态系数测定法。

**1. 皮尔逊偏态系数测定法**

此方法是利用算术平均数与众数或中位数的离差来测定偏态的，其计算公式为：

$$\text{偏态} = \overline{X} - M_0$$

当$\overline{X} = M_0$时，为对称分布；当 $\overline{X} - M_0 > 0$ 时，为正偏态(或右偏态)；当$(\overline{X} - M_0) < 0$，为负偏态(或左偏态)。偏态的计算单位与原来变量数列的计量单位相同。

为了比较不同性质的变量数列频数分布的非对称程度，需要消除计量单位的影响，用标准差去除偏态，得到表示偏斜的程度的相对数，叫偏态系数或偏斜度，用 $SK$ 表示。其计算公式为：

$$SK = \frac{\overline{X} - M_0}{\sigma}$$

根据皮尔逊经验公式 $M_0 = 3M_e - 2\overline{X}$，整理得到：

$$SK = \frac{3(\overline{X} - M_e)}{\sigma}$$

$SK$ 的取值在 $-3 \sim +3$ 之间。$SK=0$，表示对称分布；$SK=+3$，表示极端的右偏态分布；$SK=-3$，表示极端的左偏态分布。

**【例 6-8】** 某市某年城市住户的书报支出额抽样调查资料，见表 6-8。

**表 6-8　某市某年城市住户书报支出情况**

| 按支出额分组(元)$X$ | 调查户数(户)$f$ | 组中值 $X$ | $(X-\overline{X})^2$ | $(X-\overline{X})^2 f$ |
|---|---|---|---|---|
| 150 以下 | 40 | 135 | 6707.61 | 268304.40 |
| 150～180 | 90 | 165 | 2693.61 | 242424.90 |
| 180～210 | 110 | 195 | 479.61 | 52757.10 |
| 210～240 | 105 | 225 | 65.61 | 6889.05 |
| 240～270 | 70 | 255 | 1451.61 | 101612.70 |
| 270～300 | 50 | 285 | 4637.61 | 231880.50 |
| 300 以上 | 35 | 315 | 9623.61 | 336826.35 |
| 合计 | 500 | — | — | 1240695.00 |

**解**：根据表 6-8 计算城市住户年书报支出额数列的平均数和众数为：

$\overline{X}=216.9$(元)

$M_0=204$(元)

$$\text{标准差}:\sigma=\sqrt{\frac{\sum(X-\overline{X})^2 f}{\sum f}}=\sqrt{\frac{1240695.00}{500}}=\sqrt{2481.39}=49.81(\text{元})$$

$$\text{偏度系数}:SK=\frac{\overline{X}-M_0}{\sigma}=\frac{216.9-204}{49.81}=0.26$$

计算结果表明，该市 500 户居民在该年的书报支出额数列呈右偏态分布，偏度系数为 0.26。如果计算得到历年的偏度系数和各地区的偏度系数，便可进行纵向及横向比较，对居民书报支出额数列的变化特点作出说明。

**2. 中心距偏态系数测定法**

中心矩是指各单位变量值与平均数离差 $K$ 次方的平均数，也称为中心动差。其计算公式为：

$$m_K=\frac{\sum(X-\overline{X})^K f}{\sum f}$$

当 $K=1$ 时，$m_1=\dfrac{\sum(X-\overline{X})f}{\sum f}$，称为一阶中心动差；

当 $K=2$ 时，$m_2=\dfrac{\sum(X-\overline{X})^2 f}{\sum f}$，称为二阶中心动差；

当 $K=3$ 时，$m_3=\dfrac{\sum(X-\overline{X})^3 f}{\sum f}$，称为三阶中心动差；

当 $K=4$ 时，$m_4=\dfrac{\sum(X-\overline{X})^4 f}{\sum f}$，称为四阶中心动差。

中心矩偏态系数是用三阶中心动差 $m_3$ 除以标准差的三次方对比得到，用 $\alpha_3$ 表示，计算公式为：

$$\alpha_3 = \frac{m_3}{\sigma^3}$$

当 $\alpha_3=0$ 时，频数为对称分布，说明各单位变量值与算术平均数离差三次方后正负值相互抵消；

当 $\alpha_3>0$ 时，频数为右偏分布，$\alpha_3$ 值越大，右偏斜的程度愈高，说明小于算术平均数的数据次数比大于算术平均数的数据次数多；

当 $\alpha_3<0$ 时，频数为左偏分布，$\alpha_3$ 值越小，左偏斜的程度愈高，说明大于算术平均数的数据次数比小于算术平均数的数据次数多。

**【例 6-9】** 根据表 6-8 资料计算偏态系数，得到表 6-9。

**表 6-9　某市某年城市住户书报支出额偏态系数计算表**

| 按支出额分组(元)$X$ | 调查户数(户)$f$ | 组中值 $X$ | $(X-\overline{X})^3f$ | $(X-\overline{X})^4f$ |
|---|---|---|---|---|
| 150 以下 | 40 | 135 | -21974130.36 | 1799681276.48 |
| 150～180 | 90 | 165 | -12581852.31 | 652998134.89 |
| 180～210 | 110 | 195 | -1155380.49 | 25302832.73 |
| 210～240 | 105 | 225 | 55801.30 | 451990.57 |
| 240～270 | 70 | 255 | 3871443.87 | 147502011.45 |
| 270～300 | 50 | 285 | 15791062.05 | 1075371325.61 |
| 300 以上 | 35 | 315 | 33042664.94 | 3241485430.12 |
| 合计 | 500 | — | 17049609.00 | 6942793001.85 |

**解：**算术平均数为：$\overline{X}=216.9$(元)

三阶中心动差：$m_3 = \dfrac{\sum (X-\overline{X})^3 f}{\sum f} = \dfrac{17049609.00}{500} = 34099.22$

标准差：$\sigma = \sqrt{\dfrac{\sum (X-\overline{X})^2 f}{\sum f}} = \sqrt{\dfrac{1240695.00}{500}} = \sqrt{2481.39} = 49.81$(元)

标准差的三次方：$\sigma^3=49.81^3=123580.41$

偏态系数：$\alpha_3=\dfrac{m_3}{\sigma^3}\approx 0.28$

从计算结果可以看出，$\alpha_3=0.28$，为右偏分布，说明该城市住户书报支出额低于算术平均数(216.9 元)的家庭数居多。

## 二、峰度的测定

峰度是用于测定频数分布曲线顶端尖峭程度的方法。将数列的分布曲线与正态分布曲线相比较，说明其尖峭的状态，常用峰度系数 $\alpha_4$ 表示。峰度系数等于四阶中心动差除以标准差的四次方，其计算公式为：

$$\alpha_4 = \frac{m_4}{\sigma^4}$$

当 $\alpha_4=3$ 时，为正态分布曲线。

当 $\alpha_4<3$ 时，为平顶分布曲线；$\alpha_4$ 数值越小于 3，曲线顶端越平坦；$\alpha_4$ 数值接近于 1.8 时，分布曲线趋向一条水平线；$\alpha_4$ 越小于 1.8 时，频数分布曲线呈“U”形分布。

当 $\alpha_4>3$ 时，为尖顶分布曲线。$\alpha_4$ 数值越是大于 3，次数分布曲线的顶端越尖峭。

尖顶分布与正态分布相比较，尖顶分布的数据分布更为集中，离散程度更小，分布曲线更为陡峭；而平顶分布集中趋势不显著，离散程度较大，曲线较正态分布更为平缓。尖峭程度不同的频数分布曲线见图 6－1。

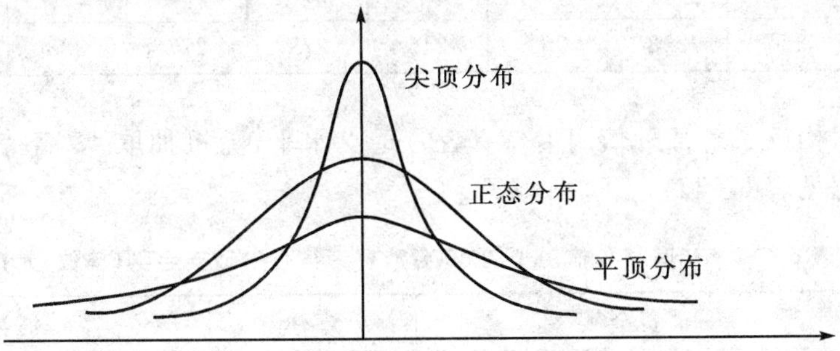


图 6－1　尖峭程度不同的频数分布曲线图

**【例 6－10】**　根据表 6－9 的资料计算，某市某年城市住户的书报支出额的偏态系数为：

四阶中心动差：$m_4=\dfrac{\sum(X-\overline{X})^4f}{\sum f}=\dfrac{6942793001.85}{500}=13885586.00$

标准差的四次方：$\sigma^4=49.81^4=6155540.13$

峰度系数：$\alpha_4=\dfrac{m_4}{\sigma^4}=\dfrac{13885586.00}{6155540.13}=2.26$

计算结果表明：该市某年住户书报支出额数列的频数分布曲线为平顶分布曲线，比正态分布曲线顶端较为平坦一些。

## 第四节　数据描述性分析的 SPSS 统计软件应用实验

### 一、实验目的

描述性分析包括：数据集中趋势分析、数据离中趋势分析、频数分布状态（对称性及曲线形态等）分析。通过实验要求学生熟练掌握数据描述性分析方法的 SPSS 统计软件应用技能，正确解读 SPSS 实验结果的含义，认识总体数据分布特征和形态，为进一步深入分析作好准备。

### 二、实验内容

(1)运用 SPSS 进行集中趋势分析。

(2)运用 SPSS 进行离中趋势分析，测度数据分布的偏斜程度及频数分布曲线形态等。

(3)将集中趋势分析和离中趋势分析相结合，评价算术平均数的代表性。

(4)对实验所得出的结果作简要分析与说明。

## 三、实验资料

(1)某企业 2015 年 6 月份职工出勤奖资料见表 6-10。

**表 6-10 某企业 2015 年 6 月份的职工出勤奖资料(单位:元)**

| | | | | | | | | | | |
|---|---|---|---|---|---|---|---|---|---|---|
| 出勤奖 | 241 | 233 | 251 | 236 | 237 | 216 | 220 | 234 | 276 | 263 |
| | 310 | 313 | 275 | 288 | 281 | 239 | 266 | 255 | 270 | 229 |
| | 248 | 330 | 298 | 288 | 246 | 278 | 277 | 283 | 312 | 303 |

(2)某金融机构欲了解某种信用卡持有者月透支水平,随机抽取 40 名持卡者统计其某月份透支金额,数据见表 6-11。

**表 6-11 持有某种信用卡的 40 名消费者某月份透支金额(单位:元)**

| 序号 | 消费金额 | 序列 | 消费金额 |
|---|---|---|---|
| 1 | 2732.00 | 21 | 2973.00 |
| 2 | 3350.00 | 22 | 3720.00 |
| 3 | 5573.00 | 23 | 2920.00 |
| 4 | 4763.00 | 24 | 4603.00 |
| 5 | 3862.00 | 25 | 4273.00 |
| 6 | 2582.00 | 26 | 3068.00 |
| 7 | 3587.00 | 27 | 3075.00 |
| 8 | 3606.00 | 28 | 4821.00 |
| 9 | 5038.00 | 29 | 5148.00 |
| 10 | 4826.00 | 30 | 5346.00 |
| 11 | 4127.00 | 31 | 5371.00 |
| 12 | 4111.00 | 32 | 3891.00 |
| 13 | 4208.00 | 33 | 2449.00 |
| 14 | 4220.00 | 34 | 2996.00 |
| 15 | 2478.00 | 35 | 4172.00 |
| 16 | 2515.00 | 36 | 5678.00 |
| 17 | 4215.00 | 37 | 3622.00 |
| 18 | 4964.00 | 38 | 5302.00 |
| 19 | 4220.00 | 39 | 3020.00 |
| 20 | 3160.00 | 40 | 3121.00 |

(3)某商业公司所属三个商场 2015 年 4 月实现的销售利润资料见表 6-12。

**表 6-12 某商业公司三个商场 2015 年 4 月份实现的销售利润资料**

| 日期 | 第一商场(万元) | 第二商场(万元) | 第三商场(万元) |
|---|---|---|---|
| 1 | 12 | 7 | 7 |
| 2 | 7 | 14 | 7 |
| 3 | 8 | 8 | 10 |
| 4 | 20 | 9 | 8 |
| 5 | 14 | 8 | 13 |
| 6 | 6 | 8 | 12 |
| 7 | 7 | 15 | 12 |
| 8 | 8 | 9 | 14 |
| 9 | 15 | 20 | 20 |
| 10 | 6 | 18 | 9 |
| 11 | 13 | 9 | 15 |
| 12 | 10 | 19 | 11 |
| 13 | 15 | 10 | 8 |
| 14 | 14 | 11 | 7 |
| 15 | 12 | 21 | 9 |
| 16 | 17 | 19 | 6 |
| 17 | 16 | 9 | 7 |
| 18 | 7 | 16 | 6 |
| 19 | 9 | 18 | 8 |
| 20 | 6 | 14 | 11 |
| 21 | 9 | 12 | 12 |
| 22 | 21 | 16 | 7 |
| 23 | 7 | 9 | 6 |
| 24 | 14 | 13 | 6 |
| 25 | 9 | 10 | 7 |
| 26 | 8 | 17 | 13 |
| 27 | 14 | 22 | 13 |
| 28 | 11 | 16 | 10 |
| 29 | 9 | 14 | 15 |
| 30 | 12 | 24 | 8 |

(4)2015 年 1 月各保险公司原人身保险保费收入数据见表 6-13。

表 6-13　2015 年 1 月保险公司原人身保险保费收入情况(单位:万元)

| 中资保险公司 | 原人身保险保费收入 | 外资保险公司 | 原人身保险保费收入 |
|---|---|---|---|
| 国寿股份 | 8594063.24 | 中宏人寿 | 29485.01 |
| 太保寿 | 1620662.94 | 中德安联 | 26585.10 |
| 平安寿 | 4765437.85 | 工银安盛 | 485894.34 |
| 新华 | 2891011.39 | 信诚 | 96201.78 |
| 泰康 | 876873.30 | 交银康联 | 153895.64 |
| 太平人寿 | 1977794.41 | 中意 | 87634.02 |
| 建信人寿 | 1077252.07 | 友邦 | 92080.60 |
| 天安人寿 | 55815.25 | 北大方正人寿 | 8677.71 |
| 光大永明 | 22065.27 | 中荷人寿 | 22759.71 |
| 民生人寿 | 106713.17 | 中英人寿 | 46226.93 |
| 生命人寿 | 572032.25 | 海康人寿 | 24772.46 |
| 国寿存续 | 59690.38 | 招商信诺 | 103682.34 |
| 平安养老 | 101526.39 | 长生人寿 | 3481.17 |
| 中融人寿 | 124546.12 | 恒安标准 | 17432.87 |
| 合众人寿 | 353708.01 | 瑞泰人寿 | 1349.05 |
| 太平养老 | 34959.22 | 中法人寿 | 3.50 |
| 人保健康 | 454299.67 | 华泰人寿 | 45154.37 |
| 华夏人寿 | 58996.70 | 陆家嘴国泰 | 6128.20 |
| 正德人寿 | 24084.65 | 中美联泰 | 46368.34 |
| 信泰 | 17721.94 | 平安健康 | 6644.91 |
| 农银人寿 | 400662.60 | 中航三星 | 14415.46 |
| 长城 | 40993.45 | 中新大东方 | 9236.55 |
| 昆仑健康 | 5429.44 | 新光海航 | 2086.11 |
| 和谐健康 | 84069.69 | 汇丰人寿 | 4862.61 |
| 人保寿险 | 2310010.53 | 君龙人寿 | 4652.34 |
| 国华 | 222985.91 | 复星保德信 | 660.30 |
| 英大人寿 | 19278.04 | 中韩人寿 | 8682.91 |
| 泰康养老 | 34950.18 | 弘康人寿 | 68234.81 |
| 幸福人寿 | 104691.36 | 吉祥人寿 | 10339.17 |
| 阳光人寿 | 357300.74 | 安邦养老 | 0.00 |
| 百年人寿 | 155584.94 | 渤海人寿 | 534.45 |
| 中邮人寿 | 1339581.79 | 华汇人寿 | 4694.54 |
| 安邦人寿 | 528099.84 | 东吴人寿 | 4960.04 |
| 利安人寿 | 130488.79 | 珠江人寿 | 1247.10 |
| 前海人寿 | 172691.81 | | |

数据来源:中国保险监督管理委员会网站。

## 四、实验要求

(1)根据实验资料(1)和(2)，计算企业职工出勤奖和信用卡持有者月透支金额的下列描述指标：均值 $\overline{X}$、众数 $M_0$、中位数 $M_e$ 和四分位数 $Q_L$、$Q_U$；极差 $R$、方差 $\sigma^2$、标准差 $\sigma$、标准差系数 $V_\sigma$；偏度、峰度，并解释实验结果。

(2)根据实验资料(3)：

①计算各个商场销售利润的均值 $\overline{X}$、众数 $M_0$、中位数 $M_e$ 和四分位数 $Q_L$、$Q_U$；极差 $R$、方差 $\sigma^2$、标准差 $\sigma$、标准差系数 $V_\sigma$；偏度、峰度。

②说明三个商场销售利润的分布特征；评价三个商场销售利润均值的代表性大小。

③计算 3 个商场总体的销售利润的均值 $\overline{X}$、众数 $M_0$、中位数 $M_e$ 和四分位数 $Q_L$、$Q_U$；极差 $R$、方差 $\sigma^2$、标准差 $\sigma$、标准差系数 $V_\sigma$；偏度、峰度。

④对各个商场的销售利润和 3 个商场总体的销售利润进行相关比较。

⑤根据以上实验写出实验报告。

(3)根据实验资料(4)：

①计算中、外资保险公司人身保险保费收入的均值 $\overline{X}$、众数 $M_0$、中位数 $M_e$ 和四分位数 $Q_L$、$Q_U$；极差 $R$、方差 $\sigma^2$、标准差 $\sigma$、标准差系数 $V_\sigma$；偏度、峰度；解释实验结果。

②对中、外资保险公司的人身保险保费收入的分布特征进行比较。

## 五、实验步骤

以实验(1)的表 6-10 资料为例，给出实验步骤。(注：其余的实验由学生自己完成)

第一步：创建 SPSS 数据文件：打开 SPSS，创建"职工出勤奖的 SPSS 数据文件. sav"。

第二步：打开"职工出勤奖的 SPSS 数据文件. sav"，在数据编辑窗口依次选择"分析(A)"→"描述统计"→"频率(F)"，弹出"频率(F)"对话框(见图 6-2)。

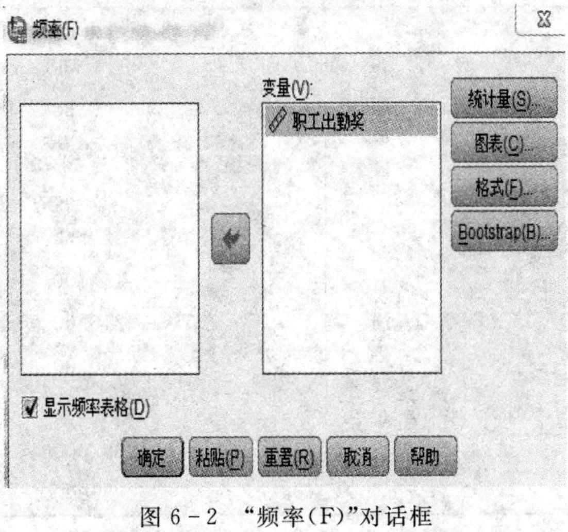


图 6-2　"频率(F)"对话框

第三步：将"职工出勤奖"添加到"变量(V)"框中，点击"统计量(S)"，进入到"频率：统计量"对话框，勾出"均值、中位数、众数、四分位数、最大值、最小值、方差、标准差、偏度、峰度"等统计量，点击“继续”(见图 6-3)。返回到“频率(F)”对话框，勾出“显示频率表格(D)”，点击下方的“确定”按钮。

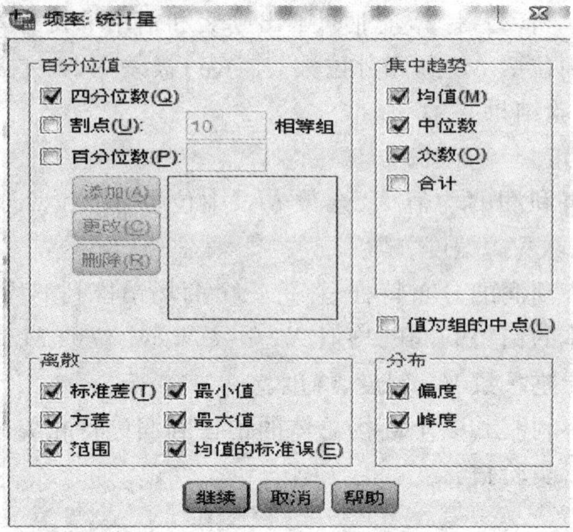


图 6-3 “频率:统计量”对话框

第四步:系统输出结果，“实验初始数据表和图”见表 6-14、图 6-4。

**表 6-14 职工出勤奖统计量**

| | | |
|---|---|---|
| *N* | 有效 | 30 |
| | 缺失 | 0 |
| 均值 | | 266.5333 |
| 中值 | | 268.0000 |
| 众数 | | 288.00 |
| 标准差 | | 30.48881 |
| 方差 | | 929.568 |
| 偏度 | | —0.23 |
| 偏度的标准误 | | 0.427 |
| 峰度 | | —0.851 |
| 峰度的标准误 | | 0.833 |
| 全距 | | 114.00 |
| 极小值 | | 216.00 |
| 极大值 | | 330.00 |
| 百分位数 | 25 | 238.5000 |
| | 50 | 268.0000 |
| | 75 | 288.0000 |

在此需注明以下两点:

(1)表格和图形未进行任何修饰。根据研究需要，可对原始实验表格和图形进行修饰，此处略去。

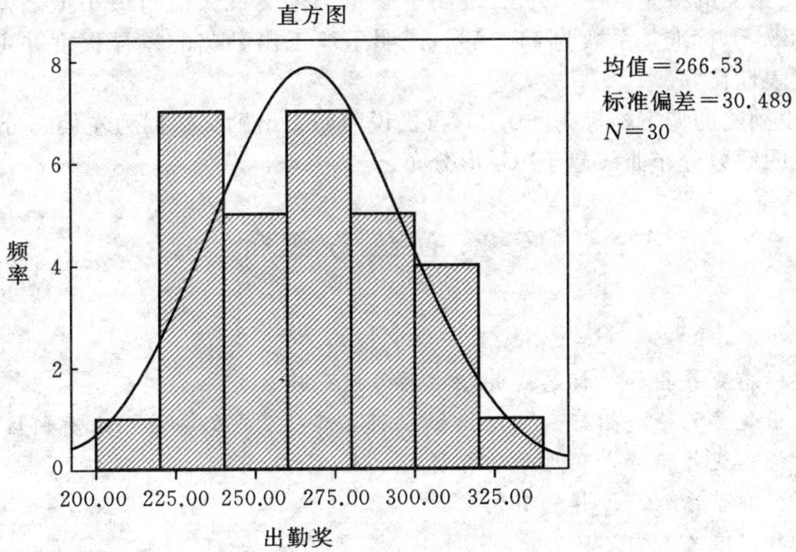


图 6-4 职工出勤奖直方图

(2)本实验还可按照以下步骤进行:打开 SPSS,创建“工人出勤奖的 SPSS 数据文件.sav”,在数据编辑窗口菜单中依次选择“分析(A)”→“描述统计”→“描述(D)”,弹出“描述性”对话框,将“职工出勤奖”添加到“变量(V)”框中,点击“选项(O)”,弹出“描述:选项”对话框,在此对话框中勾出“均值、方差、标准差、范围、偏度、峰度”等统计量,点击“继续”,返回到“描述性”对话框,点击“确定”按钮,则系统输出结果,“实验初始数据表”见表 6-15。

**表 6-15 职工出勤奖描述性分析实验表**

| | $N$ | 全距 | 均值 | 标准差 | 方差 | 偏度 | | 峰度 | |
|---|---|---|---|---|---|---|---|---|---|
| | 统计量 | 统计量 | 统计量 | 统计量 | 统计量 | 统计量 | 标准误 | 统计量 | 标准误 |
| 职工出勤奖 | 30 | 114.00 | 266.5333 | 30.4888 | 929.568 | −0.230 | 0.427 | −0.851 | 0.833 |
| 有效的 $N$（列表状态） | 30 | | | | | | | | |

第五步:根据上述表格中的数据计算标准差系数。

因 SPSS 未能得到标准差系数,故根据实验输出数据计算:

$$V_{\sigma}=\frac{\sigma}{\bar{X}}=\frac{30.48881}{266.5333}=11.44\%$$

## 六、实验结果解释

根据系统输出结果——“实验初始数据表”,得出:

(1)职工出勤奖的算术平均数=266.5333 元,中位数=268 元,众数=288 元。算术平均数小于众数,职工出勤奖数据的频数分布为左偏态分布,表明大于算术平均数的数据频数多于小于算术平均数的数据频数。上四分位数为 288 元,下四分位数为 238.5 元,说明 6 月份有 25%的职工出勤奖在 288 元以上,有 25%的职工出勤奖在 238.5 元以下。

(2)职工出勤奖的极差 $R=114$ 元，说明了职工出勤奖最大值与最小值之差为 114 元，标准差为 30.4888 元，标准差系数为 11.44%，说明了职工出勤奖的差异程度并不大，即表明算术平均数的代表性良好。

(3)职工出勤奖的偏态指标为 -0.23，再次说明职工出勤奖数据为左偏态分布。峰度系数为 -0.851，说明频数分布曲线趋于“U”形分布。

## 思考、训练与探讨

### 一、思考题

1. 什么是标志变异指标？标志变异指标的作用是什么？
2. 测量离中趋势的绝对指标和相对指标分别有哪些？它们在应用上有何区别？
3. 怎样用标志变异指标来测度平均指标的代表性大小？
4. 什么是标准差系数？计算它有何意义？
5. 平均差和标准差有何不同？
6. 什么是偏度和偏态系数？
7. 什么是中心矩和中心距偏态系数？
8. 频数分布的右偏态和左偏态所表达的数据分布特征是什么？举例说明。
9. 什么是峰度？它如何测度？测度的结果如何评价？
10. 如何反映经济活动过程的均匀性和稳定性？

### 二、计算题

1. 观察下面的折线图(见图 6-5)，回答问题：

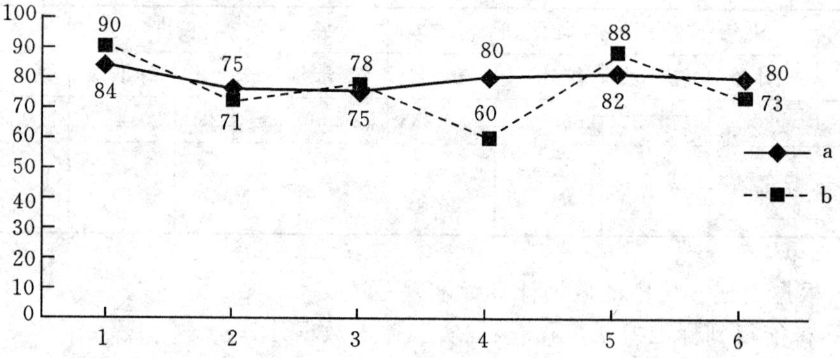


图 6-5 折线图

(1)哪组数据的极差较大？

(2)哪组数据的标准差较大？

(3)计算说明两组数据的频数分布特征有何不同？

2. 某大学统计专业有 30 名教职工，其年龄(周岁)如下：

| | | | | | | | | | |
|---|---|---|---|---|---|---|---|---|---|
| 45 | 48 | 54 | 47 | 53 | 45 | 51 | 38 | 33 | 33 |
| 44 | 29 | 27 | 30 | 29 | 36 | 37 | 25 | 32 | 40 |
| 42 | 36 | 36 | 35 | 28 | 25 | 38 | 35 | 42 | 35 |

要求：(1)把职工按年龄分为组数为4，组距为10的等距数列，做出频数分布直方图。

(2)根据分组资料，计算教职工年龄的算术平均数、中位数、众数，说明教职工年龄数列频数分布的对称状态。

(3)计算峰度，描述教职工年龄数列频数分布曲线的尖峭程度。

3. 华宇、富乐公司是某大型工业企业的两家供货商。该大型工业企业要求10个工作日提供货物，表6-16是两家供货商交付订货时间的历史数据。根据资料，你认为该大型工业企业应选择哪家供货商供货？为什么？

**表6-16　两家供货商交付订货时间的历史数据**

| 华宇公司 | | 富乐公司 | |
|---|---|---|---|
| 交货天数 | 次数 | 交货天数 | 次数 |
| 9 | 3 | 7 | 1 |
| 10 | 10 | 8 | 2 |
| 11 | 3 | 9 | 3 |
| | | 10 | 4 |
| | | 11 | 3 |
| | | 12 | 2 |
| | | 13 | 1 |

4. $A$、$B$两个商场2015年二季度平均每天的销售额分别为16万元和8万元，它们的标准差各为3200元和2400元，要求计算并说明二季度哪个商场的销售额变化较为稳定？

5. 某产品有三种生产工艺，试验期的原材料消耗水平见表6-17：

**表6-17　三种生产工艺试验期原材料消耗水平(单位：公斤)**

| 试产日期 | 工艺1 | 工艺2 | 工艺3 |
|---|---|---|---|
| 1日 | 160 | 135 | 132 |
| 2日 | 165 | 133 | 127 |
| 3日 | 170 | 126 | 124 |
| 4日 | 159 | 123 | 130 |
| 5日 | 168 | 130 | 126 |

要求根据上述试验资料回答问题：

(1)你准备采用什么方法评价这三种生产工艺的优劣？

(2)如果让你选择一种生产工艺，你准备采用哪种工艺生产产品？为什么？

6. 从某保险公司随机各抽出20份财产保险和健康保险的投保资料，见表6-18：

**表6-18　投保资料表**

| 按投保额分组(元) | 投保人数(人) | |
|---|---|---|
| | 财产保险 | 健康保险 |
| 1300以下 | 4 | 3 |
| 1300～1500 | 8 | 4 |
| 1500～1700 | 5 | 8 |
| 1700以上 | 3 | 5 |

要求:(1)分别计算两个险种的人均投保额。

(2)分别计算两个险种的投保额标准差。

(3)比较说明两个险种人均投保额的代表性大小。

## 三、讨论题

1. 什么是投资风险?你认为应该用什么样的统计量来描述投资风险?

2. 根据某年我国沪深股市制造业560家上市公司的年报,对其财务指标中的总资产进行分析,得到基期和报告期的总资产描述统计表,分别见表6-19和表6-20:

**表6-19 基期的总资产描述统计表**

| | |
|---|---|
| 平均 | 158315.1 |
| 标准误差 | 8970.946 |
| 中值 | 95296.9 |
| 标准偏差 | 212291.3 |
| 样本方差 | 4.51E+10 |
| 峰值 | 30.19077 |
| 偏斜度 | 4.705128 |
| 区域 | 2178598 |
| 最小值 | 12256.69 |
| 最大值 | 2190846 |
| 求和 | 88656452 |
| 计数 | 560 |
| 置信度(95%) | 17620.89 |

**表6-20 报告期的总资产描述统计表**

| | |
|---|---|
| 平均 | 144640.7 |
| 标准误差 | 6388.948 |
| 中值 | 95410.48 |
| 标准偏差 | 149424.9 |
| 样本方差 | 2.23E+10 |
| 峰值 | 9.916375 |
| 偏斜度 | 2.885238 |
| 区域 | 955269.6 |
| 最小值 | 21671.49 |
| 最大值 | 976941.1 |
| 求和 | 79118478 |
| 计数 | 547 |
| 置信度(95%) | 12549.92 |

请你对两个时间的总资产报表进行分析,说明总资产的分布特征有哪些不同?

## 四、技能训练题

运用 SPSS 统计软件完成下列实验：

1. 反映第五章讨论题 2(表 5 - 16)上市公司平均股价的集中趋势和离中趋势特征，解释实验结果。

2. 对第五章讨论题 2(表 5 - 16)的流通市值的一般水平和变异程度进行分析，解释实验结果。

3. 对第五章中【例 5 - 10】(表 5 - 6)资料进行集中趋势和离中趋势分析；对甲、乙两个机构的平均贷款额的代表性进行比较，解释实验结果。

# 第七章 抽样推断

在掌握研究总体的全部数据时，我们可以利用前几章介绍的描述性统计分析方法，研究总体特征及规律。但在现实情况中，很多时候不可能或者没必要对总体中的每个单位进行测定，只需要从总体中随机抽取一部分单位构成样本，从样本的观察或实验结果来对总体特征进行估计或推断，这就是推断性统计分析方法。推断性分析方法研究的问题有两类：参数估计和假设检验。参数估计是通过对随机样本的观察，用样本统计量来推断总体参数。假设检验是先对总体特征做出某种假设，然后利用样本提供的信息来判断假设是否成立，以便做出接受或者拒绝的决策。本章介绍参数估计，下章将介绍假设检验。

## 第一节 抽样推断概述

### 一、抽样推断的含义

抽样推断又叫推断统计或统计抽样，是指遵守随机原则，从被研究现象总体中抽取一部分单位进行观察，根据所计算的样本统计量，对总体参数做出具有一定可靠性的判断或估计的方法。这是运用非全面调查来达到全面调查目的的研究方法。

通常把所研究的现象总体叫做全及总体，简称为总体或母体。总体按照所研究的标志特点不同，分为变量总体和属性总体。当研究总体的数量标志特征时，称其为变量总体；当研究总体的品质标志特征时，称其为属性总体。例如，以进口的某种产品为总体，研究其使用寿命时，称该总体为变量总体；研究产品的一等品率时，称该总体为属性总体。按照总体所包含的单位数情况，分为无限总体和有限总体。总体单位数一般用符号 $N$ 表示。

将从全及总体中随机抽出来的个体单位所构成的集合，叫样本总体或抽样总体，简称为样本或子样。把样本总体的每一个个体单位，叫做样本单位或抽样单位，把样本总体中所包含的抽样单位数称为样本容量，一般用 $n$ 表示。

反映社会经济现象特征，通常用的指标有总体平均数（算术平均数）、比率（成数）、方差及标准差。对应的样本统计量也有样本平均数（算术平均数）、比率（成数）、方差及标准差。抽样推断就是根据样本平均数、比率（成数）等统计量来推断总体参数的区间范围。总体平均数、比率分别用 $\overline{X}$、$P$ 表示，样本平均数、比率分别用 $\bar{x}$、$p$ 表示。其推断关系见图 7－1。

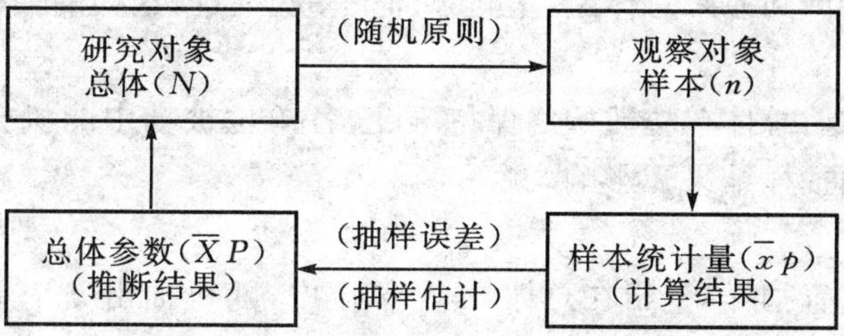


图 7-1　抽样推断关系图

## 二、抽样推断的特点

抽样推断的基本特点是：

(1)按照随机原则抽取样本。随机原则，是指从总体 $N$ 个单位中，抽取一个容量为 $n$ 的样本，不受主观愿望的影响，保证每个总体各单位有同等被抽中的机会，也称为同等可能性原则。随机原则是抽样推断的精髓原则，它是计算和控制抽样误差的前提条件，只有遵守随机原则，才能保证所抽取的样本对总体有充分的代表性。

(2)抽样推断的目的是用样本统计量推断总体参数。

(3)抽样数目能够根据抽样估计的可靠性及精确度要求，运用科学方法加以计算。

(4)样本统计量与总体参数之间存在抽样误差，该误差可以根据样本容量和总体的标志变异程度加以计算，并将其控制在一定的范围之内。

## 三、抽样推断的作用

(1)对于那些从理论上讲可以进行全面调查，但实际工作中没有必要进行全面调查的现象，运用这种非全面调查的方法，既可以达到对总体全面认识的目的，又可以减少人、财、物及时间的耗费。

(2)在实际调查中，有些研究现象具有毁坏性或破坏性的试验特征，而不允许进行全面调查时，可以运用统计抽样的方法，推断总体特征。

(3)利用抽样推断方法，可以对生产过程进行质量控制和检验。

(4)对于需要了解全面资料，但因为时间紧迫，无法获得全面资料时，运用抽样推断方法来取得资料。

(5)经常运用抽样推断方法对普查质量进行检查和修正。

# 第二节　抽样方法和组织方式

运用不同的抽样方法和组织形式，不仅影响调查结果的准确性，也会影响抽样的经济性。

## 一、抽样方法

抽样的方法有重复抽样和不重复抽样。

### 1. 重复抽样

重复抽样(重置抽样)是指在总体 $N$ 个单位中，随机抽出 $n$ 个单位构成样本，每次抽出一个单位登记之后，又放回到原来总体中，重新参加下一次抽选，这样的抽样过程进行 $n$ 次，就形成了观察样本。

重复抽样的特点是：总体单位数始终保持不变，各单位被抽中的机会相同，每次抽样过程是独立事件，对其后的抽样结果无影响。

2. 不重复抽样

不重复抽样(不重置抽样)是指在总体 $N$ 个单位中，随机抽出 $n$ 个单位构成样本，每次抽出一个单位登记之后，不再放回到原来总体中，不再参加下一次抽选，这样的抽样过程进行 $n$ 次，就形成了观察样本。

3. 样本单位的排列与组合

采用不同的抽样方法抽取 $n$ 个单位构成样本，由于样本单位的排列与组合顺序不同，因此就有考虑顺序的重复抽样和考虑顺序的不重复抽样、不考虑顺序的重复抽样和不考虑顺序的不重复抽样四种情形，进而形成不同的样本。假设用 $M$ 表示可能的样本数目，则其计算方法就是排列与组合问题。计算公式为：

(1)考虑顺序的不重复抽样数目，记做 $A_N^n$，为：

$$M = A_N^n = N(N-1)(N-2)\cdots(N-n+1) = \frac{N!}{(N-n)!}$$

(2)考虑顺序的重复抽样数目，记做 $B_N^n$，为：

$$M = B_N^n = N^n$$

(3)不考虑顺序的不重复抽样数目，记做 $C_N^n$，为：

$$M = C_N^n = \frac{N(N-1)(N-2)\cdots(N-n+1)}{n!} = \frac{N!}{n!(N-n)!}$$

(4)不考虑顺序的重复抽样数目，记做 $D_N^n$，为：

$$M = D_N^n = C_{N+n-1}^n$$

就理论而言，可能样本数目用上述公式表达。就实际而言，抽样实施中是不可能将所有可能样本全部抽出来观察，而只是抽到 $M$ 个可能样本中的某一个样本，就依据该样本的统计量来推断总体的参数，这正是抽样法的科学性所在。

## 二、抽样的组织方式

抽样的组织方式有：简单随机抽样、类型抽样、机械抽样、整群抽样和多阶段抽样。

### (一)简单随机抽样

简单随机抽样，又称为纯随机抽样，是指遵守随机原则，直接从总体 $N$ 个单位中，抽取 $n$ 个单位构成样本。无论是重复抽样还是不重复抽样，都要保证总体中每个单位被抽中的机会均等。简单随机抽样是抽样的最基本形式，适用于均匀总体。在抽样之前，要求设计一个抽样框，然后用抽签的方式，或者根据随机数字表(见附表 5)来抽选必要的样本单位数。

简单随机抽样的特点是：最能体现随机原则；是设计其他抽样组织形式的基础；是衡量其他抽样组织形式抽样效果的标准；但当总体规模很大时，不便于确定抽样框。

### (二)类型抽样

类型抽样，又称分层抽样，是指将总体各单位按主要标志分成若干个类型组，然后遵照随机原则，在各类型组中抽取一定单位构成样本。假设总体中有 $N$ 个单位，将其分成 $K$ 组，使

$N=N_1+N_2+N_3+\cdots+N_k$，然后从每组的 $N_i$ 个单位中随机抽取 $n_i$ 个单位构成容量为 $n$ 的样本，使 $n=n_1+n_2+n_3+\cdots+n_k$，以此方式进行的抽样，就是类型抽样。在划分类型组时，应该做到同一类型组内各单位之间的差异尽可能小，不同类型组之间的差异尽可能大。

由于类型组是按照主要标志分组的，各组的单位数一般是不同的，因此在各个类型组中抽取单位时，既可以按照等比例抽样，也可以按不等比例抽样。

等比例抽样法就是指各类型组样本单位数与样本总体单位数之比等于各类型组总体单位数与全及总体单位数之比。全及总体单位数为 $N$，用 $N_i$ 表示各类型组的单位数，$n$ 为样本总体单位数，$n_i$ 表示各类型组的样本单位数。用公式表示为：

$$\frac{n_1}{N_1}=\frac{n_2}{N_2}=\cdots=\frac{n_k}{N_k}=\frac{n}{N}\quad 即\quad n_i=n\times\frac{N_i}{N}$$

不等比例抽样法就是指各类型组样本单位数与样本总体单位数之比不一定要等于各类型组总体单位数与全及总体单位数之比。

类型抽样的特点是：熟悉总体基本情况，将分组法原理与抽样法原理相结合应用，便于提高估计的精度；抽样结果既可以估计总体特征，也可以估计各类型组的子总体特征；在各类型组中抽取样本单位时，既可以用重复抽样方法，也可以用不重复抽样方法；便于抽样的组织与实施，等比例抽样应用广泛；不存在组间方差，总体方差等于样本组内方差的算术平均数。

**(三)机械抽样**

机械抽样，也称等距抽样或系统抽样。它是先将总体各单位按某一标志排队，然后依据固定的顺序或间隔来抽取样本单位的一种抽样方式。将总体各单位按排队的标志不同，分为有关标志和无关标志。

**1.按有关标志排队的等距抽样**

按有关标志排队的等距抽样是在对总体单位的变异情况有所了解时，先把总体单位按照与所研究内容有密切联系的标志排队，然后进行抽样的一种抽样方式。如对出口企业创汇水平的抽样调查，按其交易额排队；农村居民家庭经营的抽样调查，按其收入排队等。

运用这种方式抽样，就如从 $N$ 个单位中抽取 $n$ 个单位，等于将总体单位划分为 $n$ 个单位数相等的组，每组包括 $K$ 个单位，则 $K=\frac{总体单位数}{样本单位数}=\frac{N}{n}$。抽取第一个抽样单位时，常用半距中点取样法。

(1)半距中点取样法。半距中点取样法是指按有关标志顺序排队后，抽取每一组处于中间位置上的单位。第一组的取样是 $\frac{K}{2}$ 个单位，第二组的取样是 $(K+\frac{K}{2})$ 个单位，第三组的取样是 $(2K+\frac{K}{2})$ 个单位……第 $n$ 组的取样是 $[(n-1)K+\frac{K}{2}]$ 个单位，每个单位的间隔都是 $K$。这样有利于提高样本的代表性。

(2)对称等距抽样法。对称等距抽样法是指按有关标志顺序排队后，第一组可以随机抽取第 $i$ 个单位，第二组则取该部分最终倒数第 $i$ 个单位，如此次反复使两组保持对称距离。假设在第一组的 $K$ 个单位中，随机抽取第 $i$ 个单位，第二组则取第 $2K-i$ 单位，第三组取 $2K+i$ 单位，第四组取 $4K-i$ 单位……第 $n-1$ 组取 $(n-2)K+i$ 单位，第 $n$ 组取第 $nK-i$ 单位，共取 $n$ 个单位构成样本。

2.按无关标志排队的等距抽样

按无关标志排队的等距抽样是指先把总体单位按照与所研究的内容无关紧要的标志排序，然后依据固定的顺序或间隔来抽取样本单位的一种抽样方式。如研究产品质量按生产的时间顺序取样；研究城市居民家庭收入按社区取样等。

假设总体中有 $N$ 个单位，需要从中抽取一个容量为 $n$ 的样本。先将总体各单位按某一无关标志排队，然后将 $N$ 划分为 $n$ 个单位数相同的组，每组包括 $K$ 个单位，则 $K=\frac{\text{总体单位数}}{\text{样本单位数}}=\frac{N}{n}$。假定从第一组里随机抽取第 $i$ 个单位，在第二组抽取第 $i+K$ 个单位，第三组里抽取第 $i+2K$ 个单位……在第 $n$ 组抽取第 $i+(n-1)K$ 个单位，共取 $n$ 个单位构成样本。

按有关标志排队的等距抽样方式，排队愈准确，样本的代表性愈高。其代表性比简单随机抽样强，也比按无关标志排队的等距抽样效果好。所以按有关标志排队的等距抽样方式，相对于等比例分层抽样来说，能使样本更均匀地分布在总体中，抽样误差也更小。

机械抽样的特点是：操作简单，易于推广；对称等距抽样法，可以有效提高抽样估计精度；是不重复抽样；抽样误差计算方法同类型抽样（按有关标志排队时）和简单随机抽样（按无关标志排队时），详细内容见第四节抽样误差。

**(四)整群抽样**

整群抽样，也称集团抽样，是先将总体各单位划分为若干群，然后从其中随机抽取部分群，对中选群中的所有单位进行全面调查的抽样方式。假设将总体中的全部单位 $N$ 划分为 $R$ 群，每群包括 $M$ 个单位，则有 $N=RM$。可以从 $R$ 群中随机抽取 $r$ 群组成样本，样本容量 $n=rM$，对中选群中的所有单位进行观察。

整群抽样的特点是：不重复抽样，代表性较低，抽样误差较大。

**(五)多阶段抽样**

当总体很大时，直接从总体中抽取单位，在技术上就会产生困难，因此，一般采用多阶段抽样，又称多级抽样。在多阶段抽样中，先从研究总体中抽取若干个一级（初级）单位，然后从被抽中的每个一级（初级）单位中，抽取若干个二级（次级）单位，再从每个二级（次级）单位中，抽取若干个三级（次级）单位，以此类推，直到抽出最低级单位为止的抽样方式。每个阶段可以采用相同的抽样方式，也可以采用不同的抽样方式。如我国农产量抽样调查、城镇居民住户调查等都采用的是多阶段抽样。

多阶段抽样的特点是：只调查被抽中的最低一级的单位；较高阶段的抽样单位是群体，最低阶段的抽样单位可以是群体，也可以是基本单位。

## 第三节　抽样分布原理

抽样推断的理论基础是大数法则，大数法则是阐述大量同类随机现象平均的结果具有稳定性的科学理论，该理论描述了自然现象和社会经济现象普遍存在的客观规律，正态分布原理是大数法则的重要内容，该原理为我们研究样本分布及抽样推断奠定了理论基础。

### 一、抽样分布的概念

抽样分布就是由样本 $n$ 个观察值所计算的统计量的概率分布，包括样本平均数的抽样分布、样本成数(比率)的抽样分布、样本标准差的抽样分布等。

## 二、总体平均数、方差及标准差的分布特征

自然及社会经济现象等大多数随机变量服从正态分布,或是在一定条件下近似地服从正态分布,但是并不是所有的随机变量都服从正态分布,在此仅介绍正态分布。

### (一)变量总体的平均数

总体平均数反映同质现象总体各单位某一数量标志值分布的集中趋势。其计算公式为:

未分组资料的均值:$\overline{X}=\dfrac{\sum X}{N}$

分组资料的均值:$\overline{X}=\dfrac{\sum Xf}{\sum f}$

### (二)变量总体的方差与标准差

总体标准差反映同质现象总体各单位某一数量标志值分布的离中趋势。

未分组资料的方差:$\sigma^2=\dfrac{\sum(X-\overline{X})^2}{N}$　　未分组资料的标准差:$\sigma=\sqrt{\dfrac{\sum(X-\overline{X})^2}{N}}$

分组资料的方差:$\sigma^2=\dfrac{\sum(X-\overline{X})^2 f}{\sum f}$　　分组资料的标准差:$\sigma=\sqrt{\dfrac{\sum(X-\overline{X})^2 f}{\sum f}}$

### (三)属性总体的平均数、方差及标准差

属性总体平均数、方差及标准差的计算公式如下:

$$\overline{X}=P \qquad \sigma^2=P(1-P) \qquad \sigma=\sqrt{P(1-P)}$$

## 三、样本平均数的抽样分布

### (一)样本平均数抽样分布的集中特征

样本平均数的分布是指按相同的样本容量 $n$,从总体中重复地抽取 $M$ 个样本,每一个样本计算出一个平均数,就有 $M$ 个平均数值。可见,抽样平均数是一个变量,它有 $M$ 个变量值,即 $\bar{x}$:$\bar{x}_1,\bar{x}_2,\bar{x}_3,\cdots,\bar{x}_m$,这些抽样平均数有怎样的分布特征?大数法则理论的中心极限定理给出的结论如下:

(1)如果原有总体服从正态分布,那么无论样本容量大小,样本平均数的抽样分布都服从正态分布。如果总体分布为 $N(\overline{X},\sigma)$时,抽样平均数服从 $N\left(\bar{\bar{x}}=\overline{X},\dfrac{\sigma}{\sqrt{n}}\right)$的正态分布。

(2)如果原有总体为非正态分布,只要增大样本容量($n\geqslant 30$)时,样本平均数的抽样分布都将趋近于正态分布,即抽样平均数近似地服从 $N\left(\bar{\bar{x}}=\overline{X},\dfrac{\sigma}{\sqrt{n}}\right)$的正态分布。

上述结论告知我们:对于未知总体,只要增大样本容量 $n$,则抽样平均数的分布都会趋近于正态分布。因此,样本平均数的抽样分布特征就是:样本平均数的数学期望等于总体平均数,也即所有可能样本平均数的平均数等于总体平均数,平均数的抽样分布反映了样本平均数分布的集中程度。即

$$E(\bar{x}) = \bar{X} \quad 或者 \quad \bar{\bar{x}} = \frac{\bar{x}_1 + \bar{x}_2 + \cdots + \bar{x}_m}{可能的样本数目} = \frac{\sum \bar{x}}{M} = \bar{X}$$

式中：$\bar{\bar{x}}$ 为抽样分布平均数；$\bar{x}$ 为样本平均数；$M$ 为从总体中抽出的所有可能样本数目。

### (二)样本平均数抽样分布的离散特征

我们知道：总体标准差 $\sigma$ 是度量总体标志值离散程度的指标，那么样本标志值的离散程度同样要用标准差的形式加以测度，数理统计中叫标准误差，用 $\sigma_{\bar{x}}$ 表示。其计算公式为：

$$\sigma_{\bar{x}} = \sqrt{\frac{\sum_1^m (\bar{x} - \bar{\bar{x}})^2}{M}} \quad 或者 \quad \sigma_{\bar{x}} = \sqrt{\frac{\sum_1^m (\bar{x} - \bar{X})^2}{M}}$$

上述公式在理论上是可行的，实际中是不可能求得 $\sigma_{\bar{x}}$ 的，只能用数理统计已经证明过的简捷式替代，其公式为：

$$\sigma_{\bar{x}} = \frac{\sigma}{\sqrt{n}} \quad (n\ 为样本容量)$$

由此可见，抽样平均数的标准误差 $\sigma_{\bar{x}}$ 与总体标准差 $\sigma$ 成正比例关系，与样本容量的平方根成反比例关系。

**【例 7-1】** 设某总体有 4 个单位，$N=4$，数值分别为 2,3,4,5，则有：

$X$：$X_1=2$，$X_2=3$，$X_3=4$，$X_4=5$。

要求：(1)描述总体分布特征；

(2)若用重复抽样方法，从总体中抽取容量为 $n=2$ 的随机样本，试描述样本平均数的抽样分布特征。

**解：**

(1)总体平均数：$\bar{X} = \frac{2+3+4+5}{4} = 3.5$

总体标准差：$\sigma = \sqrt{\frac{(2-3.5)^2 + (3-3.5)^2 + (4-3.5)^2 + (5-3.5)^2}{4}} = \sqrt{\frac{5}{4}}$

总体的分布状态，见图 7-2。

(2)用重复抽样方法，从总体中抽取容量为 $n=2$ 的随机样本，共有 $M=N^2=4^2=16$ 个样本，则由 16 个样本组成的抽样总体见表 7-1。

**表 7-1　16 个样本组成的抽样总体**

| 第一个观察值 | 第二个观察值 | | | |
|---|---|---|---|---|
| | 2 | 3 | 4 | 5 |
| 2 | 2,2 | 2,3 | 2,4 | 2,5 |
| 3 | 3,2 | 3,3 | 3,4 | 3,5 |
| 4 | 4,2 | 4,3 | 4,4 | 4,5 |
| 5 | 5,2 | 5,3 | 5,4 | 5,5 |

对表 7-1 进行整理，计算抽样平均数及标准差，见表 7-2。

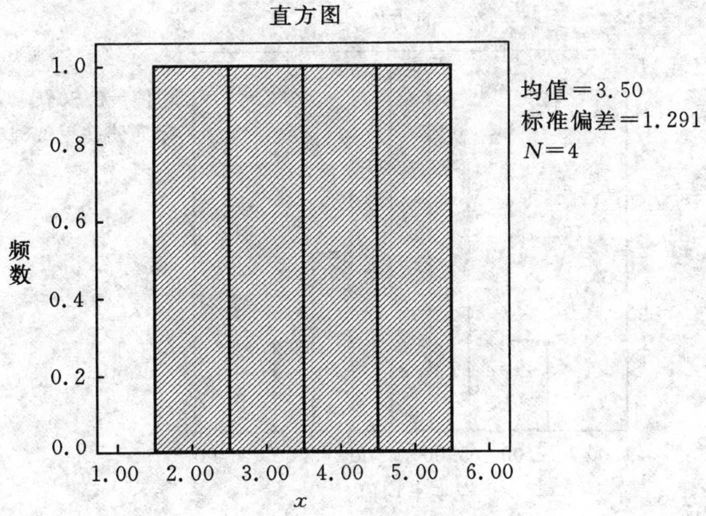


图 7-2　总体分布

**表 7-2　抽样平均数及标准误差计算表**

| 抽样平均数 $\bar{x}$ | 次数 $f$ | $\bar{x}f$ | $\bar{x}-\bar{\bar{x}}$ | $(\bar{x}-\bar{\bar{x}})^2$ | $(\bar{x}-\bar{\bar{x}})^2 f$ |
|---|---|---|---|---|---|
| 2.0 | 1 | 2 | −1.5 | 2.25 | 2.25 |
| 2.5 | 2 | 5 | −1.0 | 1.00 | 2 |
| 3.0 | 3 | 9 | −0.5 | 0.25 | 0.75 |
| 3.5 | 4 | 14 | 0 | 0 | 0 |
| 4.0 | 3 | 12 | 0.5 | 0.25 | 0.75 |
| 4.5 | 2 | 9 | 1.0 | 1 | 2 |
| 5.0 | 1 | 5 | 1.5 | 2.25 | 2.25 |
| 合计 | 16 | 56 | — | — | 10 |

$$\bar{\bar{x}}=\frac{\sum \bar{x}f}{\sum f}=\frac{56}{16}=3.5$$

$$\sigma_{\bar{x}}=\sqrt{\frac{\sum(\bar{x}-\bar{\bar{x}})^2 f}{\sum f}}=\sqrt{\frac{10}{16}}=\sqrt{\frac{5}{8}}$$

可以看出：样本平均数的平均数等于总体平均数，$\bar{\bar{x}}=\overline{X}=3.5$

样本标准差是总体标准差的$\frac{1}{\sqrt{n}}$，即 $\sigma_{\bar{x}}=\frac{\sigma}{\sqrt{n}}=\sqrt{\frac{5}{8}}$

样本平均数的抽样分布状态，见图 7-3。

从图 7-2 和图 7-3 的比较中可以发现，抽样分布与总体分布是不同的，总体分布为均匀分布，而抽样分布为钟形分布，近似于服从正态分布，但样本平均数对称地分布在总体平均数 $\overline{X}=3.5$ 周围，抽样分布的均值与总体分布的均值完全相同，且抽样分布的方差比总体方差小。同时可以看出，如果来自总体的样本单位数越多时，样本平均数便接近正态分布。

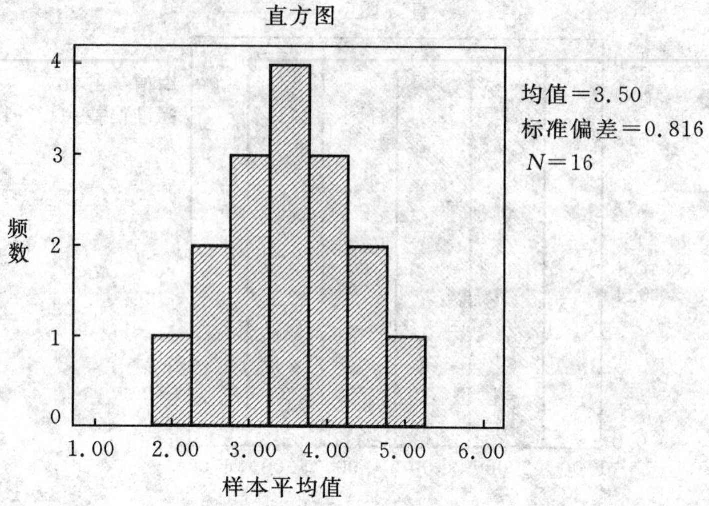


图 7-3　样本平均数的抽样分布

### (三)样本平均数的抽样分布与总体分布的关系

从上面的例题可以看出,了解抽样分布与总体分布的关系至关重要,这是抽样推断的依据。样本平均数的抽样分布与总体分布的关系可用图 7-4 来描述。

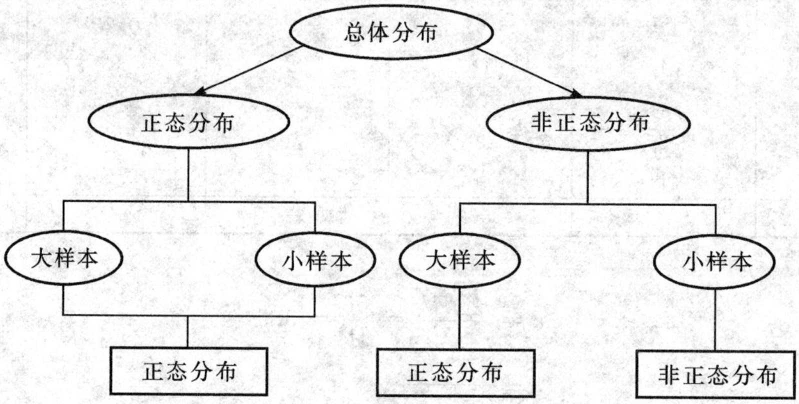


图 7-4　样本平均数的抽样分布与总体分布关系图

## 四、样本比率的抽样分布

### (一)样本比率

比率也称为成数,是指具有某种标志表现的单位数在总体单位总数中所占的比重。如一批产品的合格品数量占全部产品总量的比率。比率适用于研究属性总体特征。

样本比率为:$p=\frac{n_1}{n}$

样本比率的平均数为:$\bar{x}=p$

样本比率的方差为：$s^2=p(1-p)$

样本比率的标准差为：$s=\sqrt{p(1-p)}$

### (二)样本比率的抽样分布特征

样本比率的抽样分布是指由样本比率的所有可能取值形成的相对频数分布。样本比率(成数)的数学期望等于总体比率(成数)，样本比率的标准差与总体比率的标准差成正比例关系，与样本容量的平方根成反比例关系。用公式表示为：

$$E(p)=\bar{p}=P$$

$$\sigma_p=\sqrt{\frac{P(1-P)}{n}} \text{ 或 } s_p=\sqrt{\frac{P(1-P)}{n}}$$

样本比率的抽样分布原理与样本平均数的抽样分布一样，抽样比率分布的平均数 $\bar{p}$ 也不知道，所以样本比率的标准差用简捷式公式来计算，这里不再赘述。

## 五、样本方差的抽样分布

要用样本方差 $s^2$ 去推断总体方差，也必须知道样本方差的抽样分布。在重复抽取容量为 $n$ 的样本时，由样本方差的所有可能取值形成的相对频数分布即为样本方差的抽样分布。

样本方差是如何分布的？对于来自正态总体的简单随机样本而言，样本方差 $s^2=\frac{\sum_{i=1}^{n}(x_i-\bar{x})^2}{n-1}$ 是总体方差 $\sigma^2$ 的无偏估计量，可证明 $\chi^2=\frac{(n-1)S^2}{\sigma^2}$ 服从自由度为 $n-1$ 的 $\chi^2$ 分布(见附表3)。$\chi^2$ 分布见图7-5。

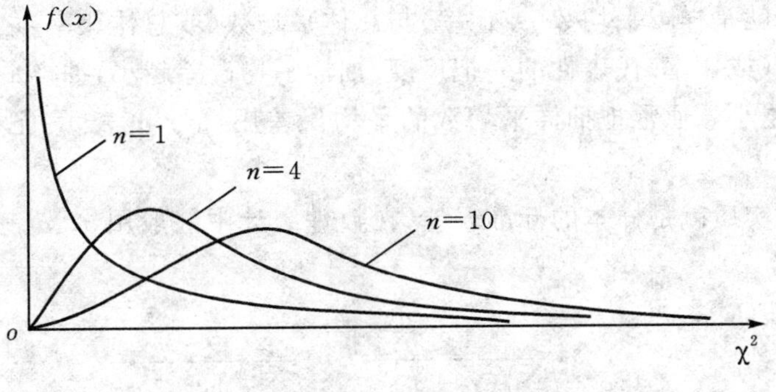


图7-5 $\chi^2$ 分布图

# 第四节 抽样误差

## 一、抽样误差的概念

抽样误差是指抽样平均数(或比率)与总体平均数(或比率)之间的离差，即 $\bar{x}-\bar{X}$，$p-P$，这个离差越小，说明抽样平均数或比率的代表性越强，反之亦然。抽样误差是在不出现登记性误差和系统性误差的情况下，遵守随机原则抽样而出现的样本指标（统计量）与总体指标（参数）之间的离差，它反映了样本代表性的大小，因而是一种不可避免的代表性误差。

抽样误差虽然是不可避免的，但是在设计抽样方案时，可以根据抽样估计的可靠性及精确度的要求，把它控制在一定的允许范围之内。影响抽样误差大小的因素主要有：

(1)总体标志的变异程度。

总体标志变异程度愈大，抽样误差愈大；反之，抽样误差愈小。

(2)抽样的组织方式和方法。

实施抽样所运用的抽样组织方式和方法不同，其抽样误差就不同。一般来说，类型抽样、等距抽样更能保证所抽取的单位在样本中均匀分布，从而提高抽样的代表性，缩小抽样误差；纯随机抽样误差较前两者稍大，整群抽样的误差较大。重复抽样方法比不重复抽样方法所产生的误差要大。

(3)抽样单位数目。

抽样的单位数越多，越能将总体的特征包括在内，代表性就越高，抽样误差也就越小；反之，抽样误差越大。

## 二、抽样平均误差

由于样本是随机变量，抽样误差的大小会受到样本随机变量的影响，即有多少个样本，就会有多少个抽样误差值。如果在既定的抽样组织方式下，按照某种方法抽样，抽出一个容量为 $n$ 的样本，其可能的样本数目就有 $M$ 个，每一个样本统计量都会与总体参数之间存在离差，而且离差大小也各不相同，如何来衡量样本的代表性呢？在这里需要引入抽样平均误差概念，以便回答这个问题。

抽样平均误差就是样本平均数（或比率）与总体平均数（或总体比率）之间的平均误差。它是衡量抽样平均数（或比率）代表性的一把尺度，抽样平均误差越小，抽样平均数（或比率）的代表性越大，反之则越小。通常把抽样平均数的平均误差用符号 $\mu_{\bar{x}}$ 表示，把抽样比率的平均误差用 $\mu_p$ 表示。

抽样平均误差实质就是样本的标准误差，在数理统计中一般用 $\sigma_{\bar{x}}$、$\sigma_p$ 表示，因此 $\mu_{\bar{x}}$、$\mu_p$ 和 $\sigma_{\bar{x}}$、$\sigma_p$ 的含义相同。

其定义公式为：

$$\mu_{\bar{x}} = \sqrt{\frac{\sum(\bar{x}-\bar{\bar{x}})^2}{M}} = \sqrt{\frac{\sum(\bar{x}-\overline{X})^2}{M}}$$

$$u_p = \sqrt{\frac{\sum(p-\bar{p})^2}{M}} = \sqrt{\frac{\sum(p-P)^2}{M}}$$

式中：$M$ 为所有可能样本数目。

实际上无法观察所有可能样本，只能观察随机抽中的一个样本，据此样本来推断总体。而且总体指标 $\overline{X}$ 和 $P$ 是真实而未知的，所以按上述定义公式来计算抽样平均误差是不可行的。只能用已经被数理统计证明过的简捷公式来计算：

$$\mu_{\bar{x}} = \frac{\sigma}{\sqrt{n}}$$

$$\mu_p=\sqrt{\frac{P(1-P)}{n}}$$

式中：$\sigma^2$ 和 $P(1-P)$为总体方差。

从上述公式中可以看出：抽样平均误差与总体的标准差成正比例关系，与样本容量的平方根成反比例关系。需要指出的是，抽样平均误差还与抽样的方法和组织方式有关。

### (一)简单随机抽样平均误差

简单随机抽样的抽样平均误差计算公式见表 7-3。

**表 7-3　简单随机抽样的抽样平均误差计算公式**

| | 重复抽样 | 不重复抽样 |
|---|---|---|
| 平均数的抽样误差 | $\mu_{\bar{x}}=\frac{\sigma}{\sqrt{n}}$ | $\mu_{\bar{x}}=\sqrt{\frac{\sigma^2}{n}\left(1-\frac{n}{N}\right)}=\sqrt{\frac{s^2}{n}\left(1-\frac{n}{N}\right)}$ |
| 比率的抽样误差 | $\mu_p=\sqrt{\frac{P(1-P)}{n}}$ | $\mu_p=\sqrt{\frac{P(1-P)}{n}\left(1-\frac{n}{N}\right)}=\sqrt{\frac{p(1-p)}{n}\left(1-\frac{n}{N}\right)}$ |

根据表 7-3 的公式进行计算时，要特别说明：

第一，如果总体 $\sigma^2$ 和 $P(1-P)$未知，可用样本 $s^2$ 和 $p(1-p)$来代替。

第二，重复抽样的平均误差大于不重复抽样的平均误差。

第三，当 $N$ 很大时，用$(1-\frac{n}{N})$代替$(\frac{N-n}{N-1})$。

第四，按不重复抽样方法抽样时，常常采用重复抽样的公式计算抽样平均误差。

**【例 7-2】**　为了调查某储蓄所定期存款情况，采用重复抽样方式从定期存款账户中随机抽取了 36 户进行调查，得到样本平均数为 9600 元，标准差为 80 元，计算样本平均数的抽样平均误差。

**解：**样本平均数的抽样平均误差为：

$$\mu_{\bar{x}}=\sqrt{\frac{s^2}{n}}=\sqrt{\frac{80^2}{36}}=13.33(\text{元})$$

**【例 7-3】**　某保险公司为了观察投保人投健康险的情况，从 2014 年投健康险的 700 个投保人中采用随机不重复抽样方法抽出 35 个人调查，得到投保人的平均年龄为 43 岁，投保人年龄样本标准差为 8 岁，计算样本平均数的抽样平均误差。

**解：**样本平均数的抽样平均误差为：

$$\mu_{\bar{x}}=\sqrt{\frac{8^2}{35}\left(1-\frac{35}{700}\right)}\approx1.32(\text{岁})$$

**【例 7-4】**　一批商品(2000 件)运抵仓库，随机抽取 200 件检验其质量，发现有 10 件不合格。试按重复与不重复抽样方法分别计算合格率的抽样平均误差。

**解：**样本合格率：$p=\frac{n_1}{n}=\frac{190}{200}=95\%$

按重复抽样方法计算合格率的抽样平均误差为：

$$\mu_p=\sqrt{\frac{p(1-p)}{n}}=\sqrt{\frac{95\%\times5\%}{200}}=1.54\%$$

按不重复抽样方法计算合格率的抽样平均误差为：

$$\mu_p \doteq \sqrt{\frac{p(1-p)}{n}\left(1-\frac{n}{N}\right)} = \sqrt{\frac{95\% \times 5\%}{200} \times \left(1-\frac{200}{2000}\right)} = 1.46\%$$

### (二)类型抽样的抽样平均误差

类型抽样是分组法和抽样法结合运用的抽样组织方式，是把总体按照某种标志分成不同的类型组后，再从每一类型组随机抽取个体单位集合形成样本并进行观察。所以，这相当于对类型组进行了全面观测，不存在组间方差，其总体方差 $\sigma^2$ 可用各组内部方差 $\sigma_i^2$ 的加权算术平均数代替。

假设将总体分为 $K$ 个类型组，则

$$\sigma^2 \approx \overline{\sigma_i^2} = \frac{\sum_{i=1}^{k} \sigma_i^2 N_i}{N}$$

总体方差 $\sigma^2$ 未知时，用样本方差 $s^2$ 来代替，即

$$\sigma^2 = s^2 = \overline{s_i^2} = \frac{\sum_{i=1}^{k} s_i^2 n_i}{n}$$

同理

$$P(1-P) \approx \overline{P_i(1-P_i)} = \frac{\sum_{i=1}^{k} P_i(1-P_i)N_i}{N}$$

总体方差 $P(1-P)$ 未知时，用样本方差 $p(1-p)$ 来代替，即

$$p(1-p) \approx \overline{p_i(1-p_i)} = \frac{\sum_{i=1}^{k} p_i(1-p_i)n_i}{n}$$

式中：$i$ 为组别。类型抽样的抽样平均误差计算公式见表 7－4。

**表 7－4　类型抽样的抽样平均误差计算公式**

| | 重复抽样 | 不重复抽样 |
|---|---|---|
| 平均数的抽样误差 | $\mu_{\bar{x}} = \sqrt{\frac{\overline{\sigma_i^2}}{n}} = \sqrt{\frac{\overline{s_i^2}}{n}}$ | $\mu_{\bar{x}} = \sqrt{\frac{\overline{\sigma_i^2}}{n}\left(1-\frac{n}{N}\right)} = \sqrt{\frac{\overline{s_i^2}}{n}\left(1-\frac{n}{N}\right)}$ |
| 比率的抽样误差 | $\mu_p = \sqrt{\frac{\overline{P_i(1-P_i)}}{n}} = \sqrt{\frac{\overline{p_i(1-p_i)}}{n}}$ | $\mu_p = \sqrt{\frac{\overline{P_i(1-P_i)}}{n}\left(1-\frac{n}{N}\right)} = \sqrt{\frac{\overline{p_i(1-p_i)}}{n}\left(1-\frac{n}{N}\right)}$ |

**【例 7－5】** 某地区统计局调查外出劳动者收入情况，对 10000 名外出劳动者按学历分组并随机等比例抽样，样本资料见表 7－5。

**表 7－5　外出劳动者月收入样本资料(单位：元)**

| 学历 | 样本容量 $n$ | 月收入(元)$\bar{x}$ | 月收入标准差(元)$S$ |
|---|---|---|---|
| 初中及以下 | 300 | 1000 | 150 |
| 高中 | 200 | 1300 | 120 |
| 合计 | 500 | 1120 | — |

要求计算样本平均数和抽样平均误差。

**解**:样本平均数为:$\bar{x}=\dfrac{\sum \bar{x}_i n_i}{n}=\dfrac{1000\times 300+1300\times 200}{500}=1120$(元)

组内样本方差平均数为:$\overline{s_i^2}=\dfrac{\sum\limits_{i=1}^{2} s_i^2 n_i}{n}=\dfrac{150^2\times 300+120^2\times 200}{500}=19260$

重复抽样方法:$\mu_{\bar{x}}=\sqrt{\dfrac{\overline{s_i^2}}{n}}=6.21$(元)

不重复抽样方法:$\mu_{\bar{x}}=\sqrt{\dfrac{\overline{s_i^2}}{n}\left(1-\dfrac{n}{N}\right)}=6.05$(元)

**【例 7-6】** 某大学对男女毕业生分别抽取 10%进行学位获得情况调查,结果见表 7-6。

**表 7-6 某大学男女毕业生学位获得情况抽样调查资料**

| 学生按性别分组 | 抽样单位数(人) | 学位获得比率(%) |
|---|---|---|
| 男生 | 89 | 91 |
| 女生 | 96 | 95 |
| 合计 | 185 | — |

要求:用两种抽样方法计算该高校学生学位获得比率的抽样平均误差。

**解**:样本方差为:

$$\overline{p_i(1-p_i)}=\frac{\sum\limits_{i=1}^{2} p_i(1-p_i)n_i}{n}=\frac{0.91\times 0.09\times 89+0.95\times 0.05\times 96}{185}=0.06$$

重复抽样方法:$\mu_p=\sqrt{\dfrac{\overline{p_i(1-p_i)}}{n}}=\sqrt{\dfrac{0.06}{185}}=1.80\%$

不重复抽样方法:$\mu_p=\sqrt{\dfrac{\overline{p_i(1-p_i)}}{n}\left(1-\dfrac{n}{N}\right)}=\sqrt{\dfrac{0.06}{185}\times(1-10\%)}=1.71\%$

### (三)等距抽样的抽样平均误差

按有关标志排队的等距抽样,其抽样平均误差的计算方法同类型抽样;按无关标志排队的等距抽样,其抽样平均误差的计算方法同简单随机抽样。等距抽样是不重复抽样,其抽样平均误差采用不重复抽样方法计算。其公式见表 7-7。

**表 7-7 等距抽样的抽样平均误差计算公式**

| | 按有关标志排队 | 按无关标志排队 |
|---|---|---|
| 平均数的抽样误差 | $\mu_{\bar{x}}=\sqrt{\dfrac{\overline{\sigma_i^2}}{n}\left(1-\dfrac{n}{N}\right)}=\sqrt{\dfrac{\overline{s_i^2}}{n}\left(1-\dfrac{n}{N}\right)}$ | $\mu_{\bar{x}}=\sqrt{\dfrac{\sigma^2}{n}\left(1-\dfrac{n}{N}\right)}=\dfrac{s^2}{n}\left(1-\dfrac{n}{N}\right)$ |
| 比率的抽样误差 | $\mu_p=\sqrt{\dfrac{\overline{P_i(1-P_i)}}{n}\left(1-\dfrac{n}{N}\right)}=\sqrt{\dfrac{\overline{p_i(1-p_i)}}{n}\left(1-\dfrac{n}{N}\right)}$ | $\mu_{\bar{p}}=\sqrt{\dfrac{P(1-P)}{n}\left(1-\dfrac{n}{N}\right)}=\sqrt{\dfrac{p(1-p)}{n}\left(1-\dfrac{n}{N}\right)}$ |

### (四)整群抽样的抽样平均误差

整群抽样是先将总体中的所有单位划分到 $R$ 群中去,再从 $R$ 中随机抽取 $r$ 群作为样本,若每群包含 $m$ 个单位,则样本容量为 $n=rm$,然后对样本群中的单位进行全面调查。可见,整群抽样不存在群内方差,总体方差可以用群间方差代替。

若以往调查获得的群平均数为 $\overline{X}_i$,总体平均数为 $\overline{X}$,则平均数的总体群间方差为:

$$\delta_{\bar{x}}^2=\frac{\sum_{i=1}^{R}(\overline{X}_i-\overline{X})^2}{R}$$

若没有上述信息,则用样本群间方差代替总体方差,其样本群间方差的计算公式为:

$$\delta_{\bar{x}}^2=\frac{\sum_{i=1}^{r}(\bar{x}_i-\bar{x})^2}{r}$$

同理,比率的总体群间方差为:

$$\delta_p^2=\frac{\sum_{i=1}^{R}(P_i-P)^2}{R}$$

比率的样本群间方差为:

$$\delta_p^2=\frac{\sum_{i=1}^{r}(p_i-p)^2}{r}$$

整群抽样是不重复抽样方法的运用,其抽样平均误差的计算公式见表 7-8。

**表 7-8　整群抽样的抽样平均误差计算公式**

| | |
|---|---|
| 平均数的抽样平均误差 | $\mu_{\bar{x}}=\sqrt{\frac{\delta_{\bar{x}}^2}{r}\left(\frac{R-r}{R-1}\right)}$ |
| 比率的抽样平均误差 | $\mu_p=\sqrt{\frac{\delta_p^2}{r}\left(\frac{R-r}{R-1}\right)}$ |

**【例 7-7】** 某地区为了了解农村居民家庭经营的收入情况,决定从全区的 260 个村民小组中随机抽样 5%进行调查。所抽中的 13 个村民小组的家庭经营月平均收入为 1280 元,群间方差为 1270 元,要求计算抽样平均误差。

**解:**由题知,$R=260$,$r=13$,$\delta_{\bar{x}}{}^2=1270$ 元,整群抽样的抽样平均误差为:

$$\mu_{\bar{x}}=\sqrt{\frac{\delta_{\bar{x}}^2}{r}\left(\frac{R-r}{R-1}\right)}=\sqrt{\frac{1270}{13}\times\left(\frac{260-13}{260-1}\right)}=9.65(\text{元})$$

不同的抽样组织方式及方法,对同一总体进行抽样调查,所产生的抽样平均误差数值大小不同。一般来说,简单随机抽样的抽样平均误差最大,类型抽样的抽样平均误差最小,整群抽样的抽样平均误差有时可能较大,有时可能较小。运用整群抽样方式时,为了减少抽样误差,提高抽样估计效果,则需要多抽取一些样本单位。

## 三、抽样极限误差

### (一)抽样极限误差的概念

抽样极限误差是指在一定概率下样本指标(统计量)与总体指标(参数)之间所存在的可能误差范围,也称为允许误差或最大误差。用$\Delta_{\bar{x}}$、$\Delta_p$分别表示平均数的抽样极限误差和比率的抽样极限误差。其表达式为:

$$|\bar{x}-\overline{X}|\leqslant\Delta_{\bar{x}}$$

$$|p-P|\leqslant\Delta_p$$

上述公式说明:在一定概率条件下,抽样指标$\bar{x}$或$p$与总体指标$\overline{X}$或$P$的误差绝对值不超过$\Delta_{\bar{x}}$或$\Delta_p$。这个抽样极限误差的可能范围是不完全肯定的,它与抽样估计的概率紧密联系。如何计算抽样极限误差呢?在这里我们用抽样平均误差为标准来计算。

在抽样估计中,这个概率叫置信度,习惯上也称之为可信程度、把握程度或概率保证程度等,用$(1-\alpha)$表示。在其他条件不变的情况下,概率保证程度越大,相应的抽样极限误差越大,反之亦然。

### (二)样本平均数的抽样极限误差计算

**1. 大样本条件下样本平均数的抽样极限误差**

根据抽样分布理论,在大样本条件下,无论总体是否服从正态分布,抽样平均数$\bar{x}$都服从或渐近服从正态分布。因此,若给定$(1-\alpha)$,可由标准正态分布概率表(见附表1)查得临界值$Z_{\alpha/2}$,使得$\dfrac{\bar{x}-\overline{X}}{\mu_{\bar{x}}}$在区间$(-Z_{\alpha/2},Z_{\alpha/2})$内的概率为$(1-\alpha)$,即$|\bar{x}-\overline{X}|\leqslant Z_{\alpha/2}\mu_{\bar{x}}$的概率为$(1-\alpha)$。

需要指出:$Z_{\alpha/2}$称为概率度,它与概率$(1-\alpha)$之间存在函数关系,通过查正态分布表得到。最常见的是:$(1-\alpha)=0.6827$,$Z_{\alpha/2}=1$;$(1-\alpha)=0.9545$,$Z_{\alpha/2}=2$;$(1-\alpha)=0.9973$,$Z_{\alpha/2}=3$。这表明抽样指标与总体指标之间的允许误差分别等于抽样平均误差的1倍、2倍和3倍。

**【例7-8】** 某企业了解包装产品重量误差情况时,采用重复抽样方法从5000件产品中随机抽取1%进行调查,测得样本平均重量为450克,样本标准差为10克,试以0.9545的概率计算产品平均重量的抽样极限误差。

**解:**已知$n=5000\times1\%=50$,$s=10$,$1-\alpha=0.9545$,查得$Z_{\alpha/2}=2$。

抽样平均误差:$\mu_{\bar{x}}=\sqrt{\dfrac{\sigma^2}{50}}=\sqrt{\dfrac{10^2}{50}}=1.41$(元)

抽样极限误差:$\Delta_{\bar{x}}=Z_{\alpha/2}\mu_{\bar{x}}=2\times1.41=2.82$(克)

**【例7-9】** 续【例7-3】,某保险公司为了观察投保人投健康险的情况,从2014年投健康险的700个投保人中随机不重复抽出35个人调查,得到投保人的平均年龄为43岁,投保人年龄样本标准差为8岁。要求以95.45%的置信水平,计算样本平均数的抽样极限误差。

**解:**抽样平均误差:$\mu_{\bar{x}}=\sqrt{\dfrac{8^2}{35}\left(1-\dfrac{35}{700}\right)}\approx1.32$(岁)

抽样极限误差:$\Delta_{\bar{x}}=Z_{\alpha/2}\mu_{\bar{x}}=1.32\times2=2.64$(岁)

**2. 小样本条件下样本平均数的抽样极限误差**

根据抽样分布原理,若总体服从正态分布,无论样本容量大小,其抽样平均数都服从正态分布。故小样本情况下,计算平均数的抽样极限误差分两种情况:

其一，如果总体服从正态分布，总体方差已知，则其抽样平均数也服从正态分布，平均数的抽样极限误差与大样本条件下的计算方法相同。

其二，如果总体服从正态分布，总体方差未知，则需要用样本标准差 $s$ 来代替，这时样本均值是经过标准化以后的随机变量，服从自由度为$(n-1)$的 $t$ 分布，$t$ 分布的临界值(见附表 2)，则平均数的抽样极限误差应根据 $t$ 分布来确定，其统计量为：

$$t=\frac{\bar{x}-\bar{X}}{s/\sqrt{n}}=\frac{\bar{x}-\bar{X}}{\mu_{\bar{x}}}$$

其中，
$$s=\sqrt{\frac{\sum(x-\bar{x})^2}{n-1}}$$

若给定概率$(1-\alpha)$，可查自由度为$(n-1)$的 $t$ 分布表，确定临界值 $t_{\alpha/2}$，使 $t$ 的取值在$(-t_{\alpha/2},t_{\alpha/2})$之间的概率等于$(1-\alpha)$，则有：

$$\Delta_{\bar{x}}=t_{\alpha/2}\mu_{\bar{x}}$$

**【例 7-10】** 某种进口产品的重量服从正态分布，总体方差为 6。现从一批该进口产品中随机抽取 20 盒，测得其重量(克)为 50.02 克，要求以 95%的把握程度，计算这批产品平均重量的允许误差。

**解**：$n=20$，为小样本，服从正态分布，总体方差已知，$\sigma^2=6$，$1-\alpha=95\%$，$Z=1.96$。

$$\mu_{\bar{x}}=\sqrt{\frac{\sigma^2}{20}}=\sqrt{\frac{6}{20}}=0.55(\text{克})$$

$$\Delta_{\bar{x}}=Z_{\alpha/2}\mu_{\bar{x}}=1.96\times0.55=1.08(\text{克})$$

**【例 7-11】** 某企业改进生产工艺后，产品使用寿命大为提高。现从一批试制品中随机重复抽取 16 件，测得其寿命(小时)为：

1550， 1655， 1549， 1488， 1490， 1542， 1552， 1491

1483， 1550， 1546， 1549， 1480， 1478， 1455， 1467

要求：以 95.45%的置信水平计算这批产品使用寿命的允许误差。

**解**：$n=16$，为小样本，服从正态分布，总体标准差未知，$(1-\alpha)=95\%$，根据给定的概率$(1-\alpha)$，可查自由度为$(n-1)$的 $t$ 分布表，得到临界值 $t_{\alpha/2}(n-1)=2.1315$。

样本平均数：$\bar{x}=\dfrac{\sum x}{n}=\dfrac{24325}{16}=1520.31$(小时)

样本标准差：$s=\sqrt{\dfrac{\sum(x-\bar{x})^2}{n-1}}=\sqrt{\dfrac{38421.44}{16-1}}=50.61$(小时)

抽样平均误差：$\mu_{\bar{x}}=\dfrac{s}{\sqrt{n}}=\dfrac{50.61}{\sqrt{16}}=12.65$(小时)

允许误差为：$\Delta_{\bar{x}}=t_{\alpha/2}(16-1)\times\mu_{\bar{x}}=2.1315\times12.65=26.96$(小时)

综上所述，总体分布不同，样本容量大小不同，总体方差是否已知，样本平均数的抽样极限误差计算方法不同，归结为表 7-9。

表 7-9 不同总体样本平均数的抽样极限误差计算公式

| 总体分布 | 样本容量 | $\sigma^2$ 已知 | $\sigma^2$ 未知 |
|---|---|---|---|
| 正态分布 | 大样本($n\geqslant 30$) | $Z_{\alpha/2}\frac{\sigma}{\sqrt{n}}$ | $Z_{\alpha/2}\frac{s}{\sqrt{n}}$ |
| | 小样本($n<30$) | $Z_{\alpha/2}\frac{\sigma}{\sqrt{n}}$ | $t_{\frac{\alpha}{2}}\frac{s}{\sqrt{n}}$ |
| 非正态分布 | 大样本($n\geqslant 30$) | $Z_{\alpha/2}\frac{\sigma}{\sqrt{n}}$ | $Z_{\alpha/2}\frac{s}{\sqrt{n}}$ |

### (三)样本比率(成数)的抽样极限误差计算

由样本比率的抽样分布定理可知,对于任意一个数学期望为 $P$,方差为 $\sigma^2=P(1-P)$ 的二项分布总体来说,当 $n$ 足够大时,样本比率 $p$ 趋近于服从 $E(p)=P$,样本方差为 $s^2=p(1-p)$ 的正态分布。这时样本比率经过标准化后的随机变量则服从标准正态分布,即

$$Z=\frac{p-P}{\sqrt{\frac{P(1-P)}{n}}}\sim N(0,1)$$

样本比率的抽样极限误差的计算,与样本平均数的抽样极限误差的计算类似,以样本比率的抽样平均误差为标准,依据置信水平$(1-\alpha)$,查标准正态分布表得到概率度值 $Z_{\alpha/2}$,则样本比率的抽样极限误差为:

$$\Delta_p=Z_{\alpha/2}\sqrt{\frac{P(1-P)}{n}}$$

**【例 7-12】** 某企业为了控制产品废品率,从生产线上随机抽出 100 件进行调查,发现有 6 件废品。试以 95%的把握程度计算该生产线产品废品率的抽样极限误差。

**解**:$n=100,n_1=6,p=6\%,1-\alpha=95\%$,查得 $Z_{\alpha/2}=1.96$。

$$\mu_p=\sqrt{\frac{p(1-p)}{n}}=\sqrt{\frac{6\%\times 94\%}{100}}=2.37\%$$

$$\Delta_p=Z_{\alpha/2}\mu_p=1.96\times 2.37\%=4.65\%$$

**【例 7-13】** 某社区从 50 岁以上的居民中随机抽出 120 人,调查其养老意向,得知其平均年龄为 58 岁,样本标准差为 12 岁,愿意居家养老的有 106 人。要求以 95.45%的置信水平,分别计算样本平均数及样本比率的抽样极限误差。

**解**:对于总体比率估计,确定样本容量足够大的一般规则是:$np>5,n(1-p)>5$。由题可知:$n=120,p=106\div 120=88.33\%,np=106,n(1-p)=14$,均大于 5,因此本题可以看做大样本情形。

$$\mu_{\bar{x}}=\sqrt{\frac{s^2}{120}}=\sqrt{\frac{12}{10}}=1.095(岁)$$

$$\Delta_{\bar{x}}=Z_{\alpha/2}\mu_{\bar{x}}=2\times 1.095=2.19(岁)$$

$$\mu_p=\sqrt{\frac{p(1-p)}{n}}=\sqrt{\frac{0.8833\times(1-0.8833)}{120}}=0.0293$$

$$\Delta_p=Z_{\alpha/2}\mu_P=2\times 2.93\%=5.86\%$$

需要说明的是:虽然样本比率 $p$ 随着样本容量的增大而近似地服从正态分布,但到底样

本容量为多大时,其比率 $p$ 才能趋近于正态分布? 当 $p$ 接近于 0.5 时,仅用较小的样本容量就可以使 $p$ 的分布趋于正态分布;但当 $p$ 接近于 0 和 1 时,则需要用很大的样本容量才能使 $p$ 的分布趋于正态分布。统计学家 W. G. Cochran 提出了一个标准可供参考,见表 7-10。

表 7-10 比率近似正态分布要求的样本容量

| $p$ | $n$ |
|---|---|
| 0.1～0.9 | 600 |
| 0.2～0.8 | 200 |
| 0.3～0.7 | 80 |
| 0.4～0.6 | 50 |
| 0.5 | 20 |

## 四、样本容量的确定

为了达到预期的抽样效果,除了选择抽样方法及抽样组织形式外,还必须解决样本容量问题,这也是抽样方案设计的主要内容之一。对于纯随机抽样方式来说,根据抽样极限误差计算公式就可以确定样本容量。

运用重复抽样方法时,在一定的概率保证下,

$$\Delta_{\bar{x}} = Z_{\alpha/2}\mu_{\bar{x}} = Z_{\alpha/2}\frac{\sigma}{\sqrt{n}}$$

将上述公式整理可得到抽样推断所需要抽取的样本容量为:

$$n = \frac{Z_{\alpha/2}^2\sigma^2}{\Delta_{\bar{x}}^2}$$

运用不重复抽样方法时,在一定的概率保证下,

$$\Delta_{\bar{x}} = Z_{\alpha/2}\mu_{\bar{x}} = Z_{\alpha/2}\sqrt{\frac{\sigma^2}{n}\left(1-\frac{n}{N}\right)}$$

将上述公式整理可得到抽样推断所需要抽取的样本容量为:

$$n = \frac{Z_{\alpha/2}^2\sigma^2 N}{N\Delta_{\bar{x}}^2 + Z_{\alpha/2}^2\sigma^2}$$

同理,计算比率推断时所需的样本容量为:

重复抽样方法下,$n=\frac{Z_{\alpha/2}^2 P(1-P)}{\Delta_p^2}$

不重复抽样方法下,$n=\frac{Z_{\alpha/2}^2 P(1-P)N}{N\Delta_p^2+Z_{\alpha/2}^2 P(1-P)}$

**【例 7-14】** 某机构对某品牌营养品的蛋白质含量进行调查研究,据以往的检验显示:该品牌营养品的蛋白质含量为 28.7 克,其标准差为 12 克,蛋白质含量占总营养比率的 42%。要求用重复抽样方法,以 95%的概率,蛋白质含量的允许误差不超过 5 克,营养比率的允许误差不超过 7%,计算应抽取多少盒营养品进行调查?

**解**:蛋白质含量的样本容量:

$$n = \frac{Z_{\alpha/2}^2\sigma^2}{\Delta_{\bar{x}}^2} = \frac{(1.96)^2\times 12^2}{5^2} \approx 22(\text{盒})$$

营养比率的样本容量：

$$n=\frac{Z_{\alpha/2}^{2}P(1-P)}{\Delta_{p}^{2}}=\frac{1.96^{2}\times 42\%\times(1-42\%)}{(7\%)^{2}}=191(\text{盒})$$

计算结果说明，应抽取191盒营养品，即取最大的样本容量，以满足共同的调查要求。

## 第五节　参数估计

统计抽样的目的就是推断总体。根据抽样法的科学原理，利用样本指标估计总体指标，一是解决抽样方法问题，二是解决参数估计问题。前者包含抽样方式方法的选择、抽样误差的计算、样本容量的确定等内容，前文已经讨论；后者包括参数估计的内容及方法等，下面予以讨论。

### 一、估计的内容

所谓抽样估计就是用所抽中的某一样本的统计量来估计总体参数，即用样本平均数或样本比率来估计总体平均数或总体比率所在的区间范围。

### 二、估计的要求

用样本统计量估计总体参数要符合三个标准，满足了这三个标准，就是优良的估计。其标准如下：

(1)无偏性。无偏性指用抽样统计量估计总体参数时，要求所有可能样本指标的平均数等于被估计的总体指标。

(2)一致性。一致性指用样本统计量估计总体参数时，要求随着样本容量 $n$ 的无限增大，样本统计量和未知的总体参数之间的绝对离差值为任意小，且其可能性趋近于必然。

(3)有效性。有效性指用样本统计量估计总体参数时，要求作为优良估计量的方差应该比其他估计量的方差小。

### 三、估计的方法

#### (一)点估计

点估计也叫定值估计，就是把样本平均数($\bar{x}$)或样本比率($p$)直接作为总体平均数($\overline{X}$)或总体比率($P$)的估计值。点估计的不足之处是不能给出估计值接近总体参数的程度。

#### (二)区间估计

区间估计是在一定的概率保证下，以点估计为基础，估计出总体参数的区间范围。这个估计区间，称为置信区间。置信区间示意图见图7-6和7-7。

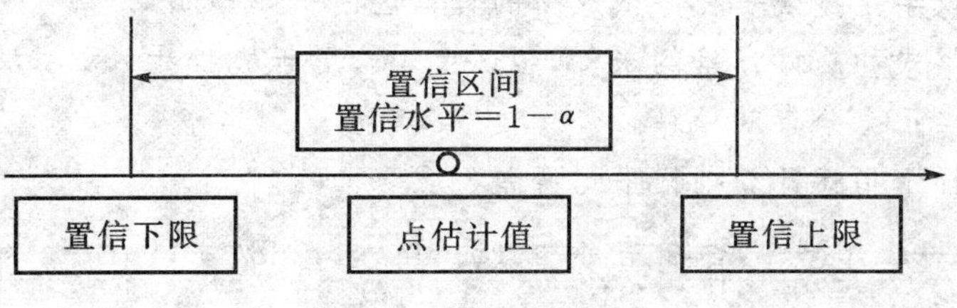


图7-6　置信区间示意图

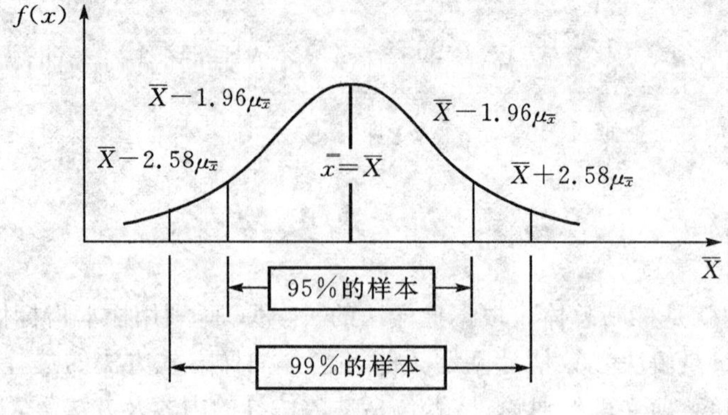


图 7-7　区间估计示意图

以简单随机抽样为例，总体平均数、总体成数的置信区间分别见表 7-11、表 7-12。

**表 7-11　总体平均数的置信区间**

| 条件 | 正态总体，无论大小样本，方差已知 | | 正态总体，方差未知且小样本 | 非正态总体，方差未知且大样本 |
|---|---|---|---|---|
| | 重复抽样 | 不重复抽样 | | |
| 置信区间 | $\overline{X}=\bar{x}\pm z_{\alpha/2}\frac{\sigma}{\sqrt{n}}$ | $\overline{X}=\bar{x}\pm z_{\alpha/2}\frac{\sigma}{\sqrt{n}}\sqrt{1-\frac{n}{N}}$ | $\overline{X}=\bar{x}\pm t_{\frac{\alpha}{2}(n-1)}\frac{s}{\sqrt{n}}$ | 样本方差代替总体方差 |

**表 7-12　总体成数的置信区间**

| 条件 | 服从正态分布或近似服从正态总体、大样本 | |
|---|---|---|
| | 重复抽样 | 不重复抽样 |
| 置信区间 | $P=p\pm z_{\alpha/2}\sqrt{\frac{P(1-P)}{n}}$ | $P=p\pm z_{\alpha/2}\sqrt{\frac{P(1-P)}{n}\left(1-\frac{n}{N}\right)}$ |

其他抽样组织形式下参数估计与简单随机抽样没有本质区别，只不过在计算方差时存在着不同，有兴趣的读者可以自己研究，此处不做介绍。

进行区间估计时，根据给定的条件和要求不同，形成两种估计方法。

**1.根据给定的置信度要求，推断总体参数的可能范围**

**【例 7-15】** 某高校进行一次英语测试，为了解考试情况，采用重复抽样方法随机抽取 100 名学生进行调查，调查结果得知，样本平均数为 76.6 分，方差为 129.44，要求以 95.45% 的置信度，估计该校学生英语平均考试成绩的置信区间。

**解：**总体分布形式和总体方差均未知，但 $n=100$，属于大样本，总体方差用样本方差来替代，置信区间用标准正态分布来计算。

第一步，根据样本指标计算抽样平均误差。

样本平均数 $\bar{x}=76.6$（分），标准差 $s=\sqrt{129.44}=11.38$（分）

抽样平均误差：$\mu_{\bar{x}}=\frac{s}{\sqrt{n}}=\frac{11.38}{\sqrt{100}}=1.14$（分）

第二步，根据给定的置信度，计算抽样极限误差。$F(z)=95.45\%$，查正态分布概率表得$Z=2$，则抽样极限误差：

$$\Delta_{\bar{x}}=Z_{\alpha/2}\mu_{\bar{x}}=2\times1.14=2.28(分)$$

第三步，估计该校学生英语考试平均成绩的置信区间：

$$下限=\bar{x}-Z_{\alpha/2}\frac{s}{\sqrt{n}}=76.6-2.28=74.32(分)$$

$$上限=\bar{x}+Z_{\alpha/2}\frac{s}{\sqrt{n}}=76.6+2.28=78.88(分)$$

因此，该校学生英语考试平均成绩的置信区间为(74.32,78.88)分。

**【例7-16】** 某信用卡中心为了估计持卡人月平均透支金额，随机抽取16个持卡人组成样本进行调查。调查结果是样本的平均消费金额为2000元，标准差为1000元。假定所有持卡人月平均透支金额近似服从正态分布，试以99%的置信度推断所有持卡人月平均透支金额的置信区间。

**解：**由于$n=16<30$，属于小样本，故需要利用$t$分布进行估计。

第一步，根据样本指标计算抽样平均误差。

样本平均数$\bar{x}=2000$(元)，样本标准差$s=1000$(元)

抽样平均误差：$\mu_{\bar{x}}=\frac{s}{\sqrt{n}}=\frac{1000}{\sqrt{16}}=250$(元)

第二步，根据给定的置信度，计算抽样极限误差。查自由度为$16-1=15$的$t$分布表，与置信度为99%对应的$t$值为：$t=2.9467$。

$$\Delta_{\bar{x}}=t\times\mu_{\bar{x}}=2.9467\times250=736.68(元)$$

第三步，估计持卡人平均透支金额的置信区间：

$$下限=\bar{x}-t_{\alpha/2(n-1)}\frac{s}{\sqrt{n}}=2000-736.68=1263.32(元)$$

$$上限=\bar{x}+t_{\alpha/2(n-1)}\frac{s}{\sqrt{n}}=2000+736.68=2736.68(元)$$

因此，在99%的置信度下，持卡人月平均透支金额在1263.32元到2736.68元之间。

**【例7-17】** 某研究机构采取随机抽样方式抽查了某市100位就业女性，对其受教育程度进行调查。调查报告表明，35%的就业女性拥有大学及以上文凭。试以95.45%的概率估计就业女性拥有大学及以上文凭比率的置信区间。

第一步，根据样本指标计算抽样平均误差。

样本成数：$p=35\%$

样本抽样标准差：$\sigma_p=\sqrt{p(1-p)}=47.70\%$

样本抽样平均误差：$\mu_p=\sqrt{\frac{p(1-p)}{n}}=\frac{47.70\%}{\sqrt{100}}=4.77\%$

第二步，根据给定的置信度，计算抽样极限误差。$F(z)=95.45\%$，查正态分布概率表得$Z=2$，则抽样极限误差：

$$\Delta_p=Z_{\alpha/2}\mu_p=2\times4.77\%=9.54\%$$

第三步，计算该市就业女性拥有大学及以上文凭比率的置信区间。

$$下限=35\%-9.54\%=23.46\%$$

上限=35%-9.54%=44.54%

故置信区间为(25.46%,44.54%)。

**【例 7-18】** 对某地区大型、中小型企业进行不重复抽样调查,分别抽取8%的企业构成样本,得到非主营产品销售利润所占比率数据如下(见表 7-13),要求对该地区企业的非主营产品销售利润比率进行区间估计(置信度为95%)。

**表 7-13 某地区随机抽取的大型、中小型企业销售利润率情况**

| 按企业规模分类 | 企业数 $n$(个) | 非主营产品销售利润比率 $p$(%) | 方差 $p(1-p)$(%) |
|---|---|---|---|
| 大型企业 | 32 | 25 | 8 |
| 中小企业 | 68 | 5 | 5 |
| 合计 | 100 | 21.60 | — |

**解:**本题属于类型抽样。

第一步,根据样本指标计算抽样平均误差。

样本平均数为:$\bar{p}=\dfrac{\sum_{1}^{k}p_in_i}{n}=\dfrac{25\%\times32+5\%\times68}{100}=0.2160$(或 21.60%)

样本方差为:$p(1-p)=\overline{p_i(1-p_i)}=\dfrac{\sum_{1}^{k}p_i(1-p_i)n_i}{n}=\dfrac{0.08\times32+0.05\times68}{100}$

$$=0.003748(\text{或 }0.3747\%)$$

抽样平均误差为:

$$u_p=\sqrt{\frac{p(1-p)}{n}(1-\frac{n}{N})}=\sqrt{\frac{\overline{p_i(1-p_i)}}{n}(1-\frac{n}{N})}=\sqrt{\frac{0.003748}{100}(1-8\%)}$$

$$=0.0059(\text{或 }0.59\%)$$

第二步,根据给定的置信度,计算抽样极限误差。

抽样极限误差为:$\Delta_{\bar{x}}=Z_{\alpha/2}\mu_p=1.96\times0.59\%=1.16\%$

第三步,计算非主营产品销售利润比率的置信区间。

$$p-Z_{\alpha/2}u_p\leqslant P\leqslant p+Z_{\alpha/2}u_p$$

下限=21.60%-1.16%

上限=21.60%+1.16%

故置信区间为(20.44%,22.76%)

**2. 根据已给定的抽样误差范围,求概率保证程度 $F(z)$**

**【例 7-19】** 某地区有100家大中型百货商场,其月营业额服从正态分布。以不重置抽样方法从中随机抽取30家构成样本,调查其营业情况。测得样本月平均营业额为550万元,标准差为65万元,要求抽样极限误差不超过10.66万元,说明该市大中型百货公司的月平均营业额及总营业额的置信区间的可靠程度为多少?

**解:**第一步,根据样本指标计算抽样平均误差。

$$\mu_{\bar{x}}=\sqrt{\frac{s^2}{n}\left(1-\frac{n}{N}\right)}=\sqrt{\frac{65^2}{30}\times\left(1-\frac{30}{100}\right)}=9.93(\text{万元})$$

第二步，根据给定的抽样极限误差，计算营业额的上限和下限。

平均营业额下限＝550－9.93＝540.07(万元)

平均营业额上限＝550＋9.93＝559.93(万元)

总营业额下限＝100×540.07＝54007(万元)

总营业额上限＝100×559.93＝55993(万元)

第三步，根据 $Z=\Delta_{\bar{x}}/\mu_{\bar{x}}=\frac{10.66}{9.93}=1.07$，查概率表得出 $F(1.07)=71.54\%$

计算结果表明：月平均营业额在(540.07,559.93)万元，总营业额区间在(54007,55993)万元的可靠程度为71.54%。

**【例7－20】** 某手机厂研发并生产一批新型号的手机投放到市场，为了了解这款手机销路，该厂调查喜欢这款手机的人数比率。在市场用重复抽样方法随机抽取了800人进行调查，喜欢这款手机的有576人，要求极限抽样误差不超过3.20%，试对喜欢这款手机人数占比的可靠性进行估计。

**解：**第一步，计算样本指标，在此基础上计算抽样平均误差。

样本成数：$p=\frac{n_1}{n}=\frac{576}{800}=72\%$

样本标准差：$\sigma_p=\sqrt{p(1-p)}=45\%$

抽样平均误差：$\mu_p=\sqrt{\frac{p(1-p)}{n}}=\frac{45\%}{\sqrt{800}}=1.60\%$

第二步，根据给定的抽样极限误差，计算总体成数估计值的置信区间。

已知 $\Delta_p=3.20\%$，则总体成数估计值区间为：(72%－3.2%，72%＋3.2%)，即(68.8%,75.2%)。

第三步，由 $Z=\Delta_p/\mu_p=2$，查概率表得出 $F(z)=95.45\%$。

计算结果表明，喜欢这款手机的人数比率在68.8%～75.2%之间的可靠性为95.45%。

## 第六节　抽样推断的SPSS统计软件应用实验

### 一、实验目的

通过本实验项目，要求学生根据随机抽样资料，熟练掌握对总体指标做出具有一定可靠性的估计或推断的SPSS软件应用技能，并能够对实验结果做出合理的解释。

### 二、实验内容

(1)运用SPSS软件对总体均值进行点估计和区间估计。

(2)运用SPSS软件对总体比率(成数)进行点估计和区间估计。

(3)解释实验结果。

### 三、实验资料

(1)某餐馆随机抽查了50位顾客的消费额(元)，数据如下：

18　27　38　26　30　45　22　31　27　26

35　46　20　35　24　26　34　48　19　28

46　19　32　36　44　24　32　45　36　21
47　26　28　31　42　45　36　24　28　27
32　36　47　53　22　24　32　46　26　27

(2)一家航空公司接受电话订票，为了研究该业务的服务质量，随机抽出20个电话订票者，统计其订票所花费的时间，资料见第三章中的(二、计算题第4题)，假定订票所花费的时间服从正态分布。

(3)为了解某城市房地产评估师的评估能力，从最近售出的房屋中随机抽取40套住房，对其实际销售价格与房屋评估价值进行比较，资料见表7-14。

**表7-14　某城市住房售价与房屋评估价值比的抽样资料**

| 编号 | 价比 | 编号 | 价比 | 编号 | 价比 | 编号 | 价比 |
|---|---|---|---|---|---|---|---|
| 1 | 0.96 | 11 | 1.07 | 21 | 1.41 | 31 | 1.36 |
| 2 | 1.36 | 12 | 1.10 | 22 | 1.33 | 32 | 1.23 |
| 3 | 1.74 | 13 | 1.13 | 23 | 1.48 | 33 | 1.20 |
| 4 | 1.16 | 14 | 1.12 | 24 | 1.22 | 34 | 1.33 |
| 5 | 2.13 | 15 | 0.60 | 25 | 2.47 | 35 | 1.09 |
| 6 | 0.69 | 16 | 1.11 | 26 | 1.64 | 36 | 1.27 |
| 7 | 1.23 | 17 | 1.32 | 27 | 1.55 | 37 | 1.80 |
| 8 | 1.26 | 18 | 1.20 | 28 | 1.08 | 38 | 1.29 |
| 9 | 1.04 | 19 | 0.92 | 29 | 1.22 | 39 | 2.47 |
| 10 | 1.91 | 20 | 1.70 | 30 | 1.08 | 40 | 1.22 |

注：价比=房屋实际销售价格/房屋评估价值。

(4)某保险公司欲了解A、B两个险种的赔偿额情况，分别从两个险种的赔偿单中抽查了32张构成样本，资料见表7-15。

**表7-15　某保险公司A、B两个险种的赔偿额资料(单位：百元)**

| A险种 | | | B险种 | | | | |
|---|---|---|---|---|---|---|---|
| 82 | 93 | 97 | 87 | 78 | 74 | 82 | 78 |
| 73 | 87 | 89 | 76 | 56 | 67 | 73 | 61 |
| 71 | 88 | 73 | 70 | 72 | 80 | 85 | 77 |
| 81 | 66 | 78 | 87 | 83 | 77 | 83 | 84 |
| 69 | 72 | 74 | 81 | 95 | 70 | 86 | 77 |
| 84 | 87 | 92 | 72 | 89 | 83 | 77 | 76 |
| 79 | 65 | 75 | 86 | 72 | 75 | 87 | 79 |
| 72 | 79 | 83 | 80 | 63 | 73 | 76 | 77 |

## 四、实验要求

(1)在90%的概率保证下，采用点估计和区间估计的方法，推断实验资料(1)的餐馆顾客的平均消费额。

(2)在95%的概率保证下，推断实验资料(2)的航空公司电话订票所花费时间超过5分钟的比率(含5分钟)的置信区间。

(3)在 95%的概率保证下,对实验资料(3)的全部房屋实际售价与评估价格之比进行点估计和区间估计。

(4)在 99%的概率保证下,对实验资料(4)的各个险种的赔偿额进行点估计和区间估计。

## 五、实验步骤

以实验(1)和实验(2)资料为例,完成实验要求中的第(1)和第(2)两个实验。(注:其余的实验要求学生自己完成)

(1)实验(1)在概率 90%的保证下,采用点估计和区间估计的方法,推断该餐馆顾客的平均消费额。

第一步:创建并打开 SPSS 样本数据文件“餐馆顾客消费金额.sav”,依次选择“分析”→“描述统计”→“探索”按钮,得到“探索”对话框。将“消费额”选入“因变量列表”框内,在“输出”框内选择“统计量”选项。见图 7-8。

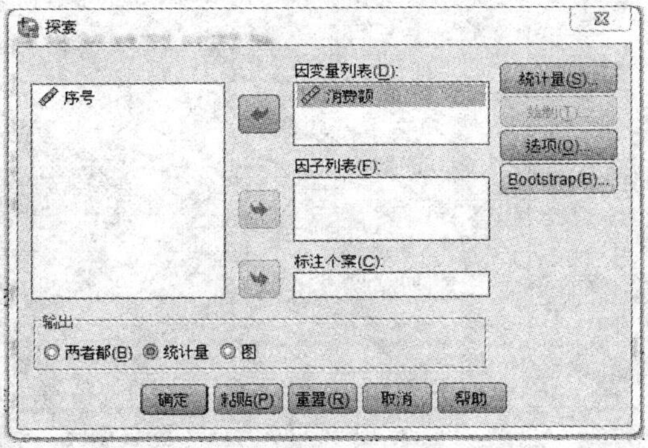


图 7-8 “探索”对话框

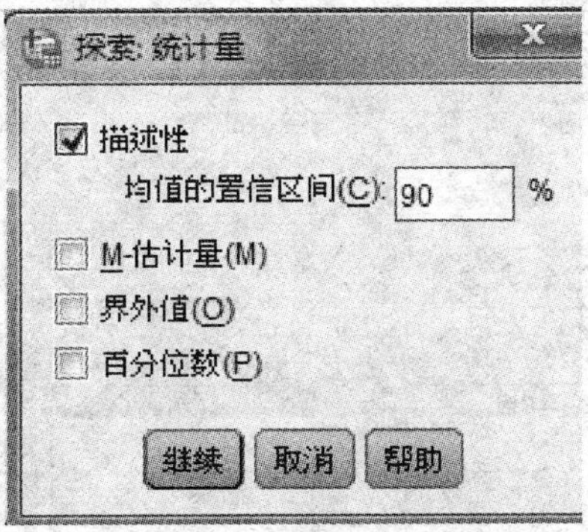


图 7-9 “探索:统计量”对话框

第二步:单击“统计量”按钮,选择“描述性”选项,在“均值的置信区间(C):”框内输入“90”。单击“继续”按钮。见图 7-9。

第三步:返回到“探索”对话框中,单击“确定”按钮。系统输出结果见表 7-16。

**表 7-16 系统输出结果**

| | | 统计量 | 标准误 |
|---|---|---|---|
| 消费额 | 均值 | 32.38 | 1.31 |
| 均值的 90%置信区间 | 下限 | 30.19 | |
| | 上限 | 34.57 | |
| 5%修整均值 | | 32.18 | |
| 中值 | | 31.00 | |
| 方差 | | 85.51 | |
| 标准差 | | 9.25 | |
| 极小值 | | 18.00 | |
| 极大值 | | 53.00 | |
| 范围 | | 35.00 | |
| 四分位距 | | 13.00 | |
| 偏度 | | 0.47 | 0.34 |
| 峰度 | | −0.85 | 0.66 |

(2)实验(2)在95%的概率保证下，推断航空公司电话订票所花费的时间超过5分钟的比率(含5分钟)的置信区间。

第一步：创建并打开“航空公司电话订票所花费的时间.sav”。

第二步：用“可视离散化”方法对电话订票花费的时间进行分组。(在“第一个分割点的位置(F)”后的框中输入5，在“分隔点数量(N)”后的框中输入1，其他步骤详见第三章实验部分)，在数据文件中生成新变量“电话订票时间分组”。

第三步：回到数据编辑界面，在数据编辑菜单中点击菜单“分析(A)”→“描述统计”→“频率(F)”，将“电话订票时间(离散化)【电话…”选进“变量(V)”框中，见图7-10。点击Bootstrap(B)”，弹出Bootstarp对话框(见图7-11)。在“Bootstrap”对话框中，选择“执行bootstrap”在“样本数(N)：”框中输入“20”，在“置信区间”中的“水平(%)(D)：”框中输入“95”，在“抽样”框内选定“简单(M)”选项，单击“继续”按钮(说明：本次样本容量为20，置信水平为95%)。

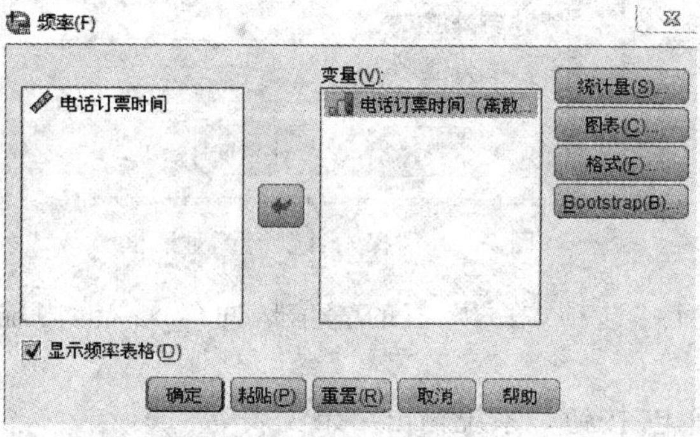


图7-10 “频率(F)”对话框

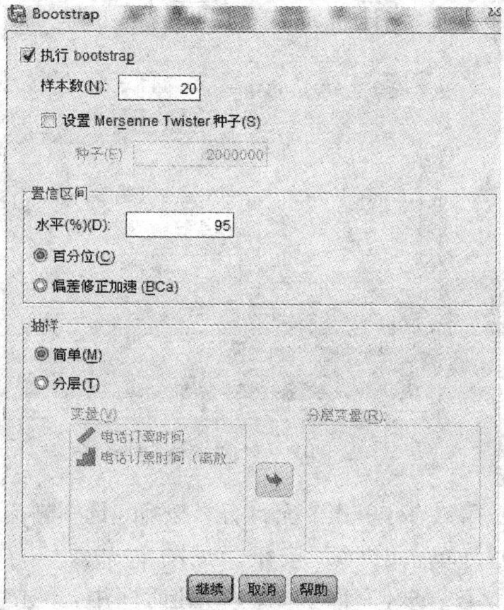


图7-11 “Bootstrap”对话框

第四步：返回到数据编辑界面，在数据编辑菜单中点击菜单“分析(A)”→“描述统计”→“频率(F)”(窗口略)，将“电话订票时间(离散化)【电话…”选进“变量(V)”框中(对话框略)，单击“确定”按钮，系统输出结果，见表7-17。

**表7-17 电话订票时间5分及其以上比重**

| | | 频率 | 百分比 | 有效百分比 | 累积百分比 | 百分比 Bootstrap[a] | | | |
|---|---|---|---|---|---|---|---|---|---|
| | | | | | | 偏差 | 标准误差 | 95%置信区间 | |
| | | | | | | | | 下限 | 上限 |
| 有效 | 0 | 9 | 45.0 | 45.0 | 45.0 | 1.5 | 8.4 | 30.1 | 65.0 |
| | 1 | 11 | 55.0 | 55.0 | 100.0 | −1.5 | 8.4 | 35.0 | 69.9 |
| | 合计 | 20 | 100.0 | 100.0 | | 0.0 | 0.0 | 100.0 | 100.0 |

a. Unless otherwise noted, bootstrap results are based on 20 bootstrap samples.

## ➢六、实验结果解释

表 7－16 的结果显示：样本均值为 32.38，根据统计学原理，在合理估计的假设前提下，点估计是把样本均值或是成数直接作为总体的均值或是成数。因此，表 7－16 中计算的样本均值 32.38 分可以作为总体均值的估计值；在 90％的置信度下，对该餐馆顾客平均消费额进行区间估计，其区间范围为(30.19，34.57)。

表 7－17 结果显示：

(1)选取容量为 20 的样本，样本比率 0.55(55％)可以作为总体比率的估计值，即航空公司电话订票所花费的时间 5 分钟及以上的比率为 0.55(55％)；

(2)以 95％的置信水平，对航空公司电话订票所花费的时间 5 分钟及以上的比率进行区间估计，其区间范围为(0.35，0.699)或(35％，69.9％)。

# 思考、训练与探讨

## 一、思考题

1.什么是抽样估计？它有什么特点和作用？

2.抽样推断的组织方式有哪些？它有哪些特点？

3.什么是抽样分布？举例说明样本平均数的抽样分布原理。

4.什么是抽样误差？影响抽样误差大小的因素有哪些？

5.为什么说不重复抽样的抽样平均误差总是小于重复抽样的抽样平均误差？

6.抽样平均误差、抽样极限误差和概率保证程度三者之间有什么关系？

7.什么是样本容量？影响样本容量大小的因素有哪些？

8.评价统计量的优良标准有哪些？

9.说明点估计和区间估计的含义和区别。

10.什么是置信水平？解释其含义。

11. 为了了解学生对学校伙食的满意程度，A 同学随机访问了 120 名女生；B 同学随机访问了 100 名男生；C 同学访问了 64 名男生和 64 名女生，其中大一、大二、大三、大四的男生和女生各 8 名，你认为哪位同学的抽样方法比较好？为什么？

## 二、计算题

1.据统计，某外贸公司在过去一年中来自老客户的订单达到 45％。现随机抽取 100 个订单，样本中老客户订单所占比例为 $p$，请问：样本比例 $p$ 的平均值、标准差是多少？样本比例 $p$ 的抽样分布是什么？

2.一家研究机构调查吸烟者的香烟月消费水平，采用重复抽样的方式抽取了 100 名吸烟者构成样本，得到样本平均数为 180 元，样本标准差为 20 元，置信水平为 95％。

要求：

(1)计算样本平均数的抽样平均误差。

(2)计算样本平均数的抽样极限误差。

(3)估计吸烟者的香烟月消费水平的置信区间。

3.越来越多的企业开始选择投放互联网广告。在跟踪调查中,随机抽取了300人进行调查,对互联网广告较为满意的有185人,要求极限抽样误差不超过5.5%,试对互联网广告满意的人数比例的可靠性进行估计。

4.某品牌化妆品开发人员欲估计顾客的平均年龄,随机抽取了20位顾客进行调查,得到样本均值为30岁,样本标准差为8岁,假定顾客的年龄近似服从正态分布,试求该品牌化妆品全部顾客平均年龄置信度为95%的置信区间。

5.为了调查某储蓄所定期存款情况,采用等距抽样方式从该储蓄所400户存款者中抽取了36户进行调查,得到样本平均数为9600元,标准差为80元,计算样本平均数的抽样平均误差,对总体均值进行点估计,并用95%的置信水平对总体均值的置信区间进行估计。

6.一家公司随机抽取了100个坏账,经计算,其平均余额为6127元,样本标准差为725元,试以90%的概率保证程度估计该公司的平均坏账余额区间。如今公司希望坏账极限误差不超过35元,置信度为95%,则应抽取多少份坏账?

7.某地区有小麦耕地8000公顷,按平原和山区地势面积等比例抽取800平方米来调查小麦产量,测得数据见表7-18:

**表7-18 小麦测产数据表**

| 地势分组 | 抽样面积(平方米) | 样本平均产量(千克/平方米) | 亩产标准差(千克/平方米) |
|---|---|---|---|
| 平原 | 500 | 0.80 | 0.15 |
| 山区 | 300 | 0.55 | 0.24 |
| 合计 | 800 | — | — |

根据上述资料,在置信度为95.45%下,试估计该地区小麦平均每平方米产量的区间范围。

8.某公司对发往外地的商品包装数量进行开包检查,随机检查了100包,平均每包装有99件商品,测得标准差为5件。试用95.45%的概率保证程度估计这批货物平均每包装有商品件数的范围。如果其他条件不变,极限误差缩小为原来的1/2,试问此时需要抽查多少包?

## 三、讨论题

1.经常性人口统计(户口登记)、人口普查和人口抽样调查,是目前我国取得人口统计资料的三种主要调查方法。随着统计调查方法改革的开展,抽样调查作为统计调查方法体系的主体,愈来愈被人们所重视。近年来在研究人口问题时,除人口普查外,基本上都采用了抽样调查方法。试收集资料说说我国人口抽样调查组织形式是什么?抽样的样本数量的依据是什么?如何利用抽样的资料来推断总体人口情况?

2.近年来,我国居民收入增长迅速,投资意识增强,人们开始逐渐关注金融资产投资的灵活性和多样性。我国居民常见的投资金融产品有:储蓄存款、股票、债券、基金、期货、保险等,也有其他金融产品,如黄金、白银等贵金属投资。为了了解2014年某小镇9000户居民的家庭金融资产分布情况,进行简单随机抽样调查得到如下资料(见表7-19):

表 7－19 某小镇居民家庭金融资产随机抽样资料

| 户编号 | 每户人均月收入（元） | 金融资产（万元） | 有价债券占比（%） | 月收入分组 {1＝3000 元及以下} {2＝3000～6000 元} {3＝6000 元以上} |
|---|---|---|---|---|
| 1 | 1515 | 3 | 0.03 | 1 |
| 2 | 1800 | 3 | 0.22 | 1 |
| 3 | 1449 | 2 | 1.21 | 1 |
| 4 | 1860 | 3 | 2.34 | 1 |
| 5 | 2100 | 3 | 1.90 | 1 |
| 17 | 1485 | 2 | 1.40 | 1 |
| 18 | 2700 | 3 | 3.30 | 1 |
| 19 | 2400 | 3 | 4.91 | 1 |
| 20 | 1464 | 2 | 4.64 | 1 |
| 6 | 3015 | 5 | 5.68 | 2 |
| 7 | 4515 | 8 | 9.62 | 2 |
| 8 | 5025 | 10 | 7.75 | 2 |
| 9 | 4695 | 10 | 5.77 | 2 |
| 11 | 5025 | 10 | 5.17 | 2 |
| 12 | 5970 | 10 | 4.06 | 2 |
| 21 | 3750 | 6 | 7.93 | 2 |
| 22 | 5055 | 8 | 7.46 | 2 |
| 23 | 5400 | 10 | 6.85 | 2 |
| 24 | 4140 | 6 | 6.60 | 2 |
| 25 | 4245 | 5 | 7.10 | 2 |
| 27 | 6000 | 6 | 6.80 | 2 |
| 29 | 3525 | 6 | 6.26 | 2 |
| 31 | 3741 | 7 | 16.90 | 2 |
| 35 | 4428 | 6 | 16 | 2 |
| 36 | 5325 | 8 | 12.80 | 2 |
| 38 | 5550 | 9 | 8.22 | 2 |
| 41 | 3705 | 4 | 8.38 | 2 |
| 43 | 3654 | 6 | 8.67 | 2 |
| 44 | 4500 | 6 | 10.40 | 2 |
| 46 | 5640 | 6 | 12.20 | 2 |
| 49 | 3978 | 4 | 13.60 | 2 |
| 50 | 3714 | 4 | 13.90 | 2 |
| 10 | 6150 | 26 | 14.90 | 3 |
| 13 | 7065 | 16 | 14.80 | 3 |
| 14 | 6450 | 9 | 15.90 | 3 |

续表 7-19

| 户编号 | 每户人均月收入（元） | 金融资产（万元） | 有价债券占比（%） | 月收入分组 {1=3000 元及以下} {2=3000～6000 元} {3=6000 元以上} |
|---|---|---|---|---|
| 15 | 7149 | 16 | 15.20 | 3 |
| 16 | 6015 | 12 | 11.94 | 3 |
| 26 | 8949 | 20 | 13.17 | 3 |
| 28 | 9735 | 28 | 12.65 | 3 |
| 30 | 11535 | 34 | 12.02 | 3 |
| 32 | 8550 | 22 | 11.60 | 3 |
| 33 | 8415 | 18 | 20.32 | 3 |
| 34 | 9015 | 34 | 21.43 | 3 |
| 37 | 8268 | 24 | 20.80 | 3 |
| 39 | 7755 | 12 | 19.60 | 3 |
| 40 | 11400 | 22 | 20.60 | 3 |
| 42 | 11400 | 30 | 21.20 | 3 |
| 45 | 7800 | 14 | 19.20 | 3 |
| 47 | 7350 | 18 | 15.70 | 3 |
| 48 | 8355 | 18 | 13.50 | 3 |

(1)对调查资料进行描述性分析。

(2)计算抽样平均误差，在95%的置信度下，对该镇居民的平均收入、平均金融资产、有价债券占比进行区间估计。

(3)收集2006年以来我国居民家庭金融资产信息，探讨我国居民家庭金融资产总量及结构变化的规律。

## 四、技能训练题

运用SPSS统计软件完成下列实验：

1.依据讨论题2对该镇的户人均月收入和有价债券占比进行区间估计(置信度为95%)。写出实验报告。

2.依据第三章表3-1资料，对该市居民最喜欢央视1频道的人数比率进行区间估计(概率为95.45%)，解释实验结果。

3.依据第三章表3-17资料，以95%的置信水平估计该市商品房价格(套)的置信区间，解释实验结果。

# 第八章 假设检验

假设检验是统计推断的另一种形式，是根据一定假设条件由样本推断总体的一种方法。基本做法是：先对所研究的总体做出某种假设，然后根据样本信息来判断对所提出的假设做出是否接受的决定。可见，它是与参数估计不同的另一种统计推断方法。假设检验分为参数检验和非参数检验。

## 第一节 假设检验基本理论

### 一、假设检验的基本思想

假设检验是指对总体的某些未知参数先作某种假设，然后抽取样本构造适当的统计量，对假设的正确性进行判断。例如，超市的促销活动是否带来了显著的效果(促销后的销售额是否和促销前的销售额有差异)？引入新的技术、新的材质、新产品是否比原来的产品质量高？两种品牌电池的使用寿命是否有差异？厂商声称产品质量符合标准，是否可信？吸烟是否与患肺癌有关系？广告中宣称85%以上的消费者满意其产品的质量，是否存在虚假宣传问题？改进汽车设计、采用新型燃料、控制尾气排放等一系列措施，空气污染状况是否会比原来有所好转？等等。

假设检验的基本思想是带有概率特征的反证法，即逻辑上运用反证法，统计上依据小概率原理，见图 8-1。

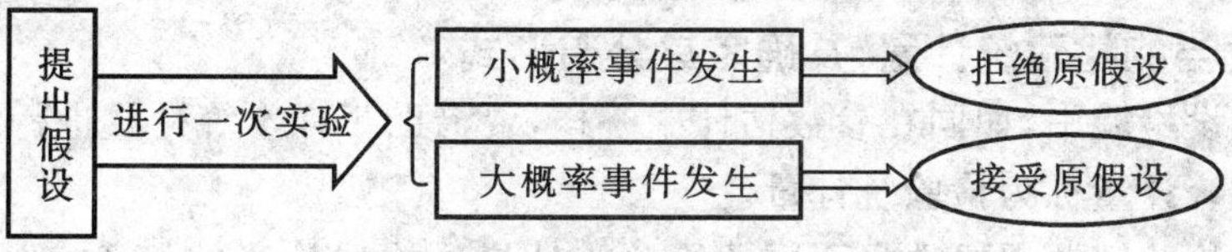


图 8-1　假设检验的基本思想

所谓小概率原理，就是认为小概率事件在一次试验中是几乎不可能发生的。什么是小概率事件？概率很小但不等于 0 的事件。例如，某地福利彩票 30 选 7，中大奖的概率约为 204 万分之一，中大奖的概率非常小。再比如，假定某种商品的次品率很低，在 100 件产品中，有一件是次品，随机从中取出一件产品是次品的事件就是小概率事件，我们有理由相信任意抽到一件产品正好是次品的事件几乎不可能发生。事实上，生活中我们也在无意识的情况下不断地使用这一原理。如一般情况下人们不会因为担心火车脱轨而不敢坐火车，不会因为担心飞机坠毁而不敢搭乘飞机等，就是因为所对应的事件很少发生，我们实际上就把它当成不发生而对待的缘故。概率小到什么程度算作“小概率事件”呢？这并没有绝对的标准，通常我们以显著性水平 $\alpha(0<\alpha<1)$ 作为小概率的界限。对不同的问题，检验的显著性水平不一定相同，但是一般应取较小的值，如 0.1、0.05 或 0.01 等。

反证法是假设检验所采用的逻辑推理方式。为了检验某个假设是否成立，先假设它是正确的，然后根据抽样理论和样本信息，如果计算的样本特征值落在小概率范围内，我们就拒绝假设；若样本特征值在大概率范围内，我们就接受假设。如刚才所举例子，如果确实出现了次品，那我们拒绝相信合格率很低的假定，认为这种商品的次品率很高。

## 二、假设检验的步骤

假设检验通常按下面的四个步骤进行：

### (一)提出原假设和备择假设

原假设又称零假设，是要接受检验的假设，通常是研究者搜集证据想要推翻的假设，我们记做 $H_0$；备择假设是拒绝原假设后可供选择的假设，是研究者搜集证据想要予以支持的假设，记为 $H_1$。

原假设和备择假设应根据所检验问题的具体背景而定。原假设和备择假设必须是互斥的，等号必须出现在零假设中，它们中只有一个是正确的。接受 $H_0$ 则必须拒绝 $H_1$；反之，拒绝 $H_1$，则必须接受 $H_0$。

假设的提出一般有三种形式，我们以总体均值的检验为例，可以表示为：

(1)双侧检验的假设：$H_0:\mu=\mu_0$，$H_1:\mu\neq\mu_0$；

(2)左侧检验的假设：$H_0:\mu\geqslant\mu_0$，$H_1:\mu<\mu_0$(下限检验)；

(3)右侧检验的假设：$H_0:\mu\leqslant\mu_0$，$H_1:\mu>\mu_0$(上限检验)。

左侧检验和右侧检验统称为单侧检验。采用哪种假设，要根据所研究的实际问题而定。如果对所研究的问题只需判断有无显著差异，则一般采用双侧检验；如果所关心的问题具有方向性，要求判断总体参数是否大于或者小于某一个值，则适合采用单侧检验。例如检验不同行业职工的平均工资有没有显著差异，不需要判断哪个大，采用第(1)种假设形式；若检验乳制品钙含量是否低于 30%，采用第(2)种假设形式；若环保部门想检验餐馆一天所使用的快餐盒数量平均值是否超过 500 个，选取第(3)种假设形式。

### (二)构造适当的检验统计量，并确定其分布形式

在参数的假设检验中，如同在参数估计中一样，要借助于样本统计量进行统计推断。用于假设检验问题的统计量称为检验统计量。

不同的假设检验问题需要选择不同的检验统计量。构造恰当的检验统计量要做到：包含要检验的总体参数，分布是已知的，统计量的值要能够计算出来。常用的检验统计量有 $Z$ 统计量、$t$ 统计量、$\chi^2$ 统计量及 $F$ 统计量等。检验统计量服从什么样的分布往往跟总体服的分布，样本大小，总体方差是否已知等密切相关。

### (三)确定显著性水平 $\alpha$，确定临界值(划分出拒绝域和接受域)

显著性水平表示 $H_0$ 为真时拒绝 $H_0$ 的概率，即拒绝原假设所冒的风险，用 $\alpha$ 表示。给定了显著性水平 $\alpha$，就可根据相关的概率分布表查得临界值，从而确定 $H_0$ 的接受区域和拒绝区域。

对于不同形式的假设，$H_0$ 的接受区域和拒绝区域也有所不同。

双侧检验的拒绝区域：位于检验统计量分布曲线的两侧，见 8-2(a)；

左侧检验的拒绝区域:位于检验统计量分布曲线的左侧,见 8－2(b);

右侧检验的拒绝区域:位于检验统计量分布曲线的右侧,见 8－2(c)。

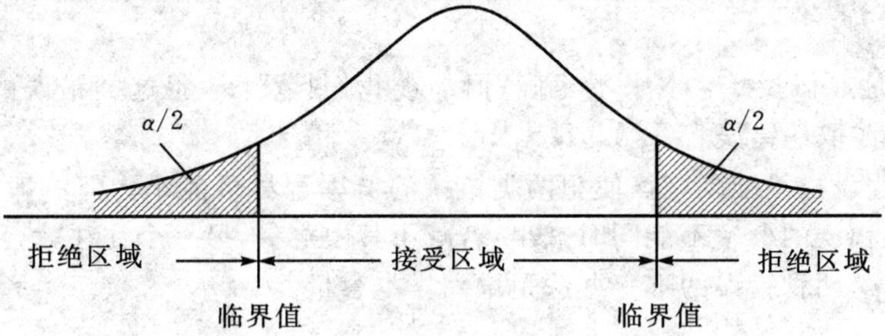


(a)双侧检验

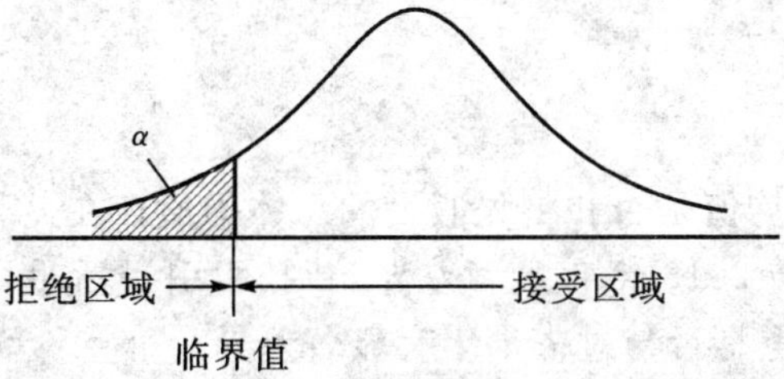


(b)左侧检验

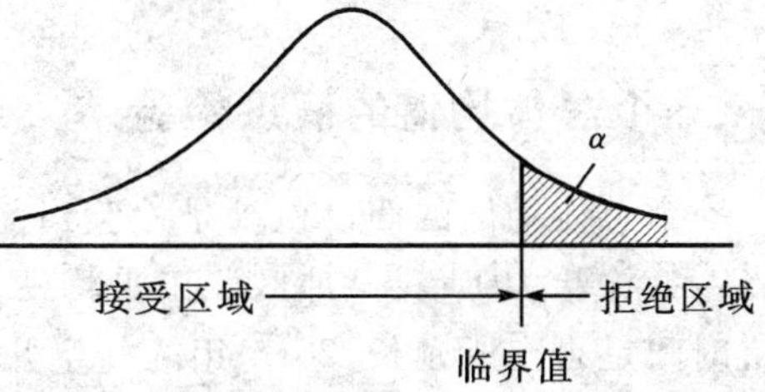


(c)右侧检验

图 8－2 假设检验的接受区域和拒绝区域

### (四)将检验统计量的值与临界值比较(或用 $P$ 值),得出结论

如果检验统计量的数值落在拒绝区域内,说明样本所描述的情况与原假设有显著性差异,应拒绝原假设;相反,如果检验统计量的数值落在接受区域内,说明样本所描述的情况与原假设没有显著性差异,应当接受原假设。

此外,还可以用 $P$ 值进行决策。$P$ 值就是当原假设为真时,检验统计量大于或等于实际观测值的概率。如果 $P$ 值越小,说明这种情况发生的概率很小,根据小概率原理,我们就有理由拒绝原假设,$P$ 值越小,我们拒绝原假设的理由就越充分。这种检验方式的优点是不需要查表,直接用计算出来的 $P$ 值与显著性水平进行比较,就可以得出结论。

## 三、假设检验中的两类错误

假设检验是根据样本所提供的信息进行判断的,即由部分来推断总体,因此假设检验不可能绝对准确,假设检验的各种可能结果见表 8－1。

**表 8－1 假设检验的四种可能结果**

| | 接受 $H_0$ | 接受 $H_1$ |
|---|---|---|
| $H_0$ 为真 | 正确<br>概率＝$1-\alpha$ | 第一类错误(弃真错误)<br>概率＝$\alpha$ |
| $H_1$ 为真 | 第二类错误(取伪错误)<br>概率＝$\beta$ | 正确<br>概率＝$1-\beta$ |

从表 8-1 中可以看出，假设检验有可能犯两类错误：

第一类错误是原假设 $H_0$ 本来正确，但检验统计量的实测值在拒绝域，按检验规则要拒绝原假设，接受备择假设 $H_1$。犯这类错误的概率为 $P(P=\alpha, H_0$ 为真，拒绝 $H_0)$，$\alpha$ 也称作弃真错误。

另一类错误是原假设 $H_0$ 本来不正确，但却被我们接受了，犯这类错误的概率用 $\beta$ 来表示，也称作 $\beta$ 错误或取伪错误。

一个优良的假设检验准则应该使犯两类错误的概率都尽可能小。但一般说来，当样本容量给定时，犯两类错误的概率不能同时减小，若减小其中之一，另一个往往就会增加，二者不能兼顾。同时，减少这两种错误的唯一办法是增大样本容量。

## 第二节　总体均值的假设检验

### 一、一个总体均值的假设检验

一个总体均值的假设检验是检验当前的总体均值是否和事先假设的总体均值存在显著性差异。如检验 2014 年某地区职工平均工资是否与 2013 年有显著差异，新技术引进后手机的待机时间是否有所延长，2015 年的新生儿平均体重是否与过去十年有显著差异。

在进行总体均值的检验过程中，特别要注意检验统计量和拒绝域的选取。这与总体是否服从正态分布、总体方差是否已知及样本大小有密切关系。表 8-2 说明了一个总体均值的检验方法。

**表 8-2　一个总体均值的检验方法**

| 总体类型 | 条件 | 检验统计量 | $H_0$、$H_1$ | 拒绝域 |
|---|---|---|---|---|
| 1 | 正态总体或非正态总体大样本（$n\geqslant 30$） | $Z=\dfrac{\bar{x}-\mu_0}{\frac{\sigma}{\sqrt{n}}}$（$\sigma^2$ 已知）<br>$Z=\dfrac{\bar{x}-\mu_0}{\frac{s}{\sqrt{n}}}$（$\sigma^2$ 未知） | (1) $H_0:\mu=\mu_0$<br>$H_1:\mu\neq\mu_0$ | $\lvert Z\rvert\geqslant Z_{\alpha/2}$<br>（双侧检验） |
| | | | (2) $H_0:\mu\leqslant\mu_0$<br>$H_1:\mu>\mu_0$ | $Z\geqslant Z_\alpha$<br>（右侧检验） |
| | | | (3) $H_0:\mu\geqslant\mu_0$<br>$H_1:\mu<\mu_0$ | $Z\leqslant -Z_\alpha$<br>（左侧检验） |
| 2 | 正态总体小样本 $\sigma^2$ 未知（$n<30$） | $t=\dfrac{\bar{x}-\mu_0}{\frac{s}{\sqrt{n}}}$ | (1) $H_0:\mu=\mu_0$<br>$H_1:\mu\neq\mu_0$ | $\lvert t\rvert\geqslant t_{\alpha/2}(n-1)$<br>（双侧检验） |
| | | | (2) $H_0:\mu\leqslant\mu_0$<br>$H_1:\mu>\mu_0$ | $t\geqslant t_\alpha(n-1)$<br>（右侧检验） |
| | | | (3) $H_0:\mu\geqslant\mu_0$<br>$H_1:\mu<\mu_0$ | $t\leqslant -t_\alpha(n-1)$<br>（左侧检验） |

#### （一）$Z$ 检验法（大样本）

从表 8-2 列出的第一种总体类型可以看出，在大样本（$n\geqslant 30$）条件下，无论总体是否服从正态分布，都可以选择 $Z$ 检验法。根据中心极限定理可知样本平均数的抽样分布近似服从正态分布 $\bar{x}\sim N(\mu,\sigma^2/n)$，因此都可以使用 $Z$ 值作为检验统计量。

当总体方差已知时，检验统计量计算公式为：

$$Z=\frac{\bar{x}-\mu_0}{\frac{\sigma}{\sqrt{n}}}$$

当总体方差未知时，检验统计量计算公式为：

$$Z=\frac{\bar{x}-\mu_0}{\frac{s}{\sqrt{n}}}$$

给定显著水平 $\alpha$，对于不同的假设，检验规则是不同的，见表 8-2。

(1) $H_0:\mu=\mu_0$，$H_1:\mu\neq\mu_0$（双侧检验）。

查表要查 $Z_{\alpha/2}$，拒绝域在两侧，若 $|Z|\geqslant Z_{\alpha/2}$，拒绝原假设；当 $|Z|<Z_{\alpha/2}$，接受原假设。

(2) $H_0:\mu\leqslant\mu_0$，$H_1:\mu>\mu_0$（右侧检验）。

查表要查 $Z_\alpha$，拒绝域在右侧，若 $Z\geqslant Z_\alpha$，拒绝原假设；当 $Z<Z_\alpha$，接受原假设。

(3) $H_0:\mu\geqslant\mu_0$，$H_1:\mu<\mu_0$（左侧检验）。

查表要查 $Z_\alpha$，拒绝域在左侧，$Z$ 为负值，因此，若 $Z\leqslant -Z_\alpha$，则拒绝原假设；当 $Z>-Z_\alpha$，接受原假设。

**【例 8-1】** 2013 年某市职工月平均工资为 4500 元，标准差为 500 元。2014 年随机抽取 100 人进行调查，得出样本平均工资为 4650 元。试在 $\alpha=0.05$ 的显著性水平下，推断 2014 年职工平均工资与 2013 年有没有显著差异？

**解：** 检验步骤如下：

①提出假设。原假设 $H_0:\mu=4500$，备择假设 $H_1:\mu\neq4500$。

根据题目中所问“2014 年职工平均工资与 2013 年有没有显著差异”问题可知，我们只需判断是否存在显著差异，不需要考虑年平均工资的大小问题，所以是双侧检验。

②构造检验统计量。根据题意 $n=100$，属于大样本，总体平均数及标准差已知，因此检验统计量为：

$$Z=\frac{\bar{x}-\mu_0}{\frac{\sigma}{\sqrt{n}}}=\frac{4650-4500}{\frac{500}{\sqrt{100}}}=3$$

③给定显著性水平。$\alpha=0.05$，由于是双侧检验，两边拒绝的概率分别是 0.025，接受区间的概率为 $1-0.05=0.95$，查正态分布表（附表 1）可得临界值 $Z_{0.025}=1.96$。若 $Z>1.96$ 或 $Z<-1.96$，则小概率事件发生，拒绝原假设；若 $-1.96<Z<1.96$，则大概率事件发生，接受原假设，见图 8-3。

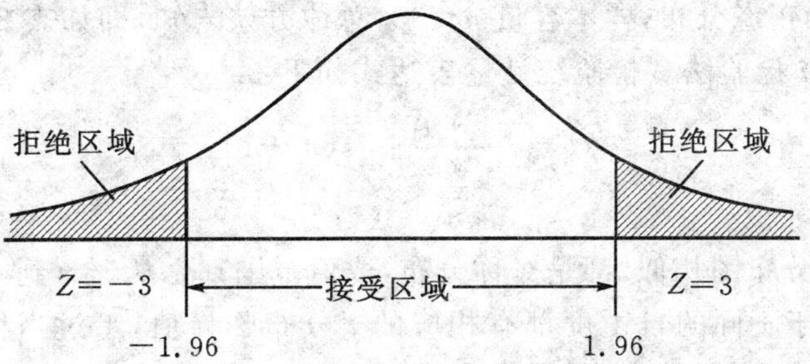


图 8-3　假设检验接受域和拒绝域

④比较并做出检验判断。样本统计量 $Z=3>1.96$，如图 8-3 所示，小概率事件发生，所以拒绝原假设。认为在显著性水平 $\alpha=0.05$ 下，2014 年该市职工的平均工资较 2013 年有显著变化。

**【例 8-2】** 某厂生产的某品牌手机待机时间为 20 小时，标准差为 1.5 小时，企业改进生产技术工艺后，从新生产的一批手机中随机抽取 300 部，测得平均待机时间为 21 小时，能否据此判断生产技术工艺改进后该手机的待机时间有显著增加（$\alpha=0.01$）？

**解**：检验步骤如下：

①提出假设。从提出的问题可看出，这里不仅关心手机待机时间有无差异，还关心手机待机时间差异的方向，即手机待机时间是否延长。因此是右侧检验。

原假设 $H_0:\mu\leqslant 20$，备择假设 $H_1:\mu>20$。

②构造检验统计量。因为总体标准差已知，$n=300$，属于大样本，所以检验统计量为：

$$Z=\frac{\bar{x}-\mu_0}{\frac{\sigma}{\sqrt{n}}}=\frac{21-20}{1.5/\sqrt{300}}=11.55$$

③根据给定显著性水平 $\alpha=0.01$，查正态分布表可得临界值 $Z_{0.01}=2.34$。

④比较并做出检验判断。$Z=11.55>Z_\alpha=2.34$，小概率事件发生，说明在 $\alpha=0.01$ 下，该厂手机待机时间有显著增加。

**【例 8-3】** 有一家餐馆准备转让，该餐馆的经理声称，每天的营业额至少为 1000 元。现有一位购买者，查看了过去两个月的账目，发现两个月平均每天的营业额仅为 990 元，$s=250$。在 $\alpha=0.05$ 的显著性水平下，试分析这家餐馆的经理是否高估了每天的平均营业额？

**解**：检验步骤如下：

①提出假设。与上个例子不同，这是一个左侧检验问题，关心的是餐馆日营业额是否低于 1000 元，因此提出原假设和备择假设：$H_0:\mu\geqslant 1000$，$H_1:\mu<1000$。

②构造检验统计量。虽然总体分布未知，但因是大样本，所以检验统计量为：

$$Z=\frac{\bar{x}-\mu_0}{\frac{s}{\sqrt{n}}}=\frac{990-1000}{250/\sqrt{60}}=-0.31$$

③根据给定显著性水平 $\alpha=0.05$，查正态分布表可得临界值 $-Z_\alpha=-1.645$。

④比较并做出检验判断。$Z=-0.31>-Z_\alpha=-1.645$，落在接受域范围，大概率事件发生，说明在 $\alpha=0.05$ 下，该餐馆经理并没有高估每天的平均营业额。

### （二）$t$ 检验法（正态总体方差未知，小样本）

当研究的总体为正态分布，样本容量 $n<30$，总体方差未知，即如表 8-2 中所述的第 2 种总体类型，则要选择 $t$ 检验法。检验统计量表达式如下：

$$t=\frac{\bar{x}-\mu_0}{\frac{s}{\sqrt{n}}}\sim t(n-1)$$

$t$ 分布图和正态分布图相似，都是对称分布，取值范围都是从 $-\infty$ 到 $+\infty$，区别是 $t$ 分布的峰度较扁平，而且对于不同的自由度都有相应的 $t$ 分布临界值，不过当样本容量 $n$ 逐渐增大时，$t$ 分布就会渐近于正态分布，如果样本容量大于 30，就可以用正态分布来取代 $t$ 分布。见图 8-4。

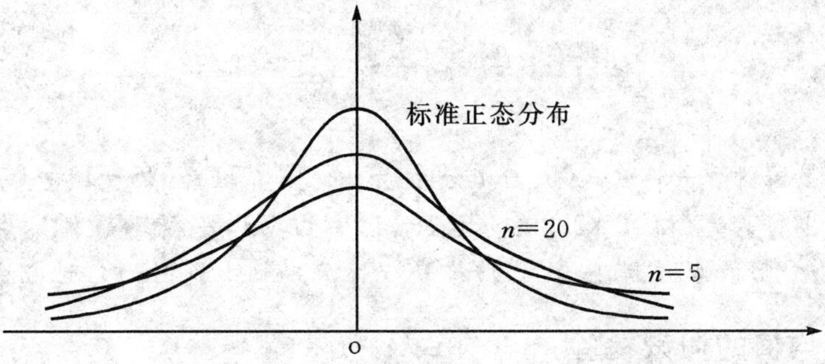


图 8-4　不同自由度下的 $t$ 分布和标准正态分布图

确定好统计量之后，要注意给定显著水平 $\alpha$，三种假定形式的检验规则如下：

(1) $H_0:\mu=\mu_0$，$H_1:\mu\neq\mu_0$（双侧检验）。

要查 $t_{\alpha/2}(n-1)$ 的检验表，拒绝域在两侧，若 $|t|\geqslant t_{\alpha/2}(n-1)$，拒绝原假设；当 $|t|<t_{\alpha/2}(n-1)$，接受原假设。

(2) $H_0:\mu\leqslant\mu_0$，$H_1:\mu>\mu_0$（右侧检验）。

要查 $t_\alpha(n-1)$ 的检验表，拒绝域在右侧，若 $t\geqslant t_\alpha(n-1)$，拒绝原假设；当 $t<t_\alpha(n-1)$，接受原假设。

(3) $H_0:\mu\geqslant\mu_0$，$H_1:\mu<\mu_0$（左侧检验）。

要查 $t_\alpha(n-1)$ 的检验表，拒绝域在左侧，$t$ 为负值，若 $t\leqslant -t_\alpha(n-1)$，则拒绝原假设；当 $t>-t_\alpha(n-1)$，接受原假设。

**【例 8-4】**　某旅行社根据过去资料对七日游游客的购物金额进行分析，发现游客在景点购物开销服从正态分布，平均值为 2000 元。2014 年旅行社云南游路线有所改变，抽取了 20 位游客，研究了七日游的游客开销平均值为 2080 元，标准差为 200 元。问旅游路线发生变化后，游客的购物金额是否有显著变化？

**解**：检验步骤如下：

①提出假设。原假设 $H_0:\mu=2000$，备择假设 $H_1:\mu\neq2000$。

②构造检验统计量。

$$t=\frac{\bar{x}-\mu_0}{\frac{s}{\sqrt{n}}}=\frac{2080-2000}{200/\sqrt{20}}=1.79$$

③根据给定显著性水平 $\alpha=0.05$，查 $t$ 分布表可得临界值 $t_{0.025}(20-1)=2.093$。

④比较并做出检验判断。$t=1.79<t_{\alpha/2}(20-1)=2.093$，大概率事件发生，接受原假设，说明在 $\alpha=0.05$ 下，旅游线路的改变并没有提高游客的平均购物金额。

**【例 8-5】**　某学校教师在分析学生期末成绩时，指出学生上网时间过长是导致成绩下滑的重要原因。认为学生每天上网时间服从正态分布，平均上网时间至少为 6 个小时。教务处开始调查，随机抽取了 25 位学生，发现这些学生上网时间平均为 6.7 个小时，且标准差为平均每天 1.5 小时。这一调查结果是否支持老师的观点？

**解**：检验步骤如下：

①提出假设。原假设 $H_0:\mu\leqslant6$，备择假设 $H_1:\mu>6$。

②构造检验统计量。

$$t=\frac{\bar{x}-\mu_0}{\frac{s}{\sqrt{n}}}=\frac{6.7-6}{1.5/\sqrt{25}}=2.33$$

③根据给定显著性水平 $\alpha=0.05$，查 $t$ 分布表可得临界值 $t_\alpha(25-1)=1.711$。

④比较并做出检验判断。$t=2.29>t_\alpha(25-1)=1.711$，小概率事件发生，拒绝原假设，说明在 $\alpha=0.05$ 下，老师的观点是正确的，该校学生每天平均上网时间超过 6 个小时。

## 二、两个总体均值的假设检验

在现实社会经济生活中，经常会遇到检验两个正态总体的均值是否相等的问题。例如，市场上两种药，哪种药效更好，有无显著差异？某校各个专业学生英语成绩是否有显著差异？城市新生儿平均体重是否高于农村新生儿平均体重？两个行业平均工资是否相差 500 元？等等。这时就要对两个总体均值进行检验。

两个总体均值之差的假设检验包括下面三种类型，见表 8-3。

**表 8-3 两个总体均值之差的检验类型**

| 类型 | $H_0$ | $H_1$ |
|---|---|---|
| 1 | $\mu_1=\mu_2$ | $\mu_1\neq\mu_2$ |
| 2 | $\mu_1\leqslant\mu_2$ | $\mu_1>\mu_2$ |
| 3 | $\mu_1\geqslant\mu_2$ | $\mu_1<\mu_2$ |

### (一) $Z$ 检验法(大样本)

大样本($n\geqslant30$)条件下，无论两个总体是否服从正态分布，两个样本均值之差 $\bar{x}_1-\bar{x}_2$ 的抽样分布近似服从正态分布，$\bar{x}_1-\bar{x}_2\sim N\left(\mu_1-\mu_2,\frac{\sigma_1^2}{n_1}+\frac{\sigma_2^2}{n_2}\right)$。

当总体方差已知时，检验统计量为：

$$Z=\frac{[(\bar{x}_1-\bar{x}_2)-(\mu_1-\mu_2)]}{\sqrt{\frac{\sigma_1^2}{n_1}+\frac{\sigma_2^2}{n_2}}}$$

当两个总体方差未知时，可用两个样本方差来代替，则检验统计量为：

$$Z=\frac{[(\bar{x}_1-\bar{x}_2)-(\mu_1-\mu_2)]}{\sqrt{\frac{s_1^2}{n_1}+\frac{s_2^2}{n_2}}}$$

检验规则与一个总体均值第一种情况一致，在此不再介绍。

**【例 8-6】** 某健身俱乐部近期开了两个健身班，分别推出两种减肥方案 A 和 B，并对其减肥瘦身效果进行数据分析。现从两个健身班分别抽取 $n_1=40$，$n_2=35$ 的样本，A 方案平均减肥重量为 $\bar{x}_1=2.35$ 千克，$S_1=0.75$ 千克，B 方案平均减肥重量为 $\bar{x}_2=2.70$ 千克，$S_2=0.95$ 千克。试以 5% 的显著性水平判断 A、B 方案在减肥效果上是否有显著差别？

**解：**检验步骤如下：

①提出假设。原假设 $H_0:\mu_1=\mu_2$，备样假设 $H_1:\mu_1\neq\mu_2$。

②构造检验统计量。

$$Z=\frac{[(\bar{x}_1-\bar{x}_2)-(\mu_1-\mu_2)]}{\sqrt{\frac{s_1^2}{n_1}+\frac{s_2^2}{n_2}}}=\frac{(2.35-2.70)-(0.75-0.75)}{\sqrt{\frac{0.75^2}{40}+\frac{0.95^2}{35}}}=-1.75$$

③给定显著性水平 $\alpha=0.05$，查正态分布表可得临界值 $Z_{0.025}=1.96$。

④比较并做出检验判断。$|Z|=1.75<Z_{0.025}=1.96$，大概率事件发生，接受原假设，说明在 $\alpha=0.05$ 下，两种方案的减肥效果没有显著差异。

**(二)$t$ 检验法(小样本)**

两个正态总体的方差未知但相等，且为小样本，采用 $t$ 检验法。检验统计量为：

$$t=\frac{(\bar{x}_1-\bar{x}_2)-(\mu_1-\mu_2)}{s\sqrt{\frac{1}{n_1}+\frac{1}{n_2}}}$$

其中
$$s=\sqrt{\frac{(n_1-1)s_1^2+(n_2-1)s_2^2}{n_1+n_2-2}}$$

当原假设成立时，统计量 $t$ 服从自由度为 $n_1+n_2-2$ 的 $t$ 分布。给定显著水平 $\alpha$，检验规则与一个正态总体的 $t$ 检验基本类似，只是自由度不同，临界值不同，在此不再重复介绍。

## 第三节　总体成数与方差的假设检验

### 一、总体成数(比率)的检验

**(一)一个总体成数(比率)的假设检验**

对总体成数(比率)如产品合格率、老年人口比重、吸烟率、大学生就业率等，常用符号 $P$ 表示。对总体成数(比率)进行显著性检验，当 $n$ 很大，$np$(或者 $nq$)大于 5 时，其二项分布可以用正态分布来近似替代。总体成数的假设检验统计量为：

$$Z=\frac{p-P}{\sqrt{\frac{P(1-P)}{n}}}$$

总体成数的检验也包括下面三种类型，见表 8-4。

**表 8-4　总体成数的检验类型**

| 类型 | $H_0$ | $H_1$ |
|---|---|---|
| 1 | $P=P_0$ | $P\neq P_0$ |
| 2 | $P\geqslant P_0$ | $P<P_0$ |
| 3 | $P\leqslant P_0$ | $P>P_0$ |

根据前面讲的总体均值的检验规则可以对总体成数进行检验。

**【例 8-7】** 某网站声称，网上购物已经成为某市大学生购物的重要方式，在购买商品类型中服装的开销占到大学生消费额的 70%。某校学生对此持怀疑态度，因此去该市各大学校进行调查，随机抽取 40 人观测发现服装花费占比 65%。根据这份调查结果，学生是否可以推

翻该网站给出的数据？($\alpha=0.05$)

**解**：检验步骤如下：

①提出假设。原假设 $H_0:P=70\%$，备择假设 $H_1:P\neq70\%$。

②构造检验统计量。

$$Z=\frac{p-P}{\sqrt{\frac{P(1-P)}{n}}}=\frac{65\%-70\%}{\sqrt{0.7\times0.3/40}}=-0.69$$

③给定显著性水平 $\alpha=0.05$，查正态分布表可得临界值 $Z_{0.025}=1.96$。

④比较并做出检验判断。$|Z|=0.69<Z_{0.025}=1.96$，大概率事件发生，接受原假设，说明在 $\alpha=0.05$ 下，学生不能推翻该网站给出的本市大学生网络购物中服装消费占70%的比重这一结论。

**【例 8－8】** 某公司在广告中宣称85%以上的消费者满意其产品的质量，研究机构想要调查是否存在虚假宣传问题，随机抽样调查了360位消费者，表示满意该产品质量者有288人，在 $\alpha=0.05$ 的显著性水平下，试问：该公司广告中是否存在虚假宣传问题？

**解**：检验步骤如下：

①提出假设。原假设 $H_0:P\geqslant85\%$，备择假设 $H_1:P<85\%$。

②构造检验统计量。

$$Z=\frac{p-P}{\sqrt{\frac{P(1-P)}{n}}}=\frac{\frac{288}{360}-85\%}{\sqrt{0.85\times0.15/360}}=-2.66$$

③给定显著性水平 $\alpha=0.05$，查正态分布表可得临界值 $Z_{0.05}=1.645$。

④比较并做出检验判断。$Z=-2.66<-Z_{0.05}=-1.645$，小概率事件发生，拒绝原假设，说明在 $\alpha=0.05$ 下，该公司广告中存在虚假宣传问题，消费者的满意度显著低于85%。

**(二)两个总体成数之差的假设检验**

两个总体成数之差的检验包括下面三种类型，见表 8－5。

**表 8－5　两个总体成数之差的检验类型**

| 类型 | $H_0$ | $H_1$ |
|---|---|---|
| 1 | $P_1=P_2$ | $P_1\neq P_2$ |
| 2 | $P_1\leqslant P_2$ | $P_1>P_2$ |
| 3 | $P_1\geqslant P_2$ | $P_1<P_2$ |

可以证明，当 $n_1p_1$，$n_1q_1$ 和 $n_2p_2$，$n_2q_2$ 都大于5时，两个样本成数之差的抽样分布近似地服从均值为 $P_1-P_2$，方差为$\frac{P_1(1-P_1)}{n_1}+\frac{P_2(1-P_2)}{n_2}$的正态分布，可用 $Z$ 值作为检验统计量。

**【例 8－9】** 某商场管理部门为了解顾客对商场服务态度是否满意，随机调查男女顾客各1000名，其中表示满意的女性为750人，男性为650人，在 $\alpha=0.05$ 的显著性水平下，试问男女顾客对商场服务态度的满意程度是否有差异？

**解**：$p_1$ 为女性顾客对商场服务态度满意的比例，$p_1=\frac{750}{1000}=75\%$，$p_2$ 为男性顾客对商场服务态度满意的比例，$p_2=\frac{650}{1000}=65\%$。

检验步骤如下：

①提出假设。原假设 $H_0:P_1=P_2$，备择假设 $H_1:P_1\neq P_2$。

②构造检验统计量。

$$Z=\frac{P_1-P_2}{\left(\sqrt{P(1-P)(\frac{1}{n_1}+\frac{1}{n_2})}\right)}=\frac{0.75-0.65}{\sqrt{0.7\times 0.3\times\left(\frac{1}{1000}+\frac{1}{1000}\right)}}=4.88$$

式中，$P$ 代表总体成数，因未知，所以需要用样本成数来代替。

$$p=\frac{m_1+m_2}{n_1+n_2}=\frac{750+650}{1000+1000}=0.7$$

③给定显著性水平 $\alpha=0.05$，查正态分布表可得临界值 $Z_{0.025}=1.96$。

④比较并做出检验判断。$|Z|=4.88>Z_{0.025}=1.96$，小概率事件发生，拒绝原假设，说明在 $\alpha=0.05$ 下，男女顾客对商场服务满意程度有显著差异。

## 二、总体方差的检验

方差是衡量变量的离散程度、研究生产的均衡性、产品质量的稳定性等常用的指标，也是正态总体的重要参数之一。所以对总体方差的检验也是常见的一类假设检验问题。

### (一)一个总体方差的检验

由于样本方差 $s^2=\frac{\sum_{i=1}^{n}(x_i-\bar{x})^2}{n-1}$ 是总体方差 $\sigma^2$ 的无偏估计量，并且服从 $\chi^2=\frac{(n-1)s^2}{\sigma^2}\sim\chi^2(n-1)$ 分布，因此检验统计量为：

$$\chi^2=\frac{(n-1)s^2}{\sigma^2}$$

**【例 8-10】** 某事业单位进行项目审批制度改革，要求减少审批环节，缩短审批时间，提高办事效率。规定的标准是审批时间的方差小于或等于 20。现随机抽取 15 个企业，调查项目审批的时间，并计算样本方差为 $s^2=23$。根据该样本的信息，在给定 $\alpha=0.05$ 情况下，是否可以得出结论认为该事业单位的改革并没有达到规定的标准呢？

**解：**检验步骤如下：

①提出假设。原假设 $H_0:\sigma^2\leqslant 20$，备择假设 $H_1:\sigma^2>20$。

②构造检验统计量。

$$\chi^2=\frac{(n-1)s^2}{\sigma^2}=\frac{(15-1)\times 23}{20}=16.1$$

③给定显著性水平 $\alpha=0.05$，查 $\chi^2$ 分布表可得临界值 $\chi^2_{0.05}(15-1)=24.6848$。

④比较并做出检验判断。由于 $\chi^2=16.1<\chi^2_{0.05}(15-1)=24.6848$，所以不能拒绝 $H_0$，认为该事业单位的改革达到规定的标准。

### (二)两个总体方差之比的假设检验

为了比较两个未知的总体方差，我们用两个样本方差的比来判断，如果 $s_1^2/s_2^2$ 接近于 1，说明两个总体方差很接近；若比值结果远大于 1，说明差异很大。两个方差之比服从 $F$ 分布(见

附表 6),即:

$$F = \frac{s_1^2}{\sigma_1^2} \Big/ \frac{s_2^2}{\sigma_2^2}$$

在 $\sigma_1^2 = \sigma_2^2$ 成立时,

$$F = s_1^2 / s_2^2 \sim F(n_1 - 1, n_2 - 1)$$

式中:$n_1 - 1$ 为分子自由度,$n_2 - 1$ 为分母自由度。

**【例 8-11】** 有人说,初中升高中后男生的学习成绩会比女生好。现在从一个学校中随机抽取了 22 名男生和 25 名女生,对他们进行了同样题目的测试。测试结果:男生的平均成绩为 83 分,方差为 56;女生的平均成绩为 80 分,方差为 49。假设显著性水平 $\alpha = 0.05$,试分析高中的男、女生成绩是否有显著差异?

**解**:检验步骤如下:

①提出假设。原假设 $H_0: \sigma_1^2 = \sigma_2^2$,备择假设 $H_1: {\sigma_1}^2 \neq \sigma_2^2$。

②构造检验统计量。

$$F = s_1^2 / s_2^2 = \frac{56}{49} = 1.14$$

③给定显著性水平 $\alpha = 0.05$,查 $F$ 分布表可得临界值 $F_{0.05}(21,24) = 2.27$。

④比较并做出检验判断。由于 $F = 1.14 < F_{0.05}(21,24) = 2.27$,所以不能拒绝 $H_0$,即认为高中的男、女生成绩没有显著差异。

## 第四节 假设检验的 SPSS 统计软件应用实验

参数检验方法要解决的统计推断问题是:参数检验的总体分布形式是已知的或假定的,分析的主要目的是对总体参数进行某种统计检验。如正态总体均值是否与某个值存在显著差异,两个总体的均值是否具有显著差异等。参数检验不仅可以对一个总体参数进行检验,也可以对两个或多个总体参数进行检验。本书只介绍前者。

就参数检验($t$ 检验)方法的 SPSS 统计软件应用而言,包括的内容有:

第一,单样本 $t$ 检验,检验单个变量的均值与假设检验值之间是否存在显著差异。单样本 $t$ 检验要求样本来自的总体应服从正态分布或近似服从正态分布。

第二,独立样本 $t$ 检验,检验两组来自独立总体的样本,其独立总体的均值是否相同。

第三,配对样本 $t$ 检验,检验两个相关的样本是否来自具有相同均值的总体。

本节只介绍单样本 $t$ 检验的 SPSS 应用实验。

### 一、实验目的

通过本实验项目要求学生能够利用来自某个正态分布总体的样本数据,推断其总体均值是否与指定的假设检验值之间存在显著差异;熟练掌握单样本 $t$ 检验的基本原理和使用条件;熟练掌握单样本 $t$ 检验的 SPSS 统计软件操作技巧;学会运用 SPSS 统计软件的单样本 $t$ 检验方法解决实际问题。

### 二、实验内容

(1)运用 SPSS 软件对单一总体的均值进行 $t$ 检验操作。

(2)熟悉 SPSS 实验结果中各个统计量的统计含义、计算方法,并根据这些统计量推断总体均值。

## 三、实验资料

(1)某商业银行认为,设在超市内的 ATM 自动提款机平均每天顾客取款的次数为 80 次,对此调查了过去 30 天内该提款机每天被使用的次数资料如下:

82 70 85 77 79 82 56 76 58 83

90 64 69 73 78 88 65 73 55 76

87 77 92 82 86 80 78 65 87 75

(2)PM2.5 表示空气中粒径小于或等于 2.5 的颗粒物的含量,是一项重要的空气质量指标。已知某城市 2014 年 PM2.5 浓度平均值为 75ug/m$^3$,为了检测空气质量是否有所好转,该城市环保部门对 2015 年 PM2.5 浓度随机抽取 40 个数据进行测试检验,结果如下:

70 53 59 80 70 65 52 62 54 73 44 33 48 52 60 62 62 65 63 70

75 74 73 70 54 54 52 50 54 59 67 66 65 70 73 66 58 60 63 68

(3)某电视台广告部认为,某类型企业在该电台的黄金时间播放电视广告后一个月内的商品销售额可提高 8 万元以上,为此他们随机抽取了 18 家同类企业,调查资料见表 8-6。

**表 8-6 18 家企业销售额增长情况调查资料**

| 企业序号 | 销售额增长量(万元) | 销售额增长率(%) |
|---|---|---|
| 1 | 9.7 | 8.8 |
| 2 | 7 | 10.1 |
| 3 | 4.5 | 7.5 |
| 4 | 8.3 | 1.4 |
| 5 | 10 | 8.6 |
| 6 | 10.4 | 10.5 |
| 7 | 11.7 | 6.9 |
| 8 | 10.7 | 9.4 |
| 9 | 6.6 | 5.2 |
| 10 | 9.0 | 6.1 |
| 11 | 8.7 | 4.8 |
| 12 | 8.2 | 8.6 |
| 13 | 13.3 | 12.3 |
| 14 | 5.4 | 12.6 |
| 15 | 6.6 | 9.5 |
| 16 | 8.5 | 8.3 |
| 17 | 7.3 | 7.8 |
| 18 | 8.2 | 5.1 |

(4)根据以往资料显示,某购物网站每天收到的在线购物退货数量服从正态分布,平均数为 6.5 件。现随机抽取 20 天的退货信息,见表 8-7。

表 8-7　某购物网站每天退货数量抽样调查资料

| | | | | | | | | | |
|---|---|---|---|---|---|---|---|---|---|
| 0 | 4 | 3 | 4 | 9 | 4 | 5 | 9 | 1 | 6 |
| 7 | 10 | 5 | 6 | 6 | 5 | 3 | 6 | 1 | 2 |

## 四、实验要求

(1)在 0.05 的显著水平下，利用 SPSS 软件分析商业银行的观点 $H_0:\mu_0=80$ 是否正确。

(2)在 0.05 的显著水平下，利用 SPSS 软件分析该市空气质量是否有所好转。

(3)当显著性水平为 0.01 时，利用 SPSS 软件分析在该电台黄金时间播放电视广告后一个月内的商品销售额增长率提高 8 万元的观点是否正确。

(4)当显著性水平为 0.01 时，利用 SPSS 软件分析该购物网站每天的平均退货数量是否小于 6.5 件。

## 五、实验步骤

以第(1)个实验资料为例，完成实验要求(1)。(注：其余的实验要求学生自己完成)

这是个双侧检验问题，SPSS 实验操作如下：

第一步：建立 SPSS 数据文件“自动提款机取款次数.sav”。

第二步：打开所建立的 SPSS 数据文件，点击菜单“分析(A)”→“比较均值(M)”→“单样本 T 检验(S)”，弹出“单样本 T 检验”对话框，见图 8-5。

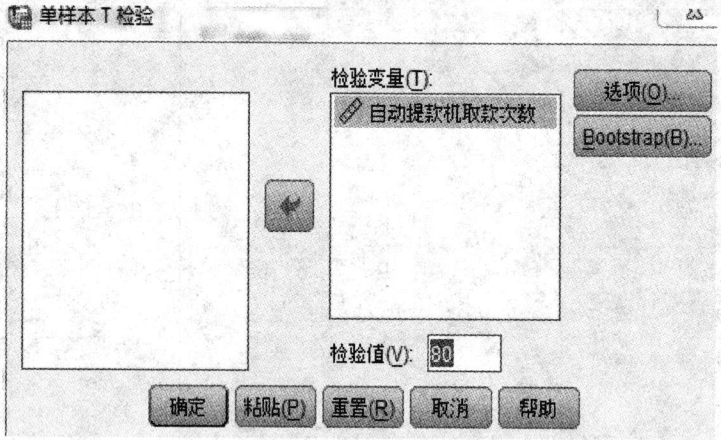


图 8-5　“单样本 T 检验”对话框

第三步：将“自动提款机取款次数”添加到“检验变量(T)”，在“检验值(V)”右侧输入“80”。

第四步：单击“选项(O)”按钮→在“置信区间百分比(C)：”框内输入“95”，单击“继续”按钮，再返回到“单样本 T 检验”对话框中。单击“确定”按钮，系统输出结果见表8-8、表 8-9。

表 8-8　单个样本统计量

| | $N$ | 均值 | 标准差 | 均值的标准误 |
|---|---|---|---|---|
| 取款次数 | 30 | 76.27 | 9.938 | 1.814 |

表 8-9　单个样本检验

| | 检验值=80 | | | | | |
|---|---|---|---|---|---|---|
| | $t$ | df | Sig.(双侧) | 均值差值 | 差分的 95%置信区间 | |
| | | | | | 下限 | 上限 |
| 取款次数 | -2.058 | 29 | 0.049 | -3.73 | -7.44 | -0.02 |

## 六、实验结果解释

在表 8-8 单个样本统计量表中,得出样本均值为 76.27,标准差为 9.938,均值的标准误 $=S/\sqrt{n}=9.938/5.477=1.814$。

在表 8-9 单个样本检验表中,可以得到 $t=-2.058$,自由度"df"=29(即 $n-1=30-1$)。对总体均值进行推断有以下三种方式:

(1)根据给定显著性水平 $\alpha=0.05$,查 $t$ 分布表可得临界值为 $t_{0.025}(30-1)=2.045$,所以 $|t|=2.058>2.045$,因此拒绝原假设,认为商业银行的结论并不正确。

(2)表 8-9 中的"Sig"(双尾 $t$ 检验),表示统计量的 $P$ 值,与显著性的大小进行比较:Sig=0.049<0.05,也说明平均每天顾客在 ATM 机上自动提款取款次数与 80 有显著差异。

(3)在表 8-9 中:"均值差值"即样本均值与检验值 80 之差,本例中为-3.73(即 76.27-80,是 $t$ 统计量的分子)。"差分的 95%置信区间",即样本均值与检验值偏差的 95%置信区间为(-7.44,-0.02),可计算出该提款机每天使用次数置信区间为(72.56,79.98),不包括数值 80,也再次证实了上述的推断结果,即平均每天顾客取款次数与 80 有显著差异。

注意:第一个实验是双侧检验。若要进行单侧检验,上述操作过程不变,但临界值应查 $t_{0.05}(30-1)$,或者将"Sig"/2 计算出来的值与显著性水平 $\alpha=0.05$ 进行比较,再得出结论。

# 思考、训练与探讨

## 一、思考题

1.假设检验和参数估计有什么不同?

2.假设检验的基本思路和具体步骤是什么?

3.什么是假设检验中的显著性水平?

4.显著性水平相同时,双侧检验和单侧检验的拒绝域是否相同?为什么?

5.什么是假设检验中的两类错误?两类错误之间存在什么样的数量关系?

## 二、计算题

1.有关资料显示:2013 年某市人均居住面积为 10.5 平方米,标准差为 4.7 平方米。现从该市中随机抽取 500 人,调查并计算得人均居住面积为 11.2 平方米。能否在 0.01 的显著性水平下,认为该市人均居住面积有所增大?

2.某型号的汽车轮胎寿命(里程数:公里)服从正态分布,其平均耐用寿命为 35000 公里。现在从某厂生产的轮胎中随机抽取 10 个进行耐用寿命测试,结果如下:

35400　35600　35300　34900　35500

34800　35000　34800　35200　35700

根据以上数据，检验该厂轮胎的耐用寿命是否存在显著性的差异($\alpha=0.05$)？

3. W 城市 F 房地产公司关于 A 商业区商品房价值的报告(以下简称为“报告”)显示，商品房的平均价值低于 48 万元。某调查机构从该商业区随机调查了由 40 套商品房组成的一个样本，得出的调查结果是，其商品房的平均价值为 45 万元，标准差为 12 万元。要求：在 0.05 的显著水平下，判断是否支持“报告”中的说法？

4. 某车险公司对投保人最近 4 年的索赔情况进行抽样调查，其中，500 个单身投保人中有 48 人索赔，800 个已婚投保人中有 90 人索赔，显著水平为 0.05，能否判断已婚投保人的索赔率高于单身投保人？

5. 根据全国第六次人口普查资料显示，某地区受教育人口中，具有大学本科及其以上文化程度的人数占 9.8%。现从该地区受教育人口中简单随机抽样一个容量为 500 人的样本进行观察，得知达到上述文化程度的有 60 人。在 $\alpha=0.05$ 的显著性水平下，判断该地区人口大学本科以上受教育程度与普查结果相对比是否有显著上升？

6. 一位顾客在办理银行业务时投诉业务办理速度太慢，等待时间过长。银行声明“顾客等待服务的时间多于 8 分钟的人数不超过一半”。该顾客从办理业务的人中收集数据，发现 50 人中有 29 人等待时间超过 8 分钟。在 0.05 的显著性水平下，说明这位顾客能充分利用调查信息否定银行的声明吗？

7. 根据全国第六次人口普查资料显示，某市老年人口比重为 15.7%，为了检验该数据是否真实，老年人口研究会随机抽选 400 名居民调查，发现年龄在 65 岁以上的有 62 人，问随机调查的结果是否支持该市老年人口比重为 15.7%的结论？($\alpha=0.05$)

8. 一个金融分析师研究两只股票的波动情况。分别调查了 A 和 B 两只股票 60 天的成交价格数据，并计算出两只股票的样本方差：A 股票的样本方差为 11.59，B 股票的样本方差为 19.31。使用 0.05 的显著性水平判断两支股票的风险是否存在显著差异？

## 三、讨论题

1. 某调查机构指出某城市子女教育支出已经成为城市家庭的主要经济支出之一，认为该市家庭子女教育月平均支出为 1800 元。为了了解该城市子女教育支出情况，随机抽取了 50 个家庭，调查数据见表 8-10(单位：元)：

**表 8-10　某城市 50 个家庭子女教育支出情况**

| | | | | | | | | | |
|---|---|---|---|---|---|---|---|---|---|
| 1940 | 1950 | 2200 | 1800 | 1910 | 1920 | 1850 | 1880 | 1830 | 1800 |
| 1860 | 1960 | 2100 | 1820 | 1700 | 1880 | 1800 | 1950 | 2400 | 1710 |
| 1820 | 1890 | 1890 | 2020 | 1670 | 1780 | 1660 | 2350 | 2230 | 1940 |
| 1830 | 1710 | 2140 | 1420 | 1740 | 1870 | 1920 | 1950 | 1640 | 1900 |
| 1760 | 1830 | 1980 | 1790 | 1840 | 2050 | 1880 | 1710 | 1870 | 1860 |

要求：(1)对样本数据进行分析，推断该调查机构的上述看法是否正确？

(2)以 0.95 的置信度对该市家庭子女教育月平均支出进行区间估计。

(3)以上两个问题的结果存在什么样的联系？假设检验和区间估计有什么区别？

2. 为了反映上市公司IPO前后经营绩效是否有变动，随机选取30家企业，并收集了上市相关年度的财务指标，资料见表8-11：

**表8-11 IPO公司上市相关年度的财务指标资料**

| 财务指标 | | IPO前一年 | IPO当年 | IPO后一年 |
|---|---|---|---|---|
| 资产收益率 | 均值 | 24.82 | 7.67 | 5.61 |
| | 标准差 | 12.28 | 4.64 | 13.01 |
| 营业收入增长率 | 均值 | 30.015 | 27.83 | 28.541 |
| | 标准差 | 14.98 | 10.33 | 16.85 |
| 资产负债率(%) | 均值 | 56.37 | 30.58 | 34.92 |
| | 标准差 | 11.34 | 13.91 | 17.60 |

要求运用所学知识对IPO上市前后经营绩效是否发生变化进行分析。

## 四、技能训练题

1. 应用SPSS统计软件实验讨论题1，将实验结果与你所在城市家庭教育支出情况作比较。

2. 应用SPSS统计软件，对计算题2进行技能训练，并解释实验结果。

3. 某生产速溶咖啡的生产线，生产的罐装咖啡标准重量为500g，现随机抽取10罐，其重量如下(单位：g)：

496 501 502 510 497

503 504 498 500 499

假设数据呈正态分布，请检验咖啡生产线的工作情况。

# 第九章 时间数列

社会经济现象在运动过程中存在着一定的动、静态特征和规律性，为了全面认识社会经济现象的运动状态，不仅要从静态上研究现象的数量关系及特征，而且要从动态上探索现象变化的数量规律，为预测未来和规划发展提供科学依据。在此运用时间数列分析方法，揭示社会经济现象变化的动态数量规律。

## 第一节 时间数列概述

### 一、时间数列的概念及作用

时间数列是指将某种统计指标的不同数值按照时间先后顺序排列所形成的数列，也称时间序列或动态数列。

**【例 9-1】** 表 9-1 是反映我国国民经济若干基本情况的统计指标时间序列。

**表 9-1 我国若干国民经济统计指标时间数列**

| 指标<br>年份 | GDP<br>（亿元） | 年末人口<br>（万元） | 全员劳动生产率<br>（元/人） | 外汇储备<br>（亿元） | 社会消费品零售总额<br>（亿元） |
|---|---|---|---|---|---|
| 2010 | 408903 | 134091 | 53827 | 28473 | 156998 |
| 2011 | 484124 | 134735 | 58705 | 31811 | 183919 |
| 2012 | 534123 | 135404 | 63005 | 33116 | 210307 |
| 2013 | 588019 | 136072 | 67602 | 38213 | 237810 |
| 2014 | 636463 | 136782 | 72313 | 38430 | 262394 |

资料来源：2014 年国民经济和社会发展统计公报及国家统计局网站。

从表 9-1 可以看出，时间数列由两个基本要素构成：一是现象所属的不同时间，二是现象在不同时间上的指标数值。

时间数列的作用表现在：描述现象随时间发展变化的状态和结果；探索现象发展变化的规律性；预测现象发展变化的趋势。

### 二、时间数列的种类

按构成时间数列的指标表现形式不同，时间数列分为总量指标时间数列、相对指标时间数列、平均指标时间数列，见图 9-1。

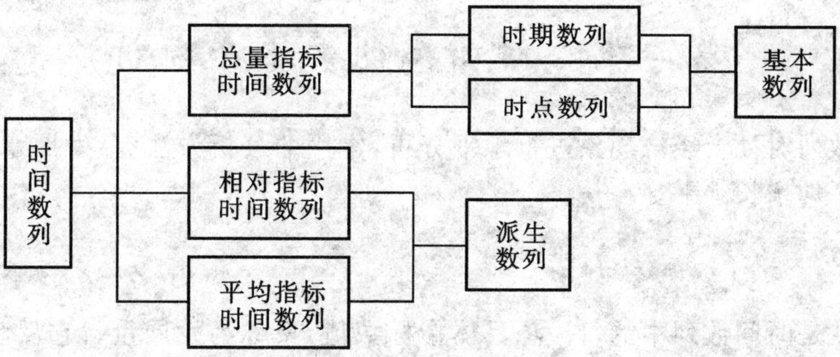


图 9-1 时间数列的分类

### (一)总量指标时间数列

总量指标时间数列是指把某类总量指标数值按时间顺序依次排列而形成的数列。它反映社会经济现象在不同时间状态所达到的绝对水平。总量指标时间数列按照统计指标的时间特征不同，又可分为时期数列和时点数列。

时期数列是指将时期指标数值按照时间顺序依次排列而形成的数列。如表 9-1 中的有 GDP 指标时期数列和社会消费品零售总额指标时期数列。时点数列是将时点指标数值按照时间顺序依次排列所形成的数列，如表 9-1 中年末人口数时点数列、外汇储备指标时点数列。

### (二)相对指标时间数列

相对指标时间数列是把某类相对指标数值按照时间顺序依次排列而成的数列。它反映社会经济现象之间相互联系及其发展变化情况。如表 9-1 中的全员劳动生产率指标数列就是相对指标时间序列。

### (三)平均指标时间数列

平均指标时间数列是把某一同类平均指标数值按照时间顺序依次排列而成的数列。它反映社会经济现象一般水平的发展趋势。表 9-2 就是一个平均指标时间数列。

**表 9-2 某城市 2014 年商品房价格数据(单位：元/$m^2$)**

| 月份 | 1 | 2 | 3 | 4 | 5 | 6 |
|---|---|---|---|---|---|---|
| 房价 | 7491 | 7478 | 7321 | 7344 | 7335 | 7294 |
| 月份 | 7 | 8 | 9 | 10 | 11 | 12 |
| 房价 | 7328 | 7344 | 7348 | 7309 | 7275 | 7295 |

以上所述三类时间数列中，总量指标时间数列是基础数列，相对指标时间数列和平均指标时间数列是由两个有联系的总量指标时间数列派生而成的，其派生形式有三种：第一，由两个时期数列各对应项指标数值对比派生而成；第二，由两个时点数列各对应项指标数值对比派生而成；第三，由两个性质不同的时间数列各对应项指标数值对比派生而成。

## 三、编制时间数列的一般原则

编制时间数列的原则是：时间长短要统一，总体范围要统一，指标经济内容要统一，指标的计算方法、计量单位、计算价格等要统一。

## 第二节 时间数列的水平分析

依据时间数列对社会经济现象进行水平分析，常用的分析方法有：发展水平、平均发展水平、增长水平、平均增长水平。

### 一、发展水平

发展水平就是时间数列中的每一项具体指标数值，又称为发展量。它反映社会经济现象在各个时间上所达到的规模或水平。发展水平表现为绝对数，如工业总产值、进出口总额、工资总额、原材料消耗总量、年末职工人数、利润总额等；也可表现为相对数或平均数。发展水平一般用绝对数表示。

时间数列中的发展水平可用符号表示：

$$a_0, a_1, a_2, a_3, \cdots, a_{n-1}, a_n$$

$a$ 代表发展水平，$a_0$ 为最初水平，$a_n$ 为最末水平，其余各项水平为中间水平。

进行动态对比时，作为对比基础时期的发展水平叫做基期水平。与基期水平进行对比的发展水平称为报告期水平。发展水平在称谓上习惯用“增加到”、“增加为”、“降低到”、“降低为”表示。见表 9-1，2013 年我国国内生产总值为 588019 亿元，2014 年增加到 636463 亿元。

### 二、平均发展水平

平均发展水平就是时间数列中各个时期（或时点）的发展水平的平均数，通常称为序时平均数或动态平均数。它是从动态上说明现象在某一段时间内发展所达到的一般水平。可以根据不同的时间数列计算平均发展水平。

#### （一）由总量指标时间数列计算序时平均数

总量指标时间数列分为时期数列和时点数列，二者计算序时平均数的方法不一样。

**1. 时期数列的序时平均数**

时期指标值具有直接相加的特点，故可用算术平均法计算其平均水平。计算公式为：

$$\bar{a} = \frac{\sum a}{n}$$

式中：$\bar{a}$ 代表序时平均数；$a$ 代表各期发展水平；$n$ 代表时期项数。

**【例 9-2】** 根据表 9-1 资料计算 2010—2014 年我国国内生产总值的序时平均数为：

$$\bar{a}=(408903+484124+534123+588019+636463)/5=530326.4\text{（亿元）}$$

**2. 时点数列的序时平均数**

时点数列分为连续时点数列和间断时点数列，它们的序时平均数计算方法是不同的。

（1）连续时点数列。

以天（日）为时间间隔编制的时点数列称为连续时点数列。根据连续时点数列计算序时平均数有两种情况：

①间隔相等：$\bar{a} = \dfrac{\sum a}{n}$（资料是逐日登记又逐日排列）

②间隔不等：$\bar{a}=\frac{\sum af}{\sum f}$（资料只在发生变动时加以登记）

式中：$a$ 为时点指标值；$n$ 为天数，每次资料持续的时间长度为权数，用 $f$ 表示。

**【例 9-3】** 某大学抽查了财管系学生第十周早操的出勤人数，结果见表 9-3。

**表 9-3　财管系学生出勤人数资料**

| 时间 | 周一 | 周二 | 周三 | 周四 | 周五 |
|---|---|---|---|---|---|
| 人数(人) | 320 | 324 | 322 | 329 | 330 |

要求：根据资料计算该系本周早操学生的平均出勤人数。

**解：**

$$\bar{a}=\frac{\sum a}{n}=\frac{320+324+322+329+330}{5}=325(\text{人})$$

计算结果表明，该系第十周早操学生的平均出勤人数为 325 人。

**【例 9-4】** 某厂 2015 年 3 月份的产品库存变动记录见表 9-4。

**表 9-4　产品库存变动记录**

| 日期 | 1 日 | 14 日 | 19 日 | 25 日 | 30 日 |
|---|---|---|---|---|---|
| 库存量(台) | 38 | 42 | 39 | 23 | 16 |

要求：根据资料计算该厂本年 3 月份的产品平均库存量。

**解：**

$$\bar{a}=\frac{\sum af}{\sum f}=\frac{38\times 13+42\times 5+39\times 6+23\times 5+16\times 2}{13+5+6+5+2}=35(\text{台})$$

计算结果表明，3 月份该厂的产品平均库存量为 35 台。

(2)间断时点数列。

以月、季、年为时间间隔的时点数列称为间断时点数列。其序时平均数的计算也分以下两种情况：

①间隔相等：$\bar{a}=\frac{\frac{a_1}{2}+a_2+\cdots+a_{n-1}+\frac{a_n}{2}}{n-1}$（首末折半法）

②间隔不等：$\bar{a}=\frac{\frac{a_1+a_2}{2}f_1+\frac{a_2+a_3}{2}f_2+\cdots+\frac{a_{n-1}+a_n}{2}f_{n-1}}{f_1+f_2+\cdots+f_{n-1}}$

**【例 9-5】** 某企业 2014 年流动资产余额资料见表 9-5。

**表 9-5　某企业 2014 年流动资产余额资料**

| 季初 | 一季度 | 二季度 | 三季度 | 四季度 | 本年年末 |
|---|---|---|---|---|---|
| 流动资产余额(万元) | 5200 | 5000 | 5200 | 5400 | 5600 |

要求：根据资料计算 2014 年该企业的流动资产平均余额。

**解**:2014 年该企业的流动资产平均余额为:

$$\bar{a}=\frac{\frac{1}{2}\times5200+5000+5200+5400+\frac{1}{2}\times5600}{5-1}=\frac{21000}{4}=5250(\text{万元})$$

**【例 9-6】** 某企业 2014 年半成品库存资料见表 9-6。

**表 9-6　某企业 2014 年半成品库存资料**

| 月初 | 1月 | 3月 | 7月 | 10月 | 12月末 |
|---|---|---|---|---|---|
| 库存量(吨) | 52 | 50 | 52 | 54 | 56 |

要求:计算 2014 年该企业半成品的月平均库存量。

$$\text{解}:\bar{a}=\frac{\frac{a_1+a_2}{2}\times f_1+\frac{a_2+a_3}{2}\times f_2+\cdots+\frac{a_{n-1}+a_n}{2}\times f_{n-1}}{f_1+f_2+\cdots+f_{n-1}}$$

$$=\frac{\frac{52+50}{2}\times2+\frac{50+52}{2}\times4+\frac{52+54}{2}\times3+\frac{54+56}{2}\times3}{2+4+3+3}$$

$=52.5$(吨)

### (二)由相对指标时间数列计算序时平均数

相对数时间数列是由相互联系的两个绝对数时间数列对比形成的派生数列,因此计算序时平均数时需要"先平均,后对比"。具体分以下三种情形:

(1)计算由两个时期数列对比形成的相对指标时间数列的序时平均数。计算公式如下:

$$\bar{c}=\frac{\bar{a}}{\bar{b}}$$

式中:$\bar{c}$ 代表相对指标时间数列的序时平均数;$\bar{a}$ 代表分子数列的序时平均数;$\bar{b}$ 代表分母数列的序时平均数。

**【例 9-7】** 某企业 2014 年各季度产品产量计划完成情况见表 9-7。

**表 9-7　某企业 2014 年各季度产品产量计划完成情况资料**

| 季度 | 一 | 二 | 三 | 四 |
|---|---|---|---|---|
| (a)实际完成数(吨) | 5700 | 6180 | 7740 | 8320 |
| (b)计划数(吨) | 5400 | 6100 | 7200 | 8000 |
| (c)计划完成(%) | 106 | 101 | 108 | 104 |

要求:计算该企业本年产品产量计划平均完成程度的序时平均数。

**解**:

$$\bar{c}=\frac{\bar{a}}{\bar{b}}=\frac{\sum a/n}{\sum b/n}=\frac{5700+6180+7740+8320}{5400+6100+7200+8000}$$

$=104.64\%$

计算结果表明,该企业本年产品产量计划的季度平均完成程度达到 104.64%。

(2)计算由两个时点数列对比形成的相对数时间数列的序时平均数。计算公式如下:

$$\bar{c}=\frac{\bar{a}}{\bar{b}}=\frac{\frac{1}{2}a_1+\cdots+a_{n-1}+\frac{1}{2}a_n}{n-1}\div\frac{\frac{1}{2}b_1+\cdots+b_{n-1}+\frac{1}{2}b_n}{n-1}=\frac{\frac{1}{2}a_1+\cdots+a_{n-1}+\frac{1}{2}a_n}{\frac{1}{2}b_1+\cdots+b_{n-1}+\frac{1}{2}b_n}$$

**【例 9-8】** 以表 9-8 资料为例，计算我国第三产业就业人数比重的序时平均数。

**表 9-8 我国 2010—2013 年末从业人数情况(单位:万人)**

| 年份 | 从业人员 | 第一产业人数 | 第三产业人数 |
|---|---|---|---|
| 2010 | 78388 | 27931 | 26322 |
| 2011 | 78579 | 26594 | 27282 |
| 2012 | 78894 | 25773 | 27690 |
| 2013 | 79300 | 24171 | 29636 |

**解:** 2010—2013 年我国第三产业就业人数占总就业人数比重的序时平均数为：

$$\bar{c}=\frac{\bar{a}}{\bar{b}}=\frac{\frac{26322}{2}+27282+27690+\frac{29636}{2}}{\frac{78388}{2}+78579+78894+\frac{79300}{2}}$$

$$=35.10\%$$

计算说明 2010—2013 年我国第三产业就业人数占总就业人数的平均比重为 35.10%。

(3)计算由两个性质不同的数列对比形成的相对数时间数列的序时平均数。

**【例 9-9】** 以表 9-9 资料为例，计算该商店第一季度商品流转次数。

**表 9-9 某商业企业第一季度商品流转情况**

| | 12 月 | 1 月 | 2 月 | 3 月 |
|---|---|---|---|---|
| a. 商品销售额(万元) | — | 300 | 420 | 280 |
| b. 月末商品库存额(万元) | 100 | 140 | 160 | 120 |
| c. 商品流转次数 | — | 2.5 | 2.8 | 2 |

**解:**

$$\bar{c}=\frac{\bar{a}}{\bar{b}}=\frac{a_1+\cdots+a_{n-1}+a_n}{\frac{1}{2}b_1+\cdots+b_{n-1}+\frac{1}{2}b_n}=\frac{300+420+280}{\frac{1}{2}\times100+140+160+\frac{1}{2}\times120}$$

$$=2.44(次)$$

该商店第一季度商品流转次数为:2.44×3=7.32(次)

### (三)根据平均指标时间数列计算序时平均数

平均指标时间数列也是由两个总量指标时间数列相对比所形成的。其分子数列是总体标志总量指标时间数列，分母数列是总体单位总量指标时间数列。因此，应先分别计算分子数列和分母数列各自的序时平均数，然后进行对比，就可得到平均指标时间数列的序时平均数。

## 三、增长水平

增长水平也称为增长量，是某种现象在一定时期内所增长的绝对数量。它是报告期水平与基期水平之间的离差，反映报告期比基期增长的数量多少或大小。计算公式为：

$$增长量=报告期水平-基期水平$$

由于所采用的基期不同，增长量分为逐期增长量和累计增长量，经常也需要计算年距增长量。

**1. 逐期增长量**

逐期增长量是报告期水平与前一期水平之差，说明本期水平比上期水平增长的绝对数量。计算公式为：

$$逐期增长量=报告期水平(a_n)-前一期水平(a_{n-1})$$

**2. 累计增长量**

累计增长量是报告期水平与最初水平之差，说明本期水平比最初水平增长的绝对数量的多少，即从最初时期到本期内的总增长量。计算公式为：

$$累计增长量=报告期水平(a_n)-固定基期水平(a_0)$$

逐期增长量与累计增长量之间存在“和、差”关系：

(1)各个逐期增长量之和等于相应的累计增长量。即

$$(a_1-a_0)+(a_2-a_1)+\cdots+(a_n-a_{n-1})=a_n-a_0$$

(2)两个相邻的累计增长量之差等于相应的逐期增长量。即

$$(a_n-a_0)-(a_{n-1}-a_0)=a_n-a_{n-1}$$

**3. 年距增长量**

在实际统计分析中，为了消除季节变动的影响，常常需要计算年距增长量。计算公式为：

$$年距增长量=本期发展水平-去年同期发展水平$$

## 四、平均增长水平

平均增长水平也称为平均增长量，是某种现象在一定时期内平均每期增长的数量。计算公式为：

$$平均增长量=\frac{逐期增长量之和}{逐期增长量个数}=\frac{累计增长量}{时间序列项数-1}$$

**【例 9-10】** 我国金融机构本外币存款 2013—2014 年各季度的数据见表 9-10。

要求：计算逐期增长量、累计增长量和年距增长量。

**表 9-10 我国金融机构本外币存款额(单位:亿元)**

| 年度 | 季度 | 存款余额 | 逐期增长量 | 累计增长量 | 年距增长量 |
|---|---|---|---|---|---|
| 2013 | 1 | 1006982 | — | — | — |
| | 2 | 1036401 | 29419 | 29419 | — |
| | 3 | 1058478 | 22077 | 51496 | — |
| | 4 | 1070588 | 12110 | 63606 | — |
| 2014 | 1 | 1122235 | 51647 | 115253 | 115253 |
| | 2 | 1172600 | 50365 | 165618 | 136199 |
| | 3 | 1163810 | −8790 | 156828 | 105332 |
| | 4 | 1173735 | 9925 | 166753 | 103147 |

从表 9-10 计算结果得出，2014 年年末中国全部金融机构本外币各项存款余额为 1173735 亿元，比 2013 年年初增加 166753 亿元（累计增加量），两年间的季度平均增长量为 166753/7＝23821.8571（亿元）。

# 第三节 时间数列的速度分析

## 一、发展速度

发展速度是根据两个不同时期的发展水平对比得到的，说明报告期水平已发展到基期水平的若干倍（或百分之几），是表明社会经济现象报告期水平比基期水平发展程度的相对指标。其计算公式为：

$$\text{发展速度}=\frac{\text{报告期水平}}{\text{基期水平}}$$

由于采用的基期不同，发展速度可分为环比发展速度和定基发展速度。计算公式如下：

$$\text{环比发展速度}=\frac{\text{报告期水平}}{\text{前期水平}}\times 100\%=\frac{a_i}{a_{i-1}}$$

$$\text{定基发展速度}=\frac{\text{报告期水平}}{\text{固定基期水平}}\times 100\%=\frac{a_i}{a_0}$$

环比发展速度是报告期水平与前一期水平之比，表明现象的环比发展程度。定基发展速度说明报告期水平与最初水平之比，表明该现象在较长时期内总的发展速度。因此，也叫总速度。两者之间存在“乘、除”关系：

定基发展速度等于相应的各环比发展速度的连乘积：$\frac{a_n}{a_0}=\frac{a_1}{a_0}\times\frac{a_2}{a_1}\times\cdots\times\frac{a_n}{a_{n-1}}$

两个相邻的定基发展速度之比等于相应的环比发展速度：$\frac{a_i}{a_{i-1}}=\frac{a_i}{a_0}\div\frac{a_{i-1}}{a_0}$

在实际工作中，也常常计算年距发展速度，以说明本期发展水平与去年同期发展水平对比而达到的发展程度。其计算公式为：

$$\text{年距发展速度}=\frac{\text{本期发展水平}}{\text{去年同期发展水平}}$$

## 二、增长速度

增长速度是表明社会经济现象增长程度的相对指标，由增长量与基期水平对比求得，说明报告期水平比基期水平增加了若干倍（或百分之几）。其计算公式为：

$$\text{增长速度}=\frac{\text{增长量}}{\text{基期水平}}=\text{发展速度}-1(100\%)$$

由于采用的基期不同，增长速度可分为定基增长速度和环比增长速度。其计算公式为：

$$\text{定基增长速度}=\text{定基发展速度}-1(100\%)$$

$$\text{环比增长速度}=\text{环比发展速度}-1(100\%)$$

同理

$$\text{年距增长速度}=\text{年距发展速度}-1$$

## 三、平均发展速度

平均发展速度就是一定时期内各环比发展速度的序时平均数，说明现象在一个较长时期中的年平均发展变化的程度。计算平均发展速度常用的方法有几何平均法和方程法。

### （一）几何平均法

由于各期环比发展速度的连乘积等于总发展速度，因而，计算各环比发展速度的序时平均数不能用算术平均法，而用几何平均法。根据不同条件计算平均发展速度的公式为：

（1）已知各期发展水平：$\overline{X}=\sqrt[n]{\frac{a_1}{a_0}\cdot\frac{a_2}{a_1}\cdot\cdots\cdot\frac{a_n}{a_{n-1}}}$

（2）已知环比发展速度：$\overline{X}=\sqrt[n]{X_1\cdot X_2\cdot\cdots\cdot X_n}$

（3）已知最初和最末水平：$\overline{X}=\sqrt[n]{\frac{a_n}{a_0}}$

（4）已知总速度：$\overline{X}=\sqrt[n]{R}$

式中：$\overline{X}$ 是平均发展速度；$R$ 代表总发展速度。

几何平均法的实质是要求最初水平 $a_0$ 以平均发展速度发展，经过一段时间后达到最末水平 $a_n$。所以，几何平均法也叫做水平法。

例如，根据表 9－11 中资料得 $a_0=488$ 万元，$a_n=930$ 万元，$n=5$。则 2009—2014 年该企业的利润平均发展速度为：

$$\overline{X}=\sqrt[5]{\frac{930}{488}}=\sqrt[5]{1.9057}=1.138(113.8\%)$$

### （二）方程法

用方程法计算平均发展速度的基本要求是，从最初水平出发，各期按平均速度发展，计算出的各期理论发展水平之和应等于各期实际发展水平之和。据此有：

$$a_0\overline{X}+a_0\overline{X}^2+a_0\overline{X}^3+\cdots+a_0\overline{X}^n=a_1+a_2+\cdots+a_n$$

即

$$\overline{X}+\overline{X}^2+\overline{X}^3+\cdots+\overline{X}^n=\frac{\sum_{i=1}^{n}a_i}{a_0}$$

这个关于 $\overline{X}$ 的一元高次方程的正根就是所要求解的平均发展速度。方程法的实质是要求各期的理论累计水平与各期的实际累计水平相等。因此，方程法又叫累计法。

如何判断现象的发展速度是递增还是递减？要将各期定基发展速度之和除以现象发展的时期数，所求得的数据若大于 100%，表明现象是递增发展；若该数据小于 100%，表明现象是递减发展。

## 四、平均增长速度

平均增长速度是各环比增长速度的序时平均数，说明某种现象在一个较长时期中逐期（年）平均增长变化的程度。平均增长速度与平均发展速度具有密切的联系，即

平均增长速度＝平均发展速度－1(100%)

若其差为正值，表示某种现象在一个较长时期中逐期（年）平均递增的程度，平均增长速度叫做“平均递增速度”或“平均递增率”；若其差为负值，表示某种现象在一个较长时期中逐期

(年)平均递减的程度,该指标可叫做“平均递减速度”或“平均递减率”。

## 五、增长1%的绝对值

增长1%的绝对值是指在基期水平的基础上,现象每增长一个百分点所代表的实际绝对数量。这是把相对指标与总量指标结合运用的分析指标。其计算公式为:

$$增长1\%的绝对值=\frac{基期水平}{100}=\frac{增长量}{增长速度(百分点表示)}$$

【例9-11】 某企业2009—2014年利润额资料见表9-11。要求计算发展速度、增长速度及增长1%的绝对值,计算结果见表9-11。

表9-11 某企业2009—2014年利润额及其速度计算表

| 年份 | 利润额(万元) | 发展速度(%) | | 增长速度(%) | | 增长1%的绝对值(万元) |
|---|---|---|---|---|---|---|
| | | 定基 | 环比 | 定基 | 环比 | |
| 2009 | 488 | 100 | — | — | — | — |
| 2010 | 530 | 108.61 | 108.61 | 8.61 | 8.61 | 4.88 |
| 2011 | 607 | 124.39 | 114.53 | 24.39 | 14.53 | 5.30 |
| 2012 | 765 | 156.76 | 126.03 | 56.76 | 26.03 | 6.07 |
| 2013 | 859 | 176.02 | 112.29 | 76.02 | 12.29 | 7.65 |
| 2014 | 930 | 190.57 | 108.27 | 90.57 | 8.27 | 8.59 |

## 六、时间数列的速度分析应注意的问题

1.计算和应用发展速度和增长速度时应注意的问题

(1)发展速度与增长速度在含义上有严格区别。“提高到”是指发展速度,“提高了”则是指增长速度。后者是指净增加的百分数或倍数,不包括基数。

(2)发展速度和增长速度不仅说明现象发展和增长的程度,同时也说明现象发展变化的方向。发展速度大于1,则增长速度为正值,说明现象的发展方向是上升的;反之,则说明是下降的。

(3)在绝对数时间数列中,若中间水平有负数出现,则不宜和很难用速度指标进行分析,此时可用增长量指标分析。

(4)作为比较基数的数值极小时,一般不宜用速度指标进行分析。

2.计算和应用平均速度时应注意的问题

(1)正确选择计算平均速度的方法。

用几何平均法和方程法计算平均速度的应用条件不相同。前者的侧重点是从最末水平出发进行研究,现象发展过程较为平稳。而后者则侧重从各期发展水平的累计总和出发进行研究,现象运动过程平稳性差。因此,对同一资料,应用两种不同方法计算的结果是不相同的,有时可能会相差较大。因此,应当根据时间数列的性质、研究的目的以及分析的要求来选择计算方法。

(2)注意计算平均速度指标所依据的指标在整个研究时期的同质性。

(3)用计算出的分段平均速度补充说明总平均速度。

将多种速度指标综合运用，全面反映现象变动特征。

## 第四节 长期趋势分析

在时间数列中，各期发展水平是由多种因素相互影响、相互制约、相互作用的结果，因此，时间数列也就包含了各种不同因素的变动。一般将这些因素分解为长期趋势(T)、季节变动(S)、循环变动(C)和不规则变动(I)，则有如下模式：

加法模式：$Y=T+S+C+I$

乘法模式：$Y=T\cdot S\cdot C\cdot I$

从长期来看，这些偶然因素的个别影响可以相互抵消，从而揭示现象发展的长期趋势和测定其受季节变动的影响，这对于每一个具体的时间数列来讲都是十分重要的问题。本节阐述长期趋势的一些研究方法，下一节阐述测定季节变动的方法。

### 一、长期趋势测定的意义

长期趋势是指现象在一个相当长的时期内持续向上或向下发展变动的趋势。如我国国内生产总值、居民医保费、职工退休收入、社会商品零售额等现象历年来都是呈现出不断上升的趋势。

测定长期趋势的主要目的是：

其一，把握现象的变化趋势，以便按照规律组织生产和服务。

其二，从数量方面来研究现象发展的规律性，探求合适的趋势线，为进行统计预测提供必要的条件。在实际工作中，经常把趋势分析与统计预测结合在一起。它可以反映社会经济现象发展变化的规律，从而使我们对未来有比较科学的认识。通过预测，还能为相关管理部门的决策提供依据。

其三，更好地研究季节变动规律。在时间数列中，既有季节变动又有长期趋势，若能够测定出长期趋势并加以剔除，以便于显示和测定季节变动。

对现象发展的长期趋势进行测定，需要对原来的动态数列进行修匀，使修匀后的数列排除季节变动、循环变动和不规则变动等因素的影响，显示出现象变动的基本趋势。测定长期趋势常用的主要方法有间隔扩大法、移动平均法、最小平方法。

### 二、间隔扩大法(时距扩大法)

间隔扩大法是测定长期趋势最简单的方法。它是将原时间数列中所包含的各个时期的资料加以合并，得出较长时距的资料。当原时间数列中各指标数值上下波动，使现象变化规律表现不明显时，可采用该方法以反映现象发展的趋势。

**【例 9－12】** 某企业 2014 年各月生产的机器数量资料见表 9－12。

**表 9－12 某企业 2014 年各月生产机器数量(单位：台)**

| 月份 | 1 | 2 | 3 | 4 | 5 | 6 | 7 | 8 | 9 | 10 | 11 | 12 |
|---|---|---|---|---|---|---|---|---|---|---|---|---|
| 机器数量 | 41 | 42 | 52 | 43 | 45 | 51 | 53 | 40 | 51 | 49 | 56 | 54 |

从表 9-12 中可见,数列变化并不均匀,即各月生产设备数量起伏不定,用该动态数列资料不能清楚地反映该厂生产量变动的趋势。

**【例 9-13】** 现将表 9-12 的月份资料整理成季资料,可以用间隔扩大总数或间隔扩大平均数来编制新的动态数列。见表 9-13。

**表 9-13　某机器厂各季生产机器台数(单位:台)**

| 季度 | 1 | 2 | 3 | 4 |
|---|---|---|---|---|
| 机器数量 | 135 | 139 | 144 | 159 |
| 平均机器数量 | 45 | 46.3 | 48 | 53 |

从表 9-13 可以看出,间隔扩大后的机器数量呈逐期增长的变化趋势。

应用间隔扩大法应注意:第一,同一数列前后时间间隔应当一致,以便于比较;第二,时间间隔的长短,应根据具体现象的性质和特点而定,以能够显示现象变化趋势为宜。

## 三、移动平均法

移动平均法实质上是间隔扩大法的改良。它是采用逐项递推移动的方法,分别计算一系列的移动序时平均数,形成一个新的序时平均数动态数列。在这个新的动态数列中,短期的偶然因素引起的变动被削弱了,从而呈现出明显的长期趋势。

**【例 9-14】** 现以表 9-12 某企业生产的机器数量资料,采取 3 项和 5 项移动平均法对原数列进行修匀,计算其移动平均数。见表 9-14。

**表 9-14　某企业各月生产机器数量的移动平均数(单位:台)**

| 月份 | 机器数量 | 三项移动平均 | 五项移动平均 |
|---|---|---|---|
| 1 | 41 | — | — |
| 2 | 42 | 45 | — |
| 3 | 52 | 45.67 | 44.6 |
| 4 | 43 | 46.67 | 46.6 |
| 5 | 45 | 46.33 | 48.8 |
| 6 | 51 | 49.67 | 46.4 |
| 7 | 53 | 48 | 48 |
| 8 | 40 | 48 | 48.8 |
| 9 | 51 | 46.67 | 49.8 |
| 10 | 49 | 52 | 50 |
| 11 | 56 | 53 | — |
| 12 | 54 | — | — |

应用移动平均法分析长期趋势时,应注意下列几点:

(1)采用移动平均法对原动态数列进行修匀,修匀程度的大小,与移动平均的项数多少有关。例如,用 5 项移动平均比 3 项移动平均修匀程度更大些(见图 9-2)。这就是说,修匀的项数越多，效果越好，即趋势线越为平滑。

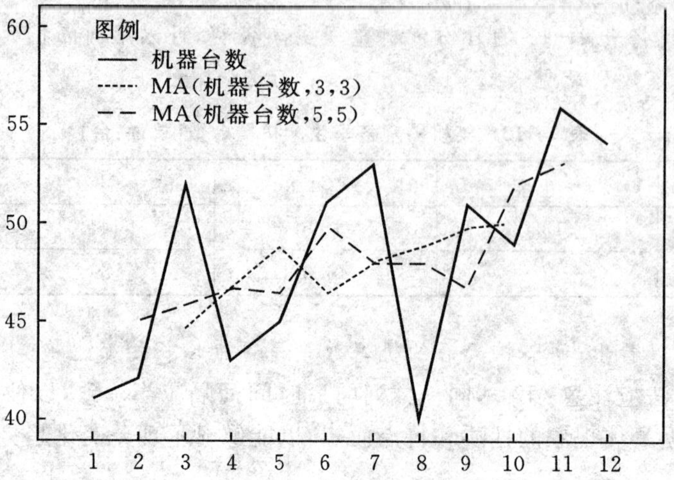


图 9-2　移动平均法趋势配合图

(2)移动平均所取项数的多少，应视资料的特点而定。

原有动态数列如有循环周期，则移动平均的项数以循环周期的长度为准。当移动平均的时期长度等于周期长度或其整倍数时，它就能把周期的波动完全抹掉。例如，当数列资料为季度资料时，可采用 4 项移动平均；若根据各年的月份资料，则应取 12 项移动平均，这样可消除受季节性变动的影响，能较准确地揭示现象发展的长期趋势。

(3)移动平均法，采用奇数项移动比较简单，一次修匀即得趋势值。如表 9-14 所示，3 项移动的第一个移动平均数为(41＋42＋52)÷3＝45(台)，即可与 2 月份的时间对正，第二个移动平均数为(42＋52＋43)÷3＝45.7(台)，即可与 3 月份的时间对正。

采用偶数项移动平均时，由于偶数项移动平均数都是在两项中间位置，所以要将第一次移动的平均值再进行两项“移正平均”，得出移正值动态数列，以显示出现象变动趋势。由于偶数项移动平均比较复杂，因此，一般采用奇数项移动平均的方法对原数列进行修匀。

(4)移动平均后的数列比原数列项数要减少。

一般情况下，移动平均项数与趋势值的项数关系为“趋势值项数＝原数列项数－移动平均项数＋1”。如上例，原数列项数为 12，采取 3 项移动平均所得趋势值项数＝12－3＋1＝10(项)，如采用 5 项移动平均则趋势值项数＝12－5＋1＝8(项)，要比原有数列少 4 项。因此，为了便于看出现象的发展趋势，要视具体情况，一般移动平均的项数不宜太多。

## 四、最小平方法

最小平方法，也叫最小二乘法。用该方法研究现象的发展趋势，就是用一定的数学模型，对原时间数列配合一条适当的趋势线来进行修匀。根据最小平方法的原理，这条趋势线必须满足的基本要求是：

$$\sum(y-y_c)=0$$

$$\sum (y - y_c)^2 = \text{最小值}$$

式中：$y_c$ 表示趋势线的估计值；$y$ 表示原时间数列的实际值。

长期趋势的类型很多，有直线型，也有曲线型，最小平方法既可用于配合直线，也可用于配合曲线，所以它是分析长期趋势的十分普遍和理想的方法。下面根据社会经济现象发展的线性趋势，用最小平方法配合直线方程或拟合线性模型。

**(一)直线方程**

如果现象发展的逐期增长量大体相等时，可考虑配合直线趋势方程。方程的一般形式为：

$$y_c = a + bt$$

式中：$a$ 表示直线的截距；$b$ 表示直线的斜率。

上述直线方程式中，$a$、$b$ 为两个待定参数，根据 $\sum (y - y_c)^2$ 为最小值的数学原理，可对 $a$、$b$ 求一阶偏导数的方法，导出以下联立方程组：

$$\begin{cases} \sum y = na + b\sum t \\ \sum ty = a\sum t + b\sum t^2 \end{cases}$$

式中：$t$ 表示时间数列中时间序号；$y$ 表示时间数列中各期水平；$n$ 表示时间数列的项数。

整理上述方程组，得到参数 $a$、$b$ 的计算公式为：

$$\begin{cases} b = \dfrac{n\sum ty - \sum t\sum y}{n\sum t^2 - \left(\sum t\right)^2} \\ a = \bar{y} - b\bar{t} \end{cases}$$

为了计算方便，我们使用零点线法求解参数 $a$ 和 $b$。假设时间 $t$：当原时间项数为奇数时，可假设 $t$ 的中间项为 0，则时间项数依次排列为：…，−3，−2，−1，0，1，2，3，…；当原时间项数为偶数时，则时间项数依次排列为：…，−5，−3，−1，1，3，5，…。这两种假设 $t$ 的方法使时间项数值正负相抵消，即使 $\sum t = 0$，则上述联立方程可简化为：

$$\begin{cases} \sum y = na \\ \sum ty = b\sum t^2 \end{cases}$$

求解参数 $a$、$b$ 的公式简化为：

$$\begin{cases} a = \bar{y} \\ b = \dfrac{\sum ty}{\sum t^2} \end{cases}$$

**【例 9-15】** 2004—2013 年年末我国总人口资料见表 9-15。

**表 9-15　2004—2013 年年末我国人口数**

| 年份 | 时间 $t$ | 人口数(万人)$y$ | $t^2$ | $ty$ | 预测值(万人)$y_c$ |
|---|---|---|---|---|---|
| 2004 | −9 | 129988 | 81 | −1169892 | 130080.4 |
| 2005 | −7 | 130756 | 49 | −915292 | 130748.6 |
| 2006 | −5 | 131448 | 25 | −657240 | 131416.9 |

续表 9－15

| 年份 | 时间 $t$ | 人口数(万人)$y$ | $t^2$ | $ty$ | 预测值(万人)$y_c$ |
|---|---|---|---|---|---|
| 2007 | －3 | 132129 | 9 | －396387 | 132085.1 |
| 2008 | －1 | 132802 | 1 | －132802 | 132753.4 |
| 2009 | 1 | 133450 | 1 | 133450 | 133421.6 |
| 2010 | 3 | 134091 | 9 | 402273 | 134089.9 |
| 2011 | 5 | 134735 | 25 | 673675 | 134758.1 |
| 2012 | 7 | 135404 | 49 | 947828 | 135426.4 |
| 2013 | 9 | 136072 | 81 | 1224648 | 136094.6 |
| 合计 | 0 | 1330875 | 330 | 110261 | 1330875 |

要求：建立我国人口数的线性趋势方程，预测 2015 年年末的人口数。

**解**：设线性趋势方程的一般形式为：

$$y_c = a + bt$$

解参数 $a$、$b$，得
$$\begin{cases} a = \bar{y} = 133087.5 \\ b = \dfrac{\sum ty}{\sum t^2} = \dfrac{110261}{330} = 334.1242 \end{cases}$$

将 $a$、$b$ 值代入线性趋势方程一般形式中，得我国人口数的线性趋势方程为：

$$y_c = 133087.5 + 334.1242t$$

根据趋势方程，可以预测我国 2014 和 2015 年末的人口数。即当 $t=11$ 时，$y_{2014年} = 136762.8662$ 万人。当 $t=12$ 时，$y_{2015年} = 137096.9904$ 万人。根据 2014 年国民经济和社会发展统计公报得出，我国 2014 年年末全国总人口为 136782 万人，可看出预测值和真实数据之间差异并不大。因此选择合适的模型，预测的结果可以作为经济决策的参考依据。

**(二)曲线方程**

现象发展的二级增长量大体相同时，可配合抛物线趋势方程。(略)

现象发展的环比发展速度大体相同时，可配合指数曲线趋势方程。(略)

## 第五节　季节变动分析

在动态数列中，除存在长期趋势外，往往还有季节变动。季节变动是指某些社会经济现象由于受社会习俗或自然条件因素的影响，在每一年内都呈现周而复始的季节性变动规律。例如，夏天的空调、冷饮等降温的商品销售量就高于其他季节，冬天的围巾、棉衣、电热器等保暖取暖的商品销售量就比较大，铁路客运量以逢年过节、十一黄金周、寒暑假等时间为高峰。由于季节变动因素的出现，就会引起设备和劳动使用不平衡，原料供应不足，运能不够，给生产和人们生活带来了不便。我们研究季节变动的目的，主要是为了认识它、掌握它，从而克服由于季节变动而引起的不良影响，以便为合理组织生产、安排人民生活提供资料。

测定季节变动的方法很多，从其是否考虑受长期趋势的影响来看，有两种方法：其一，是不考虑长期趋势的影响，按月(季)平均法，直接根据原时间数列来计算季节比率；其二，是用移动平均趋势剔除法，根据剔除长期趋势影响后的数列资料来计算季节比率。不管使用哪种方法来计算季节比率，都能够反映季节变动规律。一般情形下，研究季节变动所需要的资料时间在3年以上，或者用更多年份的资料作为基础，这样才能较好地消除偶然因素的影响，使测定的季节变动规律性更切合实际。

## 一、按月(季)平均法

若是月度资料就按月平均；若是季度资料则按季平均。其计算的一般步骤如下：

(1)通过列表，显示月(季)资料。

(2)计算不同年但同月(季)的平均数。

(3)计算总的月(季)平均数。

(4)计算季节比率(或季节指数)。季节比率的计算公式为：

$$S.I=\frac{\text{历年同月(季)平均数}}{\text{总的月(季)平均数}}\times 100\%$$

**【例 9-16】** 某厂三年围巾销售量资料如表 9-16 所示，试计算季节比率，并预测第 4 年10 月份和 11 月份围巾的销售量。

表 9-16 季节比率计算表(单位:万条)

| | 1月 | 2月 | 3月 | 4月 | 5月 | 6月 | 7月 | 8月 | 9月 | 10月 | 11月 | 12月 | 合计 |
|---|---|---|---|---|---|---|---|---|---|---|---|---|---|
| 第一年 | 82 | 72 | 62 | 38 | 20 | 5 | 3 | 4 | 11 | 80 | 90 | 85 | 552 |
| 第二年 | 110 | 65 | 70 | 40 | 28 | 7 | 4 | 5 | 13 | 96 | 148 | 134 | 720 |
| 第三年 | 123 | 81 | 84 | 45 | 45 | 9 | 5 | 6 | 15 | 94 | 161 | 144 | 812 |
| 合计 | 315 | 218 | 216 | 123 | 93 | 21 | 12 | 15 | 39 | 270 | 399 | 363 | 2084 |
| 月平均数 | 105 | 72.7 | 72 | 41 | 31 | 7 | 4 | 5 | 13 | 90 | 133 | 121 | 57.9 |
| 季节比率(%) | 181.35 | 125.56 | 124.35 | 70.81 | 53.54 | 12.09 | 6.91 | 8.64 | 22.45 | 155.44 | 229.71 | 208.98 | 1199.83 |

如果是月度资料，季节比率之和应等于 1200%；如果是季度资料，则季节比率之和应等于400%。本例是月度资料，其季节比率之和为 1199.83%，基本接近 1200%。若相差过大，应作调整。调整方法是：①先求校正系数，校正系数＝1200/12 个月季节比率之和；②用校正系数乘以原来的各月季节比率。

从表 9-16 资料可看出，由于受气候变化的影响，该厂的围巾销售量有较明显的季节变动规律。秋冬季节，气候比较寒冷，故围巾的销售量也增多，11、12、1 月份的季节比率达到 100%以上，为销售旺季。6、7、8 三个月天气较热，则围巾销售量随之而降，为销售淡季。我们掌握了销售量季节变动的规律，就可采取适当的措施组织生产与销售。

根据表 9-16 的季节比率资料，绘成季节变动曲线图，可以更清楚地看出围巾销售量的季节变动规律性(见图 9-3)。

根据季节变动规律也可以进行某些经济预测。例如，已知当年 4 月份围巾销售量为 50 万条，预测当年 10 月份和 11 月份的围巾销售量。

$$10\text{ 月份销售量}=\frac{50}{70.81}\times 155.44=109.76\text{(万条)}$$

$$11\text{ 月份销售量}=\frac{50}{70.81}\times 229.71=162.20\text{(万条)}$$

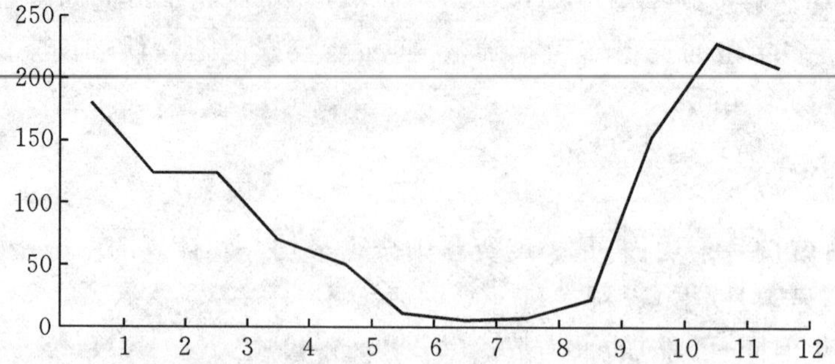


图 9-3　某厂三年围巾销售量的季节变动曲线图

按月(季)平均法的优点是计算简便,缺点是没有考虑数列中长期趋势的影响。从理论上来说,计算季节比率所依据的月(季)平均数中,各年同月(季)的数值应起同等重要的作用,不应过分倚重或倚轻。但在上例中明显可见,后一年的数字比前一年的同期数字高,这样,会造成月(季)平均数中后期各月(季)的数字比前期的作用较大,从而对平均数的影响较大。所以,在有长期趋势变动情况存在时,使用按月(季)平均法得出的季节比率不够精确。为了弥补这个缺点,我们可以采用移动平均趋势剔除法来测定季节变动。

## 二、移动平均趋势剔除法

这个方法是利用移动平均法来剔除长期趋势影响后,再来测定其季节变动。这里着重说明如何剔除长期趋势。

一般来说,如果是乘法模式,应采用原数列除以长期趋势的方法剔除长期趋势;如果是加法模式 ,应采用原数列减去长期趋势的方法剔除长期趋势。

现仍采用某厂围巾资料为例来介绍移动平均趋势剔除法。为方便计算,我们把上例的月份资料时距扩大为季度,见表 9-17。

**表 9-17　某厂三年各季度围巾销售量(单位:万条)**

| 季度<br>年份 | 一 | 二 | 三 | 四 |
|---|---|---|---|---|
| 第一年 | 216 | 63 | 18 | 255 |
| 第二年 | 245 | 75 | 22 | 378 |
| 第三年 | 288 | 99 | 26 | 399 |

### (一)除法剔除趋势值求季节比率

第一,用移动平均法求出长期趋势。因表 9-17 是季度资料,故先进行四项移动平均后,再作二项移正平均,便得到趋势值 $y_c$,如表 9-18 所示。

第二,剔除长期趋势。用原数列除以同一时期的趋势值。如表 9-18 中,第一年第三季度:$\frac{18}{141.625}=12.71\%$,第四季度:$\frac{255}{146.75}=173.76\%$,其余以此类推。

第三,求季节比率。用表 9-18 中 $Y/Y_c$ 得到的数据重新编排出表 9-19,再按季度求其平均的季节比率。

第四，调整季节比率。将求得的平均季节比率相加，各季的季节比率之和应为 400%，各月的季节比率之和应为 1200%。如果大于或小于 400%或 1200%，应计算校正系数并进行校正。校正系数的公式为：

$$校正系数=\frac{400\%}{\sum 季节比率}\left(或\frac{1200\%}{\sum 季节比率}\right)$$

第五，将校正系数乘上各季或各月的平均季节比率，使其总和等于 400%或 1200%。如表 9-19 中，平均季节比率之和为 399.564，应予调整，先计算校正系数 $=\frac{400\%}{399.56\%}=1.00110$，再用 1.00110 乘以各季的平均季节比率，表中第一季度的季节比率 $=1.00110\times1.5536=1.5553$（或 155.53%），其余类推。经校正后的各季（月）平均季节比率，即为应用移动平均趋势剔除法所得的季节比率。

**表 9-18 某商场围巾销售量剔除长期趋势计算表**

| 季度 | | 销售量 Y(万条) | 四项移动平均 | 二项移动平均 $Y_c$ | 趋势值剔除 | |
|---|---|---|---|---|---|---|
| | | | | | 除法：$Y/Y_c\times100\%$ | 减法：$Y-Y_c$ |
| 第一年 | 一 | 216 | — | — | — | — |
| | 二 | 63 | 138 | — | — | — |
| | 三 | 18 | 145.25 | 141.625 | 12.71 | −123.625 |
| | 四 | 255 | 148.25 | 146.75 | 173.76 | 108.25 |
| 第二年 | 一 | 245 | 149.25 | 148.75 | 164.71 | 96.25 |
| | 二 | 75 | 180 | 164.625 | 45.56 | −89.625 |
| | 三 | 22 | 190.75 | 185.375 | 11.87 | −163.375 |
| | 四 | 378 | 196.75 | 193.75 | 195.097 | 184.25 |
| 第三年 | 一 | 288 | 197.75 | 197.25 | 146.01 | 90.75 |
| | 二 | 99 | 203 | 200.375 | 49.41 | −101.375 |
| | 三 | 26 | — | — | — | — |
| | 四 | 399 | | — | — | — |

**表 9-19 剔除长期趋势后的季节比率计算表(单位:万条)**

| 年份＼季度 | 第一季 | 第二季 | 第三季 | 第四季 | 合计 |
|---|---|---|---|---|---|
| 第一年 | — | — | 12.71 | 173.76 | |
| 第二年 | 164.71 | 45.56 | 11.87 | 195.097 | |
| 第三年 | 146.01 | 49.41 | — | — | |
| 合计 | 310.72 | 94.97 | 24.58 | 368.857 | |
| 平均 | 155.36 | 47.485 | 12.29 | 184.429 | 399.564 |
| 校正系数 | 1.00110 | 1.00110 | 1.00110 | 1.00110 | — |
| 季节比率(%) | 155.53 | 47.54 | 12.30 | 184.63 | 400.00 |

从表 9-19 可以看出，围巾的销售旺季在第一、第四季度。

**(二)减法剔除趋势值求季节变差**

为了叙述方便起见,仍用表 9-18 资料说明计算方法。

第一,用移动平均法求出长期趋势。

第二,剔除长期趋势。用原数列减去同一时期趋势值。如表 9-20 中,第一年第三季度:18－141.625＝－123.625;第四季度:255－146.75＝108.25,其余以此类推。

第三,计算同期平均数。用表 9-18 中($y-y_c$)得到的数据重新编排成为表 9-20,再计算同季平均数。

第一季度:$\frac{96.25+90.75}{2}=93.5$

第二季度:$\frac{(-89.625)+(-101.375)}{2}=-95.5$

其余以此类推。

第四,分摊余数得季节变差 $S.V$。把同期平均数合计分摊到各时期的平均数中去。即:

$$S.V = \text{同期平均数} - \frac{\sum \text{同期平均数}}{\text{时期数}}$$

第一季度季节变差＝93.5－0.75/4＝93.5－0.1875＝93.3125(万条),式中－0.1875,即为校正数。见表 9-20。

季节变差的意义是,以移动平均的长期趋势为基础,计算各季度上下波动的标准幅度,从而为生产计划的制订提供依据。其计量单位是原始资料的销售量“万条”。

**表 9-20　减法剔除长期趋势后季节变差计算表(单位:万条)**

| 季度<br>年份 | 第一季 | 第二季 | 第三季 | 第四季 | 合计 |
|---|---|---|---|---|---|
| 第一年 | — | — | －123.625 | 108.25 | — |
| 第二年 | 96.25 | －89.625 | －163.375 | 184.25 | — |
| 第三年 | 90.75 | －101.375 | — | — | — |
| 合计 | 187 | －191 | －287 | 292.5 | — |
| 平均 | 93.5 | －95.5 | －143.5 | 146.25 | ＋0.75 |
| 校正系数 | 0.1875 | 0.1875 | 0.1875 | 0.1875 | — |
| 季节变差 | 93.3125 | －95.6875 | －143.6875 | 146.0625 | 0 |

## 第六节　时间数列的 SPSS 统计软件应用实验

### 一、实验目的

掌握时间数列的 SPSS 数据文件创建技能;能够绘制时间数列的 SPSS 统计图表;熟练运用 SPSS 软件对时间数列的长期趋势拟合线性模型并进行趋势预测;掌握 SPSS 软件对季节变动的测定方法;培养学生结合一定专业知识对实验结果进行解释和应用的能力。

## 二、实验内容

(1)用 SPSS 统计软件创建时间数列。

(2)采用移动平均法创建时间数列,并绘制时间数列趋势图以反映长期趋势。

(3)运用 SPSS 统计软件拟合线性趋势模型(最小二乘法)及进行趋势预测。

(4)掌握测定季节变动规律的 SPSS 方法。

(5)解释实验结果。

## 三、实验资料

(1)为了研究某地区彩电出口的情况,某研究机构收集了 2003—2013 年该地区彩电出口的月度数据,见表 9-21。

**表 9-21　2003—2013 年的某地区彩电出口的月度数据(单位:万台)**

| | 1月 | 2月 | 3月 | 4月 | 5月 | 6月 | 7月 | 8月 | 9月 | 10月 | 11月 | 12月 |
|---|---|---|---|---|---|---|---|---|---|---|---|---|
| 2003 年 | 12.53 | 13.73 | 24.45 | 28.75 | 32.45 | 31.11 | 25.94 | 32.98 | 43.49 | 42.94 | 63.29 | 77.28 |
| 2004 年 | 30.01 | 39.63 | 29.77 | 42.74 | 32.25 | 31.94 | 32.27 | 32.59 | 32.92 | 30.98 | 47.44 | 52.82 |
| 2005 年 | 24.08 | 16.42 | 31.24 | 29.33 | 31.88 | 30.09 | 28.08 | 32.99 | 44.99 | 47.57 | 50.36 | 75.19 |
| 2006 年 | 39.02 | 25.81 | 43.38 | 37.34 | 39.22 | 39.87 | 51.10 | 50.99 | 55.16 | 62.78 | 57.75 | 72.20 |
| 2007 年 | 28.76 | 39.38 | 46.10 | 39.41 | 38.74 | 40.18 | 45.59 | 43.31 | 46.68 | 54.17 | 53.65 | 61.12 |
| 2008 年 | 28.87 | 21.23 | 35.82 | 26.97 | 32.33 | 24.53 | 29.39 | 31.96 | 38.22 | 39.24 | 52.95 | 68.41 |
| 2009 年 | 29.99 | 37.09 | 37.70 | 35.33 | 29.53 | 53.64 | 28.95 | 25.88 | 37.61 | 39.83 | 28.44 | 54.85 |
| 2010 年 | 55.77 | 13.96 | 43.50 | 32.96 | 32.91 | 47.65 | 39.74 | 39.48 | 50.70 | 60.53 | 68.22 | 83.47 |
| 2011 年 | 66.35 | 70.35 | 86.19 | 87.50 | 61.19 | 93.23 | 89.31 | 88.37 | 90.05 | 90.06 | 107.56 | 101.63 |
| 2012 年 | 78.31 | 91.97 | 91.73 | 101.67 | 77.60 | 87.64 | 98.82 | 79.90 | 110.86 | 113.29 | 125.58 | 120.24 |
| 2013 年 | 101.65 | 93.53 | 127.04 | 133.68 | 143.76 | 155.50 | 170.59 | 168.96 | 186.16 | 181.91 | 253.78 | 201.14 |

(2)某银行分行近三年每一个月接到的抵押贷款申请数见表 9-22。

**表 9-22　某银行分行接到的抵押贷款申请月度数量(单位:笔)**

| 月份 | 第一年 | 第二年 | 第三年 |
|---|---|---|---|
| 1 | 58 | 49 | 61 |
| 2 | 48 | 64 | 52 |
| 3 | 59 | 57 | 53 |
| 4 | 61 | 72 | 63 |
| 5 | 76 | 46 | 78 |
| 6 | 60 | 55 | 54 |
| 7 | 74 | 51 | 62 |
| 8 | 59 | 47 | 45 |

续表 9－22

| 月份 | 第一年 | 第二年 | 第三年 |
|---|---|---|---|
| 9 | 47 | 62 | 54 |
| 10 | 52 | 59 | 73 |
| 11 | 47 | 53 | 58 |
| 12 | 43 | 53 | 46 |

(3)我国 2010—2014 年民航客运量月度数据见表 9－23。

**表 9－23 我国 2010—2014 年民航客运量资料(单位:万人)**

| 民航客运量 | 1 月 | 2 月 | 3 月 | 4 月 | 5 月 | 6 月 |
|---|---|---|---|---|---|---|
| 2010 年 | 1941 | 2025 | 2173 | 2157 | 2153 | 2185 |
| 2011 年 | 2267 | 2163 | 2282 | 2437 | 2407 | 2325 |
| 2012 年 | 2567 | 2349 | 2503 | 2605 | 2540 | 2530 |
| 2013 年 | 2567 | 2787 | 2878 | 2849 | 2855 | 2865 |
| 2014 年 | 3058 | 3109 | 3025 | 3142 | 3134 | 3061 |
| 民航客运量 | 7 月 | 8 月 | 9 月 | 10 月 | 11 月 | 12 月 |
| 2010 年 | 2547 | 2600 | 2260 | 2448 | 2078 | 2103 |
| 2011 年 | 2660 | 2758 | 2501 | 2638 | 2371 | 2300 |
| 2012 年 | 2995 | 3071 | 2744 | 2829 | 2584 | 2563 |
| 2013 年 | 3266 | 3476 | 3049 | 3165 | 2851 | 2793 |
| 2014 年 | 3580 | 3730 | 3315 | 3488 | 3240 | 3193 |

(4)见本章第四节表 9－15 的 2004—2013 年年末我国人口数资料。

## 四、实验要求

(1)根据实验(1)资料:

①创建彩电出口数量的 SPSS 数据文件即"彩电出口量的 SPSS 数据文件.sav"。

②利用移动平均法创建彩电出口数量的时间数列。

③用最小二乘法测定彩电出口数量长期趋势,拟合线性趋势方程。

④测定彩电出口数量的季节变动规律。

(2)绘制移动平均趋势线,指出该银行分行抵押贷款申请数是否存在长期趋势。

(3)利用移动平均法创建民航客运量的时间数列;用最小二乘法测定长期趋势,拟合线性趋势方程;测定民航客运量的季节变动规律。

(4)针对 2004—2013 年年末我国人口数资料,用最小二乘法拟合线性趋势方程,并预测 2015 年和 2016 年年末的人口数量。

## 五、实验步骤

以实验(1)资料(表 9-21)为例,完成实验要求(1)中的四个实验。(注:其余的实验要求学生自己完成)

**1. 创建彩电出口量的 SPSS 数据文件**

第一步:打开 SPSS 变量视图界面,定义变量名和属性,见图 9-4。

| 名称 | 类型 | 宽度 | 小数 | 标签 | 值 | 缺失 | 列 | 对齐 | 度量标准 | 角色 |
|---|---|---|---|---|---|---|---|---|---|---|
| 年份 | 字符串 | 8 | 0 | | 无 | 无 | 8 | 居中 | 名义(N) | 输入 |
| 一月 | 数值(N) | 8 | 2 | | 无 | 无 | 8 | 居中 | 未知 | 输入 |
| 二月 | 数值(N) | 8 | 2 | | 无 | 无 | 8 | 居中 | 未知 | 输入 |
| 三月 | 数值(N) | 8 | 2 | | 无 | 无 | 8 | 居中 | 未知 | 输入 |
| 四月 | 数值(N) | 8 | 2 | | 无 | 无 | 8 | 居中 | 未知 | 输入 |
| 五月 | 数值(N) | 8 | 2 | | 无 | 无 | 8 | 居中 | 未知 | 输入 |
| 六月 | 数值(N) | 8 | 2 | | 无 | 无 | 8 | 居中 | 未知 | 输入 |
| 七月 | 数值(N) | 8 | 2 | | 无 | 无 | 8 | 居中 | 未知 | 输入 |
| 八月 | 数值(N) | 8 | 2 | | 无 | 无 | 8 | 居中 | 未知 | 输入 |
| 九月 | 数值(N) | 8 | 2 | | 无 | 无 | 8 | 居中 | 未知 | 输入 |
| 十月 | 数值(N) | 8 | 2 | | 无 | 无 | 8 | 居中 | 未知 | 输入 |
| 十一月 | 数值(N) | 8 | 2 | | 无 | 无 | 8 | 居中 | 未知 | 输入 |
| 十二月 | 数值(N) | 8 | 2 | | 无 | 无 | 8 | 居中 | 未知 | 输入 |

图 9-4 SPSS 变量视图界面(部分图)

第二步:点开数据视图,把 word 里的数据直接复制粘贴过去。

第三步:单击菜单窗口"数据(D)—重组(R)",窗口如图 9-5 所示。点开"重组"窗口,出现界面后,然后点击"下一步"逐步向下操作,目标变量改为"出口量",把"一月到十二月"移至"要转置的变量"窗口,把"年份"移到"固定变量"窗口,单击"下一步",继续向下操作,见图 9-6。接着单击"下一步"直至完成。

图 9-5 "数据—重组"窗口界面

第四步:提交系统运行后,数据窗口见图 9-7,可以删去变量"id",保存创建的 SPSS 数据文件,即"彩电出口量的 SPSS 数据文件.sav"。

第五步:定义日期变量。在数据编辑窗口,依次单击"数据"→"定义日期(E…)",打开"定义日期"主对话框,在"个案为(C):"框中选择相应的时间设置类型(本实验选择"年份、月份"),单击"确定"按钮,数据文件中会增加相应的时间变量。在本实验中,数据时间是年份和

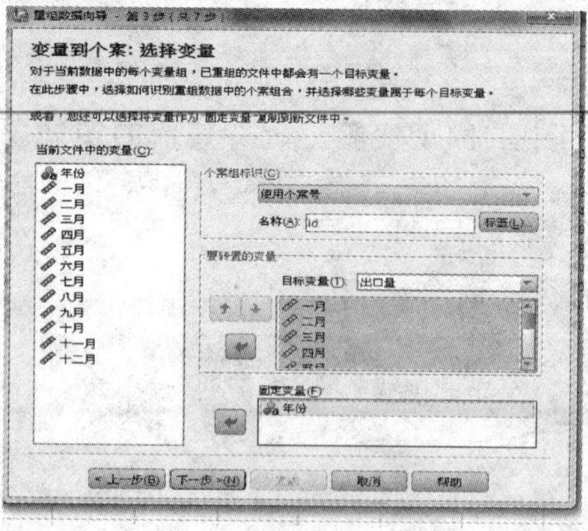


图 9－6　选择变量窗口

| id | 年份 | 月份 | 出口量 | 变 |
|---|---|---|---|---|
| 1 | 2003 | 1 | 12.53 | |
| 1 | 2003 | 2 | 13.73 | |
| 1 | 2003 | 3 | 24.45 | |
| 1 | 2003 | 4 | 28.75 | |
| 1 | 2003 | 5 | 32.45 | |
| 1 | 2003 | 6 | 31.11 | |
| 1 | 2003 | 7 | 25.94 | |
| 1 | 2003 | 8 | 32.98 | |
| 1 | 2003 | 9 | 43.49 | |
| 1 | 2003 | 10 | 42.94 | |
| 1 | 2003 | 11 | 63.29 | |
| 1 | 2003 | 12 | 77.28 | |
| 2 | 2004 | 1 | 30.01 | |
| 2 | 2004 | 2 | 39.63 | |
| 2 | 2004 | 3 | 29.77 | |
| 2 | 2004 | 4 | 42.74 | |
| 2 | 2004 | 5 | 32.25 | |
| 2 | 2004 | 6 | 31.94 | |

图 9－7　数据窗口(部分图)

月份，且是从 2003 年 1 月开始的，所以在“个案为(C)：”框中选择“年份、月份”，在“第一个个案为(F)：”框中的“年：”后面的框内输入起始年份“2003”，在“月：”后面的框内输入起始月份“1”。运行完成后，在数据文件中增加了 3 个变量，分别是“YEAR_”、“MONTH_”和“DATE_”变量，见图 9－8。

| 年份 | 月份 | 出口量 | YEAR_ | MONTH_ | DATE_ | 变量 | 变量 |
|---|---|---|---|---|---|---|---|
| 2003 | 1 | 12.53 | 2003 | 1 | JAN 2003 | | |
| 2003 | 2 | 13.73 | 2003 | 2 | FEB 2003 | | |
| 2003 | 3 | 24.45 | 2003 | 3 | MAR 2003 | | |
| 2003 | 4 | 28.75 | 2003 | 4 | APR 2003 | | |
| 2003 | 5 | 32.45 | 2003 | 5 | MAY 2003 | | |
| 2003 | 6 | 31.11 | 2003 | 6 | JUN 2003 | | |
| 2003 | 7 | 25.94 | 2003 | 7 | JUL 2003 | | |
| 2003 | 8 | 32.98 | 2003 | 8 | AUG 2003 | | |
| 2003 | 9 | 43.49 | 2003 | 9 | SEP 2003 | | |
| 2003 | 10 | 42.94 | 2003 | 10 | OCT 2003 | | |
| 2003 | 11 | 63.29 | 2003 | 11 | NOV 2003 | | |
| 2003 | 12 | 77.28 | 2003 | 12 | DEC 2003 | | |
| 2004 | 1 | 30.01 | 2004 | 1 | JAN 2004 | | |
| 2004 | 2 | 39.63 | 2004 | 2 | FEB 2004 | | |
| 2004 | 3 | 29.77 | 2004 | 3 | MAR 2004 | | |
| 2004 | 4 | 42.74 | 2004 | 4 | APR 2004 | | |
| 2004 | 5 | 32.25 | 2004 | 5 | MAY 2004 | | |
| 2004 | 6 | 31.94 | 2004 | 6 | JUN 2004 | | |
| 2004 | 7 | 32.27 | 2004 | 7 | JUL 2004 | | |
| 2004 | 8 | 32.59 | 2004 | 8 | AUG 2004 | | |
| 2004 | 9 | 32.92 | 2004 | 9 | SEP 2004 | | |
| 2004 | 10 | 30.98 | 2004 | 10 | OCT 2004 | | |
| 2004 | 11 | 47.44 | 2004 | 11 | NOV 2004 | | |
| 2004 | 12 | 52.82 | 2004 | 12 | DEC 2004 | | |
| 2005 | 1 | 24.08 | 2005 | 1 | JAN 2005 | | |
| 2005 | 2 | 16.42 | 2005 | 2 | FEB 2005 | | |
| 2005 | 3 | 31.24 | 2005 | 3 | MAR 2005 | | |

图 9－8　定义日期变量后的结果(部分图)

### 2. 利用移动平均法创建彩电出口数量的时间数列

打开“彩电出口量的 SPSS 数据文件. sav”，在数据编辑窗口，依次单击“转换(T)”→“创建时间序列(M)”，得到“创建时间序列”对话框。将变量“出口量”移入到右侧的“变量→新名称(A)”框中，在“函数(F)”下拉框中选择“中心移动平均”，在“跨度(S)”中输入“5”，表示五项移动平均，点击“更改”按钮，结果见图 9－9。

在数据编辑窗口，依次单击“分析”→“预测”→“序列图”，得到“序列图”对话框，将“出口量”和“出口量_1”移到右侧的“变量”框内，并将变量“DATE_”移入到“时间轴标签(A)：”框内，单击“确定”按钮，系统输出见图 9－10 的时间序列图。

| | 年份 | 月份 | 出口量 | YEAR_ | MONTH_ | DATE_ | 出口量_1 | 变量 |
|---|---|---|---|---|---|---|---|---|
| 1 | 2003 | 1 | 12.53 | 2003 | 1 | JAN 2003 | . | |
| 2 | 2003 | 2 | 13.73 | 2003 | 2 | FEB 2003 | . | |
| 3 | 2003 | 3 | 24.45 | 2003 | 3 | MAR 2003 | 22.38 | |
| 4 | 2003 | 4 | 28.75 | 2003 | 4 | APR 2003 | 26.10 | |
| 5 | 2003 | 5 | 32.45 | 2003 | 5 | MAY 2003 | 28.54 | |
| 6 | 2003 | 6 | 31.11 | 2003 | 6 | JUN 2003 | 30.25 | |
| 7 | 2003 | 7 | 25.94 | 2003 | 7 | JUL 2003 | 33.19 | |
| 8 | 2003 | 8 | 32.98 | 2003 | 8 | AUG 2003 | 35.29 | |
| 9 | 2003 | 9 | 43.49 | 2003 | 9 | SEP 2003 | 41.73 | |
| 10 | 2003 | 10 | 42.94 | 2003 | 10 | OCT 2003 | 52.00 | |

图 9－9　“出口量_1”的五项移动平均数列(部分图)

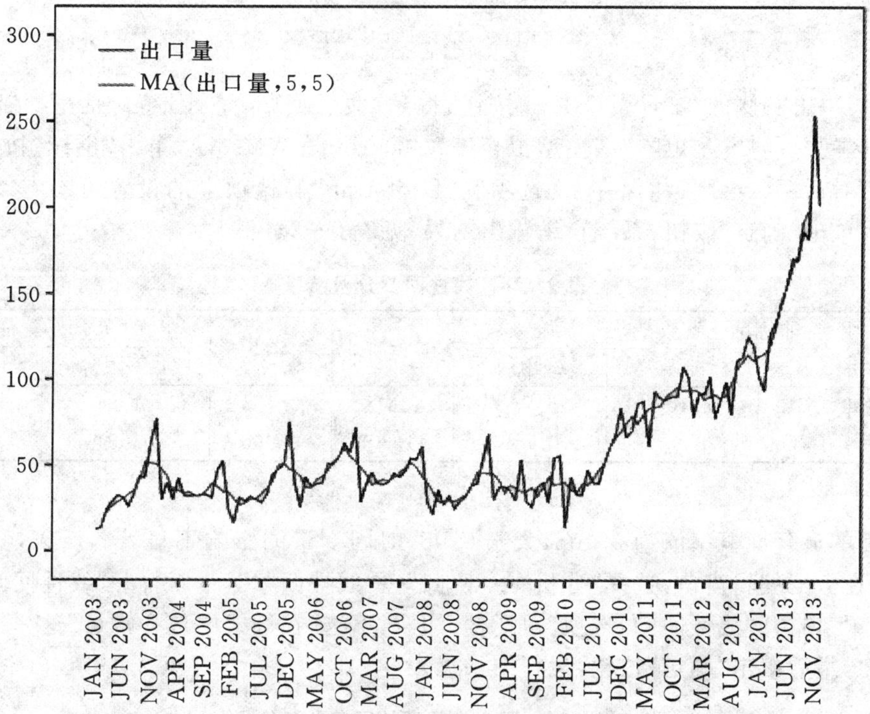


图 9－10　生成的时序图

**3. 用最小二乘法测定长期趋势，拟合线性趋势方程**

第一步：在数据编辑窗口中，新建一个时间变量，变量名为“时序”，按照时间的顺序设为“1,2,3,4,5…”

第二步：在数据编辑窗口，依次单击“分析”→“回归”→“线性”，得到“线性回归”对话框。将左侧的待分析变量框中的变量“出口量”移入到“因变量(D)：”框中，将变量“时序”移入到“自变量(I)：”框中，见图 9－11。

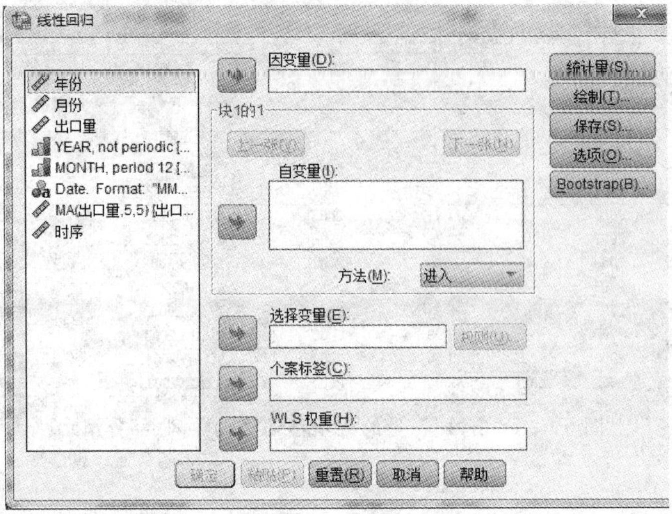


图 9-11 "线性回归"对话框

第三步：单击右侧的"统计量(S)…"按钮，得到"线性回归：统计量"对话框，依次勾选"估计"、"置信区间"、"协方差矩阵"、"模型拟合度"、"Durbin-Wstson"，单击"继续"按钮，返回到"线性回归"对话框("绘制"、"保存"、"选项"、"Bootstrap"等选项卡的设置可参考回归分析实验的设置)，单击"确定"按钮，系统自动输出结果(见表 9-24)。

**表 9-24 线性回归分析结果**

| 模型 | | 非标准化系数 | | 标准系数 | $t$ | Sig. | $B$ 的 95.0%置信区间 | |
|---|---|---|---|---|---|---|---|---|
| | | $B$ | 标准误差 | 试用版 | | | 下限 | 上限 |
| 1 | (常量) | 8.249 | 5.100 | | 1.618 | 0.108 | −1.840 | 18.339 |
| | 时序 | 0.785 | 0.067 | 0.719 | 11.803 | 0.000 | 0.654 | 0.917 |

$a$. 因变量：出口量。

常数项的显著性概率值为 0.108，大于 0.05，对因变量的影响不显著。所以，我们应该去掉常数项，在数据编辑窗口，选择"分析"→"回归"→"线性回归"，重新打开"线性回归"对话框，再单击"选项"，打开"线性回归：选项"对话框(注意：不选"在等式中包含常量"这一选项)，单击"继续"按钮，最后单击"确定"按钮，运行结果见表 9-25。

**表 9-25 不含常数项的回归分析结果**

| 模型 | | 非标准化系数 | | 标准系数 | $t$ | Sig. | $B$ 的 95.0%置信区间 | |
|---|---|---|---|---|---|---|---|---|
| | | $B$ | 标准误差 | 试用版 | | | 下限 | 上限 |
| 1 | 时序 | 0.879 | 0.033 | 0.917 | 26.401 | 0.000 | 0.813 | 0.945 |

$a$. 因变量：出口量；$b$ 通过原点的线性回归。

根据实验可得彩电出口量线性趋势模型为：$Y_c = 0.879t$。

**4. 测定彩电出口数量的季节变动规律**

第一步：在数据编辑窗口中，依次单击"分析"→"预测"→"季节性分解(S)…"，得到"周期性分解"对话框，将"出口量"移到"变量："框内，在"模型类型"框中选择"乘法"，在"移动平均权重"框中选择"结束点按 0.5 加权"。

第二步:在“周期性分解”对话框中,单击右上角的“保存…”按钮,得到“周期:保存”对话框,选择“添加至文件”,单击“继续”按钮,返回到“周期性分解”对话框,单击“确定”按钮,系统自动输出结果。图 9-12、图 9-13 为模型的描述图,显示了模型的名称、类型、季节性期间的长度和移动平均数的计算方法等信息。

**季节性因素**

序列名称:出口量

| 期间 | 季节性因素(%) |
|---|---|
| 1 | 82.2 |
| 2 | 76.2 |
| 3 | 98.8 |
| 4 | 92.0 |
| 5 | 83.8 |
| 6 | 93.6 |
| 7 | 89.6 |
| 8 | 89.4 |
| 9 | 106.3 |
| 10 | 110.4 |
| 11 | 125.9 |
| 12 | 151.7 |

图 9-12 季节性因素图(截图)

| 年份 | 月份 | 出口量 | YEAR_ | MONTH_ | DATE_ | 出口量_1 | ERR_1 | SAS_1 | SAF_1 | STC_1 |
|---|---|---|---|---|---|---|---|---|---|---|
| 2003 | 1 | 12.53 | 2003 | 1 | JAN 2003 | | .92940 | 15.25210 | .82153 | 16.41067 |
| 2003 | 2 | 13.73 | 2003 | 2 | FEB 2003 | | .93161 | 18.01446 | .76217 | 19.33693 |
| 2003 | 3 | 24.45 | 2003 | 3 | MAR 2003 | 22.38 | .98233 | 24.74424 | .98811 | 25.18944 |
| 2003 | 4 | 28.75 | 2003 | 4 | APR 2003 | 26.10 | 1.03409 | 31.23892 | .92033 | 30.20899 |
| 2003 | 5 | 32.45 | 2003 | 5 | MAY 2003 | 28.54 | 1.16610 | 38.71338 | .83821 | 33.19888 |
| 2003 | 6 | 31.11 | 2003 | 6 | JUN 2003 | 30.25 | .98654 | 33.23448 | .93608 | 33.68785 |
| 2003 | 7 | 25.94 | 2003 | 7 | JUL 2003 | 33.19 | .84961 | 28.95880 | .89576 | 34.08470 |
| 2003 | 8 | 32.98 | 2003 | 8 | AUG 2003 | 35.29 | 1.02973 | 36.90400 | .89367 | 35.83855 |
| 2003 | 9 | 43.49 | 2003 | 9 | SEP 2003 | 41.73 | 1.04121 | 40.89560 | 1.06344 | 39.27686 |
| 2003 | 10 | 42.94 | 2003 | 10 | OCT 2003 | 52.00 | .90489 | 38.89171 | 1.10409 | 42.97936 |
| 2003 | 11 | 63.29 | 2003 | 11 | NOV 2003 | 51.40 | 1.10899 | 50.25472 | 1.25938 | 45.31574 |
| 2003 | 12 | 77.28 | 2003 | 12 | DEC 2003 | 50.63 | 1.09862 | 50.93444 | 1.51724 | 46.36224 |
| 2004 | 1 | 30.01 | 2004 | 1 | JAN 2004 | 48.00 | .83057 | 36.52956 | .82153 | 43.98152 |
| 2004 | 2 | 39.63 | 2004 | 2 | FEB 2004 | 43.89 | 1.21022 | 51.99657 | .76217 | 42.96443 |
| 2004 | 3 | 29.77 | 2004 | 3 | MAR 2004 | 34.88 | .74850 | 30.12826 | .98811 | 40.25137 |
| 2004 | 4 | 42.74 | 2004 | 4 | APR 2004 | 35.27 | 1.15254 | 46.44005 | .92033 | 40.29377 |
| 2004 | 5 | 32.25 | 2004 | 5 | MAY 2004 | 33.79 | 1.01042 | 38.47477 | .83821 | 38.07783 |
| 2004 | 6 | 31.94 | 2004 | 6 | JUN 2004 | 34.36 | .91869 | 34.12116 | .93608 | 37.14129 |
| 2004 | 7 | 32.27 | 2004 | 7 | JUL 2004 | 32.39 | 1.01740 | 36.02546 | .89576 | 35.40942 |
| 2004 | 8 | 32.59 | 2004 | 8 | AUG 2004 | 32.14 | 1.07417 | 36.46760 | .89367 | 33.94961 |
| 2004 | 9 | 32.92 | 2004 | 9 | SEP 2004 | 35.24 | .94245 | 30.95616 | 1.06344 | 32.84632 |
| 2004 | 10 | 30.98 | 2004 | 10 | OCT 2004 | 39.35 | .86275 | 28.05927 | 1.10409 | 32.52325 |
| 2004 | 11 | 47.44 | 2004 | 11 | NOV 2004 | 37.65 | 1.13378 | 37.66921 | 1.25938 | 33.22443 |
| 2004 | 12 | 52.82 | 2004 | 12 | DEC 2004 | 34.35 | 1.08790 | 34.81311 | 1.51724 | 32.00038 |
| 2005 | 1 | 24.08 | 2005 | 1 | JAN 2005 | 34.40 | .97729 | 29.31129 | .82153 | 29.99255 |
| 2005 | 2 | 16.42 | 2005 | 2 | FEB 2005 | 30.78 | .76587 | 21.54387 | .76217 | 28.12981 |
| 2005 | 3 | 31.24 | 2005 | 3 | MAR 2005 | 26.59 | 1.05771 | 31.61595 | .98811 | 29.89095 |

图 9-13 出口量季节变动、循环变动、长期趋势和不规则变动指数计算结果(截图)

从图 9-12、图 9-13 可以看出,数据文件中增加了 4 个序列:ERR_1 表示“出口量”序列进行季节性分解后的不规则变动序列;SAS_1 表示“出口量”序列进行季节性分解除去季节性因素后的序列;SAF_1 表示“出口量”序列进行季节性分解产生的季节性因素序列;STC_1 表示“出口量”序列进行季节性分解出来的序列趋势和循环成分。

## ➢六、实验结果解释

(1)由图 9-10 可以看出,彩电出口量趋势线变得平滑,随着时间的延长,彩电出口量增加的趋势特征明显。但是增长并不是单调上升的,而是有涨有落,这种升降不是杂乱无章的,与季节因素有关。我们知道，影响时间序列的因素有长期趋势、季节因素、循环变动和不规则变动，所以案例中彩电出口量的变动除了增长的长期趋势和季节变动的影响外，还受不规则变动和循环变动的影响。

(2)由表 9－25 可以看出，自变量的 $t$ 值为 26.401，显著性概率值为 0.000，小于 0.05，因此对因变量有显著影响。即线性趋势模型为 $y_c=0.879t$。

(3)图 9－12 是季节性因素图，由于受季节性的影响，各月份的彩电出口量有很大不同，可看出 9,10,11,12 月份的季节指数大于 1，说明彩电出口在这些月份是旺季，其余月份的季节指数小于 1，是淡季，其中 2 月份的出口情况最差，12 月份的彩电出口情况最好。

## 思考、训练与探讨

### 一、思考题

1.什么是时间数列？编制时间数列要遵循哪些基本原则？

2.时间数列有哪些种类？时期数列和时点数列有何区别？

3.变量数列和时间数列有何不同？

4.序时平均数与一般平均数有什么不同？

5.什么是逐期增长量和累计增长量？它们之间的关系如何？

6.什么是环比发展速度和定基发展速度？它们之间的关系如何？

7.举例说明如何将水平分析与速度分析结合运用。

8.用几何平均法和方程法计算平均发展速度有什么不同？举例说明其适合条件。

9.什么叫长期趋势？研究长期趋势的主要方法是什么？

10.为什么要研究季节变动？按月(季)平均法和移动平均趋势剔除法用于测定季节变动有什么不同？

### 二、计算题

1.根据表 9－26 资料，计算某商场年平均销售额。

**表 9－26　某商场 2009—2014 年销售额**

| 时期 | 2009 年 | 2010 年 | 2011 年 | 2012 年 | 2013 年 | 2014 年 |
|---|---|---|---|---|---|---|
| 销售额(万元) | 18530.7 | 21617.8 | 26635.4 | 34515.1 | 45005.8 | 57733 |

2.某企业 2014 年各月末应收账款余额资料如下(见表 9－27)：

**表 9－27　某企业 2014 年各月末应收账款余额**

| 月末 | 上年末 | 1 | 2 | 3 | 4 | 5 |
|---|---|---|---|---|---|---|
| 应收账款余额(万元) | 200 | 220 | 210 | 200 | 190 | 180 |
| 月末 | 6 | 7 | 8 | 9 | 10 | 12 |
| 应收账款余额(万元) | 170 | 160 | 150 | 140 | 130 | 120 |

试计算该企业 2014 年上半年、下半年以及全年平均应收账款余额。

3. 某金融企业 2014 年贷款余额、逾期贷款余额见表 9－28，求全年平均逾期贷款率。

**表 9－28　某金融企业 2014 年贷款余额、逾期贷款余额**

| 季度初 | 1 | 2 | 3 | 4 | 年末 |
|---|---|---|---|---|---|
| 逾期贷款余额(亿元) | 35 | 90 | 50 | 90 | 30 |
| 贷款总余额(亿元) | 45 | 140 | 80 | 120 | 50 |

4. 某企业 2015 年第一季度有关资料如下(见表 9－29)：

**表 9－29　某企业 2015 年第一季度有关资料**

| 月份 | 1 | 2 | 3 | 4 |
|---|---|---|---|---|
| (a)实际产量(件) | 100 | 110 | 120 | — |
| (b)计划产量(件) | 120 | 115 | 125 | — |
| (c)月初工人数(人) | 30 | 35 | 38 | 46 |

要求计算：(1)第一季度月平均实际产量；

(2)第一季度月平均工人数；

(3)第一季度月平均劳动生产率；

(4)第一季度月平均产量计划完成程度。

5. 根据下列资料(见表 9－30)，计算某商场三季度售货员的人均月销售额。

**表 9－30　某商场 6 月至 9 月售货员人数和商品销售额**

| | 6 月 | 7 月 | 8 月 | 9 月 |
|---|---|---|---|---|
| 商品销售额(万元) | 100 | 124 | 146 | 150 |
| 月末售货员人数(人) | 50 | 58 | 64 | 66 |

6. 某地区两个企业 2 月份商品产值及每日工人在册数资料如下(见表 9－31)：

**表 9－31　甲、乙企业 2 月份商品产值及每日工人在册数资料**

| 企业 | 商品产值(万元) | 工人人数(人) | | |
|---|---|---|---|---|
| | | 1 日—12 日 | 13 日—18 日 | 19 日—28 日 |
| 甲 | 415 | 330 | 312 | 345 |
| 乙 | 452 | 332 | 314 | 328 |

要求计算：(1)各企业的工人月劳动生产率；

(2)综合计算两个企业的工人月劳动生产率。

7. 某企业 2010—2014 年全部职工和非生产工人按年末人数计算资料如下(见表 9－32)：

**表 9－32　某企业 2010—2014 年全部职工和非生产工人人数**

| 年份(年) | 2010 | 2011 | 2012 | 2013 | 2014 |
|---|---|---|---|---|---|
| 生产工人人数(人) | 1849 | 1919 | 2043 | 2156 | 2217 |
| 生产工人占全部职工比重(%) | 87 | 85 | 88 | 89 | 86 |

试计算该厂 2011—2014 年生产工人占全部职工人数的平均比重。

8.某地区2008年以来外商直接投资额资料如下(见表9-33):

**表9-33 某地区2008年以来外商直接投资额**

| 时期(年) | 2008 | 2009 | 2010 | 2011 | 2012 | 2013 |
|---|---|---|---|---|---|---|
| 外商直接投资额(亿元) | 343.3 | 447.0 | 519.7 | 548.7 | 703.6 | 683.9 |

要求计算:(1)逐期增长量与累计增长量;

(2)定基发展速度和环比发展速度;

(3)定基增长速度和环比增长速度;

(4)平均发展速度与平均增长速度;

(5)增长1%的绝对值。

9.某通信企业2010年手机产量为20万部。

(1)若规定2011—2013年的年均增长率不低于6%,其后年增长率不低于5.5%,2015年该企业手机产量将达到多少?

(2)若规定2020年手机产量在2010年的基础上翻一番,希望2011—2016的平均增长率达到7.3%,问以后4年应以怎样的速度增长才能达到预定目标?

(3)若规定2020年手机产量在2010年的基础上翻一番,并要求每年保持7.6%的增长速度,问能提前多少时间达到预定目标?

10.某地区2014年的国民收入为7亿元,如果以后平均每年以7.4%的速度增长,问经过多少年能达到56亿元?这些年国民收入翻了几番?

11.将一笔500万元的资金用于10年期投资,利率分别是:第1—2年5%,第3—5年8%,第6—8年10%,9—10年为12%。以复利计息,求年平均投资利率是多少?10年末资金的本利和为多少?

12.某地区社会商品零售额以2000年为基期,2001—2005年期间每年平均增长8.0%,2006—2010年期间每年平均增长8.2%,2011—2015年期间每年平均增长7.8%。试问:2015年与2000年相比,该地区社会商品零售额共增长多少?年平均增长速度是多少?若2015年社会商品零售额为35亿元,按此平均增长速度,2020年的社会商品零售额应该为多少?

13.某地区国内生产总值在2005—2008年平均每年递增7.4%,2009—2012年平均每年递增7.5%,2013—2015年平均每年递增7.7%。试计算:

(1)该地区国内生产总值在2005—2015年的发展总速度和平均增长速度。

(2)如果2015年该地区的国内生产总值为346亿元,以后平均每年增长率为7.2%,到2017年该地区的国内生产总值可能达到多少?

(3)若2017年该地区国内生产总值的计划任务数为420亿元,一季度的季节比率为117%,则2017第一季度的计划任务应为多少?

14.某地区2010年至2014年小麦总产量资料见表9-34:

**表9-34 某地区2010—2014年小麦总产量资料**

| 年份(年) | 2010 | 2011 | 2012 | 2013 | 2014 |
|---|---|---|---|---|---|
| 小麦产量(万吨) | 320 | 333 | 341 | 356 | 380 |

试用最小平方法配合直线趋势方程,并据此方程预测该地区2015年的小麦总产量。

15. 某宾馆2011—2014年四年各季度的营业额数据见表9-35:

表9-35 某宾馆2011—2014年季度的营业额(单位:万元)

| 年份 | 一季度 | 二季度 | 三季度 | 四季度 |
|---|---|---|---|---|
| 2011 | 131 | 139 | 79 | 86 |
| 2012 | 108 | 115 | 97 | 110 |
| 2013 | 146 | 175 | 160 | 182 |
| 2014 | 184 | 200 | 169 | 180 |

要求:(1)用季平均法计算季节比率;

(2)用趋势剔除法计算季节变动;

(3)拟合线性模型测定长期趋势,并预测2015年各季度营业额。

## 三、讨论题

1. 国家统计局公布,2015年2月份,全国居民消费价格总水平同比上涨1.4%。其中,城市上涨1.5%,农村上涨1.2%;食品价格上涨2.4%,非食品价格上涨0.9%;消费品价格上涨1.1%,服务价格上涨2.2%。全国居民消费价格总水平环比上涨1.2%。其中,城市上涨1.3%,农村上涨1.0%;食品价格上涨2.9%,非食品价格上涨0.3%;消费品价格上涨1.3%,服务价格上涨0.9%。请指出所公布的指标属于动态数列分析中的哪些指标?

2. 从国家统计局网站调查得到2000—2013年我国GDP和年末总人口数据,见表9-36:

表9-36 2000—2013年我国GDP和年末总人口数据

| 年份(年) | GDP(亿元) | 年末总人口(年) | 年份(年) | GDP(亿元) | 年末总人口(人) |
|---|---|---|---|---|---|
| 2000 | 98562.20 | 126743 | 2007 | 268631.00 | 132129 |
| 2001 | 108683.40 | 127627 | 2008 | 318736.70 | 132802 |
| 2002 | 119765.00 | 128453 | 2009 | 345046.40 | 133450 |
| 2003 | 135718.90 | 129227 | 2010 | 407137.80 | 134091 |
| 2004 | 160289.70 | 129988 | 2011 | 479576.10 | 134735 |
| 2005 | 184575.80 | 130756 | 2012 | 532872.10 | 135404 |
| 2006 | 217246.60 | 131448 | 2013 | 585336.80 | 136072 |

要求:(1)说明我国经济发展达到的水平和速度以及我国经济发展强度。

(2)用所学的知识判断并预测我国人均GDP 2015年和2016年的趋势值。

(3)请搜集同期美国经济发展的数据,从多角度讨论我国经济与美国的差距。

(4)谈谈你对我国经济未来发展的看法。

## 四、技能训练题

1. 用SPSS对计算题14拟合线性趋势方程并预测2015年该地区的小麦总产量,解释参数$a$、$b$的经济定义。

2. 用SPSS分别对讨论题2中的GDP和人口数拟合相应的趋势方程,并预测各自2015年和2016年的趋势值。

3. 搜集我国财政分税制以来的中央财政收入资料,判断其趋势类型,用SPSS进行趋势分析。

# 第十章

# 指数

指数是反映现象总体数量变动程度的一种相对数。它产生于18世纪欧洲资本主义迅速发展时期。当时由于欧洲物价上涨,引起社会的普遍关注。经济学家为了测定物价的变动,开始尝试编制物价指数。此后指数理论不断发展,指数的应用逐步扩展到社会经济生产与生活活动的各个方面,如工业产品产量指数、生产资料价格指数、股票价格指数、消费品价格指数等。至今指数还被应用于经济效益、生活质量、综合国力、社会发展水平的综合评价研究中。

## 第一节 指数的意义和种类

### 一、指数的概念和作用

指数有广义和狭义之分。广义指数是指所有反映社会经济现象数量变动程度的相对数,如动态相对数、比较相对数、计划完成程度等。狭义指数是一种特殊的相对数,是研究复杂现象总体数量综合变动程度的相对数。本章是指狭义指数。

指数的主要作用有以下三个方面:

第一,反映复杂现象总体数量的综合变动程度。

第二,分析复杂现象总体中各因素的数值变动程度以及各因素变动对总变动产生的影响效果。

第三,利用指数可以对复杂社会经济现象总体特征进行综合测评。

### 二、指数的种类

指数可以从不同的角度进行分类,见图10-1。

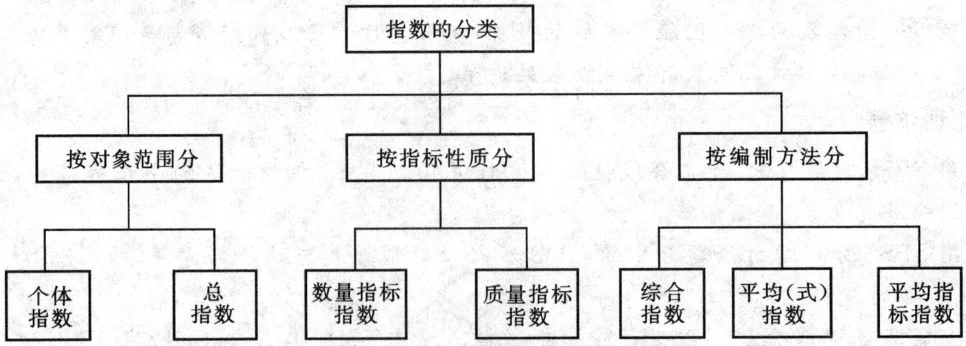


图10-1 指数分类图

(1)指数按照研究对象的范围不同,分为个体指数和总指数。

个体指数是说明个别现象数量变动程度的相对数,如某种农物的播种面积指数、某种商品的价格指数等。总指数是反映由多种不能同度量的因素构成的现象总体数量综合变动程度的相对数,如多种商品的销售量总指数和销售价格总指数。

(2)指数按照指标性质不同,分为数量指标指数和质量指标指数。

数量指标指数是反映数量指标变动程度的相对数,如产量指数、原材料消耗量指数等。

质量指标指数是反映质量指标变动程度的相对数,如单位成本指数、劳动生产率指数等。

(3)指数按编制方法不同,分为综合指数、平均(式)指数和平均指标指数。

综合指数是由两个特殊的总量指标对比所得到的相对数,即通过同度量因素,把不能直接加总的因素转化为可以同度量的总量指标以后,再进行对比所形成的相对数。

平均(式)指数也称平均数指数,是以个体指数作为变量,采用加权平均数的形式而编制的总指数。它包括加权算术平均(式)指数和加权调和平均(式)指数。

平均指标指数也称总平均数指数,一般是通过某种平均指标的两个不同数值对比而形成的相对数,包括可变构成指数、固定构成指数和结构影响指数。

# 第二节 综合指数

综合指数是总指数的一种计算形式,它是由两个特殊的总量指标相对比所得到的结果。综合指数有两种形式:数量指标综合指数和质量指标综合指数。

## 一、数量指标综合指数

### (一)概念

数量指标综合指数反映了数量指标的综合变动程度,即是考察总体规模和总水平变动情况的相对数。如多种商品销售量总指数、多种产品产量总指数等。

### (二)编制步骤

数量指标综合指数的编制步骤为:

第一步,确定同度量因素。所谓同度量因素就是把不能直接相加的量转化为能够加总的量而使用的一个媒介因素。例如,多种商品的销售量,在实物形态上无法直接加总,采用其商品的销售价格作为媒介因素,就转化为能够加总的销售额这一价值形态的指标。价格在这里既起到了媒介作用,也起到了权数作用。即

$$销售量\times销售价格=销售额$$

$$p\times q=pq$$

式中:$p$ 表示销售价格;$q$ 表示销售量。

第二步,确定同度量因素所属时期。同度量因素所属的时期有报告期和基期。不同时期的同度量因素,其数值不同,计算的总指数的结果也不同。在我国统计工作实践中,编制数量指标综合指数的一般原则是:编制数量指标综合指数时,常用基期的质量指标作为同度量因素。按照这一原则,我们把销售价格这个因素固定在基期,得出商品销售量总指数的计算公式为:

$$\overline{K}_q=\frac{\sum p_0q_1}{\sum p_0q_0}$$

**【例 10-1】** 某商业企业多种商品销售量及其价格资料见表 10-1，要求计算该商业企业的商品销售量总指数。

**表 10-1　某商业企业商品销售量及其价格资料**

| 商品名称 | 计量单位 | 销售量 | | 价格(元) | | 销售额(元) | | |
|---|---|---|---|---|---|---|---|---|
| | | 基期 | 报告期 | 基期 | 报告期 | 基期 | 报告期 | 假定 |
| | | $q_0$ | $q_1$ | $p_0$ | $p_1$ | $p_0q_0$ | $p_1q_1$ | $p_0q_1$ |
| 甲 | 箱 | 100 | 120 | 10 | 9 | 1000 | 1080 | 1200 |
| 乙 | 件 | 200 | 180 | 17 | 15 | 3400 | 2700 | 3060 |
| 丙 | 台 | 60 | 51 | 43 | 48 | 2580 | 2448 | 2193 |
| 合计 | — | — | — | — | — | 6980 | 6228 | 6453 |

**解**：根据表 10-1 数据计算该商业企业的商品销售量总指数为：

$$\overline{K}_q=\frac{\sum p_0q_1}{\sum p_0q_0}=\frac{6453}{6980}=92.45\%$$

计算结果表明，在价格水平不变的条件下，三种商品的销售量总指数为 92.45%，说明这三种商品的销售量报告期比基期平均降低了 7.55%，由于销售量降低而减少的销售额为：

$$\sum p_0q_1-\sum p_0q_0=6453-6980=-527(\text{元})$$

## 二、质量指标综合指数

### (一)概念

质量指标综合指数反映了复杂现象总体质量指标的综合变动情况，即考察的是总体相对水平和平均水平的变动程度。如多种商品销售价格总指数、多种产品单位成本总指数等。

### (二)编制步骤

质量指标综合指数的编制步骤为：

第一步，引入同度量因素。由于商品销售量可以把不能直接相加的商品销售价格过渡为能够相加的商品销售额，故以销售量作为同度量因素。即

销售价格×销售量=销售额

$$p\times q=pq$$

第二步，固定同度量因素所属时期。在我国统计工作实践中，编制质量指标综合指数的一般原则是：编制质量指标综合指数时，常用报告期的数量指标作为同度量因素。按照这一原则，我们把销售量这个媒介因素固定在报告期，得出商品销售价格总指数的计算公式：

$$\overline{K}_p=\frac{\sum p_1q_1}{\sum p_0q_1}$$

根据表 10-1 资料计算的三种商品销售价格总指数为：

$$\overline{K}_p=\frac{\sum p_1q_1}{\sum p_0q_1}=\frac{6228}{6453}=96.51\%$$

计算结果表明，在销售量不变的情况下，三种商品的销售价格总指数为 96.51%，说明这

三种商品销售价格报告期比基期综合下降了 3.49%，由于价格下降而减少的销售额为：

$$\sum p_1q_1 - \sum p_0q_1 = 6228 - 6453 = -225(\text{元})$$

需要说明的是：为了测量物量和物价的综合变动情况，德国学者拉斯贝尔于 1864 年提出了物量指数和物价指数。其指数的表达式分别为：

$$(1)\quad \overline{K}_q = \frac{\sum p_0q_1}{\sum p_0q_0} \qquad (2)\quad \overline{K}_p = \frac{\sum p_1q_0}{\sum p_0q_0}$$

我们称(1)式为拉氏物量指数，称(2)式为拉氏物价指数。

相隔十年后，德国学者派许于 1874 年提出了物量指数和物价指数，其指数的表达式分别为：

$$(3)\quad \overline{K}_q = \frac{\sum p_1q_1}{\sum p_1q_0} \qquad (4)\quad \overline{K}_p = \frac{\sum p_1q_1}{\sum p_0q_1}$$

我们称(3)式为派氏物量指数，称(4)式为派氏物价指数。

一般情形下，根据同一资料计算的拉氏物量指数数值大于等于派氏物量指数数值；计算的拉氏物价指数数值大于等于派氏物价指数数值。

## 第三节 平均(式)指数

平均(式)指数是计算总指数的另一种主要形式，是对个体指数进行加权平均而编制的总指数形式。它与综合指数既有区别又有联系，在特定的权数条件下两类指数之间存在变形关系。然而，作为一种独立指数形式，平均(式)指数不仅仅是作为综合指数的变形而使用的，其本身也具有广泛的应用价值。平均(式)指数一般有两种形式：加权算术平均(式)指数和加权调和平均(式)指数。

### 一、加权算术平均(式)指数

加权算术平均(式)指数，是指从数量指标个体指数($K_q$)出发，以基期的总量指标($p_0q_0$)为权数而计算总指数的形式。公式如下：

$$\overline{K}_q = \frac{\sum p_0q_1}{\sum p_0q_0} = \frac{\sum K_qp_0q_0}{\sum p_0q_0}$$

**【例 10－2】** 某服装企业生产三种产品，其产值和产量资料见表 10－2。

**表 10－2 某服装企业产值和产量资料**

| 产品 | 计量单位 | 实际产值(万元) | | 2014 年产量为 2013 年的百分比(%) | $K_qp_0q_0$ |
|---|---|---|---|---|---|
| | | 2013 年 | 2014 年 | | |
| 服装 | 件 | 450 | 500 | 125 | 562.5 |
| 帐篷 | 顶 | 220 | 255 | 110 | 242 |
| 背包 | 个 | 350 | 420 | 140 | 490 |
| 合计 | — | 1020 | 1175 | — | 1294.5 |

要求：根据表 10－2 资料计算该服装企业的产品产量总指数。

**解**:该企业的产品产量总指数为:

$$\overline{K}_q=\frac{\sum K_q p_0 q_0}{\sum p_0 q_0}=\frac{1294.5}{1020}=126.91\%$$

计算结果表明,三种产品产量的产量总指数为126.91%,说明这三种产品产量报告期比基期综合提高了26.91%。

由于三种产品产量提高而增加的总产值为:

$$\sum K_q p_0 q_0-\sum p_0 q_0=1294.5-1020=274.5(\text{万元})$$

## 二、加权调和平均(式)指数

加权调和平均(式)指数,是指从质量指标个体指数($K_p$)出发,以报告期的总量指标($p_1q_1$)为权数而计算总指数的形式。公式如下:

$$\overline{K}_p=\frac{\sum p_1 q_1}{\sum p_0 q_1}=\frac{\sum p_1 q_1}{\sum \frac{1}{K_p}p_1 q_1}$$

**【例10-3】** 利用表10-3的资料计算加权调和平均(式)指数,见表10-3。

**表10-3 加权调和平均(式)指数计算表**

| 产品 | 计量单位 | 实际产值(万元) | | 2014年价格比2013年增(减)幅度(%) | $\frac{1}{K_p}p_1q_1$ |
|---|---|---|---|---|---|
| | | 2013年 | 2014年 | | |
| 服装 | 件 | 450 | 500 | -2 | 510.20 |
| 帐篷 | 顶 | 220 | 255 | +3 | 218.45 |
| 背包 | 个 | 350 | 420 | -1 | 424.24 |
| 合计 | — | 1020 | 1175 | — | 1152.89 |

要求:计算三种产品的价格总指数。

**解**:该企业三种产品的价格总指数为:

$$\overline{K}_p=\frac{\sum p_1 q_1}{\sum \frac{1}{k}p_1 q_1}=\frac{1175}{1152.89}=101.92\%$$

由于价格上升而增加的总产值为:

$$\sum p_1 q_1-\frac{1}{K_p}p_1 q_1=1175-1152.89=22.11(\text{万元})$$

计算结果表明,该企业三种产品价格总指数为101.92%,由于产品价格报告期比基期综合提高1.92%,使得企业产值增加了22.11万元。

# 第四节 指数体系及因素分析

## 一、指数体系的概念与作用

### (一)指数体系的概念

指数体系是指由一系列相互联系的指数所构成的整体。表现为总变动指数与各因素指数之间的数量联系，它是客观事物之间内在关系的反映。如：

商品销售额指数＝商品销售量指数×商品价格指数

产品产量指数＝工人数指数×劳动生产率指数

产品总成本指数＝产品产量指数×单位成本指数

一般讲，指标之间有什么样的经济联系，也就相应地存在有什么样的指数体系。

**(二)指数体系的作用**

指数体系在经济分析中有着重要作用，主要表现在以下两个方面：

第一，指标体系是进行因素分析的基础。利用指数体系，可以从相对数和绝对数两方面分析各因素变动的方向和程度以及对总变动产生的影响和效果。

第二，根据指数体系可以由已知因素推算未知因素。

## 二、因素分析

因素分析是指利用指数体系对社会经济现象总体及其构成因素的数量变动情况进行的因素分析。这是经济活动分析中普遍应用的分析方法。

根据总变动指标所包含的因素多少不同，可以分为总量指标变动的两因素分析和总量指标变动的多因素分析。

总量指标变动的两因素分析，是指总变动指数由两个因素指数构成，其中一个是数量指标指数，另一个是质量指标指数。总量指标变动的多因素分析，是指总变动指数由三个及其以上的因素指数构成的指数体系。由于总量指标变动的多因素分析方法与两因素的较为相似，这里主要介绍总量指标变动的两因素分析方法。

**【例 10－4】** 某省出口三种商品，其出口统计资料见表 10－4。要求：对该省商品出口额变动情况进行因素分析。

**表 10－4　某省三种商品出口统计资料**

| 商品名称 | 出口量(吨) | | 出口价格(美元/吨) | | 出口总额(美元) | | |
|---|---|---|---|---|---|---|---|
| | 基期 $q_0$ | 报告期 $q_1$ | 基期 $p_0$ | 报告期 $p_1$ | $p_0q_0$ | $p_1q_1$ | $p_0q_1$ |
| 金属 | 1700 | 1900 | 400 | 410 | 680000 | 779000 | 760000 |
| 煤炭 | 500 | 200 | 190 | 220 | 95000 | 44000 | 38000 |
| 稀土 | 4000 | 4200 | 450 | 470 | 1800000 | 1974000 | 1890000 |
| 合计 | — | — | — | — | 2575000 | 2797000 | 2688000 |

**解：**商品出口额指数体系为：

出口额指数 ＝ 出口量指数 × 出口价格指数

$$\frac{\sum p_1q_1}{\sum p_0q_0}=\frac{\sum p_0q_1}{\sum p_0q_0}\times\frac{\sum p_1q_1}{\sum p_0q_1}$$

$$\sum p_1q_1-\sum p_0q_0=(\sum p_0q_1-\sum p_0q_0)+(\sum p_1q_1-\sum p_0q_1)$$

(1)出口额指数：$\overline{K}_{pq}=\dfrac{\sum p_1q_1}{\sum p_0q_0}=\dfrac{2797000}{2575000}=1.086(108.6\%)$

变动的绝对值为：$\sum p_1q_1 - \sum p_0q_0 = 2797000 - 2575000 = 222000$(美元)

计算结果表明，三种商品的出口额报告期比基期增长8.6%，增加的出口额为222000美元。这是由于受商品出口量变动和出口价格变动共同影响的结果。

(2)出口量指数：$\overline{K}_q = \frac{\sum p_0q_1}{\sum p_0q_0} = \frac{2688000}{2575000} = 1.044(104.4\%)$

变动的绝对值为：$\sum p_0q_1 - \sum p_0q_0 = 2688000 - 2575000 = 113000$(美元)

计算结果表明，三种商品的出口量报告期比基期上升4.4%，由于出口量提高而增加的出口额为113000美元。

(3)销售价格指数：$\overline{K}_p = \frac{\sum p_1q_1}{\sum p_0q_1} = \frac{2797000}{2688000} = 1.041(104.1\%)$

变动的绝对值为：$\sum p_1q_1 - \sum p_0q_1 = 2797000 - 2688000 = 109000$(美元)

计算结果表明，三种商品的出口价格报告期比基期上升了4.1%，由于价格提高而增加的出口额为109000美元。

指数体系为：108.6%＝104.4%×104.1%

222000＝(113000)＋(109000)

针对上述情况分析如下：三种商品出口额报告期比基期上升了8.6%，是由于出口量提高4.4%，出口价格提高4.1%两个因素共同影响的结果。三种商品的出口额报告期比基期增加了222000美元，是由于出口量提高而增加113000美元，销售价格上升而增加109000美元所形成的结果。

## 三、平均指标指数及其因素分析

### (一)平均指标指数

平均指标指数也称总平均数指数，它是由同类平均指标的两个不同时期的数值对比形成的相对数，反映了总平均指标的变动情况。平均指标指数因素分析，就是要分析在总平均指标的变动中各因素的变动情况以及对总平均指标变动的影响效果等。总体一般水平取决于两个因素：一个是总体内部各部分(组)的水平，另一个是总体的结构，即各部分(组)单位数在总体单位总量中所占的比重。总平均指标的变动是受这两个因素变动的影响所形成的综合结果。因此，对总体平均指标变动进行因素分析，就是要从数量上分析它们对总体平均指标变动的影响情况。分析的依据是平均指标指数体系。该体系包括三个指数，即总平均指标指数(可变构成指数)、固定构成指数和结构影响指数。

**1. 可变构成指数**

可变构成指数是指在对社会经济现象总体进行分组的条件下，研究总平均指标数值变动程度的相对数。可变构成指数不但反映了总体各组标志值水平的变动，还反映了总体内部结构的变动。

可变构成指数计算公式为：

$$\overline{K}_{可变} = \frac{\sum x_1 f_1}{\sum f_1} \Big/ \frac{\sum x_0 f_0}{\sum f_0}$$

式中：$\overline{K}_{可变}$代表可变构成指数；$x$代表各组的标志值水平；$f$代表各组的单位数。

可变构成指数分子与分母的离差，表示报告期总平均指标数值比基期总平均指标数值增加或减少的绝对水平，即：

$$\frac{\sum x_1 f_1}{\sum f_1}-\frac{\sum x_0 f_0}{\sum f_0}$$

2. 固定构成指数

固定构成指数就是将各组结构加以固定，反映各组标志值水平变动程度的相对数。其计算公式为：

$$\overline{K}_{固定}=\frac{\sum x_1 f_1}{\sum f_1}\bigg/\frac{\sum x_0 f_1}{\sum f_1}$$

固定构成指数分子与分母的离差，表明由于各组标志值水平的变动对总平均指标变动产生的影响效果，即

$$\frac{\sum x_1 f_1}{\sum f_1}-\frac{\sum x_0 f_1}{\sum f_1}$$

3. 结构影响指数

结构影响指数是指将各组标志值水平加以固定，反映各组结构变动程度的相对数。其计算公式为：

$$\overline{K}_{结构}=\frac{\sum x_0 f_1}{\sum f_1}\bigg/\frac{\sum x_0 f_0}{\sum f_0}$$

结构影响指数分子与分母的离差，表明由于各组结构变动对总平均指标变动产生的影响效果，即：

$$\frac{\sum x_0 f_1}{\sum f_1}-\frac{\sum x_0 f_0}{\sum f_0}$$

## (二)平均指标指数体系因素分析

可变构成指数、固定构成指数与结构影响指数之间存在着内在联系，可变构成指数＝固定构成指数×结构影响指数，其指数体系为：

相对关系：$$\frac{\sum x_1 f_1}{\sum f_1}\bigg/\frac{\sum x_0 f_0}{\sum f_0}=\left(\frac{\sum x_1 f_1}{\sum f_1}\bigg/\frac{\sum x_0 f_1}{\sum f_1}\right)\times\left(\frac{\sum x_0 f_1}{\sum f_1}\bigg/\frac{\sum x_0 f_0}{\sum f_0}\right)$$

绝对关系：$$\frac{\sum x_1 f_1}{\sum f_1}-\frac{\sum x_0 f_0}{\sum f_0}=\left(\frac{\sum x_1 f_1}{\sum f_1}-\frac{\sum x_0 f_1}{\sum f_1}\right)+\left(\frac{\sum x_0 f_1}{\sum f_1}-\frac{\sum x_0 f_0}{\sum f_0}\right)$$

**【例 10－5】** 某地区农作物生产情况见表 10－5，请对该地区三种农作物总平均亩产量变动进行因素分析。

表 10－5 某地区农作物亩产量变动情况分析计算表

| 粮食作物 | 播种面积(亩) | | 平均产量(kg/亩) | | $x_1f_1$ | $x_0f_0$ | $x_0f_1$ |
|---|---|---|---|---|---|---|---|
| | 2013 年($f_0$) | 2014 年($f_1$) | 2013 年($x_0$) | 2014 年($x_1$) | | | |
| 玉米 | 4000 | 4200 | 200 | 200 | 840000 | 800000 | 840000 |
| 高粱 | 2200 | 1500 | 300 | 310 | 465000 | 660000 | 450000 |
| 马铃薯 | 1000 | 1100 | 400 | 405 | 445500 | 400000 | 440000 |
| 合计 | 7200 | 6800 | — | — | 1750500 | 1860000 | 1730000 |

**解**:分析过程如下:

(1)该地区三种农作物总平均亩产量指数为:

$$\frac{\sum x_1f_1}{\sum f_1}\Big/\frac{\sum x_0f_0}{\sum f_0}=\frac{1750500}{6800}\Big/\frac{1860000}{7200}=\frac{257.4}{258.3}=99.65\%$$

$$\frac{\sum x_1f_1}{\sum f_1}-\frac{\sum x_0f_0}{\sum f_0}=257.4-258.3=-0.9(\text{kg/亩})$$

结果表明,三种农作物 2014 年的总平均亩产量指数为 99.65%,比 2013 年下降了 0.35%,总平均亩产量报告期比基期减少了 0.9kg。

从表 10－5 可以看出,高粱和马铃薯的亩平均产量报告期比基期分别增长 10kg 和 5kg,玉米的平均亩产量没有变化,为什么计算出来的总平均产量却降低了 0.35%呢?显然,是受各种农作物的亩产量变动和播种面积变动的影响,下面分别计算这两个因素指数,以反映它们各自变动的程度及其变动对三种农作物总平均亩产量变动的影响效果。

(2)固定构成指数为:

$$\frac{\sum x_1f_1}{\sum f_1}\Big/\frac{\sum x_0f_1}{\sum f_1}=\frac{1750500}{6800}\Big/\frac{1730000}{6800}=\frac{257.4}{254.4}=101.18\%$$

其分子与分母的离差为:

$$\frac{\sum x_1f_1}{\sum f_1}-\frac{\sum x_0f_1}{\sum f_1}=257.4-254.4=3(\text{kg/亩})$$

计算结果表明,在三种农作物播种面积不变的情况下,三种农作物的平均亩产量报告期比基期提高了 1.18%,使总平均亩产量增加 3kg。

(3)结构影响指数为:

$$\frac{\sum x_0f_1}{\sum f_1}\Big/\frac{\sum x_0f_0}{\sum f_0}=\frac{1730000}{6800}\Big/\frac{1860000}{7200}=\frac{254.4}{258.3}=98.49\%$$

其分子与分母的离差为:

$$\frac{\sum x_0f_1}{\sum f_1}-\frac{\sum x_0f_0}{\sum f_0}=254.4-258.3=-3.9(\text{kg/亩})$$

计算结果表明,由于播种面积构成发生了变化,即三种农作物播种面积指数为 98.49%,报告期比基期下降了 1.51%,造成总平均亩产量减少 3.9kg。

三者之间的关系为：

$$99.65\% = 101.18\% \times 98.49\%$$
$$-0.9 = 3 + (-3.9)$$

# 第五节　几种常用的经济指数

## 一、居民消费价格指数

居民消费价格指数(CPI)，又称生活费用指数，是反映居民家庭一般所购买的生活消费商品和服务价格水平变动情况的宏观经济指标。它是度量一组代表性消费商品及服务项目的价格水平随时间而变动的相对数，反映了居民家庭购买消费商品及服务的价格水平的变动情况。居民消费价格是社会产品和服务项目的最终价格，同人民群众的生活密切相关，在整个国民经济价格体系中也具有重要的地位。它是进行经济分析和决策、是监测和调控价格总水平及进行国民经济核算的重要指标，其变动率在一定程度上反映了通货膨胀或紧缩的程度。一般来讲，物价全面地、持续地上涨超过一定幅度时就被认为发生了通货膨胀。

我国的居民消费价格指数是采用加权算术平均(式)指数方法编制的。编制过程如下：

(1)项目分类。将各种居民消费品划分为八大类，包括食品、衣着、家庭设备用品及维修、医疗保健及个人用品、交通和通讯、娱乐教育文化用品、居住、服务，在这八大类下面再划分为若干个中类和小类。

(2)个体价格指数计算。从以上各类中选定 325 种有代表性的商品项目(含服务项目)入编指数，利用有关对比时期的价格资料分别计算个体价格指数。

(3)确定权数。依据有关时期内各种商品的销售额构成资料，确定代表品的比重权数，它既包括代表品本身的权数——直接权数，也包括该代表品所属的那一类商品中其他项目的权数——附加权数，目的是提高入编项目对于所有消费品的代表性。

**【例 10-6】** 2013 年某地区居民消费价格指数计算见表 10-6。

**表 10-6　居民消费价格指数计算表**

| 类别 | 类指数(%) | 权数($w$) | 指数×权数 |
|---|---|---|---|
| 居民消费价格总指数 | 104.4 | 100 | — |
| 一、食品 | 106.2 | 42 | 44.604 |
| 二、衣着 | 99.58 | 10 | 9.958 |
| 1. 服装 | 100.3 | 60 | 60.18 |
| 2. 衣着材料 | 99.2 | 4 | 3.968 |
| 3. 鞋帽袜及其他衣着 | 98.42 | 36 | 35.4312 |
| (1)鞋类 | 96.4 | 65 | 62.66 |
| (2)袜子 | 105.2 | 15 | 15.78 |
| (3)帽子 | 84.0 | 8 | 6.72 |
| (4)其他衣着 | 110.5 | 12 | 13.26 |

续表 10－6

| 类别 | 类指数(%) | 权数($w$) | 指数×权数 |
|---|---|---|---|
| 三、家庭设备用品及维修 | 101.5 | 6 | 6.09 |
| 四、医疗保健及个人用品 | 102.4 | 5 | 5.12 |
| 五、交通和通讯 | 99.3 | 10 | 9.93 |
| 六、娱乐教育文化用品 | 100.9 | 9 | 9.081 |
| 七、居住 | 112.3 | 12 | 13.476 |
| 八、服务 | 102.4 | 6 | 6.144 |

利用表 10－6 资料依次计算各类别的消费品价格指数和消费品价格总指数。计算公式为：

$$\overline{K}_p = \frac{\sum K_p w}{\sum w}$$

(1)鞋帽袜及其他衣着类指数为：

$$\overline{K}_p = \frac{\sum K_p w}{\sum w} = \frac{96.4\% \times 65 + 105.2\% \times 15 + 84.0\% \times 8 + 110.5\% \times 12}{100} = 98.42\%$$

(2)衣着类指数为：

$$\overline{K}_p = \frac{\sum K_p w}{\sum w} = \frac{100.3\% \times 60 + 99.2\% \times 4 + 98.42\% \times 36}{100} = 99.58\%$$

(3)居民消费价格总指数为：

$$\overline{K}_p = \frac{\sum K_p w}{\sum w} = (106.2\% \times 42 + 99.58\% \times 10 + 101.5\% \times 6 + 102.4\% \times 5 + 99.3\% \times 10 + 100.9\% \times 9 + 112.3\% \times 12 + 102.4\% \times 6)/100 = 104.4\%$$

## 二、商品零售价格指数

商品零售价格指数(retail price index)是反映一定时期内商品零售价格变动趋势和变动程度的相对数。其目的在于掌握商品零售价格的变动趋势，为国家宏观调控和国民经济核算提供参考依据。商品零售价格指数是通过商品零售价格的调查资料编制的。商品零售价格的调查范围涉及各种类型的工业、商业、餐饮业和其他行业的零售商品以及农村居民对非农村居民出售商品的价格。包括食品、饮料烟酒、服装鞋帽、纺织品、家用电器及音像器材、文化办公用品、日用品、体育娱乐用品、交通通信用品、家具、化妆品、金银珠宝、中西药品及医疗保健用品、书报杂志及电子出版物、燃料、建筑材料及五金电料等 16 个大类，229 个基本分类的商品零售价格。

商品零售价格的调查资料采用抽样方法，按照经济区域和地区分布合理等原则，抽选出具有代表性的大、中、小型城市和县作为调查市、县，选择经营品种齐全、零售额大的中心市场、农贸市场作为价格调查点，定时定点定人对价格进行直接调查取得资料。其计算包括以下几个步骤：

一是采用简单算术平均方法计算代表规格品平均价格；二是计算基本分类指数：月环比指数和定基指数；三是逐级加权平均计算类别及总指数；四是根据城市和农村指数按城乡相应的零售额资料加权平均计算全市指数；五是采取换算方法确定价格指数。表 10－7 是国家统计局公布的我国 2014 年 6 月的商品零售价格分类指数（上年同月或同期为 100）。

**表 10－7　我国商品零售价格分类指数（2014 年 6 月）**

| 项目名称 | 上年同月＝100 | | | 上年同期＝100 | | |
|---|---|---|---|---|---|---|
| | 全国 | 城市 | 农村 | 全国 | 城市 | 农村 |
| 商品零售价格指数 | 101.6 | 101.6 | 101.6 | 101.2 | 101.2 | 101.2 |
| 一、食品 | 103.6 | 103.8 | 103.3 | 103.3 | 103.5 | 102.7 |
| 二、饮料、烟酒 | 100.1 | 100.1 | 100.2 | 99.9 | 99.9 | 100 |
| 三、服装、鞋帽 | 102.6 | 102.7 | 102.4 | 102.2 | 102.2 | 102.3 |
| 四、纺织品 | 101.1 | 100.8 | 101.7 | 101 | 100.8 | 101.5 |
| 五、家用电器及音像器材 | 98.5 | 98.3 | 99.2 | 98.5 | 98.2 | 99.3 |
| 六、文化办公用品 | 98.8 | 98.5 | 99.9 | 98.7 | 98.4 | 99.9 |
| 七、日用品 | 100.6 | 100.4 | 100.8 | 100.6 | 100.4 | 101 |
| 八、体育娱乐用品 | 100.6 | 100.9 | 100 | 100.5 | 100.7 | 99.9 |
| 九、交通、通信用品 | 98.9 | 98.8 | 99.1 | 98.4 | 98.3 | 98.8 |
| 十、家具 | 101.7 | 101.8 | 101.1 | 101.6 | 101.8 | 101 |
| 十一、化妆品 | 100.8 | 100.8 | 100.7 | 100.8 | 100.8 | 100.9 |
| 十二、金银珠宝 | 93.4 | 93.8 | 91.7 | 88.3 | 88.5 | 87.2 |
| 十三、中西药品及医疗保健用品 | 101.6 | 101.7 | 101.4 | 102 | 102 | 101.8 |
| 十四、书报杂志及电子出版物 | 101.1 | 101.2 | 100.7 | 101.1 | 101.2 | 100.8 |
| 十五、燃料 | 103.5 | 103.5 | 103.3 | 101.4 | 101.4 | 101.2 |
| 十六、建筑材料及五金电料 | 100.5 | 100.5 | 100.5 | 100.7 | 100.6 | 100.9 |

## 三、股票价格指数

### （一）股票价格指数及其编制

股票价格指数是反映整个股票市场价格的总体水平及其变动情况的指标，简称为股票指数。它是由证券交易所或金融服务机构编制的表明股票行情变动的一种可供参考的指示数字，被称为市场经济的“晴雨表”。

股票价格指数的编制方法主要有加权综合指数和算术平均数两种，由于上市股票种类繁多，人们常常从上市股票中抽取若干种具有代表性的样本股票，计算其综合指数或价格平均数，用以表示整个市场的股票价格变动的基本趋势。计算股价综合指数或平均数时需要遵守以下几点原则：

第一，样本股票必须具有典型性、普遍性。为此在选择样本时，应综合考虑其行业分布、市场影响力、股票等级、交易数量等。

第二，计算方法应具有高度的适应性。能对不断变化的股市行情做出相应的调整或修正，使股票指数或平均数有较好的敏感性。

第三，要有科学的计算依据和手段。计算口径必须统一，常以收盘价作为计算依据，但随着计算频率的增加，有的以每小时价格甚至更短时间的价格来计算。

第四，基期应有较好的均衡性和代表性。

基于以上原则，当采用综合指数方法计算股票价格指数时，一般以发行量（或成交量）为权数进行加权综合，多数是以报告期发行量为权数，计算公式为：

$$\overline{K}_p = \frac{\sum p_1 q_1}{\sum p_0 q_1}$$

式中：$\overline{K}_p$ 表示股票价格指数，以"点"表示；$p_1$，$p_0$ 分别表示样本股票交易价格和股票基准日价格；$q_1$ 表示股票交易日发行量或成交量。

我国的上证30指数、香港的恒生指数、美国的SP500指数等，都是采用综合指数的方法编制的。

**【例10-7】** 现有三种股票的价格和发行量资料见表10-8，请计算股票价格指数。

**表10-8 某股市三种股票交易情况**

| 股票名称 | 股价（元） | | 报告期发行量 $q_1$（万股） |
|---|---|---|---|
| | 基期 $p_0$ | 报告期 $p_1$ | |
| 甲 | 8.4 | 8.0 | 40000 |
| 乙 | 9.3 | 10.5 | 80000 |
| 丙 | 10 | 12 | 50000 |

**解**：根据表10-8资料可得：

$$\overline{K}_p = \frac{\sum p_1 q_1}{\sum p_0 q_1} = \frac{8.0 \times 40000 + 10.5 \times 80000 + 12 \times 50000}{8.4 \times 40000 + 9.3 \times 80000 + 10 \times 50000}$$

$$= \frac{1760000}{1580000} = 111.39\%$$

计算结果表明，该股市三种股票价格水平报告期较基期上涨了11.39%。

## （二）几种常见的股票价格指数

### 1. 道·琼斯股票指数

道·琼斯股票指数是世界上历史最为悠久的股票指数，也是目前世界上影响最大、最有权威性的一种股票价格指数。它于1884年由道·琼斯公司的创始人查理斯·道开始编制。最初的道·琼斯股票价格指数是根据11种具有代表性的铁路公司的股票，采用算术平均法编制而成，发表在查理斯·道自己编辑出版的《每日通讯》上。其计算公式为：股票价格平均数＝入选股票的价格之和/入选股票的数量。

目前，道·琼斯股票价格平均指数共分四组：

第一组是工业股票价格平均指数。它由30种有代表性的大型工商业公司的股票组成，大致可以反映美国整个工商业股票的价格水平，这也就是人们通常所引用的道·琼斯工业股票价格平均数。

第二组是运输业股票价格平均指数。它包括 20 种有代表性的运输业公司的股票，含 8 家铁路运输公司、8 家航空公司和 4 家公路货运公司。

第三组是公用事业股票价格平均指数。它由代表着美国公用事业的 15 家煤气公司和电力公司的股票所组成。

第四组是平均价格综合指数。它是综合前三组股票价格计算得出的综合指数，这组综合指数虽然为优等股票提供了直接的股票市场状况，但现在通常引用的是第一组——工业股票价格平均指数。

**2. 标准普尔股票价格综合指数**

标准普尔股票价格综合指数是美国最大的证券研究机构标准普尔公司所计算并发表的。它包括 400 种工业股、40 种公用事业股、20 种交通运输股以及 40 种商业银行股和保险股。标准普尔公司利用现代高速电子计算机计算出平均价格指数，并将结果每小时公布一次。标准普尔公司计算的 500 种股票价值约占纽约证券交易所股票总值的一大半，因此它的影响和分量是很大的，美国商业周刊每期都刊登标准普尔股票平均价格指数。

**3. 香港恒生指数**

香港恒生指数是香港股票市场上历史最久、影响最大的股票价格指数，由香港恒生银行于 1969 年 11 月 24 日开始发布。

恒生股票价格指数包括从香港 500 多家上市公司中挑选出来的 33 家有代表性且经济实力雄厚的大公司股票作为成分股，分为四大类——4 种金融业股票、6 种公用事业股票、9 种地产业股票和 14 种其他工商业（包括航空和酒店）股票。33 家上市公司的股票总值占全部上市公司股票总值的三分之二，因此该股票指数涉及香港的各个行业，具有较强的代表性。

恒生股票价格指数的编制是以 1964 年 7 月 31 日为基期，因为这一天香港股市运行正常，成交值均匀，可反映整个香港股市的基本情况，基点确定为 100 点。其计算方法是将 33 种股票按每天的收盘价乘以各自的发行股数为计算日的市值，再与基期的市值相比较，乘以 100 就得出当天的股票价格指数。

由于恒生股票价格指数所选择的基期适当，因此，不论股票市场狂升或猛跌，还是处于正常交易水平，恒生股票价格指数基本上能反映整个股市的活动情况。

**4 上证股票指数**

上证股票指数是由上海证券交易所编制的股票指数，1990 年 12 月 19 日正式开始发布。该股票指数的样本为所有在上海证券交易所挂牌上市的股票，其中新上市的股票在挂牌的第二天纳入股票指数的计算范围。

该股票指数的权数为上市公司的总股本。由于我国上市公司的股票有流通股和非流通股之分，其流通量与总股本并不一致，所以总股本较大的股票对股票指数的影响就较大，上证指数常常就成为机构大户造市的工具，使股票指数的走势与大部分股票的涨跌相背离。

上海证券交易所股票指数的发布几乎是和股票行情的变化同步的，它是我国股民和证券从业人员研判股票价格变化趋势必不可少的参考依据。

# 第六节　指数分析的SPSS统计软件应用实验

## 一、实验目的

运用SPSS统计软件对调查数据进行整理，编制综合指数，进行因素分析。掌握数据处理的统计软件应用技能，培养学生从经济管理角度对实验结果进行解释和运用的能力。

## 二、实验内容

(1)运用SPSS编制数量指标综合指数与质量指标综合指数。

(2)解释实验结果。

## 三、实验资料

(1)某外贸公司出口商品的资料见表10－9。

表10－9　某外贸公司出口商品资料

| 商品名称 | 计量单位 | 出口量 | | 单位价格(万元) | |
|---|---|---|---|---|---|
| | | 基期($q_0$) | 报告期($q_1$) | 基期($p_0$) | 报告期($p_1$) |
| 甲 | 台 | 150 | 180 | 7.0 | 7.5 |
| 乙 | 箱 | 80 | 100 | 4.0 | 5.2 |
| 丙 | 吨 | 300 | 360 | 2 | 1.8 |

(2)某商场2013和2014年十款家用净水器销售资料，见表10－10。

表10－10　某商场十款家用净水器销售资料

| 品牌 | 2013年 | | 2014年 | |
|---|---|---|---|---|
| | 销售量(台) | 价格(元) | 销售量(台) | 价格(元) |
| 3M | 1169 | 1899 | 978 | 1999 |
| 道尔顿 | 1101 | 1560 | 1213 | 1480 |
| 安吉尔 | 213 | 1798 | 108 | 1998 |
| 沁园 | 9034 | 1990 | 10762 | 1799 |
| 立升 | 145 | 1698 | 159 | 1497 |
| 美的 | 5132 | 860 | 6711 | 698 |
| 海尔 | 3077 | 1540 | 2892 | 1699 |
| 汉斯希尔 | 176 | 2180 | 212 | 2260 |
| 爱惠浦 | 254 | 1499 | 147 | 1149 |
| 爱玛特 | 236 | 1390 | 562 | 999 |

## 四、实验要求

(1)编制外贸公司出口量综合指数。

(2)编制外贸公司出口价格综合指数。

(3)编制商场净水器销售量综合指数。

(4)编制商场净水器销售价格综合指数。

## 五、实验步骤

以表 10－9 资料为例，完成实验要求中的第(1)个实验。(注：其余的实验要求学生自己完成)

第一步：创建 SPSS 数据文件：打开 SPSS，创建“外贸公司出口基本资料 SPSS 数据文件.sav”。

第二步：打开“外贸公司出口基本资料的 SPSS 数据文件.sav”，在数据编辑菜单选择“转换(T)”→“计算变量(C)”，进入“计算变量”对话框(见图 10－2)。

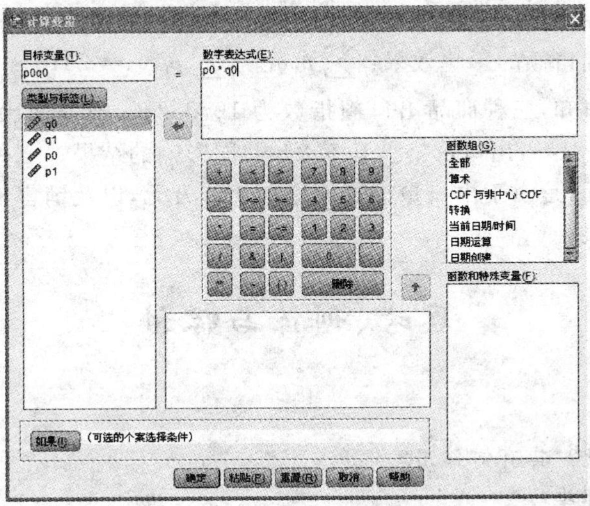


图 10－2 “计算变量”对话框

第三步：在“目标变量(T)”对话框中，输入“$p_0q_0$”作为出口额的名称和标签。(对话框略去)

第四步：在“类型与标签(L)”中点击“$p_0$”，将其添加到“数学表达式(E)”中，选择下面的符号“＊”，代表乘号，接着将“$q_0$”添加到“数学表达式(E)”中，效果见图 10－2。

第五步：显示计算结果。单击“计算变量”对话框下方的“确定”按钮，系统输出结果，即外贸公司基期出口额 $p_0q_0$。

外贸公司报告期出口额 $p_1q_1$ 和对比期 $p_0q_1$ 的操作过程与上述一致，此处不再赘述。将整理过的表加以显示，见表 10－11。

**表 10－11 总出口额结果输出**

| | $q_0$ | $q_1$ | $p_0$ | $p_1$ | $p_1q_1$ | $p_0q_0$ | $p_0q_1$ |
|---|---|---|---|---|---|---|---|
| 1 | 150.00 | 180.00 | 7.00 | 7.50 | 1350.00 | 1050.00 | 1260.00 |
| 2 | 80.00 | 100.00 | 4.00 | 5.20 | 520.00 | 320.00 | 400.00 |
| 3 | 300.00 | 360.00 | 2.00 | 1.80 | 648.00 | 600.00 | 720.00 |
| 合计 | — | — | — | — | 2518.00 | 1970.00 | 2380.00 |

## 六、实验结果解释

根据软件操作输出结果表 10－11 计算可知：

出口额综合指数：$\overline{K}_{pq}=\dfrac{\sum p_1q_1}{\sum p_0q_0}=\dfrac{2518}{1970}=1.2782=127.82\%$

出口额变动的绝对值：$\sum p_1q_1-\sum p_0q_0=2518-1970=548$(万元)

出口量综合指数：$\overline{K}_q=\dfrac{\sum p_0q_1}{\sum p_0q_0}=\dfrac{2380}{1970}=1.2081=120.81\%$

出口量变动对出口额的影响效果：$\sum p_0q_1-\sum p_0q_0=2380-1970=410$(万元)

出口价格综合指数：$\overline{K}_p=\dfrac{\sum p_1q_1}{\sum p_0q_1}=\dfrac{2518}{2380}=1.0580=105.80\%$

出口价格变动对出口额的影响效果：$\sum p_1q_1-\sum p_0q_1=2518-2380=138$(万元)

从上述计算结果可知，三种商品出口额指数为127.82%，报告期比基期上升了27.82%，是由于出口量上升20.81%，出口价格上升5.8%共同影响的结果。三种商品的出口额报告期比基期增加了548万元，是由于出口量提高而增加410万元，以及销售价格上升而增加138万元共同影响形成的结果。

## 思考、训练与探讨

### 一、思考题

1. 什么是统计指数？其有何作用？
2. 指数的种类有哪些？
3. 什么是同度量因素？在编制综合指数中有何作用？
4. 什么是综合指数？编制综合指数的一般原则是什么？
5. 综合指数与平均(式)指数的关系如何？
6. 简述平均(式)指数与平均指标指数的区别。
7. 什么是平均(式)指数？加权算术平均(式)指数与加权调和平均(式)指数有什么不同？
8. 什么是指数体系？其有何作用？

### 二、计算题

1. 某地区2013—2014年粮食销售资料见表10-12：

**表10-12 某地区2013—2014年粮食销售量及价格**

| 产品名称 | 2013年 | | 2014年 | |
|---|---|---|---|---|
| | 价格(元/斤) | 销售量(万斤) | 价格(元/斤) | 销售量(万斤) |
| 小麦 | 2.2 | 500 | 2.23 | 450 |
| 大米 | 2.58 | 200 | 2.80 | 300 |
| 高粱 | 2.15 | 50 | 2.26 | 55 |

要求：(1)计算3种粮食销售量个体指数及总指数。

(2)计算3种粮食销售价格个体指数及总指数。

2. 某市4种商品销售量和价格资料见表10－13：

**表10－13　某市4种商品销售量和价格资料**

| 品种 | 基期 | | 报告期 | |
|---|---|---|---|---|
| | 零售价(元/千克) | 销售量(万吨) | 零售价(元/千克) | 销售量(万吨) |
| 蔬菜 | 2.8 | 5.00 | 3 | 5.20 |
| 猪肉 | 18.6 | 4.66 | 20 | 5.52 |
| 鲜蛋 | 5.4 | 1.20 | 5.6 | 1.15 |
| 水产品 | 25.8 | 1.15 | 28.0 | 1.30 |

要求：(1)计算4种商品的销售量总指数，反映销售量变动对销售额带来的影响效果。

(2)计算4种商品的价格总指数，反映价格变动对销售额带来的影响效果。

3. 设有3种股票的价格和成交量资料见表10－14，要求：计算股票价格总指数以及由于股票价格变动对成交额的影响效果。

**表10－14　3种股票的价格和成交量资料**

| 股票名称 | 基期收盘价格(元) | 报告期收盘价格(元) | 报告期成交量(万股) |
|---|---|---|---|
| A | 16.57 | 16.98 | 12000 |
| B | 14.30 | 14.00 | 3500 |
| C | 22.10 | 22.46 | 2000 |

4. 某家电公司为了提高销售额，对公司所生产的热水器、空调、彩电和冰箱4种商品采取降价策略，其价格下调幅度及销售额资料见表10－15：

**表10－15　4种商品的调价幅度和销售额资料**

| 商品名称 | 调价幅度(%) | 报告期销售额(万元) |
|---|---|---|
| 热水器 | －12.0 | 106 |
| 空调 | －10.0 | 54 |
| 冰箱 | －8.0 | 180 |
| 彩电 | －15.5 | 250 |

要求计算：(1)4种商品价格平均下调了百分之几？

(2)由于价格下调使该公司的销售额减少多少万元？

5. 某药品企业2014年第三季度和第四季度3种药品的总产值数据见表10－16：

**表10－16　某药品企业2014年第三、四季度3种药品的总产值数据**

| 药品名称 | 总产值(万元) | | 第四季度与第三季度相比价格提高(＋)或下降(－)(%) |
|---|---|---|---|
| | 第三季度 | 第四季度 | |
| 甲 | 150 | 155 | 5 |
| 乙 | 220 | 180 | －4 |
| 丙 | 90 | 100 | 7 |

要求根据表中资料计算：

(1)3 种药品的价格总指数以及由于价格变化而影响的总产值变动结果。

(2)3 种药品的产量总指数以及由于产量变动而影响总产值变动的绝对值。

(3)3 种药品总产值指数及其变动的绝对值。

6. 某企业 2013 年和 2014 年 3 种产品的总成本资料见表 10－17：

**表 10－17　某企业 2013 年和 2014 年 3 种产品的总成本资料**

| 产品名称 | 2014 年产量为 2013 年的百分比(%) | 总成本(万元) | |
|---|---|---|---|
| | | 2013 年 | 2014 年 |
| 甲 | 110.5 | 126 | 162 |
| 乙 | 98.6 | 60 | 72 |
| 丙 | 124.3 | 280 | 448 |
| 合计 | — | 466 | 682 |

要求计算：(1)3 种产品产量总指数和单位成本总指数

(2)由于产量和单位成本变动而增加(或减少)的总成本各为多少？

7. 某企业 3 种产品的原材料消耗资料见表 10－18：

**表 10－18　某企业 3 种产品的原材料消耗资料**

| | 基期 | | 报告期 | |
|---|---|---|---|---|
| 产品名称 | 单耗(元/公斤) | 消耗量(公斤) | 单耗(元/公斤) | 消耗量(公斤) |
| 甲 | 48 | 1500 | 45 | 2600 |
| 乙 | 105 | 1000 | 140 | 500 |
| 丙 | 60 | 2300 | 60 | 2800 |

要求：根据指数体系对原材料消耗总额变动进行因素分析。

8. 某种商品在 3 个超市不同时期的销售资料见表 10－19：

**表 10－19　某种商品在 3 个超市不同时期的销售资料**

| 市场 | 销售价格(元/公斤) | | 销售量(公斤) | |
|---|---|---|---|---|
| | 基期 | 报告期 | 基期 | 报告期 |
| 沃尔玛 | 2.20 | 2.60 | 840 | 760 |
| 家乐福 | 2.35 | 2.80 | 760 | 710 |
| 永辉 | 2.50 | 2.40 | 500 | 540 |
| 合计 | — | — | 2100 | 2010 |

要求：(1)计算该商品平均价格的可变构成指数、固定构成指数和结构影响指数。

(2)建立指数体系，从相对数和绝对数角度对该商品的总平均价格变动进行因素分析。

9. 某企业 3 种产品的有关资料见表 10－20：

表 10-20 某企业3种产品的有关资料

| 产品名称 | 计量单位 | 产量 | | 单位成本(元) | |
|---|---|---|---|---|---|
| | | 基期 | 报告期 | 基期 | 报告期 |
| 甲 | 台 | 3000 | 3100 | 450 | 650 |
| 乙 | 件 | 8000 | 6500 | 70 | 55 |
| 丙 | 箱 | 400 | 450 | 200 | 230 |

要求:根据指数体系对3种产品的总成本进行因素分析。

10.某商业企业报告期实现商品销售额1280万元,比基期增加了176万元,同期商品价格综合提高了14.7个百分点。试根据指数体系对该商业企业的商品销售额变动进行因素分析。

## 三、讨论题

1.上证50指数是根据科学客观的方法,挑选上海证券市场规模大、流动性好的最具代表性的50只股票组成样本股,以便综合反映上海证券市场最具市场影响力的一批龙头企业的整体状况。上证50指数自2004年1月2日起正式发布,其目标是建立一个成交活跃、规模较大、主要作为衍生金融工具基础的投资指数。

表10-21是在上海证券交易所网站(http://www.sse.com.cn)上2014年12月16日发布的上证50指数样本股。2014年12月16日至2015年4月16日之间这50个样本股并未发生改变。据查2014年12月16日的上证50指数收盘价为2299.28。

表 10-21 2014年12月16日上证50指数样本股

| | | |
|---|---|---|
| 浦发银行(600000) | 包钢股份(600010) | 华夏银行(600015) |
| 民生银行(600016) | 上港集团(600018) | 中国石化(600028) |
| 中信证券(600030) | 招商银行(600036) | 保利地产(600048) |
| 中国联通(600050) | 特变电工(600089) | 上汽集团(600104) |
| 国金证券(600109) | 包钢稀土(600111) | 中国船舶(600150) |
| 复星医药(600196) | 广汇能源(600256) | 白云山(600332) |
| 中航电子(600372) | 国电南瑞(600406) | 康美药业(600518) |
| 贵州茅台(600519) | 海螺水泥(600585) | 百视通(600637) |
| 青岛海尔(600690) | 三安光电(600703) | 东方明珠(600832) |
| 海通证券(600837) | 伊利股份(600887) | 招商证券(600999) |
| 大秦铁路(601006) | 中国神华(601088) | 海南橡胶(601118) |
| 兴业银行(601166) | 北京银行(601169) | 农业银行(601288) |
| 中国北车(601299) | 中国平安(601318) | 交通银行(601328) |
| 工商银行(601398) | 中国太保(601601) | 中国人寿(601628) |
| 中国建筑(601668) | 华泰证券(601688) | 中国南车(601766) |
| 光大银行(601818) | 中国石油(601857) | 方正证券(601901) |
| 中国重工(601989) | 中信银行(601998) | |

要求:

(1)试收集相关资料编制2015年4月16日的上证50指数。说明上证50指数同度量因素是如何选择的？该选择对股票指数有何影响？

(2)从相对数和绝对数角度分析上证50指数上市公司总市值、总股本、股价变动情况。

2. 房屋销售价格指数是反映一定时期房屋销售价格变动趋势的相对数，包括商品房、公有房屋和私有房屋各大类房屋的销售价格的变动情况。试搜集资料并以2013年为基期，编制西安和厦门2014年商品房价格指数，从相对数和绝对数两方面对两地的商品房交易额变动进行因素分析，比较两地商品房价格水平的差异情况。

# 第十一章 相关与回归分析

## 第一节 相关分析概述

### 一、相关分析的概念

许多社会经济现象之间都存在着一定的联系，它们在互相依赖、互相制约、互相作用中不断发展。客观现象之间联系的状态，可以通过一定的数量关系反映出来。现象之间存在的数量联系，归纳起来有两种类型：一种是非确定性关系，也称为相关关系。例如，居民收入水平与消费水平、产品产量与生产费用、商品销售量与销售价格、汇率与进出口额等。人们把变量之间存在的这种非确定性的数量依存关系，就叫做相关关系。另一种是确定性关系，也称为函数关系。例如圆的半径与面积、概率与概率度等。经常把变量之间存在的确定性的数量依存关系，叫做函数关系。

相关关系与函数关系也有非常密切的联系。在研究相关关系时，可以利用函数关系的表达式来表现相关关系的数量联系状态；在实践中，由于存在观察误差或测量误差，可能会发生对函数关系和相关关系的误判。

在统计上，把从数量上研究现象之间相关关系的理论和方法称为相关分析。广义的相关分析包括相关分析和回归分析，既研究变量之间关系的密切程度，又用函数关系式表达变量之间存在的联系形式及数量规律。狭义的相关分析仅研究变量之间关系的密切程度。这里我们从广义角度进行相关分析。

### 二、相关关系的种类

相关关系按分类依据不同，可作如下的划分：

(1)按变量之间相关的程度不同，分为不相关、不完全相关和完全相关。

如果两个变量之间没有任何联系，彼此的数量变化互不影响，这种关系称为不相关。如果一个变量的数量变化引起另一个变量的数量发生唯一变化时，这两个变量间的关系称为完全相关。此时的相关关系实际就是函数关系。所以函数关系是相关关系的一种特殊情形。如果两个变量之间的关系处于不相关和完全相关之间，就称之为不完全相关。大多数相关的现象之间都存在不完全相关关系。

(2)按变量之间相关的方向不同，分为正相关和负相关。

如果两个相关的变量，呈现出同方向的变化趋势时，这种相关关系称为正相关。如果相关的两个变量呈现出反方向的变化趋势时，这种相关关系称为负相关。

(3)按变量之间相关的形式不同，分为直线相关和曲线相关。

对于存在相关关系的两个变量而言，一个变量的数值发生变化时，另一个变量的数值随之发生大致均等的变化，这种相关关系称为直线相关。从散点图上看，各个变量观测点的分布近似地表现为直线形式。当一个变量数值变动时，另一个变量的数值也随之发生不均等的变动，这种相关关系就称为曲线相关。从散点图上看，变量的各个观测点的分布近似地表现为不同的曲线。

(4)按相关关系涉及的变量个数的多少不同，分为单相关和复相关。

单相关是指两个变量之间的相关关系。三个及其以上变量之间的相关关系，称为复相关。

### 三、相关分析的步骤

(1)对客观现象进行定性分析，判断现象之间的相关性。

根据社会经济理论和实践经验，对其进行定性分析，判断变量之间是否存在相关关系，这是进行相关分析的前提和基础。

(2)绘制相关图和相关表。

定性分析确定了变量之间存在相关关系后，可利用相关图和相关表进一步判断变量之间相关的方向及形式。

(3)计算相关系数。

相关图和相关表确定了变量之间相关的方向和形式，但不能确定变量之间关系的密切程度，计算相关系数可以回答这个问题。相关系数是反映具有线性相关关系的两个变量之间关系密切程度的统计指标。把分析三个及其以上相关变量之间关系密切程度的指标叫做相关指数，这里不予讨论。

(4)进行回归分析——确定回归直线。

当两个变量之间的相关关系存在显著性相关及高度相关时，就有必要通过回归分析，确定变量之间相关的形式，并用函数关系式将变量之间相互影响的数量规律反映出来。这里主要介绍一元线性回归分析方法，多元线性回归及曲线回归分析方法，在计量经济学中介绍。

(5)计算估计标准误差。

建立了两个变量之间的线性回归方程之后，需要评价回归直线的代表性如何，需要运用估计标准误差指标来衡量。

(6)进行回归估计(或回归预测)。

当确定了线性回归方程具有良好的代表性之后，就可以利用线性回归方程进行回归估计或回归预测。

## 第二节　相关系数

定性分析确定了变量之间存在相关关系之后，变量之间相关的形式和方向及相关程度如何呢？利用相关图和相关表可以判断变量之间相关的形式及方向，利用相关系数可以测度变量之间关系的密切程度。

## 一、相关图和相关表

相关图又叫散点图。它是利用直角坐标系，将其中一个变量放在横轴上，另一变量放在纵轴上，将两个变量的对应数值用坐标点画出来，相关点的分布情况可以大致表现出两个变量之间相关的形式及方向。两个变量之间相关关系的各种类型见图 11 - 1、图11 - 2、图 11 - 3。

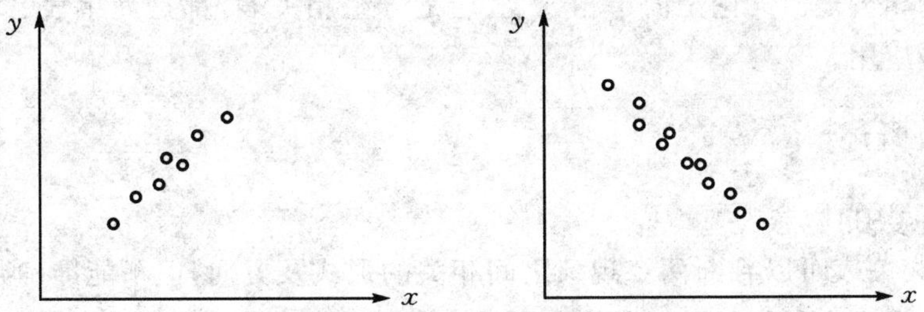


(a)正相关　(b)负相关

图 11 - 1　变量之间相关的方向

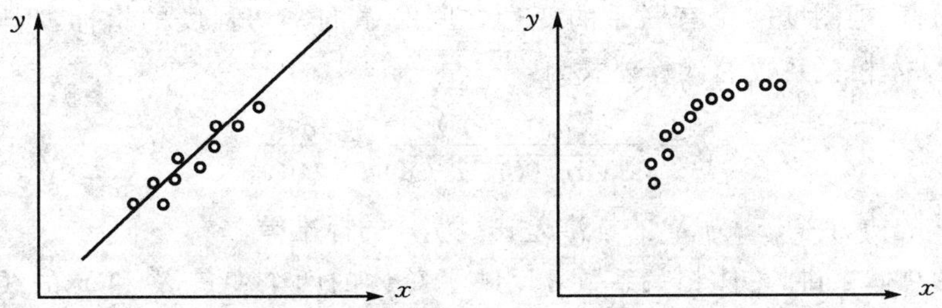


(a)直线相关　(b)曲线相关

图 11 - 2　变量之间相关的形式

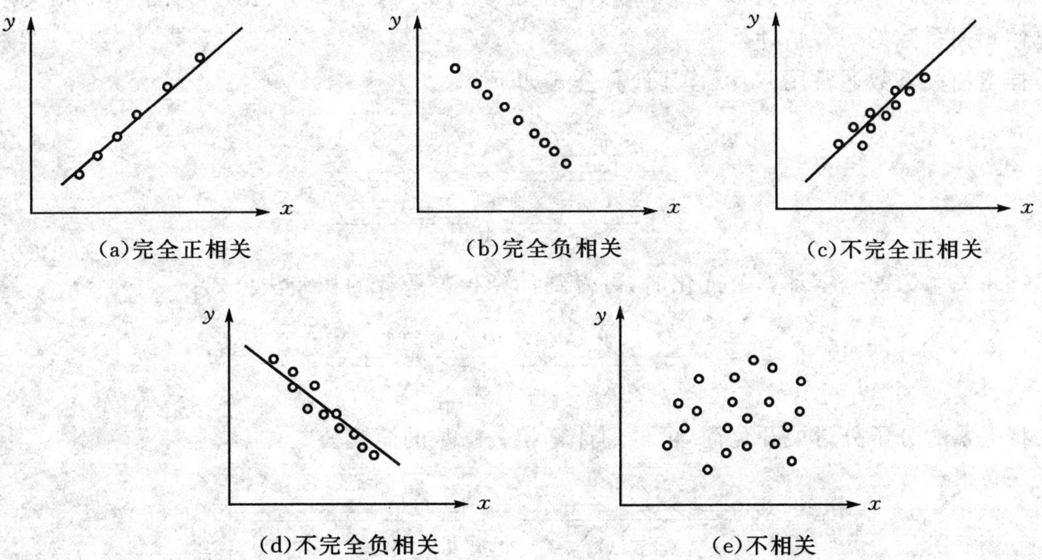


(a)完全正相关　(b)完全负相关　(c)不完全正相关

(d)不完全负相关　(e)不相关

图 11 - 3　变量之间相关的程度

相关表仍然是一种统计表，它是把存在相关关系变量的对应变量值按照一定的表格形式表现出来，是用以表现变量之间相关关系的基本形式。相关表分为简单相关表和分组相关表。简单相关表是资料未经分组编制的相关表。分组相关表又可以分为单变量分组相关表和双变量分组相关表。单变量分组相关表是自变量分组而因变量不分组所编制的相关表。自变量分组可以是单项式，也可以是组距式，视具体情况而定。双变量分组相关表是将自变量和因变量都分组而编制的相关表。无论是简单相关表，还是分组相关表，都是简单表、简单分组表和复合分组表的具体应用。

## 二、相关系数概述

### （一）相关系数的概念

从相关图、相关表可以判断两个现象之间相关的形式及方向，但不能准确判断其关系的密切程度。要判断变量之间相关关系的密切程度，需要计算相关系数。相关系数是说明在直线相关条件下两个变量之间关系密切程度的统计指标。

### （二）相关系数的计算

对于总体而言，把测度两个有联系的变量之间关系的密切程度的指标，叫做总体相关系数，用 $\rho$ 表示。总体相关系数的计算公式为：

$$\rho=\frac{Cov(X,Y)}{\sqrt{Var(X)Var(Y)}}=\frac{\sigma_{XY}^2}{\sigma_X\sigma_Y}$$

式中：$\sigma_{xy}^2$ 为 $X,Y$ 的协方差；$\sigma_x$ 为 $X$ 的标准差；$\sigma_y$ 为 $Y$ 的标准差。

对于一定的总体来讲，总体相关系数 $\rho$ 反映了总体的两个变量 $X$ 和 $Y$ 的线性相关程度。总体中变量 $X$、$Y$ 都是既定的，$\rho$ 也是客观存在的特定数值。但在实际中，一般不去直接观察总体的两个变量 $X$ 和 $Y$ 的全部数值，所以总体相关系数 $\rho$ 是未知的。那么，如何计算相关系数呢？通常的做法是从总体中随机抽出变量的部分观察值构成样本，通过观察样本变量 $x$ 和 $y$，用所计算的样本相关系数($r$)去估计总体相关系数($\rho$)。数理统计已经证明了样本相关系数是总体相关系数的一致估计。

样本相关系数通常用 $r$ 表示，其计算公式如下：

$$r=\frac{\frac{1}{n}\sum(x-\bar{x})(y-\bar{y})}{\sqrt{\frac{\sum(x-\bar{x})^2}{n}}\sqrt{\frac{\sum(y-\bar{y})^2}{n}}}$$

将上述相关系数的基本计算公式化简，可得到计算相关系数的积差法公式：

$$r=\frac{\sum(x-\bar{x})(y-\bar{y})}{\sqrt{\sum(x-\bar{x})^2}\sqrt{\sum(y-\bar{y})^2}}$$

将上式的分子分母展开化简，可得到计算相关系数的简捷公式：

$$r=\frac{n\sum xy-\sum x\sum y}{\sqrt{n\sum x^2-\left(\sum x\right)^2}\cdot\sqrt{n\sum y^2-\left(\sum y\right)^2}}$$

相关系数的计算公式还可以通过代数变换，形成其他形式。如：

$$r=\frac{\sum xy-n\times\bar{x}\times\bar{y}}{\sqrt{\sum x^2-n(\bar{x})^2}\sqrt{\sum y^2-n(\bar{y})^2}}$$

$$r=\frac{\overline{xy}-\bar{x}\times\bar{y}}{\sqrt{\overline{x^2}-(\bar{x})^2}\sqrt{\overline{y^2}-(\bar{y})^2}}$$

相关系数的取值范围在±1之间，负号表明是负相关，正号表明是正相关。

**【例 11-1】** 某企业年广告费投入与月平均销售额之间的线性相关资料见表 11-1。要求计算该企业年广告费投入与月平均销售额之间的相关系数。

**表 11-1　某企业年广告费投入与月平均销售额相关系数计算表**

| 序号 | 年广告投入(万元)$x$ | 月均销售额(万元)$y$ | $x^2$ | $y^2$ | $xy$ |
|---|---|---|---|---|---|
| 1 | 12.5 | 21.2 | 156.25 | 449.44 | 265.00 |
| 2 | 15.3 | 23.9 | 234.09 | 571.21 | 365.67 |
| 3 | 23.2 | 32.9 | 538.24 | 1082.41 | 763.28 |
| 4 | 26.4 | 34.1 | 696.96 | 1162.81 | 900.24 |
| 5 | 33.5 | 42.5 | 1122.25 | 1806.25 | 1423.75 |
| 6 | 34.4 | 43.2 | 1183.36 | 1866.24 | 1486.08 |
| 7 | 39.4 | 49.0 | 1552.36 | 2401.00 | 1930.60 |
| 8 | 45.2 | 52.8 | 2043.04 | 2787.84 | 2386.56 |
| 9 | 55.4 | 59.4 | 3069.16 | 3528.36 | 3290.76 |
| 10 | 60.9 | 63.5 | 3708.81 | 4032.25 | 3867.15 |
| 合计 | 346.2 | 422.5 | 14304.52 | 19687.81 | 16679.09 |

$$\begin{aligned}r&=\frac{n\sum xy-\sum x\sum y}{\sqrt{n\sum x^2-(\sum x)^2}\sqrt{n\sum y^2-(\sum y)^2}}\\&=\frac{10\times16679.09-346.2\times422.5}{\sqrt{10\times14304.52-346.2^2}\sqrt{10\times19687.81-422.5^2}}\\&=0.9942\end{aligned}$$

相关系数为0.9942，说明该企业年广告费投入与月平均销售额之间存在高度的正相关关系。

### (三)相关关系密切程度的判断

一般情况下，依据相关系数判断变量之间线性相关的密切程度的标准是：

$r=0$ 时，$x$ 和 $y$ 之前不相关，或者不存在直线相关关系。

$0<|r|\leqslant0.3$ 时，$x$ 和 $y$ 之间微弱相关。

$0.3<|r|\leqslant0.5$ 时，$x$ 和 $y$ 之间低度相关。

$0.5<|r|\leqslant0.8$ 时，$x$ 和 $y$ 之间中度相关(或者显著相关)。

$0.8<|r|<1$ 时，$x$ 和 $y$ 之间高度相关。

$|r|=1$ 时，$x$ 和 $y$ 之间完全相关，即所有散点完全落在一条直线上，也就是函数关系。实际上，社会经济现象之间几乎不存在完全的线性相关关系。

## 三、相关系数的显著性检验

测算两个变量之间线性相关关系的密切程度时，所计算的相关系数是依据从二元总体中随机抽取的一个样本，因而带有一定的随机性。计算出来的样本相关系数值可能很大，而总体却可能并不具备相关性。那么总体到底有没有线性相关关系，在得出结论前，就必须进行假设检验。因此，相关系数也有一个显著性检验问题，即通过样本相关系数 $r$ 对总体相关系数 $\rho$ 是否等于零作出判断。

检验样本（相关系数为 $r$）是否会来自于一个无线性相关关系的总体（总体的相关系数为 $\rho$），可以采用 $t$ 检验法。相关系数检验表（见附表4）。

根据不同显著性水平 $\alpha$ 以及自由度 $(n-2)$ 直接查相关系数检验表。若 $|r|$ 超过了临界值，则认为总体相关系数 $\rho$ 不等于零，变量 $X$ 和 $Y$ 之间的直线相关关系在 $\alpha$ 水平上是显著的，否则，不显著。检验步骤为：

（1）提出假设。原假设：$H_0:\rho=0$；备择假设：$H_1:\rho\neq0$。

（2）构造检验统计量。$t=r\sqrt{\dfrac{n-2}{1-r^2}}$，其中 $n-2$ 为自由度。

（3）依据显著性水平 $\alpha$，查 $t$ 表的临界值：$t_{\alpha/2}(n-2)$。

（4）作出判断决策。若 $|t|\geqslant t_{\alpha/2}(n-2)$，则拒绝原假设，接受备择假设，认为样本的线性相关关系显著，意味着总体的两个变量之间存在着线性相关关系，检验通过。若 $|t|<t_{\alpha/2}(n-2)$，则结论相反。

在例【11-1】中，$n=10$，若取 $\alpha=5\%$，查相关系数检验表，有 $t_{0.05}(8)=0.632$ $(n-2=8)$，本例计算的 $t$ 检验统计量为26.1469，故认为 $x$ 和 $y$ 之间的线性相关系数在 $\alpha=0.05$ 水平上是显著的。若取 $\alpha=1\%$ 相应的 $t$ 值为0.765，检验统计量 $26.1469>0.765$。因此，年广告费投入与月平均销售额之间有着高度的线性相关关系。

## 四、计算相关系数应注意的问题

（1）变量 $y$ 与变量 $x$ 的相关系数等于变量 $x$ 与变量 $y$ 的相关系数，即 $r_{yx}=r_{xy}$。

（2）简单相关系数只适用于两个变量之间的相关关系。若多个变量（三个及其以上）时，就要计算复相关系数（或偏相关系数），反映变量之间相关的程度。

（3）相关系数 $r$ 只适用于简单直线相关，如果是非直线相关，就要计算相关指数。

（4）相关系数不能解释两变量间的因果关系。相关系数只是表明两个变量之间互相影响的程度和方向，它并不能说明两个变量间是否有因果关系，以及何为因，何为果，即使是在相关系数非常大时，也并不能说明两个变量之间具有显著的因果关系。

（5）相关分析要以定性分析为前提和基础，警惕虚假相关（或称虚拟相关）导致的错误结论。

# 第三节　线性回归分析

## 一、回归分析的概念

对于存在相关关系的两个变量来说，相关分析可以说明它们之间相关的程度和方向，但不能说明它们之间具体的数量因果关系。也就是说，当给出自变量一个数值时，因变量可能的取值是多少，相关分析回答不了，这是回归分析才能解决的问题。

回归分析就是建立一个数学方程，用之反映变量之间相互依存的具体数量因果关系，以便用给定的自变量数值来估计或预测因变量的可能数值，将该数学方程叫做回归模型。由于变量之间相关的形式不同，采用的回归模型就不同。当回归模型用于表达变量之间的线性数量关系时，叫做直线回归模型(或直线回归方程)。当回归模型用于表达变量之间的非线性数量关系时，叫做曲线回归模型(或曲线回归方程)。在这里，我们主要讨论直线回归模型。

“回归”一词最初是由英国统计学家高尔登(Francis Galton)提出来。19 世纪，英国生物学家高尔登通过对人体遗传学的研究，发现子女身高有回归到上一代原有特性的倾向。高尔登曾经调查了 1078 对父、子的身高，于 1889 年发表了一篇关于遗传学的论文。文中指出：①父亲个子高的子女个子也高，父亲个子低的子女个子也低。②平均来说，高个子父亲的子女的平均身高要低于父亲的平均身高，低个子父亲的子女平均身高要高于他们父亲的平均身高。也就是说，他们都有“回归”到父亲身高的趋势。高尔登还把这种关系用数学公式表示出来，这就是著名的“回归规律”。从此“回归”一词就被广泛用于生物学、心理学、教育学、经济学等各个学科领域，回归分析方法在经济理论研究和实证研究中也发挥着重要的作用。

## 二、回归分析与相关分析的关系

回归分析与相关分析有着密切的联系。相关分析是回归分析的前提和基础。相关分析从定性和定量角度对现象之间是否具有相关关系及关系的密切程度作出判断，为回归分析奠定了基础。回归分析是相关分析的深入和继续。回归分析通过建立回归模型，反映变量之间存在的数量因果关系，并据此进行回归估计或预测。因此，把两者结合起来分析，才有实际意义。

回归分析与相关分析有如下区别：

(1)相关分析中两个变量是对等关系；回归分析中两个变量不是对等关系，一个为自变量，另一个为因变量。

(2)对两个变量 $x$ 和 $y$ 来说，相关分析只能计算出一个相关系数；回归分析可以建立两个不同的回归方程。将 $x$ 作为自变量，$y$ 作为因变量，得出 $y$ 关于 $x$ 的回归方程，$\hat{y}=a+bx$。将 $y$ 作为自变量，$x$ 作为因变量，得出 $x$ 关于 $y$ 的回归方程，$\hat{x}=c+dy$。

(3)相关分析要求两个变量都是随机的；回归分析要求自变量是给定的，因变量是随机的。

## 三、简单线性回归分析

简单线性回归分析就是对两个具有显著线性相关关系的变量配合一个线性回归方程，用以测定变量之间的数量因果关系，并据以进行回归估计或预测的统计方法。

简单线性回归分析主要任务是在自变量 $x$ 和因变量 $y$ 之间选择一个线性函数形式，即选择线性回归模型的一般形式为：

$$\hat{y} = a + bx$$

式中：$x$ 是自变量；$\hat{y}$ 是因变量的 $y$ 的估计值，又称理论值。

确定线性回归模型 $\hat{y}=a+bx$，主要是确定回归参数 $a$ 和 $b$，那么如何选择最为满意的 $a$ 和 $b$ 呢？

最小平方法给出了解决方案，其基本思想是要求各散点到该回归直线的垂直距离的平方和为最小值，这样才能得出一条最优的、唯一的线性回归方程。即：

$$\sum(y-\hat{y})^2=\text{最小值}$$

也就是：

$$\sum(y-a-bx)^2=\text{最小值}$$

通过求解 $a$，$b$ 的一阶偏导数，到得如下的标准方程组：

$$\begin{cases}\sum y=na+b\sum x\\ \sum xy=a\sum x+b\sum x^2\end{cases}$$

解得：

$$\begin{cases}b=\dfrac{n\sum xy-\sum x\sum y}{n\sum x^2-\left(\sum x\right)^2}\\ a=\overline{y}-b\overline{x}\end{cases}$$

将 $a$，$b$ 的值代入线性回归模型的一般形式中，即得所求的线性回归模型。

**【例 11－2】** 根据表 11－1 的资料计算回归参数，见表 11－2。

**表 11－2 某企业每年广告费投入与月平均销售额回归参数计算表**

| 序号 | 广告投入(万元)$x$ | 月均销售额(万元)$y$ | $x^2$ | $y^2$ | $xy$ | $\hat{y}=11.6148+0.8849x$ |
|---|---|---|---|---|---|---|
| 1 | 12.5 | 21.2 | 156.25 | 449.44 | 265.00 | 19.5762 |
| 2 | 15.3 | 23.9 | 234.09 | 571.21 | 365.67 | 22.0539 |
| 3 | 23.2 | 32.9 | 538.24 | 1082.41 | 763.28 | 29.0446 |
| 4 | 26.4 | 34.1 | 696.96 | 1162.81 | 900.24 | 31.8763 |
| 5 | 33.5 | 42.5 | 1122.25 | 1806.25 | 1423.75 | 38.1591 |
| 6 | 34.4 | 43.2 | 1183.36 | 1866.24 | 1486.08 | 38.9896 |
| 7 | 39.4 | 49.0 | 1552.36 | 2401.00 | 1930.60 | 43.3800 |
| 8 | 45.2 | 52.8 | 2043.04 | 2787.84 | 2386.56 | 48.5124 |
| 9 | 55.4 | 59.4 | 3069.16 | 3528.36 | 3290.76 | 57.5384 |
| 10 | 60.9 | 63.5 | 3708.81 | 4032.25 | 3867.15 | 62.4053 |
| 合计 | 346.2 | 422.5 | 14304.52 | 19687.81 | 16679.09 | — |

要求：(1)建立企业销售额依广告费投入的线性回归模型。

(2)依据回归模型预测年广告费投入达到 100 万元时的月平均销售额为多少？

**解：**(1)假设该企业销售额依广告费投入的线性回归模型为：$\hat{y}=a+bx$，根据公式有：

$$b=\frac{n\sum xy-\sum x\sum y}{n\sum x^2-(\sum x)^2}=\frac{10\times16679.09-346.2\times422.5}{10\times14304.52-(346.2)^2}=0.8849$$

$$a=\overline{y}-b\overline{x}=\frac{422.5}{10}-0.8849\times\frac{346.2}{10}=11.6148$$

所以回归模型为：

$$\hat{y}=11.6148+0.8849x$$

回归系数 $b=0.8849$，表明当广告费投入每增加 1 万元时，企业销售额增加 0.8849 万元。

(2)当该企业的年广告费投入达到 100 万元时，月平均销售额为 100.1048(万元)。

由上例可见，回归系数 $b$ 表明自变量每增加(或减少)一个单位，因变量将平均增加(或减少)的单位量。当 $b\geqslant 0$ 时，自变量和因变量的变动方向相同；当 $b\leqslant 0$ 时，自变量和因变量的变动方向相反。回归系数 $b$ 的变化方向和相关系数 $r$ 的变化方向相同。

根据所求解的线性回归模型，当给出自变量任一数值时，可以预测因变量的理论值。

## 四、回归预测的置信区间

根据线性回归模型和估计标准误差(见本章第四节)，可以进一步对因变量 $y$ 的置信区间作出预测，借以确定线性回归模型预测的范围。

由于 $y$ 和 $x$ 之间存在线性相关关系，当样本容量较大且 $x$ 取值在 $\bar{x}$ 附近时，对于每一个给定的 $x=x_0$ 值来说，会有多个对应的 $y$ 值存在。从理论上讲，这些 $y$ 以 $y_0$ 为中心形成一个正态分布，可以假定它们是同方差分布(即 $y$ 分布的方差相同)。这样根据样本数据求出估计值(或回归值)的标准误差以后，就可以利用标准化正态分布曲线下的面积查对表，以一定的概率和精确度对总体回归值作出区间估计。一般是：

$y$ 值落在 $\hat{y}_0\pm s_{yx}$ 之间的概率为 68.27%；

$y$ 值落在 $\hat{y}_0\pm 2s_{yx}$ 之间的概率为 95.45%；

$y$ 值落在 $\hat{y}_0\pm 3s_{yx}$ 之间的概率为 99.73%。

由此可见，若估计标准误差 $s_{yx}$ 愈小，则由回归模型预测 $y$ 的值就愈精确，因而可以把 $s_{yx}$ 作为估计回归模型精确度的标志。

建立置信区间，就可以进行区间估计。例如，以 95.45%的置信水平，利用回归模型预测 $y$ 值时，这一估计区间在 $2s_{yx}$ 范围内。也就是说，在这一估计区间包含该估计值的概率为 95.45%。以表 11-2 资料为例，当该企业的年广告费投入达到 100 万元时(即 $x_0=100$)，月平均销售额的估计值为：

$$\hat{y}_0=a+bx=11.6148+0.8849\times 100=100.1048(\text{万元})$$

则置信区间或预测区间：

上限：$\hat{y}_0+2s_{yx}=100.1048+2\times 12.9=125.9048$

下限：$\hat{y}_0-2s_{yx}=100.1048-2\times 12.9=74.3048$

即在 74.3048～125.9048 万元。

需要说明的是：第一，在回归分析中，按照回归模型，依据给定的自变量 $x$ 的值，计算因变量 $y$ 的数值，一般称为估计或预测。当 $x$ 在样本数值范围内取值计算 $y$ 值时称为估计，当 $x$ 在样本数值范围之外取值计算 $y$ 值时称为预测。预测时，应注意 $x$ 取值不宜离开样本范围太远，否则，误差会更大。第二，估计标准误差 $s_{yx}$ 的详细内容见本章第四节。

# 第四节　线性回归分析的评价和检验

以上我们利用所建立的线性回归模型，预测因变量的理论值。但由于变量之间的线性回归模型是根据随机样本计算的，用回归模型预测的理论值 $\hat{y}$，一定与 $y$ 的实际值之间存在差异。这个理论值和实际值可能一致，也可能不一致，因而就产生了线性回归模型的准确性和可靠性问题。如何去评价回归模型的准确性？如何去检验回归模型的可靠性？这是本节要研究的问题。

## 一、线性回归模型的准确性评价

评价回归模型的准确性，主要依据是估计标准误差和可决系数 $R^2$ 两个分析指标。

### (一)估计标准误差

估计标准误差就是实际值和理论值的平均离差。估计标准误差愈大，线性回归模型的代表性愈小；反之亦然。可以肯定，估计标准误差越小，回归模型的预测结果才具有实用价值。估计标准误差的定义式为：

$$s_{yx}=\sqrt{\frac{\sum(y-\hat{y})^2}{n-2}}$$

式中：$s_{yx}$ 代表估计标准误差；$y$ 是因变量的实际值；$\hat{y}$ 因变量的预测值；$n-2$ 称为自由度。在简单线性回归分析中，线性回归直线失去了两个自由度。在实际应用中，当 $n\geqslant 30$ 为大样本时，也可用 $n$ 代替 $n-2$，其结果差别不大。

但当实际观测值个数多且数值较大时，根据定义公式计算估计标准误差比较麻烦，可将其化简为简捷式：

$$s_{yx}=\sqrt{\frac{\sum y^2-a\sum y-b\sum xy}{n-2}}$$

**【例 11－3】** 根据表 11－1 资料，计算估计标准误差如下：

$$s_{yx}=\sqrt{\frac{19687.81-8.5149\times 422.5-0.8849\times 16679.09}{10-2}}=1.6290(\text{万元})$$

计算结果表明，销售额的实际观测值到回归直线的离差平均来说为 1.6290 万元。

### (二)可决系数 $R^2$

**1. 可决系数 $R^2$ 的定义**

可决系数 $R^2$(又称样本拟合优度)，是测定样本回归模型拟合的优劣程度的重要指标。其计算公式为：

$$R^2=\frac{\text{回归变差}}{\text{总变差}}=\frac{\sum(\hat{y}_i-\bar{y})}{\sum(y_i-\bar{y})^2}$$

在实际工作中，$R^2$ 也可用下式计算：

$$R^2=1-\frac{\sum(y_i-\hat{y}_i)^2}{\sum(y_i-\bar{y})^2}$$

**2. 变差分解**

变差分解观察图如图 11－4 所示。

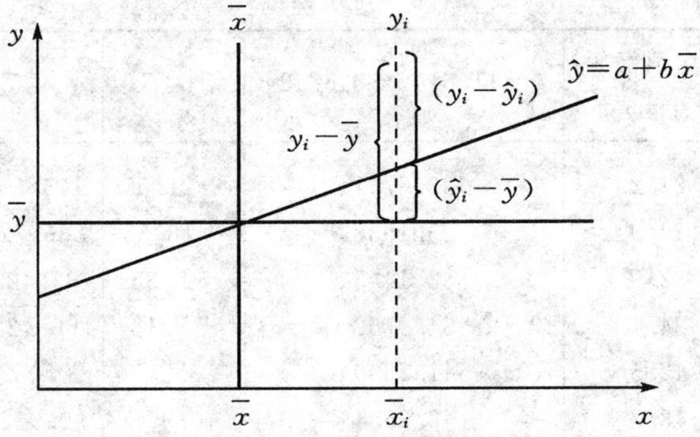


图 11-4　变差分析图

在图 11-4 中，$y_i$ 点为坐标中对应于 $x_i$ 的 $y$ 的任一观测点，可以看出，$y_i$ 的离差，亦即 $y_i-\overline{y}$可以分解为：

$$(y_i-\overline{y})=(\hat{y}_i-\overline{y})+(y_i-\hat{y}_i)$$

将上式两边平方，对所有 $n$ 个观测值的离差平方求和，则：

$$\sum(y_i-\overline{y})^2=\sum(\hat{y}_i-\overline{y})^2+\sum(y_i-\hat{y}_i)^2$$

$\sum(y_i-\overline{y})^2$ 称为总变差，记作 $TSS$。它反映了所有 $y$ 的实际观测值与样本平均值之间的总变差。

$\sum(\hat{y}_i-\overline{y})^2$ 称为回归变差或有解释的变差，记作 $ESS$。它反映了所有回归直线上的点(即由 $x$ 所解释或引起变化)与 $y$ 的平均值之间的变差。

$\sum(y_i-\hat{y}_i)^2$ 称为剩余变差或未解释的变差，记作 $RSS$。它反映 $y_i$ 的总变差中由 $x$ 以外的其他因素所引起的未得到解释的变差，亦即总变差中减去回归变差后的剩余变差。于是有

总变差 = 回归变差 + 剩余变差(或 $TSS=ESS+RSS$)

或总变差 = 有解释的变差 + 未解释的变差

由可决系数的计算公式可知，

$$R^2=\frac{\sum(\hat{y}-\overline{y})^2}{\sum(y-\overline{y})^2}=\frac{ESS}{TSS}$$

$R^2$ 越大，则意味着回归变差 $ESS$ 在总变差 $TSS$ 中占的比重越大，$RSS=\sum(y_i-\hat{y}_i)^2$ 越小，即 $y$ 与 $\hat{y}$ 的差距越小，$\hat{y}$ 对 $y$ 的拟合程度高，也就是说该回归模型的准确度越强。

可以证明：$0\leqslant R^2\leqslant 1$，即 $R^2$ 越接近于 1，回归模型的拟合优度越好。

当 $R^2=1$ 时，观测值和线性回归模型完全拟合。

当 $R^2=0$ 时，说明因变量 $y$ 和自变量 $x$ 之间完全没有直线相关关系，可能有其他曲线相关关系。

**【例 11-4】**　根据表 11-2 中回归模型的资料，计算其可决系数 $R^2$。见表 11-3。

表 11-3 可决系数计算表

| 序号 | 广告投入（万元）$x$ | 月均销售额（万元）$y$ | $\hat{y}=11.6148+0.8849x$ | $y-\bar{y}$ | $(y-\bar{y})^2$ | $(\hat{y}-\bar{y})$ | $(\hat{y}-\bar{y})^2$ |
|---|---|---|---|---|---|---|---|
| 1 | 12.5 | 21.2 | 22.6761 | −21.05 | 443.1025 | −19.5740 | 383.1395 |
| 2 | 15.3 | 23.9 | 25.1538 | −18.35 | 336.7225 | −17.0962 | 292.2811 |
| 3 | 23.2 | 32.9 | 32.1445 | −9.35 | 87.4225 | −10.1055 | 102.1215 |
| 4 | 26.4 | 34.1 | 34.9762 | −8.15 | 66.4225 | −7.2738 | 52.9087 |
| 5 | 33.5 | 42.5 | 41.2590 | 0.25 | 0.0625 | −0.9911 | 0.9822 |
| 6 | 34.4 | 43.2 | 42.0554 | 0.95 | 0.9025 | −0.1946 | 0.0379 |
| 7 | 39.4 | 49.0 | 46.4799 | 6.75 | 45.5625 | 4.2299 | 17.8917 |
| 8 | 45.2 | 52.8 | 51.6123 | 10.55 | 111.3025 | 9.3623 | 87.6523 |
| 9 | 55.4 | 59.4 | 60.6383 | 17.15 | 294.1225 | 18.3883 | 338.1281 |
| 10 | 60.9 | 63.5 | 65.5052 | 21.25 | 451.5625 | 23.2552 | 540.8048 |
| 合计 | 346.2 | 422.5 | — | — | 1837.1850 | — | 1815.9478 |

$$R^2=\frac{\text{回归变量}}{\text{总变差}}=\frac{\sum(\hat{y}_i-\bar{y})^2}{\sum(y_i-\bar{y})^2}=\frac{1815.9478}{1837.1850}=0.9884$$

计算结果表明，销售额的总变差 $\sum(y-\bar{y})^2$ 中，有98.84%可以由回归变差 $\sum(\hat{y}_i-\bar{y})^2$ 来解释，这说明该企业年广告投入费和销售额的回归方程 $\hat{y}=11.6148+0.8849x$ 对真实的 $y$ 值有很好的拟合效果。

## ➢二、简单线性回归模型的显著性检验

对于变量 $x$ 和 $y$，一元直线方程是根据样本的数据求得，带有一定的随机性。依据一个样本资料计算的结果是否具有代表性？是否真正描述了总体中变量 $X$ 和 $Y$ 之间的关系，即 $X$ 和 $Y$ 之间是否真的存在直线关系？这就需要进行检验，即称之为对 $\hat{y}=a+bx$ 的显著性检验。

根据样本得出的变量 $x$ 和 $y$ 之间的回归方程为：$\hat{y}=a+bx$，而总体变量 $X$ 和 $Y$ 之间的回归方程为：$Y=A+BX$。

因此，可以认为 $a$、$b$ 是 $A$、$B$ 的估计值，如何检验估计值的可靠性，主要有两种办法：$t$ 检验和 $F$ 检验。如果总体变量 $X$ 和 $Y$ 之间不存在直线关系，则意味着 $B=0$，即根据样本资料求得的回归直线方程 $\hat{y}=a+bx$ 并不“显著”。因而对一元直线回归模型的检验，最主要的便是对总体回归系数 $B$ 进行检验。

1. $t$ 检验

$t$ 检验是用来对总体回归系数 $B$ 进行显著性检验的。

(1)提出假设。$H_0:B=0$，$H_1:B\neq0$。

(2)构造检验统计量。

$$t=\frac{b-B}{\sigma_b}$$

式中：$\sigma_b$ 为回归系数 $b$ 的标准差，其计算公式为：

$$\sigma_b = \frac{s_{xy}}{\sqrt{\sum x^2 - n(\overline{x})^2}}$$

(3)根据给定的显著性水平 $\alpha$,在 $t$ 表中查找临界值 $t_{\alpha/2}(n-2)$。

(4)判断并决策。若 $|t|>t_{\alpha/2}(n-2)$,则拒绝原假设 $H_0:B=0$,得出 $B\neq0$ 的结论。认为 $x$ 对因变量 $y$ 有显著的线性影响,即说明总体线性方程显著,检验通过。若 $|t|\leqslant t_{\alpha/2}(n-2)$,则接受原假设 $H_0:B=0$,认为 $x$ 对因变量 $y$ 没有显著的线性影响。

**【例 11-5】**【例 11-1】中一元直线回归方程 $\hat{y}=11.6148+0.8849x$ 的回归系数为 $b=0.8849$,对其进行显著性检验($\alpha=0.05$),实际上是检验解释变量是否有被解释变量有无显著影响。

**解:**$\overline{x}=34.62$,又知 $s_{yx}=12.9$,则:

$$\sigma_b = \frac{12.9}{\sqrt{14304.52-10\times(34.62)^2}} = \frac{12.9}{48.16} = 0.2679$$

于是:$t=\dfrac{0.8849-0}{0.2679}=3.3031$

可见 $|t|>t_{\alpha/2}(n-2)$,即总体回归系数 $B=0$ 的可能性小于 5%,因而拒绝 $H_0:B=0$ 的假设,认为根据样本计算的回归系数 $b$ 是显著的,这进一步说明了企业的广告费投入与商品销售额之间确实存在线性相关关系,广告投入是影响商品销售额的显著因素。

**2. $F$ 检验**

$t$ 检验是对回归模型参数 $B$ 的显著性检验,$F$ 检验是对线性回归模型进行显著性检验。

(1)提出假设。$H_0$:方程不显著,$H_1$:方程显著。

(2)构造检验统计量。

$$F = \frac{ESS/1}{RSS/(n-2)} = \frac{\sum(\hat{y}-\overline{y})^2/1}{\sum(y-\hat{y})^2/(n-2)}$$

可以证明,若回归方程的判定系数为 $R^2$,则:

$$F = \frac{R^2(n-2)}{1-R^2}$$

(3)根据给定的显著性水平 $\alpha$,在 $F$ 表中查找临界值 $F_\alpha(1,n-2)$。

(4)判断并决策。若 $|F|>F_\alpha$,则拒绝原假设“$H_0$:方程不显著”,检验通过;若 $|F|\leqslant F_\alpha$,则接受原假设“$H_0$:方程不显著”,即认为线性方程不显著。

需要指出的是,在一元直线回归中,$F$ 检验和 $t$ 检验是等价的,任一种检验通过,另一种检验必然通过。

## 三、相关系数、可决系数、回归系数、估计标准误差之间的关系

(1)如果变量 $x$ 和 $y$ 之间确实存在着相关关系,且其相关形式为一元线性关系,可以证明,可决系数就是相关系数的平方,即 $R^2=r^2$。在前例中,$r=0.9942$,但 $R^2=0.9884$,说明 $x$ 只能解释 $y$ 的总变差中的 98.84%。

(2)可以证明相关系数 $r$、回归系数 $b$、估计标准误差 $s_{yx}$ 以及 $x$ 的标准差 $\sigma_X$,$y$ 的标准差 $\sigma_Y$ 之间在数值计算上有如下的换算关系:

$$r=b\frac{\sigma_X}{\sigma_Y}\quad b=r\frac{\sigma_Y}{\sigma_X}\quad r=\sqrt{1-\frac{s_{yx}^2}{\sigma_y^2}}\quad s_{yx}=\sigma_Y\sqrt{1-r^2}$$

# 第五节　线性相关与回归分析的SPSS统计软件应用实验

## 一、实验目的

熟练掌握一元线性回归分析的SPSS应用技能，掌握一元线性回归置信区间预测和一元线性回归分析的显著性检验，对实验结果做出解释。

## 二、实验内容

(1)一元线性回归分析的SPSS实验。

(2)一元线性回归分析的显著性检验。

## 三、实验资料

(1)美国各航空公司业绩的统计数据公布在《华尔街日报1999年年鉴》(The Wall Street Journal Almanac 1999)上。航班正点到达的比率和每10万名乘客投诉的次数的数据，如表11-4所示。

**表11-4　美国航空公司航空正点率与乘客投诉次数资料**

| 航空公司名称 | 航班正点率(%) | 投诉率(次/10万名乘客) |
|---|---|---|
| 西南(Southwest)航空公司 | 81.8 | 0.21 |
| 大陆(Continental)航空公司 | 76.6 | 0.58 |
| 西北(Northwest)航空公司 | 76.6 | 0.85 |
| 美国(US Airways)航空公司 | 75.7 | 0.68 |
| 联合(United)航空公司 | 73.8 | 0.74 |
| 美洲(American)航空公司 | 72.2 | 0.93 |
| 德尔塔(Delta)航空公司 | 71.2 | 0.72 |
| 美国西部(Americawest)航空公司 | 70.8 | 1.22 |
| 环球(TWA)航空公司 | 68.5 | 1.25 |

(2)合金钢的强度$Y$与碳含量$X$关系密切，通常根据强度要求来控制碳的含量以达到目的，二者之间关系如表11-5所示。

**表11-5　合金钢的强度与碳含量资料**

| 碳含量 | 0.03 | 0.04 | 0.05 | 0.07 | 0.09 | 0.10 | 0.12 | 0.15 | 0.17 | 0.20 |
|---|---|---|---|---|---|---|---|---|---|---|
| 钢强度 | 40.50 | 39.50 | 41.00 | 41.50 | 43.00 | 42.00 | 45.00 | 47.50 | 53.00 | 56.00 |

(3)2005—2014年某地区个人收入和消费支出资料见表11-6。

表 11-6 某地区个人消费支出和收入资料(单位:亿元)

| 年份 | 个人收入 $x$ | 消费支出 $y$ | 年份 | 个人收入 $x$ | 消费支出 $y$ |
|---|---|---|---|---|---|
| 2005 | 640 | 560 | 2010 | 1070 | 880 |
| 2006 | 700 | 600 | 2011 | 1250 | 1020 |
| 2007 | 770 | 660 | 2012 | 1430 | 1180 |
| 2008 | 820 | 700 | 2013 | 1650 | 1360 |
| 2009 | 920 | 780 | 2014 | 1890 | 1550 |

## ➢四、实验要求

(1) 利用 SPSS 软件完成如下实验:

①创建散点图。

②计算相关系数;说明变量之间相关的方向及程度。

③拟合直线回归方程,对回归方程的斜率作出解释。

④计算回归标准误差,说明回归直线的代表性;计算样本拟合优度,说明回归模型拟合效果。

⑤如果航班按时到达的正点率为 80%,估计每 10 万名乘客投诉的次数。

⑥在 95%的置信水平下建立回归估计的置信区间。

⑦如果航班按时到达的正点率为 80%,试在 95%的可信度下估计每 10 万名乘客投诉次数的置信区间。

(2)利用 SPSS 软件完成如下实验:

①画出这些数据的散点图。

②根据散点图和相关系数,说明二变量之间存在什么关系?

③求出描述钢强度是如何依赖碳含量估计的回归方程,如果碳含量控制在 0.18,试估计钢的强度;解释回归参数的意义。

④如果碳含量控制在 0.18,试在 95%可信程度下估计钢强度的置信区间。

⑤计算回归标准误差,说明回归直线的代表性;计算样本拟合优度,说明模型拟合效果。

⑥解释实验结果。

(3)利用 SPSS 软件完成如下实验:

①判断两者为何种关系,计算相关系数。

②若为直线相关关系,试建立回归方程;依据回归方程预测个人收入为 200 亿元时的个人消费支出。

③计算回归标准误差,说明回归直线的代表性;计算样本拟合优度,说明模型拟合效果。

④对相关系数和回归参数进行显著性检验。

⑤解释实验结果。

## ➢五、实验步骤

以实验(1)中的表 11-4 资料为例,给出实验步骤。(注:其余实验由学生自己完成)

(1)运用 SPSS 绘制散点图。

第一步:在 Excel 中输入数据,保存得到“航空公司航空正点率与投诉率. xls”,见图11－5。

| | A | B | C | D |
|---|---|---|---|---|
| 1 | 航空公司名称 | 航班正点率（%） | 投诉率（次/10万名乘客） | |
| 2 | 西南(Southwest)航空公司 | 81.8 | 0.21 | |
| 3 | 大陆(Continental)航空公司 | 76.6 | 0.58 | |
| 4 | 西北(Northwest)航空公司 | 76.6 | 0.85 | |
| 5 | 美国(US Airways)航空公司 | 75.7 | 0.68 | |
| 6 | 联合(United)航空公司 | 73.8 | 0.74 | |
| 7 | 美洲(American)航空公司 | 72.2 | 0.93 | |
| 8 | 德尔塔（Delta）航空公司 | 71.2 | 0.72 | |
| 9 | 美国西部(Americawest)航空公司 | 70.8 | 1.22 | |
| 10 | 环球(TWA)航空公司 | 68.5 | 1.25 | |
| 11 | | | | |

图 11－5　航空公司航空正点率与投诉率截图

第二步:将 Excel 数据导入到 SPSS。单击“打开数据文档”按钮或选择菜单“文件”→“打开”→选择文件“航空公司航班正点率与投诉率. xls”,单击“打开”按钮,得到 SPSS 数据文件,在变量视图下,对各变量定义其属性,单击“保存”按钮,将此文件命名为“航空公司航空正点率与投诉率”,如图 11－6 所示。

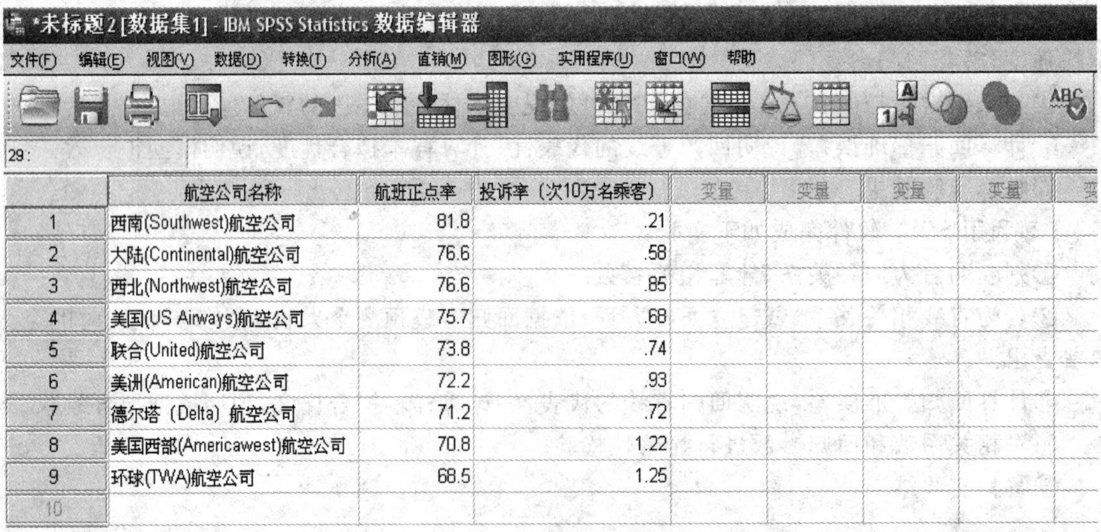

| | 航空公司名称 | 航班正点率 | 投诉率（次10万名乘客） |
|---|---|---|---|
| 1 | 西南(Southwest)航空公司 | 81.8 | .21 |
| 2 | 大陆(Continental)航空公司 | 76.6 | .58 |
| 3 | 西北(Northwest)航空公司 | 76.6 | .85 |
| 4 | 美国(US Airways)航空公司 | 75.7 | .68 |
| 5 | 联合(United)航空公司 | 73.8 | .74 |
| 6 | 美洲(American)航空公司 | 72.2 | .93 |
| 7 | 德尔塔（Delta）航空公司 | 71.2 | .72 |
| 8 | 美国西部(Americawest)航空公司 | 70.8 | 1.22 |
| 9 | 环球(TWA)航空公司 | 68.5 | 1.25 |
| 10 | | | |

图 11－6　航空公司航空正点率与投诉率

第三步:在数据编辑窗口,依次单击菜单"图形"→"旧对话框"→"散点/点状(S)…",得到"散点图/点图"对话框,选择"简单分布",单击"定义"按钮,得到"简单散点图"对话框。如图11-7所示。

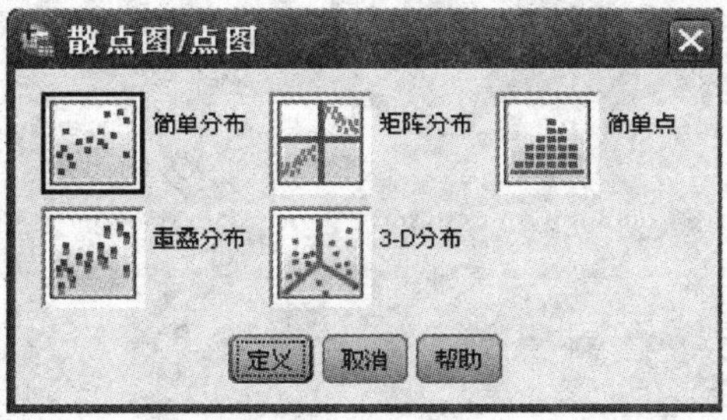


图11-7 "散点图/点图"对话框

第四步:在"简单散/点图"对话框中,将候选变量框中的变量"投诉率"移到"Y轴(Y):"框内,将变量"航班正点率"移到"X轴(X):"框内。如图11-8所示。

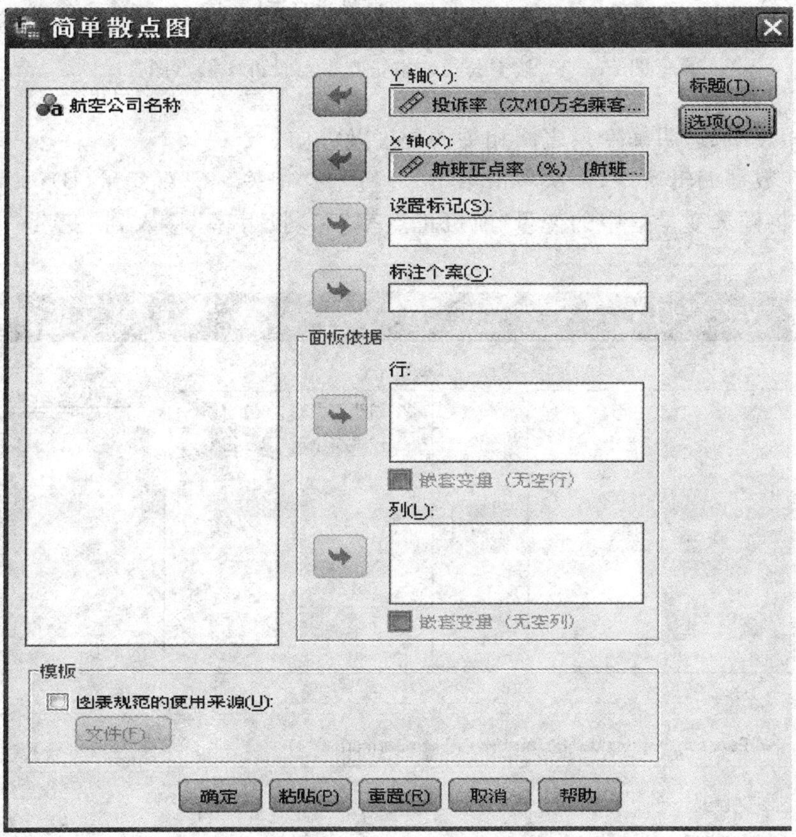


图11-8 "简单散点图"对话框

第五步:单击"确定"按钮,运行得到航空公司航空正点率与投诉率的散点图。如图11-9所示。

根据散点图初步判断,航班正点率与投诉率呈现线性负相关关系。

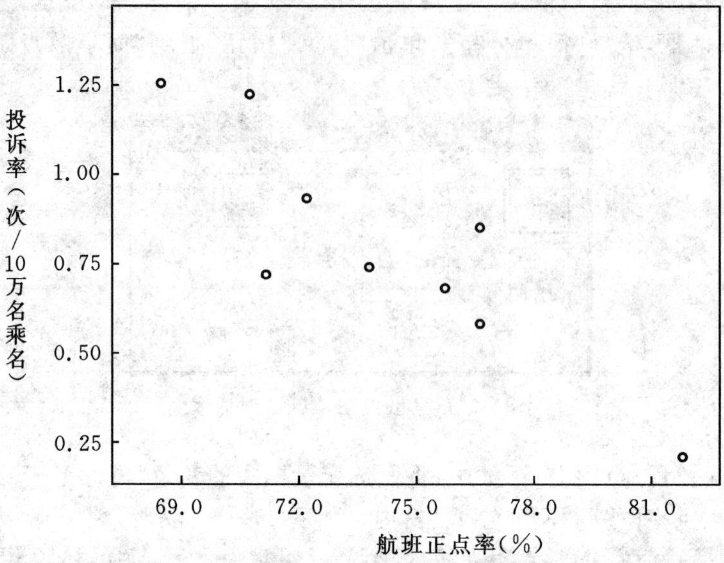


图 11-9　航空公司航空正点率与投诉率散点图

(2)计算相关系数，明确变量之间相关的程度及方向。

第一步：在数据编辑窗口，依次单击菜单“分析”→“相关”→“双变量(B)…”，得到“双变量相关”对话框，将候选变量框中的变量“航班正点率”和“投诉率”移入到“变量(V)：”框内。如图 11-10 所示。

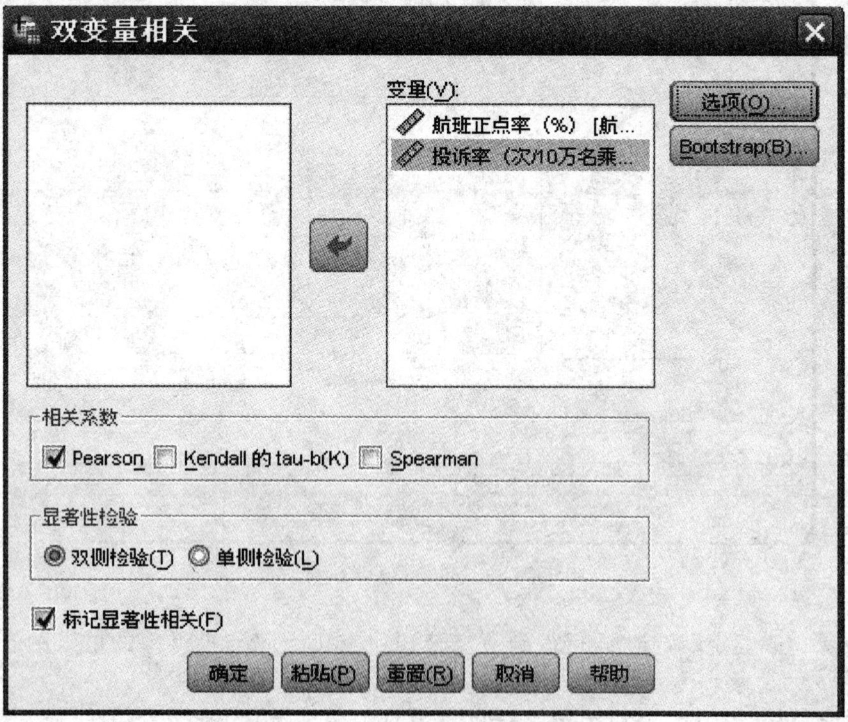


图 11-10　“双变量相关”对话框

第二步：单击“确定”按钮，运行得到表 11－7。

**表 11－7 航班正点率与投诉率相关性表**

| | | 航班正点率(%) | 投诉率(次/10 万名乘客) |
|---|---|---|---|
| 航班正点率(%) | Pearson 相关性 | 1 | －0.883** |
| | 显著性(双侧) | | 0.002 |
| | *N* | 9 | 9 |
| 投诉率(次/10 万名乘客) | Pearson 相关性 | －0.883** | 1 |
| | 显著性(双侧) | 0.002 | |
| | *N* | 9 | 9 |

** 表示在 0.01 水平(双侧)上显著相关。

根据表 11－7 可以判断，航班正点率和投诉率的相关系数为－0.833，显著性水平 *P* 为 0.002，小于 0.01，说明航班正点率和投诉率呈高度负相关关系。

(3)拟合直线回归方程，对回归方程的斜率作出解释。

第一步：在数据编辑窗口，依次单击菜单“分析”→“回归”→“线性(L)…”，得到“线性回归”对话框。将候选变量框中的变量“投诉率”移入到“因变量(D)：”框内，将变量“航班正点率”移入到“自变量(I)：”框内。如图 11－11 所示。

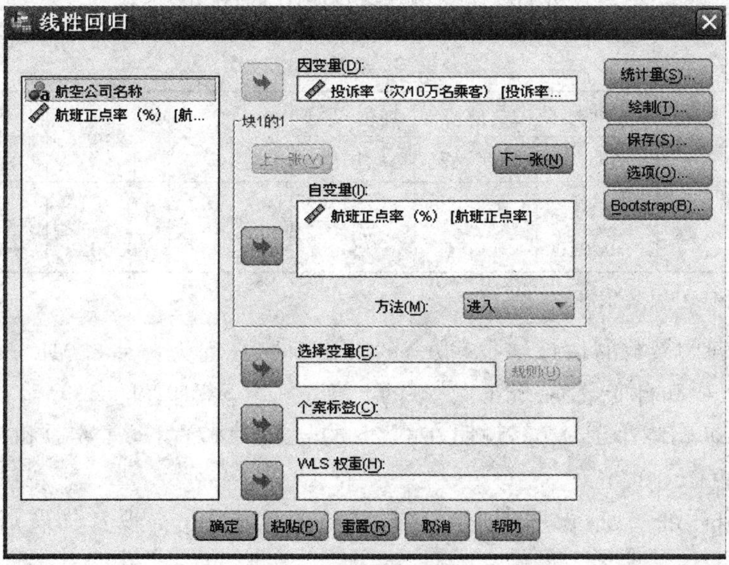


图 11－11 “线性回归”对话框

第二步：单击右侧的“统计量(S)…”按钮，得到“线性回归：统计量”对话框，依次勾选“估计”、“置信区间”、“协方差矩阵”、“模型拟合度”、“Durbin－Wstson”，如图 11－12 所示。单击“继续”按钮，返回到“线性回归”对话框(“绘制(T)”、“保存(C)”、“选项(O)”、“Bootstrap(B)”等选项卡的设置可参考回归分析实验的设置)，单击“确定”按钮，系统自动输出结果。见表11－8。

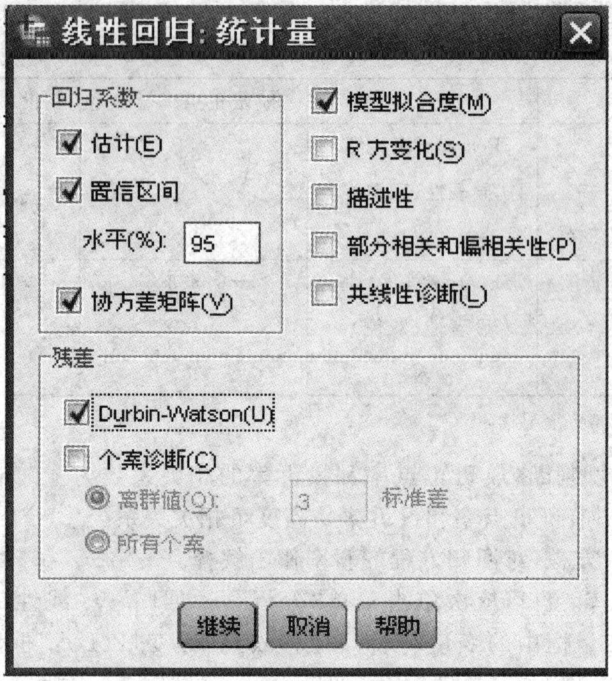


图 11-12 “线性回归:统计量”对话框

**表 11-8 回归系数表**

| 模型 | | 非标准化系数 | | 标准系数 | $t$ | Sig | $B$ 的 95.0%置信区间 | |
|---|---|---|---|---|---|---|---|---|
| | | $B$ | 标准误差 | 试用版 | | | 下限 | 上限 |
| 1 | (常量) | 6.018 | 1.052 | | 5.719 | 0.001 | 3.530 | 8.506 |
| | 航班正点率(%) | −0.070 | 0.014 | −0.883 | −4.967 | 0.002 | −0.104 | −0.037 |

a. 因变量:投诉率(次/10 万名乘客)。

表 11-8 是回归系数的估计结果,拟合的直线回归方程为:$\hat{y}=6.018-0.7x$。由表中数据可以看出,常数项和自变量“航班正点率”的 $t$ 值分别为 5.719 和−4.967。显著性水平 $P$ 分别为 0.001 和 0.002,均小于 0.05,说明在 0.05 的显著性水平下,常数项和自变量 $X$ 对因变量 $Y$ 均有显著影响。

(4)计算回归标准误差,说明回归直线的代表性;计算样本拟合优度,说明模型拟合的效果。

在拟合直线回归方程得到表 11-8 的同时,在结果输出窗口也得到表 11-9。

**表 11-9 模型拟合情况表**

| 模型 | $R$ | $R$ 方 | 调整 $R$ 方 | 标准估计的误差 | Durbin - Watson |
|---|---|---|---|---|---|
| 1 | 0.883[a] | 0.779 | 0.747 | 0.16082 | 2.527 |

a. 预测变量:(常量),航班正点率(%)。

b. 因变量:投诉率(次/10 万名乘客)。

由表 11-9 可以看出，估计标准误差为 0.16082，说明投诉率的实际值与估计值之间平均相差 0.16082 次/10 万名乘客，估计标准误差比较小，说明回归直线代表性较高。$R^2$ 为 0.779，表明模型的拟合效果较好。

(5)如果航班按时到达的正点率为 80%，估计每 10 万名乘客投诉的次数。

根据回归方程 $\hat{y}=-0.7x+6.018$，当航班正点率为 80%时，每 10 万名乘客投诉的次数为：$-0.7\times80+6.018=0.418$(次)。

(6)在 95%置信水平下建立回归估计的置信区间。

在不同置信水平$(1-\alpha)$下，回归估计的置信区间为：$[\hat{y}-Z_{\alpha/2}s_{yx},\hat{y}+Z_{\alpha/2}s_{yx}]$

当置信水平$(1-\alpha)=95\%$时，回归估计的置信区间为：

$$
\begin{aligned}
[\hat{y}-Z_{\alpha/2}s_{yx},\hat{y}+Z_{\alpha/2}s_{yx}] &= [6.018-0.7x-1.96\times0.16082,6.018-0.7x+1.96\times0.16082] \\
&= [6.018-0.7x-0.3152,6.018+0.7x+0.3152]
\end{aligned}
$$

回归方程的斜率，即回归系数 $b=-0.7$，表示航班正点率每提高 1%，旅客投诉率会降低 0.7%。

(7)如果航班按时到达的正点率为 80%，试在 95%可信程度下估计每 10 万名乘客投诉的置信区间。

航班按时到达的正点率为 80%，在 95%可信程度下估计每 10 万名乘客投诉的置信区间为：

$$
\begin{aligned}
[\hat{y}-Z_{\alpha/2}s_{yx},\hat{y}+Z_{\alpha/2}s_{yx}] &= [6.018-0.7x-1.96\times0.16082,6.018-0.7x+1.96\times0.16082] \\
&= [6.018-0.7\%\times80\%-1.96\times0.16082,6.018-0.7\times80\%+ \\
&\quad 1.96\times0.16082] \\
&= [5.1443,5.7732]
\end{aligned}
$$

## 思考、训练与探讨

### 一、思考题

1. 什么是相关关系？什么是函数关系？二者有何区别和联系？
2. 相关关系的种类有哪些？
3. 相关分析的主要内容有哪些？
4. 简述相关分析与回归分析的关系。
5. 什么叫相关系数？如何计算相关系数？
6. 相关系数反映的是两个变量之间的相关程度，还是反映两个变量值之间的相关程度？
7. 什么叫估计标准误差？它有什么作用？
8. 标准差和估计标准误差有什么区别？
9. 在直线回归方程 $\hat{Y}=a+bX$ 中，参数 $a$、$b$ 的数学意义与经济意义是什么？怎样计算？
10. 相关系数和估计标准误差有何关系？
11. 为什么要对相关系数进行显著性检验？
12. 为什么要对回归模型进行显著性检验？
13. 评价回归模型准确性和可靠性的方法分别是什么？
14. 相关系数 $r$ 与回归参数 $b$ 存在什么关系？
15. 进行相关与回归分析应注意什么问题？

## 二、计算题

1.某工厂2014年各月的产品产量和单位成本资料如下(见表11-10):

**表11-10 某工厂2014年各月的产品产量和单位成本**

| 月份(月) | 产量(吨) | 单位成本(元) |
|---|---|---|
| 1 | 86 | 620 |
| 2 | 82 | 650 |
| 3 | 84 | 630 |
| 4 | 90 | 600 |
| 5 | 102 | 550 |
| 6 | 91 | 590 |
| 7 | 85 | 630 |
| 8 | 70 | 720 |
| 9 | 100 | 520 |
| 10 | 110 | 480 |
| 11 | 88 | 610 |
| 12 | 80 | 640 |

根据上述资料用简捷法计算相关系数。

2.假定某企业某种产品产量与单位成本的资料如下(见表11-11):

**表11-11 某企业某种产品产量与单位成本**

| 月份(月) | 产量(千件) | 单位成本(元) |
|---|---|---|
| 1 | 2 | 7300 |
| 2 | 3 | 7200 |
| 3 | 4 | 7100 |
| 4 | 3 | 7300 |
| 5 | 4 | 6900 |
| 6 | 5 | 6800 |

要求:

(1)确定相关系数,说明变量之间相关的程度。

(2)确定直线回归方程,指出产量每增加1000件时,单位成本平均下降多少元?

(3)假定产量为6000件时,单位成本为多少元?单位成本为70元时,产量应为多少?

3.某地居民2010—2014年人均收入与商品销售额资料如下(见表11-12):

**表11-12 居民2010—2014年人均收入与商品销售额**

| 年份(年) | 人均收入(元) | 商品销售额(万元) |
|---|---|---|
| 2010 | 2400 | 11 |
| 2011 | 3000 | 15 |
| 2012 | 3200 | 14 |
| 2013 | 3400 | 16 |
| 2014 | 3800 | 20 |

要求：

(1)用最小平方法求人均收入数列的直线趋势方程，并据以估计2015年和2016年的人均收入。

(2)确定商品销售额关于人均收入的直线回归方程，并预测2015年、2016年的商品销售额。

(3)计算估计标准误差。(用两种方法)

4.根据下列资料编制直线回归方程$Y=a+bX$和计算相关系数$r$。

$\overline{XY}=146.5$　　$\overline{X}=12.6$　　$\overline{Y}=11.3$

$\overline{X^2}=164.2$　　$\overline{Y^2}=841$　　$a=1.7575$

5.设某地区职工2010—2014年人均月奖金收入资料如下(见表11-13)：

**表11-13　某地区职工2010—2014年人均月奖金收入**

| 年份(年) | 每人平均月奖金收入(元) |
|---|---|
| 2010 | 480 |
| 2011 | 600 |
| 2012 | 640 |
| 2013 | 680 |
| 2014 | 760 |

试确定直线趋势方程，并预测2015年职工人均月奖金收入。

6.某地区2010—2014年职工生活费收入和商品销售额资料如下(见表11-14)：

**表11-14　某地区2010—2014年职工生活费收入和商品销售额**

| 年份(年) | 职工生活费收入(百元) | 商品销售额(亿元) |
|---|---|---|
| 2010 | 5.6 | 87 |
| 2011 | 6.0 | 93 |
| 2012 | 6.1 | 100 |
| 2013 | 6.4 | 106 |
| 2014 | 7.0 | 114 |

计算：

(1)职工生活费收入和销售额之间的相关系数，说明二者相关的情况。

(2)估计回归直线$Y=a+bX$，并估计当职工生活费收入为7.5百元时，商品销售额为多少？

(3)估计标准误差。

7.下面是10家百货商店销售额和利润率的资料(见表11-15)：

表 11－15　10 家百货商店销售额和利润率

| 商店编号 | 每人月平均销售额(千元)$X$ | 利润率(%)$Y$ |
|---|---|---|
| 1 | 6 | 12.6 |
| 2 | 5 | 10.4 |
| 3 | 8 | 18.5 |
| 4 | 1 | 3.0 |
| 5 | 4 | 8.1 |
| 6 | 7 | 16.3 |
| 7 | 6 | 12.3 |
| 8 | 3 | 6.2 |
| 9 | 3 | 6.6 |
| 10 | 7 | 16.8 |

要求：

(1)画出散点图，以横轴表示每人月平均销售额，纵轴表示利润率；

(2)观察并说明两变量之间存在何种关系；

(3)计算每人月平均销售额与利润率的相关系数；

(4)求出利润率对每人月平均销售额的回归方程，并在散点图中绘出回归直线；

(5)若某商店每人月平均销售额为 2 千元，试估计其利润率；

(6)计算估计标准误差。

8. 某家具厂生产家具的总成本与木材耗用量资料如下(见表 11－16)：

表 11－16　某家具厂生产家具的总成本与木材耗用量

| 月份 | 1 | 2 | 3 | 4 | 5 | 6 | 7 |
|---|---|---|---|---|---|---|---|
| 木材耗用量(立方千米) | 2.4 | 2.1 | 2.3 | 1.9 | 1.9 | 2.1 | 2.4 |
| 总成本(千元) | 3.1 | 2.6 | 2.9 | 2.7 | 2.3 | 3.0 | 3.2 |

要求：

(1)计算以总成本为因变量的回归直线方程；

(2)计算回归方程的估计标准误差；

(3)计算相关系数，判断其相关程度。

## 三、讨论题

某地区经济活动成果及能源消耗资料见表 11－17 至表 11－19：

表 11－17 1996—2006 年投资、消费和净出口对经济拉动(单位:亿元)

| 指标 | 生产总值 | 消费 | 投资 | 净出口 |
|---|---|---|---|---|
| 1996 年 | 1215.8 | 741.7 | 544.6 | －70.5 |
| 1997 年 | 1363.6 | 844.6 | 548.3 | －29.3 |
| 1998 年 | 1458.4 | 920.7 | 645.6 | －107.9 |
| 1999 年 | 1592.6 | 984.0 | 680.8 | －72.2 |
| 2000 年 | 1804.0 | 1042.9 | 856.6 | －95.6 |
| 2001 年 | 2010.6 | 1132.2 | 980.6 | －102.2 |
| 2002 年 | 2253.4 | 1228.7 | 1117.4 | －92.7 |
| 2003 年 | 2587.7 | 1353.9 | 1424.0 | －190.1 |
| 2004 年 | 3175.6 | 1503.1 | 1722.2 | －49.7 |
| 2005 年 | 3772.7 | 1684.1 | 2115.1 | －26.6 |
| 2006 年 | 4523.7 | 1871.5 | 2798.7 | －146.4 |

表 11－18 1996—2006 年地区经济活动成果的产业构成资料

| 指标 | 生产总值(亿元) | 第一产业(%) | 第二产业(%) | 第三产业(%) |
|---|---|---|---|---|
| 1996 年 | 1215.8 | 20.6 | 42.3 | 37.1 |
| 1997 年 | 1363.6 | 18.7 | 41.6 | 39.7 |
| 1998 年 | 1458.4 | 18.3 | 41.7 | 40.0 |
| 1999 年 | 1592.6 | 16.0 | 42.8 | 41.2 |
| 2000 年 | 1804.0 | 14.3 | 43.4 | 42.3 |
| 2001 年 | 2010.6 | 13.1 | 43.7 | 43.2 |
| 2002 年 | 2253.4 | 12.5 | 44.7 | 42.8 |
| 2003 年 | 2587.7 | 11.7 | 47.2 | 41.1 |
| 2004 年 | 3175.6 | 11.7 | 48.9 | 39.4 |
| 2005 年 | 3772.7 | 11.6 | 51.6 | 36.9 |
| 2006 年 | 4523.7 | 10.8 | 53.9 | 35.3 |

表 11－19 能源消费总量及构成

| | 2000 年 | 2001 年 | 2002 年 | 2003 年 | 2004 年 | 2005 年(当量) | 2005 年(等价) | 2006 年(当量) | 2006 年(等价) |
|---|---|---|---|---|---|---|---|---|---|
| 能源消费总量(万吨标准煤) | 2616.78 | 3034.34 | 3447.88 | 3918.96 | 4692.66 | 5410.13 | 5423.71 | 5946.43 | 5905.41 |
| 煤　炭 | 1866.64 | 2115.8 | 2375.6 | 2785.05 | 3240.08 | 4355.61 | 4355.61 | 4674.47 | 4674.47 |
| 石　油 | 610.12 | 736.25 | 855.24 | 896.79 | 1032.86 | 819.65 | 819.65 | 932.57 | 932.57 |
| 天然气 | 81.00 | 131.63 | 170.13 | 221.73 | 397.93 | 227.80 | 227.80 | 378.12 | 378.12 |

续表 11－19

| | 2000 年 | 2001 年 | 2002 年 | 2003 年 | 2004 年 | 2005 年（当量） | 2005 年（等价） | 2006 年（当量） | 2006 年（等价） |
|---|---|---|---|---|---|---|---|---|---|
| 水 电 | 59.02 | 50.66 | 46.91 | 15.39 | 21.79 | 57.37 | 167.26 | 45.06 | 128.05 |
| 能源消费构成（%） | 100 | 100 | 377 | 458.23 | 100.00 | 100.00 | 100.00 | 100.00 | 100.00 |
| 煤 炭 | 71.3 | 69.73 | 322.66 | 325.65 | 69.04 | 79.58 | 77.61 | 77.20 | 75.64 |
| 石 油 | 23.3 | 24.26 | 24.81 | 104.86 | 22.01 | 15.15 | 15.11 | 15.68 | 15.79 |
| 天然气 | 3.1 | 4.34 | 23.11 | 25.93 | 8.48 | 4.21 | 4.20 | 6.36 | 6.40 |
| 水 电 | 2.3 | 1.67 | 6.37 | 1.80 | 0.46 | 1.06 | 3.08 | 0.76 | 2.17 |

注：能源生产量 1995—2004 年为当量热值。

要求：

根据表 11－17 和表 11－19 资料，解决如下问题：

(1)通过计算说明该地区的单位 GDP 能耗水平变化状况。

(2)通过计算说明该地区的单位第二产业能耗水平变化状况。

(3)比较该地区的 GDP 和能源消耗增长率。

(4)说明该地区 GDP 和能源消耗之间存在何种相关关系，并拟合回归方程。

(5)通过以上研究，你认为该地区应该制定怎样的经济增长和能源消耗战略。

## 四、技能训练题

1. 运用 SPSS 完成计算题 1、计算题 2 的实验，解释实验结果。

2. 运用 SPSS 完成计算题 7 的实验，写出实验报告。

# 第十二章 统计分析报告的撰写

实际工作部门或研究机构经常撰写各种统计分析文章，这些统计分析文章也称为统计分析报告。那么，什么是统计分析报告，有何特点，如何分类，撰写好统计分析报告有哪些要求等，下面我们以社会经济现象为对象，说明统计分析报告的撰写。

## 第一节 统计分析报告的含义及特点

### 一、统计分析报告的含义

统计分析报告是根据统计学原理和方法，运用大量统计数据来描述社会经济现象总体的活动现状，总结其存在的问题或不足，分析其影响因素，揭示现象总体运动的本质和规律，形成分析结论，提出解决问题的办法的书面文件。可见，统计分析报告是一种统计应用文体。

### 二、统计分析报告的特点

**1. 以统计数据为主体**

统计分析报告主要以统计数字语言来直观地反映事物之间的各种复杂的联系，以确凿的数据来说明具体时间、地点、条件下社会经济领域的成就和经验、问题与教训、各种矛盾及其解决办法。它既不同于用艺术形象刻画的文艺作品，也不同于旁征博引进行探讨研究的论文，而是以统计数字为主体，用简洁的文字来分析叙述事物量的方面及其关系，进行定量分析。

**2. 依据科学的指标体系和统计方法进行分析**

统计是认识社会的武器，着眼于社会经济现象总体的数量方面，并在质与量的辩证统一中进行研究。因此，统计分析报告是通过一整套科学的统计指标体系进行数量研究，进而说明事物的本质。

统计分析不同于数学分析。数学分析方法撇开事物的质量，只分析抽象的数量关系和空间的形式。而统计分析报告是在质与量的辩证统一中研究事物的数量的方面，说明事物质的规定性。

**3. 具有独特的表达方式和结构特点**

统计分析报告属于应用文体，基本表达方式是以事实来叙述，让数字说话，在阐述中议论，在议论中分析。在表现事物时，不是用夸张、虚构、想象等手法，而是用较少的文字，精确的数据，言简意赅，精练准确地表达丰富的内涵。

统计分析报告在结构上的突出特点是脉络清晰、层次分明。一般是先摆数据、事实，进行各种科学的分析，进而揭示问题，表达观点，最后有针对性地提出建议、办法和措施。统计分析报告的行文，先后有序，主次分明，详略得当，联系紧密，做到统计资料与基本观点统一，结构形式与文章内容统一，数据、情况、问题和建议融为一体。

4. 统计分析报告针对性和实用性强

统计分析报告是统计工作的最终成果，它承载了大量丰富的分析数据，它依据这些信息，还能进行更深入的研究，进行统计预测，为相关部门开展经营管理、制定政策、编制计划、检查监督、总结评比提供依据，为开展教学与科研等方面工作提供服务。

## 第二节 统计分析报告的类型

按照统计分析报告的内容和作用不同，一般将统计分析报告分为统计公报、进度统计分析报告、专题统计分析报告、典型调查报告和综合统计分析报告五类。

### 一、统计公报

统计公报是政府统计机构通过报刊等媒体形式，向社会公开发布一个年度的国民经济和社会发展情况的统计分析报告。一般由国家、省级以及计划单列省辖市的统计局发布。如《国家统计局关于 2014 年国民经济和社会发展统计公报》。统计公报中的数据可以为不同主体服务，有极强的应用性价值。见例 12－1。

**【例 12－1】**

**2014 年国民经济和社会发展统计公报(有改动)**

**——节选自《中华人民共和国 2014 年国民经济和社会发展统计公报[1]》**

2014 年，面对复杂多变的国际环境和艰巨繁重的国内发展改革稳定任务，党中央、国务院团结带领全国各族人民，牢牢把握国内外发展大势，坚持稳中求进工作总基调，全力推进改革开放，着力创新宏观调控，奋力激发市场活力，努力培育创新动力，国民经济在新常态下平稳运行，结构调整出现积极变化，发展质量不断提高，民生事业持续改善，实现了经济社会持续稳定发展。

(1)人口状况：年末全国大陆总人口为 136782 万人，比上年末增加 710 万人，其中城镇常住人口为 74916 万人，占总人口比重为 54.77%。全年出生人口 1687 万人，出生率为 12.37‰；死亡人口 977 万人，死亡率为 7.16‰；自然增长率为 5.21‰。全国人户分离的人口[2]为 2.98 亿人，其中流动人口[3]为 2.53 亿人。2014 年年末人口数及其构成见表 12－1。

**表 12－1　2014 年年末人口数及其构成**

| 指标 | 年末数(万人) | 比重(%) |
|---|---|---|
| 全国总人口 | 136782 | 100.0 |
| 其中：城镇 | 74916 | 54.77 |
| 乡村 | 61866 | 45.23 |
| 其中：男性 | 70079 | 51.2 |
| 女性 | 66703 | 48.8 |
| 其中：0～15 岁(含不满 16 周岁)[4] | 23957 | 17.5 |
| 16～59 岁(含不满 60 周岁) | 91583 | 67.0 |
| 60 周岁及以上 | 21242 | 15.5 |
| 其中：65 周岁及以上 | 13755 | 10.1 |

(2)国民经济增长情况:国民经济稳定增长。初步核算,全年国内生产总值[5]636463 亿元,比上年增长 7.4%。其中,第一产业增加值 58332 亿元,增长 4.1%;第二产业增加值 271392 亿元,增长 7.3%;第三产业增加值 306739 亿元,增长 8.1%。第一产业增加值占国内生产总值的比重为 9.2%,第二产业增加值比重为 42.6%,第三产业增加值比重为 48.2%。2010—2014 年国内生产总值及其增长速度如图 12-1 所示。

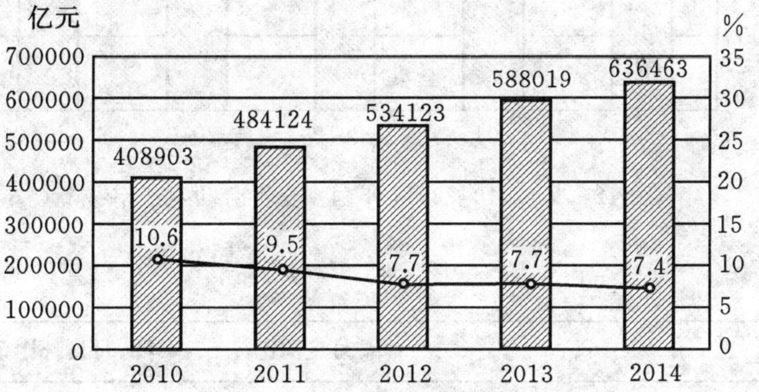


图 12-1　2010—2014 年国内生产总值及其增长速度

(3)就业情况:就业继续增加。年末全国就业人员 77253 万人,其中城镇就业人员 39310 万人。全年城镇新增就业 1322 万人。年末城镇登记失业率为 4.09%。全国农民工[6]总量为 27395 万人,比上年增长 1.9%。其中,外出农民工 16821 万人,增长 1.3%;本地农民工 10574 万人,增长 2.8%。2010—2014 年城镇新增就业人数如图 12-2 所示。

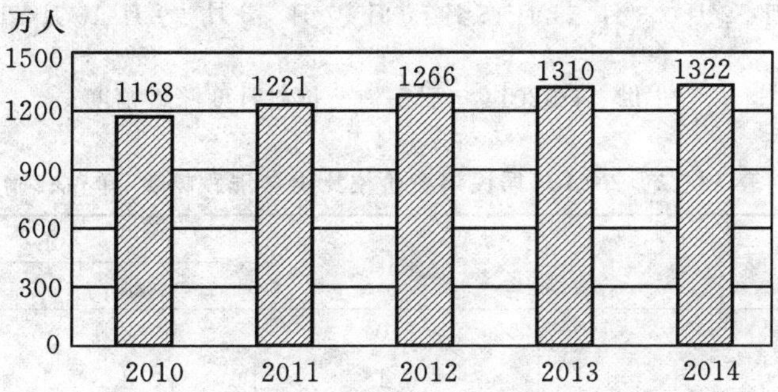


图 12-2　2010—2014 年城镇新增就业人数

(4)劳动生产率情况:劳动生产率稳步提高。全年国家全员劳动生产率[7]为 72313 元/人,比上年提高 7.0%。2010—2014 年国家全员劳动生产率如图 12-3 所示。

(5)价格状况:价格水平涨幅较低。全年居民消费价格比上年上涨 2.0%,其中食品价格上涨 3.1%。固定资产投资价格上涨 0.5%。工业生产者出厂价格下降 1.9%。工业生产者购进价格下降 2.2%。农产品生产者价格[8]下降 0.2%。2014 年居民消费价格月度涨跌幅度如图 12-4 所示,2014 年居民消费价格比上年涨跌幅度如表 12-2 所示。

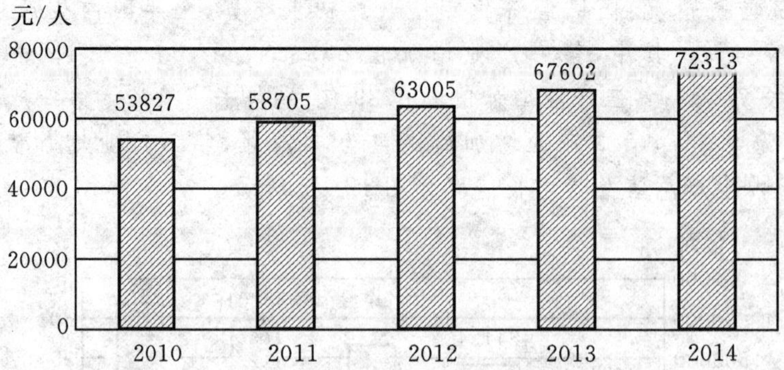


图 12-3　2010—2014 年国家全员劳动生产率

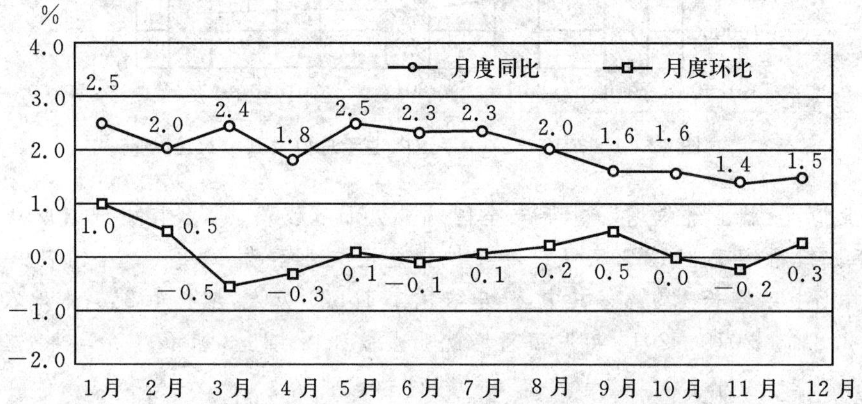


图 12-4　2014 年居民消费价格月度涨跌幅度

**表 12-2　2014 年居民消费价格比上年涨跌幅度(单位:%)**

| 指标 | 全国 | 其中 | |
|---|---|---|---|
| | | 城市 | 农村 |
| 居民消费价格 | 2.0 | 2.1 | 1.8 |
| 其中:食品 | 3.1 | 3.3 | 2.6 |
| 烟酒及用品 | −0.6 | −0.7 | −0.5 |
| 衣着 | 2.4 | 2.4 | 2.4 |
| 家庭设备用品及维修服务 | 1.2 | 1.2 | 1.2 |
| 医疗保健和个人用品 | 1.3 | 1.2 | 1.5 |
| 交通和通信 | −0.1 | −0.2 | 0.0 |
| 娱乐教育文化用品及服务 | 1.9 | 1.9 | 1.7 |
| 居住[9] | 2.0 | 2.1 | 1.9 |

(6)商品住宅建设情况:70 个大中城市新建商品住宅销售价格月同比上涨城市个数上半年各月均为 69 个,下半年月同比上涨城市个数逐月减少,12 月份为 2 个,月同比价格下降城市个数增加至 68 个。2014 年新建商品住宅月同比价格上涨、持平、下降城市个数变化情况如图 12-5 所示。

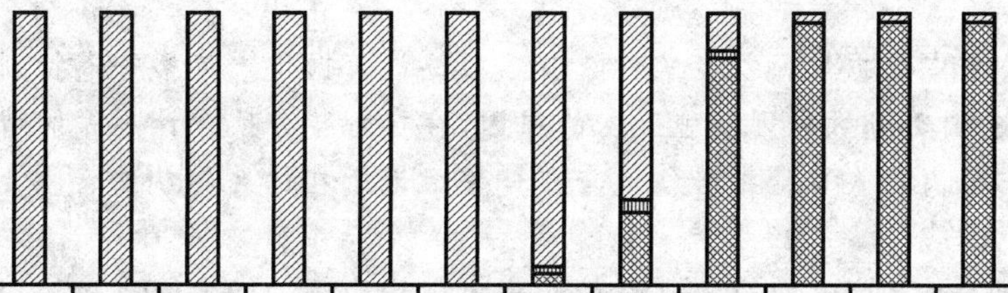

| | 1月 | 2月 | 3月 | 4月 | 5月 | 6月 | 7月 | 8月 | 9月 | 10月 | 11月 | 12月 |
|---|---|---|---|---|---|---|---|---|---|---|---|---|
| 上涨 | 69 | 69 | 69 | 69 | 69 | 69 | 65 | 48 | 10 | 3 | 2 | 2 |
| 持平 | 0 | 0 | 0 | 0 | 0 | 0 | 2 | 3 | 2 | 0 | 0 | 0 |
| 下降 | 1 | 1 | 1 | 1 | 1 | 1 | 3 | 19 | 58 | 67 | 68 | 68 |

图 12-5 2014 年新建商品住宅月同比价格上涨、持平、下降城市个数变化情况

(7)财政收入情况:财政收入稳定增长。全年一般公共财政收入 140350 亿元,比上年增加 11140 亿元,增长 8.6%,其中税收收入 119158 亿元,增加 8627 亿元,增长 7.8%。2010—2014 年全国一般公共财政收入如图 12-6 所示。

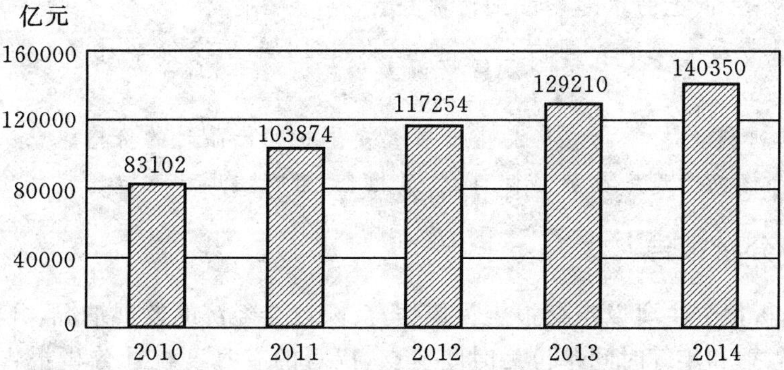


图 12-6 2010—2014 年全国一般公共财政收入

注:图中 2010 年至 2013 年数据为全国一般公共财政收入决算数,2014 年为执行数。

(8)外汇储备状况:外汇储备略有增加。年末国家外汇储备 38430 亿美元,比上年末增加 217 亿美元。全年人民币平均汇率为 1 美元兑 6.1428 元人民币,比上年升值 0.8%。2010—2014 年年末国家外汇储备如图 12-7 所示。

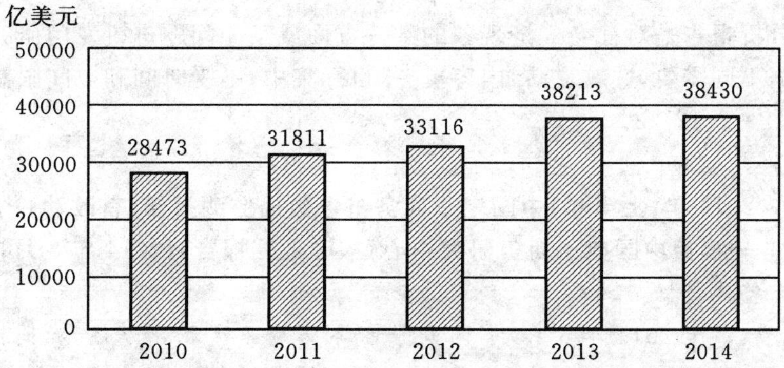


图 12-7 2010—2014 年年末国家外汇储备

注释：

[1]本公报中数据均为初步统计数。各项统计数据均未包括香港特别行政区、澳门特别行政区和台湾省。部分数据因四舍五入的原因，存在着与分项合计不等的情况。

[2]人户分离的人口是指居住地与户口登记地所在的乡镇街道不一致且离开户口登记地半年以上的人口。

[3]流动人口是指人户分离人口中扣除市辖区内人户分离的人口。市辖区内人户分离的人口是指一个直辖市或地级市所辖区内和区与区之间，居住地和户口登记地不在同一乡镇街道的人口。

[4]2014年年末，0～14岁(含不满15周岁)人口为22558万人，15～59岁(含不满60周岁)人口为92982万人。

[5]国内生产总值、各产业增加值绝对数按现价计算，增长速度按不变价格计算；根据第三次全国经济普查结果和国家统计局2012年制定的《三次产业划分规定》对相关数据进行了修订。

[6]年度农民工数量包括年内在本乡镇以外从业6个月以上的外出农民工和在本乡镇内从事非农产业6个月以上的本地农民工两部分。

[7]国家全员劳动生产率为国内生产总值(以2010年不变价格计算)与全部就业人员的比率。

[8]农产品生产者价格是指农产品生产者直接出售其产品时的价格。

[9]居住类价格包括建房及装修材料、住房租金、自有住房和水电燃料等价格。

## 二、进度统计分析报告

进度统计分析报告主要以定期报表为依据，反映社会经济的发展情况，分析其影响和形成的原因。如按月、季和年等时间单位为时间节点，撰写的有月度统计分析报告、季度统计分析报告和年度统计分析报告。从时间上看，它可以是定期和不定期的统计分析报告，也可以是期中的和期末的统计分析报告。从内容上看，它可以研究专题问题，形成专题统计分析报告；也可以研究综合问题，形成综合统计分析报告。进度统计分析报告必须讲究时效，力求内容短小精炼，结构简单规范，干净利落，结论一目了然。(本报告案例略)

## 三、专题统计分析报告

专题统计分析报告是对社会经济现象的某一方面或某一问题进行专门研究形成的分析报告。该报告根据不同需要，选题灵活，内容单一，目标集中，不受时间和空间限制，重点突出，研究深入。见例12-2、12-3。

**【例12-2】**

**2014年(上半年)中国电子商务市场数据监测报告(有改动)**

**——摘自中国电子商务研究中心《核心数据报告》(2014年8月)**

1.电子商务整体数据

(1)交易规模：截至2014年6月，全国电子商务交易额达5.8万亿元，同比增长34.5%。其中，B2B交易额达4.5万亿元，同比增长32.4%。网络零售市场交易规模达1.08万亿元，同比增长43.9%。

(2)从业人员：截至 2014 年 6 月，电子商务服务企业直接从业人员超过 250 万人。目前由电子商务间接带动的就业人数，已超过 1720 万人。

(3)细分领域：2014 年上半年电子商务市场细分行业结构中，B2B 电子商务占比 76.9%；网络零售交易规模市场份额达到 18.5%；网络团购占比 0.5%；其他占 4.1%。

2. B2B 行业数据

(1)市场规模：2014 年上半年我国 B2B 电子商务市场交易额达 4.5 万亿元，同比增长 32.4%，增速同比上升。

(2)企业规模：截至 2014 年 6 月，我国 B2B 电子商务服务网站达 1203 家，同比增长 5%。

(3)市场营收：2014 年上半年中国 B2B 电子商务服务商的营收规模为 15 亿元，同比增长 2.6%。

(4)市场份额：中国电子商务研究中心监测数据显示，2014 年上半年，B2B 电子商务服务商营收份额中，阿里巴巴继续排名首位，市场份额为 40.5%。接下来的排名分别为：我的钢铁网、环球资源、慧聪网、中国制造网、环球市场、网盛生意宝，分别占比 8.0%、5.7%、4.0%、2.3%、1.6%、1%，其他 36.9%。

(5)用户规模：截至 2014 年 6 月，国内使用第三方电子商务平台的中小企业用户规模（包括同一企业在不同平台上注册但不包括在同一平台上重复注册）已经突破 1950 万。

3. 网络零售行业数据

(1)市场规模：截至 2014 年 6 月，中国网络零售市场交易规模达 10856 亿元，2013 年上半年达 7542 亿元，同比增长 43.9%，预计 2014 年有望达到 27861 亿元。

(2)网络零售市场规模占社会消费品零售总额比例：截至 2014 年 6 月底，中国网络零售市场交易规模占到社会消费品零售总额的 8.7%，2013 年上半年达到 6.8%，同比增长 27.9%。

(3)企业数量规模：到 2013 年 12 月底国内 B2C、C2C 与其他电商模式企业数已达 2930 家，较 2012 年增幅达 17.8%，预计 2014 年达到 3414 家。

(4)B2C 网络零售市场占有率：中国电子商务研究中心根据各大电商截至 2014 年 8 月 26 日的财报数据以及数据统计口径统一进行修正所得：截至 2014 年 6 月底，中国 B2C 网络零售市场（包括开放平台式与自营销售式，不含品牌电商），天猫排名第一，占 57.4%份额；京东名列第二，占据 21.1%份额；苏宁易购位于第三，占 3.6%份额。4～10 位排名依次为：国美在线（3.3%）、唯品会（1.9%）、亚马逊中国（1.5%）、当当网（1.2%）、腾讯电商（0.8%）、聚美优品（0.7%）、1 号店（0.6%）。

(5)移动电子商务交易规模：截至 2014 年 6 月底，中国移动电子商务市场交易规模达到 2542 亿元，而 2013 年上半年达 532 亿元，同比增长 378%。其依然保持快速增长的趋势。

4. 网购投诉数据

(1)领域分布：2014 年上半年，中国电子商务投诉主要分布在网络购物、O2O、移动电子商务（微信购物、电商移动端购物等）、物流快递、第三方支付、B2B 网络贸易等领域。其中，网络购物投诉占比最大，为 49.07%；其次是 O2O 领域，为 23.89%；然后是移动电子商务领域，为 11.01%；物流快递领域，6.86%；第三方支付领域，2.21%；B2 网络贸易，1.43%；其他，5.53%。

(2)投诉金额：2014 年上半年 100～500 元区间的投诉金额占比最大，为 36.53%；其次是 1000～5000 元，为 24.05%；100 元以下，为 20.76%；500～1000 元，为 13.40%，而 5000 元以

上的投诉金额占比最少，仅5.26%。

(3)投诉地域：2014年上半年电子商务用户投诉热点地区分别为广东占14.23%，江苏占12.4%，浙江占1.5%，上海占10.46%，安徽占9.03%，北京占8.36%，湖北占5.27%，山东占4.8%，四川占3.9%，河北占3.71%，其他为16.4%。

(4)投诉性别：据中国电子商务投诉与维权公共服务平台监测数据显示，在2014年上半年电子商务投诉中，男性用户占比56.22%，而女性用户仅为43.78%。

(5)网购投诉网站榜：淘宝/天猫、易迅网、当当网、1号店、国美在线、唯品会、银泰网、凡客诚品(包括凡客自营电商部分以及V+商城)、尚品100、小米商城为“2014年(上)中国网络购物十大被投诉网站”。

(6)网购热点投诉问题：退款问题、网络售假、虚假促销、网络诈骗、质量问题、退换货物、订单取消、发货迟缓、账户被盗、售后服务为“2014年(上)十大网络购物热点投诉问题”。

(7)团购投诉网站榜：2014年上半年，在全国O2O/团购投诉占比中，拉手网最高为16.37%，位列第一，随后依次为美团网15.20%，Like团11.11%，万众团5.8%，大众点评团4.09%，携程3.87%，77座团购网3.79%，窝窝团3.51%，麦圈网2.56%，艺龙2.34%。

(8)团购热点投诉问题：据中国电子商务投诉与维权公共服务平台监测数据显示，虚假团购、退款问题、团购欺诈、霸王条款、账户被盗、发货迟缓、团购售假、发票问题、售后服务、质量问题为“2014年(上)十大网络团购热点投诉问题”。

**5.网络理财数据**

(1)7日年化收益率：2014年上半年来“余额宝”对接的天弘增利宝货币7日年化收益率最高为1月2日的6.73%，最低为7月13日4.169%；苏宁“零钱宝”对接的广发天红货币最高为1月3日7.36%，最低为7月21日4.251%；京东“小金库”对接的嘉实活钱包最高为4月4日6.012%，最低为7月2日4.603%；百度“百赚”对接的嘉实活期宝货币最高为1月1日7.196%，最低为7月2日4.730%；微信“理财通”对接的华夏财富宝最高为1月26日7.902%，最低为6月25日4.390%；网易“现金宝”对接的汇添富现金宝为1月4日7.14%，最低为5月26日4.29%。可见，众电商网络理财7日年化收益率最高值均出现在年初，而临近6、7月份则不断刷新最低收益率。

(2)规模数据：截至2014年6月30日，余额宝规模达5741.60亿元，比一季度末再度增加300亿元，使得余额宝依然是国内最大、全球第四大货币基金，这也使得天弘基金公募资产管理规模达到5861.79亿元，位居国内公募基金之首。

2014年第二季度，微信理财通对接的华夏财富宝遭遇19.73亿份的净赎回，截至二季度末的总份额为621.93亿份；汇添富全额宝、广发天红、易方达易理财截至二季度末的总份额分别为45.12亿份、1.18亿份、9.43亿份。

截至2014年6月30日，微信理财通规模为787.66亿份。2014年前6个月货币基金的发行规模达到546.17亿份，在2014年上半年各类型基金发行规模中排名第一。截至2014年6月，我国互联网理财产品用户规模为6383万，使用率为10.1%。

**【例 12-3】**

## 2014 年债券市场统计分析报告

**——节选中央结算公司债券信息部(牛玉锐,等　2015 年 1 月 1 日)**

前　言

2014 年是中国债券市场在规范发展道路上步伐明显加快的一年,也是债券市场价格持续上涨的一年。债券市场的规模进一步扩大,债券市场服务实体经济的能力进一步增强。债券市场一级和二级市场的制度建设、投资者结构完善及债券品种创新等诸多方面均有明显进展,市场发展的质量有所提升。2014 年 11 月 2 日起,财政部开始发布由中央结算公司编制提供的中国关键期限国债收益率曲线,这是中国债券市场发展历史上具有里程碑意义的重要举措,落实了十八届三中全会关于"健全反映市场供求关系的国债收益率曲线"的要求,进一步增强了国债市场和国债收益率曲线在我国经济体系运行中的基准性作用。11 月 11 日,以中债—中国高等级债券指数为标的 ETF 产品在美国纽约交易所挂牌上市,这标志着人民币债券市场国际化进入了新的发展阶段,反映了国际市场对中国债券市场认可程度的进一步提高。

2015 年是我国"十二五"规划收官之年,同时也是全面深化改革的关键之年。我们有理由相信,在中国经济改革发展中具有重要战略意义的债券市场,必定能以"健全反映市场供求关系的国债收益率曲线"为抓手,以进一步提高债券市场流动性为主攻方向,进一步加大改革力度,提高市场运行效率,提升服务实体经济的能力。2015,让我们共同期待。

一、2014 年国内外宏观经济形势回顾

(一)美国经济强劲反弹,欧元区经济增长疲软

2014 年,世界经济出现了较为显著的分化,美国经济强劲复苏,欧洲经济几乎接近零增长。受 2014 年年初大面积严寒和大雪影响,美国第一季度国内生产总值增幅只有 0.1%,创下 5 年以来的最差纪录,但从二季度开始,在商业投资大幅增长、房地产市场持续回暖以及消费和出口等因素的共同带动下,美国经济强劲反弹,第二季度和第三季度的 GDP 实际同比增速分别达到 4.2%和 3.5%;同时,2014 年是美国自 1999 年以来新增就业岗位最多的一年,平均每月新增就业岗位 22.4 万,失业率相比 2013 年的 7%下降了 1.2 个百分点。在经济强劲复苏的背景下,美联储宣布于 2014 年 11 月结束量化宽松政策。

欧元区方面,2014 年以来通货紧缩的预期不断升温,实际内需下降明显,失业率有所上升。虽然欧央行在 2014 年 6 月出台了一揽子宽松政策,但仍未从根本上提振欧元区的经济水平,相应的经济数据也未得到明显改善,加之乌克兰和中东局势紧张,使欧元区经济出现一定程度恶化。从数据来看,欧元区 GDP 虽然从 2013 年第二季度至 2014 年一季度保持了 12 个月的微弱增长,但是在 2014 年二季度再度陷入停滞,三季度欧元区的 GDP 环比和同比分别缓慢增长 0.2%和 0.8%,欧洲央行预计欧元区 2014 年实际 GDP 增速为 0.8%,数据显示欧元区经济仍未摆脱低迷状态。

(二)国内经济增速稳中趋缓

2014 年中国经济延续了 2013 年以来的调整态势,经济下行压力增加,GDP、CPI 等宏观数据在外需疲软、内需持续回落、制造业仍不景气、房地产拉动经济增长作用减弱等因素的共同影响下小幅回落。中国政府兼顾稳增长和调结构,保持宏观政策连续性和稳定性,自第二季度以来出台一系列"微刺激"措施,物价水平、就业水平以及 PMI 等指标数据总体平稳,经济增速稳中趋缓。

从国内生产总值来看，2014年一季度，GDP增长7.4%，较2013年同期和全年均放缓0.3个百分点。在中国政府一系列"微刺激"举措的推动下，二季度GDP增长7.5%，略高于一季度。三季度，经济下行压力有所加大，GDP增长7.3%，较二季度下降0.2个百分点。PMI走势与GDP类似，在二季度出现短暂的回调后，三季度下行态势明显；2014年12月份，制造业PMI为50.1%，已接近荣枯分界线的边缘，并回落至年内最低点，意味着整体经济短期内下行的压力仍未缓解。从价格指数上看，居民消费价格指数CPI整体保持低位，且进入三季度后明显下滑，11月份CPI指数同比涨幅仅为1.4%。

二、2014年银行间债券市场价格和收益率变动情况

(一)货币市场利率震荡下行后整体企稳

2014年，货币市场利率整体水平较去年有所下降，上半年货币市场利率震荡下行，下半年开始有所企稳。具体来看，2014年Shibor隔夜品种的日平均利率较2013年下行54个基点至2.77%，Shibor7天品种的日平均利率较2013年下行50个基点至3.58%；银行间回购日平均利率隔夜品种较2013年下行56个基点至2.78%，7天回购品种日平均利率较2013年下行49个基点至3.63%。

面对宏观经济下行压力，央行运用灵活的货币政策工具调节市场流动性，降低实体经济融资成本。2014年以来，央行先后两次开展了定向降准，分别降低了县域农商行及部分符合要求的商业银行的准备金率。9月和10月通过中期借贷便利(MLF)向市场分别注入了5000亿元和2695亿元的流动性，进行有效的市场预期管理。央行还在不同时间点开展了短期流动性操作(SLO)、抵押补充贷款(PSL)以及常设借贷便利(SLF)等操作，进一步丰富货币政策工具。同时，2014年货币政策中增强了对价格型工具的运用，央行四次降低正回购利率，对市场形成价格引导。另外，央行11月末宣布下调金融机构人民币贷款和存款利率，为资金面的相对宽松创造条件。央行12月27日发布《关于存款口径调整后存款准备金政策和利率管理政策有关事项的通知》(387号文)，明确非银同业存款纳入存贷比口径且存款准备金率暂为零，部分消除了市场之前对口径调整可能带来的短期资金面的悲观预期。根据公开披露的数据统计，2014年央行在公开市场共开展83次正回购操作和4次逆回购操作，考虑有回购到期、央票到期、国库现金定存因素，央行在公开市场共净投放资金2840亿元。央行2014年四次下调正回购利率，11月25日第四次下调14天正回购利率至3.2%。

(二)债券市场价格指数持续上涨，收益率曲线震荡下行

2014年，国内经济基本面较为疲弱，经济向好预期逐渐降温，加之央行采取的预调微调货币政策，在保持流动性总量适度充裕的同时引导市场利率下行，资金面整体稳中趋松，债券市场呈现出明显的"牛市"格局，中债指数持续上涨，债券收益率曲线震荡下行。截至2014年12月31日，中债新综合指数(净价)为99.4821，较2013年12月末的94.2616点上涨5.54%；中债新综合指数(财富)为157.0586点，较2013年12月末的142.3383点上涨了10.34%，创下2012年以来的第二大年度涨幅。中债固定利率国债、政策性金融债、企业债(AAA级)和中短期票据(AAA级)平均收益率分别较2013年年末下行100、152、136和144个基点。

三、债券市场发展规模

(一)债券市场年度发行总量增长迅猛

2014年，债券市场共发行各类债券12.28万亿元，较2013年增加3.57万亿元，同比增长41.07%，增速提高32.2个百分点。值得指出的是，受市场低迷的影响，2013年发行量增长较

慢，这是2014年发行量同比增速数值较大的主要原因，未来年度发行量同比增速可能回落到20%左右的正常值。2014年在中央结算公司登记新发债券1366只，发行量共计6.35万亿元，占债券市场发行总量的51.75%；上海清算所登记新发债券4691只，发行量共计5.54万亿元，占债券市场发行总量的45.1%；交易所新发债券624只，发行量共计0.38万亿元，占债券市场发行总量的3.13%。

从银行间债券市场新发债的券种结构来看，2014年国债发行1.44万亿元，同比增长7.39%；政策性银行债发行2.3万亿元，同比增长10.65%；受银监会《商业银行资本管理办法(试行)》影响，近两年二级资本工具发行规模与商业银行次级债呈现了此消彼长的特点，商业银行债发行0.08万亿元，同比下降25.34%，二级资本工具发行0.36万亿元；企业债券发行0.7万亿元，同比增长46.5%；中期票据发行0.95万亿元，同比增长40.98%；短期融资券(含超短期融资券)发行2.15万亿元，同比增长35.64%；非公开定向债务融资工具发行1.02万亿元，同比增长80.22%；政策性银行债和国债在发行规模中占据主要地位，二者发行量合计约占发行总量的31.41%。

(二)债券市场托管总量继续平稳增长

截至2014年12月末，全国债券市场总托管量达到35.64万亿元，比上年末增加6.16万亿元，同比增幅为20.9%。其中在中央结算公司托管的债券总量为28.73万亿元，占全市场托管量的80.6%；上海清算所托管总量为5.56万亿元，占全市场托管量的15.6%；交易所托管总量为1.35万亿元，占全市场托管量的3.79%。

2014年末投资者的主要券种持有结构与2013年末相比呈现以下特点：①对流动性较好的利率类债券持有量普遍增加，说明在2014年经济持续下行背景下，各类型机构的风险偏好有所下降，更加偏好持有风险低、流动性好的券种；②以证券基金、年金、社保基金、信托计划、证券公司资产管理计划、商业银行理财产品为主的投资者，相较于其他类型投资者，偏好持有企业债，说明在2014年各类型理财产品为覆盖较高的募集资金成本，更偏好于在债券市场投向票面利率较高的债券等；③在大力发展信贷资产支持证券、盘活信贷存量的政策导向下，各主要机构类别普遍增持资产支持证券；④随着国内债券市场对外开放进程进一步加快，境外机构参与银行间债券市场的规模也迅速增加，其偏好持有国债、政策性银行债、央票、政府支持机构债等具有较高安全性的债券资产。

(三)债券市场现券交易规模略有下降，回购交易活跃度明显上升

2014年，债券市场现券和回购交易结算量为352.55万亿元，同比增长30.03%，相比2013年增速提高了28.98个百分点。其中全市场现券结算量为40.61万亿元，同比下降6%；全市场的回购交易结算量为311.54万亿元，同比增长36.88%，比2013年提高了16.2个百分点。

中央结算公司统计结算量为244.53万亿元，同比增长24.84%，其中现券交易结算量30.98万亿元，同比下降16.16%；回购交易结算量213.55万亿元，同比增长34.37%。上海清算所统计交易结算量共计24.47万亿元，同比增长125.8%，其中现券交易结算量8.52万亿元，同比增长62.60%；回购交易结算量15.95万亿元，同比增长185.04%。交易所统计债券交易结算量共计83.15万亿元，同比增长29.76%，其中现券交易结算量1.11万亿元，同比增长10.27%；回购交易结算量82.03万亿元，同比增长30.07%。

从银行间现券交易的券种结构来看，国债和地方政府债券现券结算量比重为14.39%，结

算量同比增长0.97%;央行票据现券结算量比重为0.31%,结算量同比减少2.14%;政策性银行债券现券结算量比重为40.15%,结算量同比增长9.91%;信用类债券现券交易结算量比重达到35.60%,结算量同比下降15.31%。商业银行柜台结算量2014年61.79亿元,较2013上年增加230.07%。

四、2014年债券市场运行特点

(一)债券市场规范力度进一步加大

2014年以来,监管部门进一步加大债券市场的规范力度,债券市场朝更加健康有序的方向发展。2014年年初,央行等五部委联合发布《关于规范金融机构同业业务的通知》(127号文),加强对金融机构同业业务的管理,对商业银行同业非标渠道进行规范。非标理财渠道、同业非标渠道被规范以后,短期内商业银行对实体经济的资金支持,将更加依赖贷款业务、债券融资业务、自营非标业务以及其他一些创新业务。

为规范企业债券簿记建档发行行为,发改委4月24日发布《企业债券簿记建档发行业务指引(暂行)》(以下简称《指引》)。《指引》要求,将原来主承销商自行簿记建档改为主承销商在中央结算公司簿记建档。《指引》对整个企业债的发行过程进行了规范,压缩并且杜绝了企业债发行过程中的寻租空间,并明确参与人不得进行不正当利益输送、破坏市场秩序。

10月初,国务院发布《关于加强地方政府性债务管理的意见》,规定地方政府不得通过企事业单位举借债务,政府性债务作为硬指标纳入业绩考核。10月末,财政部发布《地方政府债务纳入预算管理的甄别方法》,要求各地区可申请发行地方政府债券置换,以降低利息负担,优化期限结构,腾出更多资金用于重点项目建设。

(二)债券市场创新成果明显

1.财政部发布中国关键期限国债收益率曲线

自2014年11月2日起,财政部网站每日发布中国关键期限国债收益率曲线,由中央国债登记结算有限责任公司负责编制提供。近十几年来,在人民银行、财政部和相关各方的共同努力下,我国国债市场取得了长足发展,国债收益率曲线的编制条件在逐渐改善,技术趋于成熟。在利率市场化改革过程中,国债最重要的金融功能——金融市场基准的作用也已日益显现。作为一国本币资产的基础价格,国债收益率更是得到了国家层面的高度重视,党的十八届三中全会提出要求“健全反映市场供求关系的国债收益率曲线”,此次财政部发布国债收益率曲线是对全会要求的响应,是中国国债市场发展的标志性成果。

2.国债收益率曲线的深度应用得到进一步扩展

11月14日,农业银行刊登了非公开发行优先股发行情况报告书,该优先股11月5日起息,并于11月28日起在上证所综合业务平台挂牌转让,其发行定价采用市场权威机构编制的中债国债收益率曲线5年期收益率为基准浮动。另外,经统计截至2014年年底,在债券市场创新品种中,先后还有29只永续债也是采用中债国债收益率曲线作为发行定价基准,国债收益率曲线的深度应用得到了有效扩展。

3.地方政府债开启自发自还序幕

5月22日,财政部公布了《2014年地方政府债券自发自还试点办法》,十省市地方政府债券自发自还,地方政府发行政府债券实行年度发行额管理,全年发行债券总量不得超过国务院批准的当年发债规模限额,并且剥离了融资平台公司的政府融资职能。在目前经济下行压力较大的背景下,此次自发自还试点办法正是解决地方政府融资难的办法之一。2014年十个试点省市共完成1066.8亿元地方政府债券的发行工作。

4.商业银行理财产品进入银行间债券市场开户

2月13日，央行发布了《关于商业银行理财产品进入银行间债券市场有关事项的通知》，这是央行首次发布理财产品进入银行间债券市场的规范。该通知一方面放开理财产品开户，对于债券市场来说是一种创新；另一方面规范了商业银行理财产品投资银行间债券市场的行为，进一步规范理财产品在银行间债券市场的开户流程。

5.部分合格机构投资者可进入银行间债券市场开户

11月28日，央行金融市场司发布《中国人民银行金融市场司关于部分合格机构投资者进入银行间债券市场有关工作的通知》，该通知明确了包括农村商业银行、农村合作银行等农村金融机构，信托产品、证券公司资产管理计划、基金管理公司及其子公司特定客户资产管理计划、保险资产管理公司资产管理产品等四类非法人投资者可向央行上海总部办理进入银行间债券市场开立账户，在银行间市场进行投资交易。此举有利于提高银行间债券市场交易的活跃度和流动性，进一步丰富债券市场投资者的结构。

6.柜台债券业务品种有所增加

3月28日，人民银行发布公告，从事柜台记账式国债业务的商业银行，其柜台债券业务品种可以在记账式国债基础上增加国家开发银行债券、政策性银行债券和中国铁路总公司等政府机构债券。承办银行可以通过其营业网点、电子银行等渠道向投资者分销债券，与投资者进行债券买卖，并办理债券托管与结算。这意味着普通投资者也可以参与投资以上三类债券。

7.银行间债券市场开始尝试做市业务

全国银行间同业拆借中心发布实施《银行间债券市场尝试做市业务规程》，强化对尝试做市业务进行规范。尝试做市制度是指尝试做市机构通过交易中心交易系统连续报出做市债券买卖双边报价，以及根据其他银行间债券市场参与者的报价请求合理报价，并按其报价与其他市场参与者达成交易的行为。此规程旨在明确规范尝试做市机构的做市行为，表明央行和相关监管部门正在强化对做市商制度的完善，对债券市场的完善和创新起到一定的推动作用。

8.中央结算公司开始为地方国库现金管理提供担保品服务

12月5日，地方国库现金管理工作正式启动，北京市财政局完成首期国库现金管理招标，并于12月10日通过中央结算公司担保品管理系统办理中标商业银行债券质押。中央结算公司的担保品管理首次服务于财政政策实施，标志着中央托管机构担保品管理服务进一步支持政府经济管理职能取得了突破性进展。

9.中金所开展国债充抵期货保证金的业务试点

12月27日，中国金融期货交易所发布修订后的《中国金融期货交易所交易细则》和《中国金融期货交易所结算细则》，开展国债作为期货保证金的业务试点。国债充抵期货保证金制度是国际市场的通行做法，有利于降低市场运行成本，有利于提高国债市场流动性。

(三)债券市场国际化程度进一步提高

近年来，越来越多的境外机构参与中国债券市场。据统计，2014年末在中央结算公司开立托管账户的境外机构达176家，较2013年末增加65家，持有债券共计0.54万亿元，较2013年末增长74.19%。

美国纽约时间2014年11月11日，范达全球(VanEck Global)成功在纽约交易所上市发行美国市场上首只专注于中国债券的ETF产品——Market Vectors ChinaAMC China Bond

ETF。该ETF跟踪中债——中国高等级债券指数，投资中国固定收益市场的所有主要债券类别，包括政府类债券、政策性金融债以及发行主体评级为AAA的信用债。该ETF产品的成功推出，为美国投资者提供了一条投资中国大陆境内人民币债券市场的新渠道，进一步丰富了RQFII产品类型。另外，2014年2月以中债——5年期国债指数为标的的全球第一只RQFII ETF基金在香港交易所上市。这些产品的成功上市，标志着人民币债券市场国际化程度进一步提高，为中国政府部门、银行、企业等进入国际资本市场提供了新途径，也意味着国际市场对中国评级机构和评级标准的认可，以及对中国境内机构所编制的价格指标产品的认可。

（四）债券首现信用违约，刚性兑付仍未打破

2014年3月4日，上海超日太阳能科技股份有限公司发布公告称无法按时支付2011年公司债券利息。至此，“11超日债”正式违约，成为国内首例债券违约事件，这引发了市场对中低信用等级非国有企业信用风险的再评估，中低信用等级与高等级产业债之间的利差有所扩大。2014年年初至12月末，3—5年期中短期票据AA等级与AAA等级之间的信用点差平均扩大了63BP。然而12月17日＊ST超日公布了兑付方案，投资者将获本息全额赔付，至此，债券市场的违约警报得以解除，刚性兑付仍未打破。

（五）一级市场发行利率水平下移，波动幅度显著提升

2014年以来债券的发行利率出现了明显下行。10年期国债发行利率下降幅度达20%，国开债发行利率的下行幅度则更为明显，10年期国开债的发行利率从5.9%一路下行至3.96%，下行幅度高达33%。伴随着利率市场化进程的不断推进，债券价格的波动性明显增加。2014年10年期国债收益率的两日波动绝对值的均值为2.09BP，标准差为2.27BP，较2013年同期增长16%。10年期国开债收益率的波动增长更为明显，2014年收益率的两日波动绝对值的均值为3.01BP，较2013年同期的1.69BP增长达77%。

（六）城投债信用利差缩窄

2014年公布的地方政府债务的审计报告表明中国地方政府债务可控，对城投债市场打入了一针强心剂。在2014年产业债违约频现的同时，城投债没有出现信用事件，很多投资者认为城投债一定程度上兼具高收益低风险的双重优势。在交易所市场，城投债是质押率仅次于国债的质押品，受到投资者的普遍欢迎。2014年以来，中债城投债收益率曲线收益率下行幅度显著大于产业类债券。截至12月末，中债城投债收益率曲线（AA）5年期累计下行达168BP。从信用利差看，城投债高低信用等级之间信用利差明显缩窄，截至12月末，3—5年期城投债AA等级与AAA等级之间的信用点差平均降低64BP。

## ➢四、典型调查报告

典型调查报告，是根据调查目的和要求，有意识地选择少数有代表性的单位进行实际调查后所写成的报告。它是领导与管理部门经常采用的一种“解剖麻雀”式工作方法，统计上称为典型调查。见例12-4。

**【例12-4】**

**关于我国2011年品牌建设问题的调研报告**

**“品牌建设多头并进”——节选自《中国消费品市场监测与分析报告》(有改动)**

2011年，我国的品牌建设实现了全方位、多角度的发展。2011年6月28日，世界品牌实验室（World Brand Lab）发布了2011年（第八届）“中国500最具价值品牌排行榜”。自2004

年发布第一份“中国500最具价值品牌报告”以来，中国企业和企业家的品牌意识逐年提高。截至2011年，中国前500最具价值品牌的总价值为54972.54亿元，品牌建设实现了全面发展。

就企业品牌而言，基于财务分析、消费者行为分析和品牌强度分析而获得的中国品牌价值排名中，工商银行以2162.85亿元的品牌价值荣登2011年度最具价值品牌榜首。占据榜单前五名的还有国家电网(1876.96亿元)、中国移动(1829.67亿元)、CCTV(1261.29亿元)、中国人寿(1035.51亿元)，如表12-3所示。

**表12-3　2011年“中国500最具价值品牌”前10名(单位:亿元)**

| 排名 | 品牌名称 | 品牌拥有机构 | 品牌价值 | 主营行业 |
|---|---|---|---|---|
| 1 | 工商银行 | 中国工商银行股份有限公司 | 2162.85 | 金融 |
| 2 | 国家电网 | 国家电网公司 | 1876.96 | 能源 |
| 3 | 中国移动通信 | 中国移动通信集团公司 | 1829.67 | 通信服务 |
| 4 | CCTV | 中国中央电视台 | 1261.29 | 传媒 |
| 5 | 中国人寿 | 中国人寿保险(集团)公司 | 1035.51 | 金融 |
| 6 | 中国石油 | 中国石油天然气集团公司 | 1006.23 | 石油、化工 |
| 7 | 中国石化 | 中国中化集团公司 | 958.57 | 石油、化工 |
| 8 | 华为 | 华为技术有限公司 | 867.46 | 通信、电子、IT |
| 9 | 中国一汽 | 中国第一汽车集团公司 | 842.66 | 汽车 |
| 10 | 联想 | 联想集团 | 825.91 | 通信、电子、IT |

位列前10位的品牌通过长期努力，取得了令人瞩目的成就，具备了成为世界性品牌的实力。然而，这些品牌的成功并不能代表我国品牌建设的整体水平。我国的大多数企业缺乏长远的品牌规划，品牌建设仍处于较低水平。这主要有两方面的原因：一是企业本身的原因，企业缺乏相关经验和品牌建设人才；二是外部经济环境原因，包括制度的不确定和法律的不健全等，企业品牌缺乏安全保障。我国的品牌建设任重道远，既有待于企业自身观念的转变和水平的提高，又需要社会为品牌的创立和成长提供良好环境，特别是法律和制度方面的保障。

### 五、综合统计分析报告

综合统计分析报告是利用大量丰富的统计资料，对国民经济和社会发展的规模、水平、结构和比例关系、经济效益以及发展变化状况等，进行综合研究分析所形成的一种统计分析报告。见例12-1。例12-1既是统计公报，同时也是对国民经济和社会发展情况进行全面分析的综合报告。

## 第三节　统计分析报告的撰写

统计分析，是统计工作过程的最后阶段，是由感性认识上升到理性认识的阶段，也是出产成果的阶段，其成果最常用的表现形式就是统计分析报告。写好统计分析报告，既是社会经济与管理发展的需要，也是发展统计文化的需要，更是统计工作者及学者肩负的职责。

## 一、统计分析报告的质量要求

统计分析报告的质量好坏，一般从两个方面来衡量：一是统计分析报告的深度和广度，即报告的内容是否丰富，对资料的分析和写作技巧如何；二是统计分析报告的时效性及产生的社会影响，即分析报告在实际工作中发挥的作用如何，也就是它的社会效益。后者是衡量统计分析报告质量的主要标准。

从 1985 年起，国家统计局组织评选优秀统计分析报告，提出了 4 条评比标准，即基本质量要求为：

(1)选题准确，能够紧密结合经济形势，配合党的中心任务，反映方针、政策的执行情况和效果，对党政领导的决策能起积极的作用；

(2)资料可靠，观点鲜明，分析深刻，提出一定的见解；

(3)时效性强，反映情况及时；

(4)主题突出，结构严谨，条理清晰，文字简洁。

上述 4 条标准可概括为统计分析报告的“四性”，即准确性、时效性、针对性、逻辑性。

当然，要写出一篇高质量的统计分析报告，还应力求在“新”和“深”上下功夫。所谓“新”，是指创新，不仅内容有新意，形式也要新颖。要有所创新，就要树立新观念，研究新课题，挖掘新事物、新思想，选择新视角，反映新情况、新特点、新动态，写出新成就、新问题，分析新原因，总结新经验，提出新建议。所谓“深”，是指深入透彻。要掌握丰富的资料，进行深入的分析，达到对研究对象深刻、透彻的认识。

## 二、统计分析报告的写作要求

写好统计分析报告，使之在社会经济生活中切实有效地发挥出其应有的作用，是统计工作者一生都为之奋斗的目标。那么怎样才能写好统计分析报告呢？一般情形下，写好统计分析报告，必须做到“六要”。

**1. 主题要突出**

主题是统计分析报告的中心思想或基本论点。它像一根红线贯穿于全文，是文章的灵魂与统帅。统计分析报告要根据统计研究的任务，抓住要解决的主要矛盾及矛盾的主要方面，开展分析工作。内容要紧扣主题，从统计资料反映的复杂社会经济现象中，抓住重点问题，突出主题思想加以阐述。

**2. 材料和观点要统一**

统计分析报告必须以统计资料为依据，但不能搞资料堆砌，要用统计资料来说明观点。这就要求撰写统计分析报告必须处理好材料与观点的关系。统计资料要支持报告所说明的观点，而观点要依据统计资料，做到材料与观点的辩证统一。如果材料与观点脱节，便失去统计分析报告的说服力。

**3. 判断推理要符合逻辑**

统计分析报告的准确性，不仅是统计数字运用要准确可靠，而且要准确地说明社会经济现象的本质和发展变化的规律。这就要求撰写统计分析报告要在统计资料的基础上进行深入分析，运用判断和推理的逻辑方法。正确的判断和推理，从事物发展上说，就是要有根有据，符合客观的规律性；从思维发展上说，就是要实事求是，合乎事物的逻辑性。判断和推理的结果，前后不能矛盾，左右不能脱节，要如实反映客观事物的内在联系。

4. 结构要严谨

结构要严谨，是指统计分析报告内容的组织、构造精当细密，无懈可击，甚至达到“匠心经营，天衣无缝”的地步。强调各级分标题要与总标题之间有逻辑联系，各级分标题之间在前后顺序上要紧密衔接。结构能否严谨，首先取决于作者思想认识和思路是否清晰、严密。作者只有充分认识与掌握事物发展的内在规律，才能把它顺理成章地表达出来。

5. 语言要生动、简练

统计分析报告的质量高低，首先在于内容正确；其次还要讲究词章问题。如果用词烦琐，语言不通，词不达意，就不能较好地表述分析的结果。所以，写一篇较好的分析报告，要善于用典型的事例、确凿的数据、简练的辞藻、生动的语言来说明问题。切忌文字游戏、词句堆砌，形式排比、华而不实。

6. 报告要反复研究、修改

撰写统计分析报告与其他文章一样，必须反复研究和反复修改，做到用词恰当，符合实际。统计分析报告要进行反复研究和修改的目的，是为了检查观点是否符合政策，材料是否真实可靠，文章结构是否严密，文字是否言简意明，表达是否准确得当。只有反复修改，才能写出好的统计分析报告。

# 第十三章

# 数据分析方法的SPSS实验报告撰写

## 第一节　利用SPSS统计软件进行数据分析的一般步骤

社会经济活动与管理理念在发展，无论是宏观还是微观层面的管理与决策，还是科学研究都离不开对大量数据的分析。进行数据分析，一方面需要遵循统计学数据分析方法的科学性，另一方面要借助计算机和统计软件对数据进行分析。SPSS 统计软件就是常用的数据分析软件。为此，我们既需要掌握该软件的应用技术，又要学会撰写数据分析方法的 SPSS 应用实验报告。

### ➢一、统计数据分析的一般步骤

通俗地说，统计学就是分析数据的科学。统计数据分析的一般步骤是：

**1. 明确数据分析目标**

明确数据分析的目标，是数据分析的出发点和终点。在实现数据分析目标的过程中，围绕要分析的主要问题，需要制订科学可行的数据搜集与整理方案，采用科学的数据分析方法，才能达到理想的数据分析效果。

**2. 准确地收集数据**

准确地收集数据是实现数据分析目标的起点。按照数据分析目标，不但要利用多种渠道、多种方法、多种方式，克服各种困难去搜集数据，而且还要对搜集到的数据进行审核，做到准确无误，为实现数据分析目标奠定基础。

**3. 正确地加工数据**

在实现数据分析目标过程中，正确加工数据是承前启后的阶段。通过数据加工，甄别数据，分组数据，为数据分析作好条理性准备，以便更深入地进行数据分析。

**4. 科学地分析数据**

分析数据既可以利用各种数据分析方法，如静态分析法、动态分析法、抽样推断法、假设检验法、指数分析法、相关与回归分析法等，去揭示数据所表现出的社会经济现象总体运动特征及其规律，又可以利用 SPSS 统计软件应用技术，提高数据分析效率和精确度。

**5. 客观地解释数据分析结果**

分析数据是为了认识数据所反映的现象特征及规律，数据分析的结果直接用统计指标表现出来。所以解读数据结果时，要准确把握统计指标的经济含义、口径、范围、作用等，形成严谨客观的数据分析结论。需要强调的是，不回避数据分析结果所显示出来的实际问题。只有这样，数据分析结果说明的情况才是全面和可信的，以便有效地支持决策，更好地为管理服务，发挥出数据分析的作用。

## 二、利用 SPSS 统计软件进行数据分析的步骤

SPSS 是一款功能强大的统计软件包，可以广泛地应用于社会经济与管理等各个领域。利用 SPSS 对数据进行分析的一般步骤是：

1. 建立数据文件

按照 SPSS 数据分析的技术要求，利用该软件提供的功能，定义变量结构和数据结构，录入数据、修改数据、保存 SPSS 数据文件。

2. 加工数据

根据已经建立的 SPSS 数据文件，对数据进行排序、拆分、合并、编码、离散化等加工，用统计图表形象地表达 SPSS 数据处理结果。

3. 分析数据

依据正确的统计分析方法，选择 SPSS 数据分析模块功能，如数据的探索性分析、描述性分析、参数估计与假设检验分析、相关与回归分析等，完成数据建模任务，之后 SPSS 就可以自动输出计算结果，这个过程是统计分析方法与 SPSS 应用技术的高度结合，为数据分析的 SPSS 广泛应用搭建了平台。

4. 解释数据分析结果

对 SPSS 输出的数据分析结果，应从经济学、社会学、管理学等角度，作出科学的解释，便于更多的主体运用数据分析结果，为他们的经营与管理服务。

# 第二节 SPSS 实验报告的内容

把利用 SPSS 统计软件进行实验的目的、方法、过程、结果等记录下来，并经过整理而写成的书面文件，就叫做实验报告。实验报告要写明确实验原理、实验方法、实验步骤以及实验结果等，便于说明问题。必要时还可以附带实验系统输出的图和表，以形象地表现实验结果。SPSS 实验报告包括的主要内容有：

1. 实验目的和要求

简要介绍进行某项实验的出发点，实验的整体目标，要求熟练运用的基本理论，重点掌握的实验技术，要达到的实验效果等。

2. 实验原理

对实验的基本指导思想予以说明，如应用集中趋势分析法、离中趋势分析法、抽样推断法、相关与回归分析法等，同时也要指出对实验结果的理论判断与评价标准。

3. 实验内容

指出所要进行的某项实验，需要完成的具体实验内容，或者要完成的具体实验任务。

4. 实验步骤和方法

为了达到实验目的和完成实验任务，需要记录采用 SPSS 实验所运用的方法和具体步骤。

5. 实验结果解读

运用专业知识研究 SPSS 系统输出的实验结果，解释或说明实验结果的社会及经济意义。

要求叙述简练准确,深入浅出,不能唯数据论。

6. 实验总结

实验总结包括:一是实验者对实验工作做出的总结,二是实验者对整个实验的评价或体会,三是实验者说明实验过程中有什么新的发现和不同见解、建议等。

## 第三节 SPSS统计软件应用实验报告撰写案例

实验报告是汇报实验工作情况的最终文件。写好SPSS实验报告,要求实验者要在应用前两节知识要点的基础上,以严谨的实验态度,理解实验要求,准确把握内容,用心完成实验操作过程,认真研读实验结果。之后写出包括实验目的、实验原理、实验内容、实验步骤与方法、实验结果解释、实验总结等内容的实验报告。下面的实验报告仅供参考。

### 线性相关与回归分析的SPSS应用实验报告

**一、实验目的**

运用SPSS统计软件,对统计数据进行相关与回归分析,熟悉其操作过程,并能分析和解释实验结果。

**二、实验原理**

(1)相关分析与回归分析是考察两个变量之间线性关系的一种统计分析方法。对于存在线性相关关系的两个变量而言,它们关系的形式、方向如何?需要利用相关图和相关表予以表达。关系的密切程度如何?需要计算相关系数,进行定量考察。当一个变量发生变化时,另一个变量就会随之发生变化。如何变化呢?就需要建立线性回归模型,用以表现变量之间相互作用所形成的数量运动规律。根据回归模型,可进一步做出回归预测。

(2)判断两个变量之间是否存在相关关系?需要用$P$值来测度。$P$值是针对原假设$H_0$(假设两个变量无线性相关)而言的。一般假设检验的显著性水平为0.05,实验者只需要拿$P$值和0.05进行比较:如果$P$值小于0.05,就拒绝原假设$H_0$,认为两变量之间存在显著线性相关关系,它们无线性相关关系的可能性小于0.05。如果$P$值大于0.05,则认为两个变量之间不存在显著线性相关关系。

(3)判断变量之间相关的程度则需要用相关系数来测度。相关系数值$r$越大,说明相关性越强;$r$越小,则相关性越弱。当遇到多个变量的相关性问题时,还要进行偏相关分析。偏相关分析是指当两个变量同时与第三个变量相关时,将第三个变量的影响剔除,只分析这两个变量之间相关程度的方法,其检验过程与相关分析相似。

(4)回归分析实验,对回归模型及其回归参数也需要进行显著性检验,亦可用$P$值检验。

**三、实验内容**

使用SPSS软件对数据进行相关与回归分析。具体完成以下实验:

(1)从变量之间的相关关系出发,寻求与人均食品支出存在密切相关关系的因素。

(2)判断人均食品支出与人均收入之间的偏相关关系。

(3)用散点图表现人均食品支出和人均收入之间相关的形式和方向。

(4)建立人均食品支出关于人均收入的线性回归模型,预测人均收入达到4300元时,人均食品支出为多少?

**四、实验步骤和方法**

实验资料：某年我国30个地区的人均食品支出相关资料，见表13－1。

**表13－1　我国30个地区的人均食品支出、粮食单价、人均收入资料**

| 地区 | 人均食品支出(元) | 粮食单价(元/斤) | 人均收入(元) |
|---|---|---|---|
| 1 | 992 | 0.78 | 2512 |
| 2 | 772 | 0.67 | 2008 |
| 3 | 968 | 1.01 | 2139 |
| 4 | 1267 | 1.37 | 3329 |
| 5 | 874 | 0.72 | 2106 |
| 6 | 638 | 0.73 | 1641 |
| 7 | 621 | 0.77 | 1611 |
| 8 | 711 | 0.72 | 1684 |
| 9 | 654 | 0.70 | 1951 |
| 10 | 540 | 0.74 | 1532 |
| 11 | 644 | 0.84 | 1612 |
| 12 | 767 | 0.70 | 1727 |
| 13 | 723 | 0.63 | 2045 |
| 14 | 763 | 0.75 | 1963 |
| 15 | 1072 | 1.21 | 2675 |
| 16 | 665 | 0.70 | 1683 |
| 17 | 1234 | 0.98 | 2915 |
| 18 | 576 | 0.65 | 1691 |
| 19 | 733 | 0.84 | 1929 |
| 20 | 968 | 1.49 | 2032 |
| 21 | 717 | 0.80 | 1906 |
| 22 | 716 | 0.72 | 1705 |
| 23 | 627 | 0.61 | 1542 |
| 24 | 829 | 0.70 | 1987 |
| 25 | 1061 | 1.04 | 2359 |
| 26 | 650 | 0.78 | 1764 |
| 27 | 928 | 1.01 | 2087 |
| 28 | 650 | 0.83 | 1959 |
| 29 | 852 | 0.72 | 2101 |
| 30 | 609 | 0.68 | 1877 |

(1)检验人均食品支出与粮食单价和人均收入之间的相关关系。

①运用SPSS软件，建立“人均食品支出等相关变量的SPSS数据文件.sav”。

②打开已经建立的“人均食品支出等相关变量的SPSS数据文件.sav”，在菜单栏中选择点击“分析(A)”→“相关(C)”→“双变量(B)”，弹出一个“双变量相关”对话窗口。

③在“双变量相关”对话窗口中，将人均食品支出、粮食单价、人均收入移入“变量(V)框”。

④点击“OK”，系统输出结果，如表13-2所示。

**表13-2　人均食品支出、粮食平均单价、人均收入之间的相关性分析结果**

| | | 人均食品支出 | 粮食单价 | 人均收入 |
|---|---|---|---|---|
| 人均食品支出 | Pearson 相关性 | 1 | 0.729** | 0.920** |
| | 显著性(双侧) | | 0.000 | 0.000 |
| | *N* | 30 | 30 | 30 |
| 粮食平均单价 | Pearson 相关性 | 0.729** | 1 | 0.640** |
| | 显著性(双侧) | 0.000 | | 0.000 |
| | *N* | 30 | 30 | 30 |
| 人均收入 | Pearson 相关性 | 0.920** | 0.640** | 1 |
| | 显著性(双侧) | 0.000 | 0.000 | |
| | *N* | 30 | 30 | 30 |

**在0.01水平(双侧)上显著相关。

(2)研究人均食品支出与人均收入之间的偏相关关系。

①打开已经建立的“人均食品支出等相关变量的SPSS数据文件.sav”。

②在SPSS菜单栏中选择点击“分析(A)”→“相关(C)”→“偏相关(R)”，弹出一个“偏相关”对话窗口。

③在“偏相关”对话框中，将人均食品支出、人均收入移入“变量(V)框”，将粮食单价移入“控制(C)框”。

④点击“OK”，系统输出结果，如表13-3所示。

**表13-3　人均食品支出与人均收入之间的偏相关性**

| 控制变量 | | | 人均食品支出 | 人均收入 |
|---|---|---|---|---|
| 粮食单价 | 人均食品支出 | 相关性 | 1.000 | 0.862 |
| | | 显著性(双侧) | | 0.000 |
| | | df | 0 | 27 |
| | 人均收入 | 相关性 | 0.862 | 1.000 |
| | | 显著性(双侧) | 0.000 | |
| | | df | 27 | 0 |

(3)画出人均食品支出关于人均收入之间的线性关系图(散点图)，说明变量之间相关的形式和方向。

①打开已经建立的“人均食品支出等相关变量的SPSS数据文件.sav”。

②在SPSS菜单栏中选择点击“图形(G)”→“旧对话框(L)”→“散点/点状(S)”，弹出“散点图/点图”对话框。

③选择“简单分布”，点击“定义”，弹出“简单散点图”对话框，将人均食品支出移到“Y轴(Y)”框，将人均收入移到“X轴(X)”框，点击确定，系统输出散点图，如图13-1所示。

(4)建立人均食品支出关于人均收入的线性回归模型，并依据模型进行回归预测。

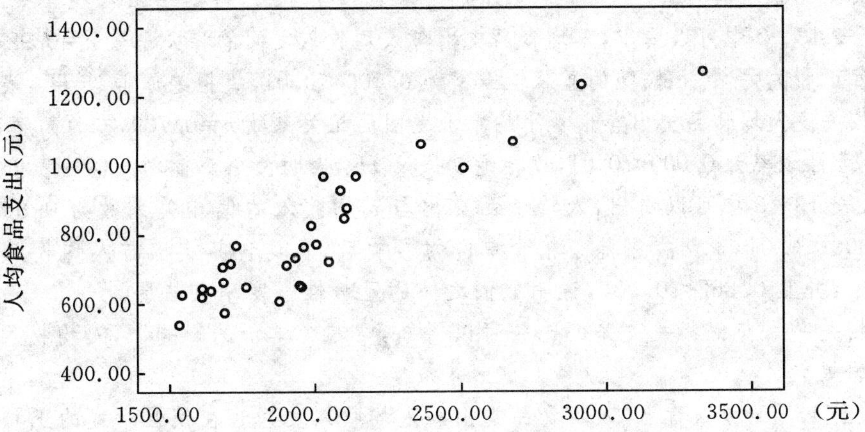


图 13－1　人均食品支出和人均收入的线性关系图

①打开已经建立的"人均食品支出等相关变量的 SPSS 数据文件.sav"。

②在 SPSS 菜单栏中选择点击"分析(A)"→"回归(R)"→"线性(L)",弹出一个"相关回归"对话窗口。

③在"相关回归"对话框中,将人均食品支出移入"因变量(V)框",将人均收入移入"自变量(I)框"。

④单击右侧的"统计量(S)…"按钮,得到"线性回归:统计量"对话框,依次勾选"估计(E)""置信区间:水平(%)""模型拟合度",点击"继续"。

⑤返回"线性回归"对话框,点击"确定",系统自动输出表 13－4、表 13－5、表 13－6。

**表 13－4　模型汇总**

| 模型 | *R* | *R* 方 | 调整 *R* 方 | 标准估计的误差 |
|---|---|---|---|---|
| 1 | 0.920[a] | 0.847 | 0.841 | 75.95107 |

a. 预测变量:(常数)人均收入。

b. 因变量:人均食品支出。

**表 13－5　方差分析 Anova[b]**

| 模型 | | 平方和 | df | 均方 | *F* | Sig. |
|---|---|---|---|---|---|---|
| 1 | 回归 | 891553.162 | 1 | 891553.162 | 154.554 | 0.000[a] |
| | 残差 | 161519.805 | 28 | 5768.564 | | |
| | 总计 | 1053072.967 | 29 | | | |

a. 预测变量:(常数)人均收入。

b. 因变量:人均食品支出。

**表 13－6　系数[a]**

| 模型 | | 非标准化系数 | | 标准系数 | *t* | Sig. |
|---|---|---|---|---|---|---|
| | | *B* | 标准误差 | 试用版 | | |
| 1 | (常量) | －59.351 | 70.031 | | －0.847 | 0.404 |
| | 人均收入 | 0.426 | 0.034 | 0.920 | 12.432 | 0.000 |

a. 因变量:人均食品支出。

**五、实验结果解释**

(1)从表 13-2 中可以看出，人均食品支出与人均收入之间的相关系数 $r=0.92$，表明二者之间存在高度正相关关系。$t$ 检验的显著性概率为 $0.000<0.01$，故拒绝原假设 $H_0$，表明两个变量之间显著相关。人均食品支出与粮食平均单价之间的相关系数 $r=0.729$，亦为高度正相关关系。$t$ 检验的显著性概率为 $0.000<0.01$，故拒绝零假设 $H_0$，表明两个变量之间也显著相关。

(2)从表 13-3 中可以看出，人均食品支出与人均收入的偏相关系数为 0.862，显著性概率 $P=0.000<0.01$，说明在剔除了粮食单价的影响后，人均食品支出与人均收入之间依然有显著性关系，并且 $0.862<0.920$，说明它们之间的显著性强度稍有减弱。

通过相关关系与偏相关关系的比较可以得知，在粮食单价的影响下，人均收入对人均食品支出的影响更大。

(3)从图 13-1 可以看出，人均食品支出和人均收入之间存在线性形式的正相关关系。

(4)表 13-4 为所拟合模型的情况汇总，在模型中：相关系数 $r=0.920$，拟合优度 $R^2=0.847$，调整后的拟合优度为 0.841，标准估计的误差为 75.95107。本实验的拟合优度 $R^2=0.847$，说明回归的效果良好，即散点比较集中在回归线上。

(5)表 13-5 是所用模型的检验结果，一个标准的方差分析表。

Sig. 是 $F$ 的实际显著性概率，即 $P$ 值。当 Sig. $\leqslant 0.05$，说明回归关系具有统计学意义。当 Sig. $>0.05$，说明二者之间用当前模型进行回归是没有显著性的，应该换一个模型来进行回归。

本实验中的回归模型 $F$ 统计量值为 154.554，$P$ 值为 0.000，说明所用的回归模型是具有显著性的。

由于本案例中应用的回归模型只有一个自变量，因此模型的检验就等价于系数的检验。但要注意的是，在多元回归中这两者是不同的。

(6)表 13-6 给出了包括常数项在内的所有系数的检验结果，用的是 $t$ 检验。

常数项和自变量“人均收入”的显著性水平 $P$ 分别为 0.404 和 0.000，说明在 0.05 的显著性水平下，常数项对因变量 $Y$ 没有显著影响，自变量 $X$ 对因变量 $Y$ 有显著影响。

由此得到食品支出关于人均收入之间的回归方程为：$Y_c=-59.351+0.426X$。

依据回归模型预测：$X=4300$，$Y_c=-59.351+0.426\times 4300=1772.45$(元)。

**六、实验总结**

(1)熟悉了运用 SPSS 软件对数据进行相关与回归分析的操作过程。

(2)掌握了运用 SPSS 建立回归模型及其预测的方法。

(3)针对 SPSS 软件输出的数据结果，能够分析其相互之间的关系，充分理解了相关性分析的应用原理及其经济学意义。

# 附　表

**附表 1　标准正态分布概率表**

| $Z$ | $F(z)$ | $Z$ | $F(z)$ | $Z$ | $F(z)$ | $Z$ | $F(z)$ |
|---|---|---|---|---|---|---|---|
| 0.00 | 0.0000 | 0.65 | 0.4843 | 1.30 | 0.8064 | 1.95 | 0.9488 |
| 0.01 | 0.0080 | 0.66 | 0.4907 | 1.31 | 0.8098 | 1.96 | 0.9500 |
| 0.02 | 0.0160 | 0.67 | 0.4971 | 1.32 | 0.8132 | 1.97 | 0.9512 |
| 0.03 | 0.0239 | 0.68 | 0.5035 | 1.33 | 0.8165 | 1.98 | 0.9523 |
| 0.04 | 0.0319 | 0.69 | 0.5098 | 1.34 | 0.8198 | 1.99 | 0.9534 |
| 0.05 | 0.0399 | 0.70 | 0.5161 | 1.35 | 0.8230 | 2.00 | 0.9545 |
| 0.06 | 0.0478 | 0.71 | 0.5223 | 1.36 | 0.8262 | 2.02 | 0.9566 |
| 0.07 | 0.0558 | 0.72 | 0.5285 | 1.37 | 0.8293 | 2.04 | 0.9587 |
| 0.08 | 0.0638 | 0.73 | 0.5346 | 1.38 | 0.8324 | 2.06 | 0.9606 |
| 0.09 | 0.0717 | 0.74 | 0.5407 | 1.39 | 0.8355 | 2.08 | 0.9625 |
| 0.10 | 0.0797 | 0.75 | 0.5467 | 1.40 | 0.8385 | 2.10 | 0.9643 |
| 0.11 | 0.0876 | 0.76 | 0.5527 | 1.41 | 0.8415 | 2.12 | 0.9660 |
| 0.12 | 0.0955 | 0.77 | 0.5587 | 1.42 | 0.8444 | 2.14 | 0.9676 |
| 0.13 | 0.1034 | 0.78 | 0.5646 | 1.43 | 0.8473 | 2.16 | 0.9692 |
| 0.14 | 0.1113 | 0.79 | 0.5705 | 1.44 | 0.8501 | 2.18 | 0.9707 |
| 0.15 | 0.1192 | 0.80 | 0.5763 | 1.45 | 0.8529 | 2.20 | 0.9736 |
| 0.16 | 0.1271 | 0.81 | 0.5821 | 1.46 | 0.8557 | 2.22 | 0.9722 |
| 0.17 | 0.1350 | 0.82 | 0.6878 | 1.47 | 0.8584 | 2.24 | 0.9749 |
| 0.18 | 0.1428 | 0.83 | 0.5935 | 1.48 | 0.8611 | 2.26 | 0.9762 |
| 0.19 | 0.1507 | 0.84 | 0.5991 | 1.49 | 0.8638 | 2.28 | 0.9774 |
| 0.20 | 0.1585 | 0.85 | 0.6047 | 1.50 | 0.8664 | 2.30 | 0.9786 |
| 0.21 | 0.1663 | 0.86 | 0.6102 | 1.51 | 0.8690 | 2.32 | 0.9797 |
| 0.22 | 0.1741 | 0.87 | 0.6157 | 1.52 | 0.8715 | 2.34 | 0.9807 |
| 0.23 | 0.1819 | 0.88 | 0.6211 | 1.53 | 0.8740 | 2.36 | 0.9817 |
| 0.24 | 0.1897 | 0.89 | 0.6265 | 1.54 | 0.8764 | 2.38 | 0.9827 |
| 0.25 | 0.1947 | 0.90 | 0.6349 | 1.55 | 0.8789 | 2.40 | 0.9836 |
| 0.26 | 0.2051 | 0.91 | 0.6372 | 1.56 | 0.8812 | 2.42 | 0.9845 |
| 0.27 | 0.2128 | 0.92 | 0.6424 | 1.57 | 0.8836 | 2.44 | 0.9853 |
| 0.28 | 0.2205 | 0.93 | 0.6476 | 1.58 | 0.8859 | 2.46 | 0.9861 |
| 0.29 | 0.2282 | 0.94 | 0.6528 | 1.59 | 0.8882 | 2.48 | 0.9869 |
| 0.30 | 0.2358 | 0.95 | 0.6579 | 1.60 | 0.8904 | 2.50 | 0.9876 |
| 0.31 | 0.2334 | 0.96 | 0.6629 | 1.61 | 0.8926 | 2.52 | 0.9883 |
| 0.32 | 0.2510 | 0.97 | 0.6680 | 1.62 | 0.8948 | 2.54 | 0.9889 |
| 0.33 | 0.2586 | 0.98 | 0.6729 | 1.63 | 0.8969 | 2.56 | 0.9895 |
| 0.34 | 0.2261 | 0.99 | 0.6778 | 1.64 | 0.8990 | 2.58 | 0.9901 |
| 0.34 | 0.2737 | 1.00 | 0.6827 | 1.65 | 0.9011 | 2.60 | 0.9907 |
| 0.36 | 0.2812 | 1.01 | 0.6875 | 1.66 | 0.9031 | 2.62 | 0.9912 |

续附表 1

| Z | F(z) | Z | F(z) | Z | F(z) | Z | F(z) |
|---|---|---|---|---|---|---|---|
| 0.37 | 0.2886 | 1.02 | 0.6923 | 1.67 | 0.9051 | 2.64 | 0.9917 |
| 0.38 | 0.2961 | 1.03 | 0.6970 | 1.68 | 0.9070 | 2.66 | 0.9922 |
| 0.39 | 0.3035 | 1.04 | 0.7017 | 1.69 | 0.9090 | 2.68 | 0.9926 |
| 0.40 | 0.3108 | 1.05 | 0.7063 | 1.70 | 0.9109 | 2.70 | 0.9931 |
| 0.41 | 0.3182 | 1.06 | 0.7109 | 1.71 | 0.9127 | 2.72 | 0.9935 |
| 0.42 | 0.3255 | 1.07 | 0.7154 | 1.72 | 0.9146 | 2.74 | 0.9939 |
| 0.43 | 0.3328 | 1.08 | 0.7199 | 1.73 | 0.9164 | 2.76 | 0.9942 |
| 0.44 | 0.3401 | 1.09 | 0.3243 | 1.74 | 0.9181 | 2.78 | 0.9946 |
| 0.45 | 0.3473 | 1.10 | 0.7287 | 1.75 | 0.9199 | 2.80 | 0.9949 |
| 0.46 | 0.3545 | 1.11 | 0.7330 | 1.76 | 0.9216 | 2.82 | 0.9952 |
| 0.47 | 0.3616 | 1.12 | 0.7373 | 1.77 | 0.9233 | 2.84 | 0.9955 |
| 0.48 | 0.3688 | 1.13 | 0.7415 | 1.78 | 0.9249 | 2.86 | 0.9958 |
| 0.49 | 0.3759 | 1.14 | 0.7457 | 1.79 | 0.9265 | 2.88 | 0.9960 |
| 0.50 | 0.3829 | 1.15 | 0.7499 | 1.80 | 0.9281 | 2.90 | 0.9962 |
| 0.51 | 0.3899 | 1.16 | 0.7540 | 1.81 | 0.9297 | 2.92 | 0.9965 |
| 0.52 | 0.3969 | 1.17 | 0.7580 | 1.82 | 0.9312 | 2.94 | 0.9967 |
| 0.53 | 0.4039 | 1.18 | 0.7260 | 1.83 | 0.9328 | 2.96 | 0.9969 |
| 0.54 | 0.4168 | 1.19 | 0.7660 | 1.84 | 0.9342 | 2.98 | 0.9971 |
| 0.55 | 0.4177 | 1.20 | 0.7099 | 1.85 | 0.9357 | 3.00 | 0.9973 |
| 0.56 | 0.4215 | 1.21 | 0.7737 | 1.86 | 0.9371 | 3.20 | 0.9986 |
| 0.57 | 0.4313 | 1.22 | 0.7775 | 1.87 | 0.9385 | 3.40 | 0.9993 |
| 0.58 | 0.4381 | 1.23 | 0.7813 | 1.88 | 0.9399 | 3.60 | 0.99968 |
| 0.59 | 0.4448 | 1.24 | 0.7850 | 1.89 | 0.9412 | 3.80 | 0.99986 |
| 0.60 | 0.4515 | 1.25 | 0.7887 | 1.90 | 0.9426 | 4.00 | 0.99994 |
| 0.61 | 0.4581 | 1.26 | 0.7923 | 1.91 | 0.9439 | 4.50 | 0.999993 |
| 0.62 | 0.4647 | 1.27 | 0.7959 | 1.92 | 0.9451 | 5.00 | 0.999999 |
| 0.63 | 0.4713 | 1.28 | 0.7995 | 1.93 | 0.9464 | | |
| 0.64 | 0.4778 | 1.29 | 0.8030 | 1.94 | 0.9476 | | |

**附表 2　$t$ 分布的临界值表**

| 自由度 | $a$=0.25 | 0.10 | 0.05 | 0.025 | 0.01 | 0.005 |
|---|---|---|---|---|---|---|
| | 0.50 | 0.20 | 0.10 | 0.05 | 0.02 | 0.010 |
| 1 | 1.0000 | 3.0777 | 6.3138 | 12.7062 | 31.8207 | 63.6574 |
| 2 | 0.8165 | 1.8856 | 2.9200 | 4.3027 | 6.9646 | 9.9248 |
| 3 | 0.7649 | 1.6377 | 2.3534 | 3.1824 | 4.5407 | 5.8409 |
| 4 | 0.7407 | 1.5332 | 2.1318 | 2.7764 | 3.7469 | 4.6041 |
| 5 | 0.7267 | 1.4759 | 2.0150 | 2.5706 | 3.3649 | 4.0322 |
| 6 | 0.7176 | 1.4498 | 1.9432 | 2.4469 | 3.1427 | 3.7074 |
| 7 | 0.7111 | 1.4149 | 1.8946 | 2.3646 | 2.9980 | 3.4995 |
| 8 | 0.7064 | 1.3968 | 1.8595 | 2.3060 | 2.8965 | 3.3554 |
| 9 | 0.7027 | 1.3830 | 1.8331 | 2.2622 | 2.8214 | 3.2598 |
| 10 | 0.6998 | 1.3722 | 1.8125 | 2.2281 | 2.7638 | 3.1693 |
| 11 | 0.6974 | 1.3634 | 1.7959 | 2.2010 | 2.7181 | 3.1058 |
| 12 | 0.6955 | 1.3562 | 1.7823 | 2.1788 | 2.6810 | 3.0545 |
| 13 | 0.6938 | 1.3502 | 1.7709 | 2.1604 | 2.6503 | 3.0123 |
| 14 | 0.6924 | 1.3450 | 1.7613 | 2.1448 | 2.6245 | 2.9768 |
| 15 | 0.6912 | 1.3406 | 1.7531 | 2.1315 | 2.6025 | 2.9467 |
| 16 | 0.6901 | 1.3388 | 1.7459 | 2.1199 | 2.5835 | 2.9208 |
| 17 | 0.6892 | 1.3334 | 1.7396 | 2.1098 | 2.5669 | 2.8982 |
| 18 | 0.6884 | 1.3304 | 1.7341 | 2.1009 | 2.5524 | 2.8784 |
| 19 | 0.6876 | 1.3277 | 1.7291 | 2.0930 | 2.5395 | 2.8609 |
| 20 | 0.6870 | 1.3253 | 1.7247 | 2.0860 | 2.5280 | 2.8453 |
| 21 | 0.6866 | 1.3232 | 1.7207 | 2.0796 | 2.5177 | 2.8314 |
| 22 | 0.6858 | 1.3212 | 1.7171 | 2.0739 | 2.5083 | 2.8188 |
| 23 | 0.6853 | 1.3195 | 1.7139 | 2.0687 | 2.4999 | 2.8073 |
| 24 | 0.6848 | 1.3178 | 1.7109 | 2.0639 | 2.4922 | 2.7969 |
| 25 | 0.6844 | 1.3163 | 1.7081 | 2.0595 | 2.4851 | 2.7874 |
| 26 | 0.6840 | 1.3150 | 1.7056 | 2.0555 | 2.4786 | 2.7787 |
| 27 | 0.6837 | 1.3137 | 1.7033 | 2.0518 | 2.4727 | 2.7707 |
| 28 | 0.6834 | 1.3125 | 1.7011 | 2.0484 | 2.4671 | 2.7633 |
| 29 | 0.6830 | 1.3114 | 1.6991 | 2.0452 | 2.4620 | 2.7564 |
| 30 | 0.6828 | 1.3104 | 1.6973 | 2.0423 | 2.4573 | 2.7500 |
| 31 | 0.6825 | 1.3095 | 1.6955 | 2.0395 | 2.4528 | 2.7440 |
| 32 | 0.6822 | 1.3086 | 1.6939 | 2.0369 | 2.4487 | 2.7385 |
| 33 | 0.6820 | 1.3077 | 1.6924 | 2.0345 | 2.4448 | 2.7333 |
| 34 | 0.6818 | 1.3070 | 1.6909 | 2.0322 | 2.4411 | 2.7284 |
| 35 | 0.6816 | 1.3062 | 1.6896 | 2.0301 | 2.4377 | 2.7237 |
| 36 | 0.6814 | 1.3055 | 1.6883 | 2.0281 | 2.4343 | 2.7195 |
| 37 | 0.6812 | 1.3055 | 1.6883 | 2.0262 | 2.4314 | 2.7154 |
| 38 | 0.6810 | 1.3049 | 1.6871 | 2.0244 | 2.4286 | 2.7116 |
| 39 | 0.6808 | 1.3042 | 1.6860 | 2.0227 | 2.4258 | 2.7079 |
| 40 | 0.6807 | 1.3036 | 1.6849 | 2.0211 | 2.4233 | 2.7045 |
| 41 | 0.6805 | 1.3025 | 1.6829 | 2.0195 | 2.4208 | 2.7012 |
| 42 | 0.6804 | 1.3020 | 1.6820 | 2.0181 | 2.4185 | 2.6981 |
| 43 | 0.6802 | 1.3016 | 1.6811 | 2.0167 | 2.4163 | 2.6951 |
| 44 | 0.6801 | 1.3011 | 1.6802 | 2.0154 | 2.4141 | 2.6923 |
| 45 | 0.6800 | 1.3006 | 1.6794 | 2.0141 | 2.4121 | 2.6896 |

**附表3 $\chi^2$ 分布的临界值表**

| 自由度 | 显著性水平 | | | | | | |
|---|---|---|---|---|---|---|---|
| | 0.005 | 0.010 | 0.025 | 0.050 | 0.100 | 0.250 | 0.500 |
| 1 | 7.87944 | 6.63490 | 5.02389 | 3.84146 | 2.70554 | 1.32330 | 0.454937 |
| 2 | 10.5966 | 9.21034 | 7.37776 | 5.99147 | 4.60517 | 2.77259 | 1.38629 |
| 3 | 12.8381 | 11.3449 | 9.34840 | 7.81473 | 6.25139 | 4.10835 | 2.36597 |
| 4 | 14.8602 | 13.2767 | 11.1433 | 9.48773 | 7.77944 | 5.38527 | 3.35670 |
| 5 | 16.7496 | 15.0863 | 12.8325 | 11.0705 | 9.23635 | 6.62568 | 4.35146 |
| 6 | 18.5476 | 16.8119 | 14.4494 | 12.5916 | 10.6446 | 7.84080 | 5.34812 |
| 7 | 20.2777 | 18.4753 | 16.0128 | 14.0671 | 12.0170 | 9.03715 | 6.34581 |
| 8 | 21.9550 | 20.0902 | 17.5346 | 15.5073 | 13.3616 | 10.2188 | 7.34412 |
| 9 | 23.5893 | 21.6660 | 19.0228 | 16.9190 | 14.6837 | 11.3887 | 8.34283 |
| 10 | 25.1882 | 23.2093 | 20.4841 | 18.3070 | 15.9871 | 12.5489 | 9.34182 |
| 11 | 26.7569 | 24.7250 | 21.9200 | 19.6751 | 17.2750 | 13.7007 | 10.3410 |
| 12 | 28.2995 | 26.2170 | 23.3367 | 21.0261 | 18.5494 | 14.8454 | 11.3403 |
| 13 | 29.8194 | 27.6883 | 24.7356 | 22.3621 | 19.8119 | 15.9839 | 12.3398 |
| 14 | 31.3193 | 29.1413 | 26.1190 | 23.6848 | 21.0642 | 17.1170 | 13.3393 |
| 15 | 32.8013 | 30.5779 | 27.4884 | 24.9958 | 22.3072 | 18.2451 | 14.3389 |
| 16 | 34.2672 | 31.9999 | 28.8454 | 26.2962 | 23.5418 | 19.3688 | 15.3385 |
| 17 | 35.7185 | 33.4087 | 30.1910 | 27.5871 | 24.7690 | 20.4887 | 16.3381 |
| 18 | 37.1564 | 34.8053 | 31.5264 | 28.8693 | 25.9894 | 21.6049 | 17.3379 |
| 19 | 38.5822 | 36.1908 | 32.8523 | 30.1435 | 27.2036 | 22.7178 | 18.3376 |
| 20 | 39.9968 | 37.5662 | 34.1696 | 31.4104 | 28.4120 | 23.8277 | 19.3374 |
| 21 | 41.4010 | 38.9321 | 35.4789 | 32.6705 | 29.6151 | 24.9348 | 20.3372 |
| 22 | 42.7956 | 40.2894 | 36.7807 | 33.9244 | 30.8133 | 26.0393 | 21.3370 |
| 23 | 44.1813 | 41.6384 | 38.0757 | 35.1725 | 32.0069 | 27.1413 | 22.3369 |
| 24 | 45.5585 | 42.9798 | 39.3641 | 36.4151 | 33.1963 | 28.2412 | 23.3367 |
| 25 | 46.9278 | 44.3141 | 40.6465 | 37.6525 | 34.3816 | 29.3389 | 24.3366 |
| 26 | 48.2899 | 45.6417 | 41.9232 | 38.8852 | 35.5631 | 30.4345 | 25.3364 |
| 27 | 49.6449 | 46.9630 | 43.1944 | 40.1133 | 36.7412 | 31.5284 | 26.3363 |
| 28 | 50.9933 | 48.2782 | 44.4607 | 41.3372 | 37.9159 | 32.6205 | 27.3363 |
| 29 | 52.3356 | 49.5879 | 45.7222 | 42.5569 | 39.0875 | 33.7109 | 28.3362 |
| 30 | 53.6720 | 50.8922 | 46.9792 | 43.7729 | 40.2560 | 34.7998 | 29.3360 |
| 40 | 66.7659 | 63.3907 | 59.3417 | 55.7585 | 51.8050 | 45.6160 | 39.3354 |
| 50 | 79.4900 | 76.1539 | 71.4202 | 67.5048 | 63.1671 | 56.3336 | 49.3349 |
| 60 | 91.9517 | 88.3794 | 83.2976 | 79.0819 | 74.3970 | 66.9814 | 59.3347 |
| 70 | 104.215 | 100.425 | 95.0231 | 90.5312 | 85.5271 | 77.5766 | 69.3344 |
| 80 | 116.321 | 112.329 | 106.629 | 101.879 | 96.5782 | 88.1303 | 79.3343 |
| 90 | 128.299 | 124.116 | 118.136 | 113.145 | 107.565 | 98.6499 | 89.3432 |
| 100 | 140.169 | 135.807 | 129.561 | 124.342 | 118.498 | 109.141 | 99.3341 |

附表 4　相关系数临界值表($H_0:\rho=0$)

| $n-2$ | $\alpha=0.05$ | 0.01 | $n-2$ | $\alpha=0.05$ | 0.01 |
|---|---|---|---|---|---|
| 1 | 0.997 | 1.000 | 23 | 0.396 | 0.505 |
| 2 | 0.950 | 0.990 | 24 | 0.388 | 0.496 |
| 3 | 0.878 | 0.959 | 25 | 0.381 | 0.487 |
| 4 | 0.811 | 0.917 | 26 | 0.374 | 0.487 |
| 5 | 0.754 | 0.874 | 27 | 0.367 | 0.470 |
| 6 | 0.707 | 0.834 | 28 | 0.361 | 0.463 |
| 7 | 0.666 | 0.798 | 29 | 0.355 | 0.456 |
| 8 | 0.632 | 0.765 | 30 | 0.349 | 0.449 |
| 9 | 0.602 | 0.735 | 35 | 0.325 | 0.418 |
| 10 | 0.576 | 0.708 | 40 | 0.304 | 0.393 |
| 11 | 0.553 | 0.684 | 45 | 0.288 | 0.372 |
| 12 | 0.532 | 0.661 | 50 | 0.273 | 0.354 |
| 13 | 0.514 | 0.641 | 60 | 0.250 | 0.325 |
| 14 | 0.497 | 0.623 | 70 | 0.232 | 0.302 |
| 15 | 0.482 | 0.606 | 80 | 0.217 | 0.283 |
| 16 | 0.468 | 0.590 | 90 | 0.205 | 0.267 |
| 17 | 0.456 | 0.575 | 100 | 0.195 | 0.254 |
| 18 | 0.444 | 0.561 | 200 | 0.138 | 0.181 |
| 19 | 0.433 | 0.549 | 300 | 0.113 | 0.148 |
| 20 | 0.423 | 0.537 | 400 | 0.098 | 0.128 |
| 21 | 0.413 | 0.526 | 1000 | 0.062 | 0.081 |
| 22 | 0.404 | 0.515 | | | |

**附表 5　随机数字表**

| | | | | |
|---|---|---|---|---|
| 03 47 43 73 86 | 56 48 90 32 12 | 60 32 09 88 54 | 01 98 56 25 87 | 11 32 36 55 25 |
| 97 74 24 23 69 | 33 20 14 58 95 | 45 03 21 56 01 | 65 55 29 80 21 | 88 95 15 42 71 |
| 12 58 98 14 11 | 01 74 54 36 90 | 34 85 40 19 85 | 78 57 41 05 76 | 29 45 62 01 44 |
| 78 89 54 41 24 | 11 35 42 62 83 | 22 59 64 14 36 | 36 23 05 85 06 | 65 22 5517 51 |
| 46 63 32 12 77 | 66 25 29 87 32 | 03 66 87 49 32 | 25 90 13 47 26 | 95 33 25 81 60 |
| 16 22 77 94 36 | 70 18 90 73 82 | 36 54 18 29 90 | 11 55 48 65 25 | 33 77 48 90 25 |
| 84 82 17 53 31 | 90 61 28 69 46 | 11 84 59 61 02 | 87 54 15 68 51 | 12 42 61 09 24 |
| 63 01 26 34 59 | 03 29 58 54 74 | 26 42 08 33 45 | 26 02 34 46 10 | 33 21 84 12 87 |
| 33 21 12 35 55 | 07 30 05 98 88 | 89 55 79 88 44 | 22 35 89 92 06 | 26 95 12 07 49 |
| 34 87 36 56 85 | 22 92 56 41 32 | 40 14 09 33 27 | 22 35 44 29 87 | 94 58 65 20 30 |
| 70 26 69 12 75 | 48 59 67 26 13 | 76 59 23 33 01 | 99 56 30 82 81 | 47 74 10 35 02 |
| 56 62 63 37 89 | 01 51 52 36 46 | 99 58 25 13 33 | 15 74 62 02 92 | 54 85 18 17 91 |
| 69 42 41 69 12 | 99 58 69 36 12 | 20 14 58 54 14 | 44 94 58 84 43 | 47 84 51 09 06 |
| 95 65 46 23 01 | 47 15 29 37 02 | 88 59 62 02 50 | 54 14 43 38 20 | 21 32 92 58 46 |
| 88 74 15 61 25 | 88 68 69 02 10 | 64 62 25 86 60 | 45 65 25 10 32 | 93 41 75 65 08 |
| 56 23 25 74 46 | 45 23 62 95 65 | 11 41 51 24 73 | 65 98 49 07 84 | 21 65 25 20 41 |
| 22 03 80 10 20 | 06 55 49 68 74 | 21 82 56 60 20 | 71 15 13 62 59 | 36 44 55 62 01 |
| 78 09 32 47 19 | 58 96 32 12 08 | 66 26 51 01 42 | 73 26 81 01 62 | 47 55 84 14 19 |
| 51 04 83 44 36 | 99 26 11 04 51 | 44 26 52 37 92 | 55 62 01 41 36 | 99 28 32 08 54 |
| 10 32 39 45 66 | 33 19 84 02 84 | 66 36 25 80 09 | 54 65 85 21 02 | 07 60 20 25 85 |
| 77 14 20 37 49 | 39 29 66 54 32 | 23 42 02 14 09 | 65 36 23 92 02 | 82 20 18 92 13 |
| 95 12 34 46 58 | 50 95 90 30 24 | 92 16 64 30 81 | 78 95 12 90 23 | 30 26 5679 58 |
| 33 21 04 95 67 | 61 09 80 27 22 | 31 33 25 86 30 | 55 65 25 02 10 | 95 96 31 10 47 |
| 88 25 29 37 38 | 56 96 25 12 31 | 47 58 90 12 30 | 66 95 26 36 35 | 22 96 18 27 39 |
| 47 51 23 96 70 | 88 36 25 90 10 | 31 04 78 26 90 | 58 45 67 25 12 | 65 83 92 07 98 |

**附表 6　F 分布的临界值 ($\alpha=0.05$)**

| 分母自由度 $N_2$ | 分子自由度 $N_1$ | | | | | | | | | | | |
|---|---|---|---|---|---|---|---|---|---|---|---|---|
| | 1 | 2 | 3 | 4 | 5 | 6 | 7 | 8 | 9 | 10 | 11 | 12 |
| 1 | 161 | 200 | 216 | 225 | 230 | 234 | 237 | 239 | 241 | 242 | 243 | 244 |
| 2 | 18.5 | 19.0 | 19.2 | 19.2 | 19.3 | 19.3 | 19.4 | 19.4 | 19.4 | 19.4 | 19.4 | 19.4 |
| 3 | 10.1 | 9.55 | 9.28 | 9.12 | 9.01 | 8.94 | 8.89 | 8.85 | 8.81 | 8.79 | 8.76 | 8.74 |
| 4 | 7.71 | 6.94 | 6.59 | 6.39 | 6.26 | 6.16 | 6.09 | 6.04 | 6.00 | 5.96 | 5.94 | 5.91 |
| 5 | 6.61 | 5.79 | 5.41 | 5.19 | 5.05 | 4.95 | 4.88 | 4.82 | 4.77 | 4.74 | 4.71 | 4.68 |
| 6 | 5.99 | 5.14 | 4.76 | 4.53 | 4.39 | 4.28 | 4.21 | 4.15 | 4.10 | 4.06 | 4.03 | 4.00 |
| 7 | 5.59 | 4.74 | 4.35 | 4.12 | 3.97 | 3.87 | 3.79 | 3.73 | 3.68 | 3.64 | 3.60 | 3.57 |
| 8 | 5.32 | 4.46 | 4.07 | 3.84 | 3.69 | 3.58 | 3.50 | 3.44 | 3.39 | 3.35 | 3.31 | 3.28 |
| 9 | 5.12 | 4.26 | 3.86 | 3.63 | 3.48 | 3.37 | 3.29 | 3.23 | 3.18 | 3.14 | 3.10 | 3.07 |
| 10 | 4.96 | 4.10 | 3.71 | 3.48 | 3.33 | 3.22 | 3.14 | 3.07 | 3.02 | 2.98 | 2.94 | 2.91 |
| 11 | 4.84 | 3.98 | 3.59 | 3.36 | 3.20 | 3.09 | 3.01 | 2.95 | 2.90 | 2.85 | 2.82 | 2.79 |
| 12 | 4.75 | 3.89 | 3.49 | 3.26 | 3.11 | 3.00 | 2.91 | 2.85 | 2.80 | 2.75 | 2.72 | 2.69 |
| 13 | 4.67 | 3.81 | 3.41 | 3.18 | 3.03 | 2.92 | 2.83 | 2.77 | 2.71 | 2.67 | 2.63 | 2.60 |
| 14 | 4.60 | 3.74 | 3.34 | 3.11 | 2.96 | 2.85 | 2.76 | 2.70 | 2.65 | 2.60 | 2.57 | 2.53 |
| 15 | 4.54 | 3.68 | 3.29 | 3.06 | 2.90 | 2.79 | 2.71 | 2.64 | 2.59 | 2.54 | 2.51 | 2.48 |
| 16 | 4.49 | 3.63 | 3.24 | 3.01 | 2.85 | 2.74 | 2.66 | 2.59 | 2.54 | 2.49 | 2.46 | 2.42 |
| 17 | 4.45 | 3.59 | 3.20 | 2.96 | 2.81 | 2.70 | 2.61 | 2.55 | 2.49 | 2.45 | 2.41 | 2.38 |
| 18 | 4.41 | 3.55 | 3.16 | 2.93 | 2.77 | 2.66 | 2.58 | 2.51 | 2.46 | 2.41 | 2.37 | 2.34 |
| 19 | 4.38 | 3.52 | 3.13 | 2.90 | 2.74 | 2.63 | 2.54 | 2.48 | 2.42 | 2.38 | 2.34 | 2.31 |
| 20 | 4.35 | 3.49 | 3.10 | 2.87 | 2.71 | 2.60 | 2.51 | 2.45 | 2.39 | 2.35 | 2.31 | 2.28 |
| 22 | 4.30 | 3.44 | 3.05 | 2.82 | 2.66 | 2.55 | 2.46 | 2.40 | 2.34 | 2.30 | 2.26 | 2.23 |
| 24 | 4.26 | 3.40 | 3.01 | 2.78 | 2.62 | 2.51 | 2.42 | 2.36 | 2.30 | 2.25 | 2.21 | 2.18 |
| 26 | 4.23 | 3.37 | 2.98 | 2.74 | 2.59 | 2.47 | 2.39 | 2.32 | 2.27 | 2.22 | 2.18 | 2.15 |
| 28 | 4.20 | 3.34 | 2.95 | 2.71 | 2.56 | 2.45 | 2.36 | 2.29 | 2.24 | 2.19 | 2.15 | 2.12 |
| 30 | 4.17 | 3.32 | 2.92 | 2.69 | 2.53 | 2.42 | 2.33 | 2.27 | 2.21 | 2.16 | 2.13 | 2.09 |
| 40 | 4.08 | 3.23 | 2.84 | 2.61 | 2.45 | 2.34 | 2.25 | 2.18 | 2.12 | 2.08 | 2.04 | 2.00 |
| 60 | 4.00 | 3.15 | 2.76 | 2.53 | 2.37 | 2.25 | 2.17 | 2.10 | 2.04 | 1.99 | 1.95 | 1.92 |
| 120 | 3.92 | 3.07 | 2.68 | 2.45 | 2.29 | 2.17 | 2.09 | 2.02 | 1.96 | 1.91 | 1.87 | 1.83 |
| 200 | 3.89 | 3.04 | 2.65 | 2.42 | 2.26 | 2.14 | 2.06 | 1.98 | 1.93 | 1.88 | 1.84 | 1.80 |
| ∞ | 3.84 | 3.00 | 2.60 | 2.37 | 2.21 | 2.10 | 2.01 | 1.94 | 1.88 | 1.83 | 1.79 | 1.75 |

续附表 6

| 分母自由度 $N_2$ | 分子自由度 $N_1$ | | | | | | | | | | | |
|---|---|---|---|---|---|---|---|---|---|---|---|---|
| | 15 | 20 | 24 | 30 | 40 | 50 | 60 | 100 | 120 | 200 | 500 | ∞ |
| 1 | 246 | 248 | 249 | 250 | 251 | 252 | 252 | 253 | 253 | 254 | 254 | 254 |
| 2 | 19.4 | 19.4 | 19.5 | 19.5 | 19.5 | 19.5 | 19.5 | 19.5 | 19.5 | 19.5 | 19.5 | 19.5 |
| 3 | 8.70 | 8.66 | 8.64 | 8.62 | 8.59 | 8.58 | 8.57 | 8.55 | 8.55 | 8.54 | 8.53 | 8.53 |
| 4 | 5.86 | 5.80 | 5.77 | 5.75 | 5.72 | 5.70 | 5.69 | 5.66 | 5.66 | 5.65 | 5.64 | 5.63 |
| 5 | 4.62 | 4.56 | 4.53 | 4.50 | 4.46 | 4.44 | 4.43 | 4.41 | 4.40 | 4.39 | 4.37 | 4.36 |
| 6 | 3.94 | 3.87 | 3.84 | 3.81 | 3.77 | 3.75 | 3.74 | 3.71 | 3.70 | 3.69 | 3.68 | 3.67 |
| 7 | 3.51 | 3.44 | 3.41 | 3.38 | 3.34 | 3.32 | 3.30 | 3.27 | 3.27 | 3.25 | 3.24 | 3.23 |
| 8 | 3.22 | 3.15 | 3.12 | 3.08 | 3.04 | 2.02 | 3.01 | 2.97 | 2.97 | 2.95 | 2.94 | 2.93 |
| 9 | 3.01 | 2.94 | 2.90 | 2.86 | 2.84 | 2.80 | 2.79 | 2.76 | 2.75 | 2.73 | 2.72 | 2.71 |
| 10 | 2.85 | 2.77 | 2.74 | 2.70 | 2.66 | 2.64 | 2.62 | 2.59 | 2.58 | 2.56 | 2.55 | 2.54 |
| 11 | 2.72 | 2.65 | 2.61 | 2.57 | 2.53 | 2.51 | 2.49 | 2.46 | 2.45 | 2.43 | 2.42 | 2.40 |
| 12 | 2.62 | 2.54 | 2.51 | 2.47 | 2.43 | 2.40 | 2.38 | 2.35 | 2.34 | 2.32 | 2.31 | 2.30 |
| 13 | 2.53 | 2.46 | 2.42 | 2.38 | 2.34 | 2.31 | 2.30 | 2.26 | 2.25 | 2.23 | 2.22 | 2.21 |
| 14 | 2.46 | 2.39 | 2.35 | 2.31 | 2.27 | 2.24 | 2.22 | 2.19 | 2.18 | 2.16 | 2.14 | 2.13 |
| 15 | 2.40 | 2.33 | 3.29 | 2.25 | 2.20 | 2.18 | 2.16 | 2.12 | 2.11 | 2.10 | 2.08 | 2.07 |
| 16 | 2.35 | 2.28 | 2.24 | 2.19 | 2.15 | 2.12 | 2.11 | 2.07 | 2.06 | 2.04 | 2.02 | 2.01 |
| 17 | 2.31 | 2.23 | 2.19 | 2.15 | 2.10 | 2.08 | 2.06 | 2.02 | 2.01 | 1.99 | 1.97 | 1.96 |
| 18 | 2.27 | 2.19 | 2.15 | 2.11 | 2.06 | 2.04 | 2.02 | 1.98 | 1.97 | 1.95 | 1.93 | 1.92 |
| 19 | 2.23 | 2.16 | 2.11 | 2.07 | 2.03 | 2.00 | 1.98 | 1.94 | 1.93 | 1.91 | 1.89 | 1.88 |
| 20 | 2.20 | 2.12 | 2.08 | 2.04 | 1.99 | 1.97 | 1.95 | 1.91 | 1.90 | 1.88 | 1.86 | 1.84 |
| 22 | 2.15 | 2.07 | 2.03 | 1.98 | 1.94 | 1.91 | 1.89 | 1.85 | 1.84 | 1.82 | 1.80 | 1.78 |
| 24 | 2.11 | 2.03 | 1.98 | 1.94 | 1.89 | 1.86 | 1.84 | 1.80 | 1.79 | 1.77 | 1.75 | 1.73 |
| 26 | 2.07 | 1.99 | 1.95 | 1.90 | 1.85 | 1.82 | 1.80 | 1.76 | 1.75 | 1.73 | 1.71 | 1.69 |
| 28 | 20.4 | 1.96 | 1.91 | 1.87 | 1.82 | 1.79 | 1.77 | 1.73 | 1.71 | 1.69 | 1.67 | 1.65 |
| 30 | 2.01 | 1.93 | 1.89 | 1.84 | 1.79 | 1.76 | 1.74 | 1.70 | 1.68 | 1.66 | 1.64 | 1.62 |
| 40 | 1.92 | 1.84 | 1.79 | 1.74 | 1.69 | 1.66 | 1.64 | 1.59 | 1.58 | 1.55 | 1.53 | 1.51 |
| 60 | 1.84 | 1.75 | 1.70 | 1.65 | 1.59 | 1.56 | 1.53 | 1.48 | 1.47 | 1.44 | 1.41 | 1.39 |
| 120 | 1.75 | 1.66 | 1.61 | 1.55 | 1.50 | 1.46 | 1.43 | 1.37 | 1.35 | 1.32 | 1.28 | 1.25 |
| 200 | 1.72 | 2.62 | 1.57 | 1.52 | 1.46 | 1.41 | 1.39 | 1.32 | 1.29 | 1.26 | 1.22 | 1.19 |
| ∞ | 1.67 | 1.57 | 1.52 | 1.40 | 1.39 | 1.35 | 1.32 | 1.24 | 1.22 | 1.17 | 1.11 | 1.00 |

# 参考文献

[1] 袁卫,吴喜之,贾俊平.描述统计学[M].北京:中国统计出版社,1996.
[2] 吴润.统计学[M].西安:陕西旅游出版社,2001.
[3] 戴维.S.穆尔.统计学的世界[M].郑惟厚,译.北京:中信出版社,2003.
[4] 王文博.统计学——原理方法及应用[M].西安:西安交通大学出版社,2014.
[5] 白鸿钧.统计学原理[M].2版.厦门:厦门大学出版社,2008.
[6] 袁卫,庞皓,贾俊平,等.统计学[M].4版.北京:高等教育出版社,2015.
[7] 邓维斌,唐兴艳,等.SPSS 19.0 统计分析实用教程[M].北京:电子工业出版社,2013.
[8] 苏理云,陈彩霞,高红霞.SPSS 19.0 统计分析基础与案例应用教程[M].北京:北京希望电子出版社,2012.
[9] 朱帮助,张秋菊.统计学原理、方法与 SPSS 应用[M].北京:科学出版社,2010.
[10] 时立文.SPSS 19.0 统计分析从入门到精通[M].北京:清华大学出版社,2012.
[11] 杰克·莱文.社会研究中的基础统计学[M].9版.王卫东,译.北京:中国人民大学出版社,2008.
[12] 贾俊平.统计学概论[M].北京:中国人民大学出版社,2011.
[13] 刘春英.应用统计学[M].北京:中国金融出版社,2007.
[14] 冯启思.数据统治世界[M].北京:中国人民大学出版社,2013.
[15] 田爱国.统计学[M].3版.北京:中国铁道出版社,2011.
[16] 卫海英.应用统计学[M].广州:暨南大学出版社,2002.
[17] 刘超.简明应用统计学[M].北京:中国人民大学出版社,2010.
[18] 刘小平.统计学基础与实务[M].北京:高等教育出版社,2011.
[19] 闫瑞军.统计实务[M].北京:中国人民大学出版社,2014.
[20] 许涤龙.文科通用统计学[M].北京:科学出版社,2013.
[21] 王淑芬.应用统计学[M].2版.北京:北京大学出版社,2011.
[22] 江岭,贾会远.统计学[M].北京:人民邮电出版社,2007.

**图书在版编目(CIP)数据**

统计学——数据分析方法的 SPSS 应用/吴润,薛襄稷主编.
—西安:西安交通大学出版社,2015.8(2019.12 重印)
ISBN 978-7-5605-7780-7

Ⅰ.①统… Ⅱ.①吴… ②薛… Ⅲ.①统计分析-软件包
Ⅳ.①C819

中国版本图书馆 CIP 数据核字(2015)第 187443 号

**书　　名**　统计学——数据分析方法的 SPSS 应用
**主　　编**　吴　润　薛襄稷
**责任编辑**　王建洪

**出版发行**　西安交通大学出版社
(西安市兴庆南路 1 号　邮政编码 710048)
**网　　址**　http://www.xjtupress.com
**电　　话**　(029)82668357　82667874(发行中心)
(029)82668315(总编办)
**传　　真**　(029)82668280
**印　　刷**　陕西金德佳印务有限公司

**开　　本**　787mm×1092mm　1/16　**印张** 17.125　**字数** 413 千字
**版次印次**　2015 年 9 月第 1 版　2019 年 12 月第 4 次印刷
**书　　号**　ISBN 978-7-5605-7780-7
**定　　价**　34.80 元

读者购书、书店添货,如发现印装质量问题,请与本社发行中心联系、调换。
订购热线:(029)82665248　(029)82665249
投稿热线:(029)82668133
读者信箱:xj_rwjg@126.com